高速公路改扩建工程关键技术探索与实践

陈君朝 等 编著

人民交通出版社股份有限公司
China Communications Press Co.,Ltd.

内 容 提 要

本书以京港澳高速公路涿州(京冀界)至石家庄段改扩建工程为依托,全面系统阐述了高速公路改扩建的关键技术、经验及工程做法。全书共分十章,主要内容包括:路基、路面、桥涵拼接的方案、施工工艺,质量通病控制,梁板集中预制,多车道交安设计,新型景观护栏,交通组织及服务区的规划设计等。

本书可作为从事公路工程设计、施工、管理、监理及养护的技术人员和管理人员的参考用书与培训教材,也可供高等院校相关专业师生学习参考。

图书在版编目(CIP)数据

高速公路改扩建工程关键技术探索与实践/陈君朝等编著. — 北京:人民交通出版社股份有限公司,2014.11

ISBN 978-7-114-11833-3

Ⅰ.①高… Ⅱ.①陈… Ⅲ.①高速公路—改建—道路工程—研究②高速公路—扩建—道路工程—研究 Ⅳ.①U418.8

中国版本图书馆 CIP 数据核字(2014)第 257576 号

书 名:	高速公路改扩建工程关键技术探索与实践
著 作 者:	陈君朝 等
责任编辑:	李 坤
出版发行:	人民交通出版社股份有限公司
地 址:	(100011)北京市朝阳区安定门外外馆斜街 3 号
网 址:	http://www.ccpress.com.cn
销售电话:	(010)59757973
总 经 销:	人民交通出版社股份有限公司发行部
经 销:	各地新华书店
印 刷:	北京盛通印刷股份有限公司
开 本:	787×1092 1/16
印 张:	25
字 数:	584 千
版 次:	2014 年 11 月 第 1 版
印 次:	2014 年 11 月 第 1 次印刷
书 号:	ISBN 978-7-114-11833-3
定 价:	168.00 元

(有印刷、装订质量问题的图书,由本公司负责调换)

编写委员会

主　编：陈君朝

副主编：何敬晨　刘　桐　杜永安　张增廉　贾献卓

编　委：尉红彬　张仲帆　潘晓海　张树军　周同文　尹　创

　　　　尹建国　张世平　高松洁　张　博　孙进省　秦文香

　　　　李进力　刘志忠　陈　磊　游燕燕　贺　钊　戴　宇

　　　　杨　欣　苏丽娜　朱　斌　杨广庆　高占华　姜　明

　　　　荆　坤　赵全胜　赵海军　朱冀军　杨红全　李元猛

　　　　吕世玺　王增全

前　言

京港澳高速公路(G4)是国家高速公路网(7918 网)中的一条射线,自北向南连接北京、石家庄、郑州、武汉、长沙、广州、香港、澳门 8 个中心城市,是我国最早规划的高速公路之一,也是我国最重要的南北大通道,其前身为京珠国道主干线。京石高速公路是"射3"京港澳高速公路(G4)的重要组成部分,是河北省最主要的南北交通干线,是河北省省会及中南部地区联系首都北京,进而沟通东北、华北和华中地区的最重要的高速通道,在国家及河北省路网中具有十分重要的地位,是全国最繁忙的交通通道之一。

京石高速公路从 1994 年全线建成通车后,交通量迅速增长,始终是河北省最为繁忙的高速公路,到 2009 年末,京石高速公路年平均交通量已达到 49855pcu/日,高峰时段道路服务水平已明显下降。京港澳高速公路北京段已经改造为双向六车道,河南段亦完成双向八车道的扩建,河北段成为名副其实的瓶颈路,京石高速公路实施改扩建迫在眉睫。经过前期认真准备,京石改扩建工程于 2012 年 10 月开工建设,经过全体建设者两年的奋战,将于 2014 年 12 月与京港澳高速公路石安段改扩建工程同时建成通车,以最短的时间完成了河北省技术最为复杂、里程最长的高速公路改扩建工程。

目前在我国高速公路改扩建的工程实践相对比较少,改扩建中尚存在着一些宏观和重大的技术问题有待于进一步落实和解决,相关的技术规范、规程及标准有待进一步修订完善,也尚未出台相应的施工规范,我们一边建设,一边总结,编写出了这部《高速公路改扩建工程关键技术探索与实践》,对高速公路改扩建的关键技术和工法进行了探索和总结,期望为高速公路改扩建建设事业贡献出一点微薄之力。

本书以京港澳高速公路涿州(京冀界)至石家庄段改扩建工程为依托,为实现高速公路加宽工程的安全、耐久,结合工程实施中的实践经验和研究成果,对设计与施工过程中采用的新技术、新工艺、新材料、新设备等成果进行了总结和提炼。全书共分十章,全面系统地阐述了京石改扩建工程实施过程中路基、路面、桥梁拼接的方案及相关工法,同时还对梁板集中预制,质量通病(桥头跳车、桥梁平整度、沥青路面平整度)控制,八车道交安设计,中分带景观护栏,改扩建交通组织及服务区规划设计进行了详细的论述,为今后高速公路改扩建和多车道高速公路建设提供一些可以借鉴的经验。本书内容丰富新颖、系统全面,理论联系实际,具有较强的实用性和可操作性。

　　本书由陈君朝等编著。本书编写过程中得到了京石改扩建工程设计单位中交第二公路勘察设计研究院有限公司、河北省交通规划设计院，各参建施工单位和监理单位等的大力支持；石家庄铁道大学、河北工业大学、中咨泰克交通工程集团有限公司、北京中路安交通科技有限公司、中交第三公路工程局有限公司、中交一公局第六工程有限公司、邢台路桥建设总公司的相关技术人员在本书编写过程中做了大量工作。全书由王国清教授级高级工程师审阅。在此一并表示感谢。

　　限于时间和编者水平，书中遗漏、不足之处在所难免，敬请广大读者批评、指正。最后，我们对所有为本书的完成和出版给予支持者表示最衷心的感谢。

编　者
2014 年 9 月

目　录

第一章　绪论 ·· 1
　第一节　国内外高速公路改扩建现状 ··· 1
　第二节　改扩建中面临的技术难题 ·· 4
　第三节　京石高速公路改扩建工程建设环境 ···································· 5

第二章　高速公路路基加宽施工技术研究 ····································· 13
　第一节　高速公路改扩建旧路路基状态调查与评价 ·························· 13
　第二节　高速公路加宽路基软土地基 CFG 桩处理施工技术研究 ········· 19
　第三节　旧路路基边沟回填、重型压实技术研究 ····························· 24
　第四节　新、旧路路基台阶处治与路基加宽施工技术研究 ·················· 38
　第五节　土工合成材料在路基加宽工程中的施工技术 ······················· 53
　第六节　高速公路改扩建特殊路基加宽施工技术 ····························· 55
　第七节　高速公路路基加宽沉降观测技术 ······································ 58
　本章小结 ·· 65

第三章　高速公路路面加宽技术与施工标准化 ······························· 66
　第一节　旧路路面概况 ··· 66
　第二节　加宽路面结构方案设计 ·· 69
　第三节　旧路面改造与路面拼接设计及施工控制 ····························· 71
　第四节　掺旧路面铣刨料的级配碎石垫层施工技术 ·························· 83
　第五节　超厚度水泥稳定碎石配套施工技术 ··································· 87
　第六节　乳化沥青厂拌冷再生柔性基层施工技术 ····························· 96
　第七节　ATB-25 沥青稳定碎石柔性基层施工技术 ·························· 103
　第八节　高模量沥青混合料设计与施工技术 ································· 106
　第九节　SBS 橡胶改性沥青混合料施工技术 ································· 114
　第十节　SMA-13 沥青玛蹄脂碎石混合料施工技术 ························· 121
　本章小结 ··· 129

第四章　桥涵构造物改扩建技术与实践 ······································ 131
　第一节　概述 ·· 131

第二节　桥涵改造技术方案研究 132
　　第三节　桥涵拼接技术与实践 148
　　第四节　施工技术实践 161
　　本章小结 173

第五章　梁板集中预制实践与示范 174
　　第一节　集中预制规划 174
　　第二节　梁场建设 176
　　第三节　预制梁板标准化施工工艺 182
　　第四节　梁场质量管理创新 199
　　本章小结 202

第六章　质量通病防治技术 203
　　第一节　概述 203
　　第二节　桥头跳车质量通病防治技术 203
　　第三节　桥面平整度质量通病防治技术 218
　　第四节　路面平整度质量通病防治技术 224
　　本章小结 240

第七章　八车道高速公路交通安全设施设计与创新 242
　　第一节　多车道高速公路交通安全设施概述 242
　　第二节　多车道高速公路指路标志设置方式研究 244
　　第三节　标线设计 272
　　第四节　波形梁护栏 276
　　第五节　柱帽式轮廓标设计 284
　　第六节　其他安全设施 289
　　本章小结 291

第八章　中央分隔带景观混凝土护栏设计与施工标准化 292
　　第一节　概述 292
　　第二节　护栏结构设计要点 294
　　第三节　中央分隔带景观混凝土护栏安全性能评价 305
　　第四节　中央分隔带护栏预制施工标准化 312
　　第五节　中央分隔带护栏现场安装标准化 325
　　本章小结 341

第九章　交通组织与优化技术 343
　　第一节　概述 343

第二节　周边路网及交通量调查 ··· 343
　　第三节　交通组织方案分析与比选 ··· 349
　　第四节　交通组织方案实施 ·· 355
　　第五节　应急预案 ·· 361
　　第六节　交通组织保障措施及方案 ··· 368
　　本章小结 ·· 371

第十章　服务区规划与设计 ·· 372
　　第一节　概况 ·· 372
　　第二节　服务区设计 ··· 372
　　本章小结 ··· 384

参考文献 ·· 385

后记 ··· 387

主体工程参建单位及人员一览表 ··· 389

第一章 绪 论

随着我国经济快速发展和交通量的持续增长,截至 2013 年底,我国高速公路通车总里程已达 10.4 万 km,居世界第二位。从总量上来看,我国早已是高速公路大国,但国内早期修建的四车道高速公路在通行能力、服务水平和安全方面显现不足,其中 21.6% 的高速公路通车年限已经在 10 年以上,55.4% 的高速公路通车年限在 5 年以上。随着交通需求的激增和高速公路役龄的增加,越来越多的地区存在着高速公路改扩建的强烈需求。可以预见,随着我国经济社会的快速发展,高速公路改扩建工程建设将在我国今后交通基础设施建设领域持续相当长的高潮期。

第一节 国内外高速公路改扩建现状

据统计,我国 2007 年、2008 年和 2009 年的汽车保有量分别是 5697 万辆、6467 万辆和 7619 万辆,2011 年中国汽车保有量首次突破 1 亿辆大关,2013 年汽车保有量高达 1.37 亿辆,年均增长超过 1100 万辆,总量仅次于美国的 2.85 亿辆,位居世界第二。我国经济的飞速发展和汽车数量的大幅增加,致使高速公路交通量激增,服务水平大幅下降。

我国高速公路基础设施建设虽然持续迅猛发展了 20 多年,但早期建成的高速公路大部分按照双向四车道的标准设计,现阶段已经不能满足日益增长的交通需求,且其服务水平已处于三级或三级以下,拥堵已经将高速公路变成"龟速公路",如图 1-1 所示。

图 1-1 拥堵的高速公路

由于高速公路大多为国家公路主干线,且很多高速公路运行时间均已在 10 年以上,因此"十五"、"十一五"期间,我国部分省、自治区、直辖市已陆续开展了一些对高速公路的扩容改造建设工程,各地区尝试了多种模式扩展高速公路的交通容量和通行能力,如:对原高速公路局部线形指标和交通工程措施进行改善以提升运行速度;在不改变原路基基本宽度的基础上尝试四车道改六车道、或六车道改八车道;对原路基进行加宽扩建以增加行车道;在原高速公路运输通道范围内新建平行高速公路复线等。目前将上述增加高速公路通行能力而实施的各种形式、各种类型,或者部分局部改善工程等都称之为高速公路改扩建工程。目前我国已经实施和正在实施的高速公路改扩建工工程见表1-1。

我国已经实施和正在实施改扩建的高速公路一览表　　　　表1-1

工 程 名 称	原设计方案	改扩建方案	改扩建方式	完成时间(年)
广佛高速公路	双向四车道	双向六或八车道	双侧加宽	1997~2009
沪杭甬高速公路一期	双向四车道	双向八车道	双侧加宽	2003
南京绕城高速公路	双向四车道	双向六车道	双侧加宽	2004
沈大高速公路	双向四车道	双向八车道	双侧加宽	2004
沪杭甬高速公路二期	双向四车道	双向八车道	双侧加宽	2005
沪宁高速公路江苏段	双向四车道	双向八车道	双侧加宽	2005
同三高速公路佳哈段	双车道	双向四车道	单侧加宽	2005
海南环岛高速公路东线	非标准四车道	双向四车道	单侧加宽	2006
沪杭甬高速公路三期	双向四车道	双向八车道	双侧加宽	2007
沪宁高速公路上海段	双向四车道	双向八车道	双侧加宽	2008
哈大高速公路	双车道	双向四车道	单侧加宽	2008
连霍高速公路郑州段	双向四车道	双向八车道	双侧加宽	2008
京港澳高速公路安新段	双向四车道	双向八车道	双侧加宽	2010
京港澳高速公路郑漯段	双向四车道	双向八车道	双侧加宽	2010
津京唐高速公路北京段	双向四车道	双向八车道	双侧加宽	2010
津京唐高速公路天津段	双向四车道	双向六车道	双侧加宽	2010
广三高速公路	双向四车道	双向八车道	双侧加宽	2010
A8(沪杭高速公路上海段)	双向四车道	双向八车道	双侧加宽	2010
连霍高速公路郑洛段	双向四车道	双向八车道	单侧加宽	2011
福泉高速公路	双向四车道	双向八车道	双侧加宽	2011
厦漳高速公路	双向四车道	双向八车道	双侧加宽	2011
杭宁高速公路	双向四车道	双向六车道	中分带预留	2012

同样的情况,也曾在国外发达国家出现过。欧美国家早期在高速公路建设中对交通量的估计保守,大量的双向四车道高速公路已经不能满足现实的需求。美国是高速公路最多、路网最发达的国家,全世界多车道高速公路也主要集中在美国境内,在二战以后,美国因国防要求,开始在国内大规模的建设高速公路,到20世纪60年代中期,美国的高速公路网基本成型。随着经济的发展,交通量的不断增加,20世纪70年代中期以后至20世纪80年代中期,美国面临了一轮大规模的高速公路改造,一些四车道公路扩建至六、八车道甚至十、十二车道。如

图 1-2 所示。

图 1-2 美国典型的多车道高速公路横断面

由于国情不同,美国的土地利用政策相对宽松,因此在高速公路建设中均采用宽中分带设计,比如 1967 年出版的 AASHTO 规范中推荐的最小中分带宽度为 18~24m,靠近城区的中分带为 7~8m。较宽的中分带为后期的改扩建提供了便利条件,因此美国路基拓宽改造在路基、路面的处理方面相对简单得多。

德国、意大利、荷兰等发达国家于 20 世纪末也进行了大规模的高速公路改扩建工程,如图 1-3 所示。

图 1-3 德国典型的多车道高速公路横断面

日本 20 世纪 60 年代初开始建设高速公路,到 20 世纪 80 年代基本建成遍布全国的高速公路骨干,考虑到日本特殊的火山地形、地貌,日本的高速公路改扩建工程主要的经验做法有以下几点:

(1) 路基拼接方面,除了在平原、微丘地段采用双侧拼接以外,大部分路段采用单侧拼接和建设复线,并且路基填料多采用空气泡沫轻质稳定土等轻质材料。

(2) 路面结构方面大力推进排水路面的发展。

(3) 日本是地震灾害多发国家,桥梁设计更注重抗震性能。所以在桥梁扩建中大多采用

3

与原桥并行新建,上下均不连接的方式;若需要对原桥直接拼接加宽处理,则采用上下均连的方式,以提高原桥的整体刚度。

第二节　改扩建中面临的技术难题

高速公路改扩建不同于新建工程,既要尽量减少对区域已有交通的影响,又要协调处理好与旧路的衔接技术问题。目前我国高速公路改扩建的工程实践相对比较少,改扩建中尚存在着一些宏观和重大的技术问题有待进一步解决,相关的技术规范、规程及标准有待进一步修订完善。高速公路改护建中面临的问题主要有以下几方面。

1. 不中断交通施工的交通组织与安全保障问题

根据《公路工程技术标准》(JTG B01—2003)规定,双向 4 车道高速公路日均通行能力为 25000~55000 辆,高速公路因其通行能力大、通行效率高,在局部区域乃至全国范围起到交通主骨架和通道作用,是沿线区域经济发展的主动脉,而且面临改扩建的高速公路大都因为交通量过大而需要改建扩容,因此高速公路改扩建施工中应尽量避免中断交通,否则势必严重影响区域社会和经济发展。

同时,高速公路吸引大量车流,已在区域交通系统中形成了不可替代的运输通道作用,若中断交通施工,必将导致区域交通流量的转移和再分布,巨大的流量转向通行能力较低的低等级道路,对区域的正常通勤交通形成严重冲击,可能造成大范围的交通拥挤和不畅。因此,如何合理地优化、协调施工和交通,保证高速公路改扩建期间不中断交通施工,是高速公路改扩建所面临的严峻的和必须解决的难题。

2. 高速公路改扩建工程实施的依据不明确

高速公路改扩建工程的规划依据,改扩建工程的规模和建设时机的依据,执行技术标准与规范依据,改扩建工程投资与回收的政策依据等,均未有国家层面的法律、规范等的支持。各地改扩建工程实施基本依靠经验进行决策,改扩建工程投资与回收的政策目前也基本参照新建高速公路的政策。因此,随着高速公路改扩建工程的推进,亟需出台相应的法律、规范等纲领性文件。

3. 高速公路改扩建工程的重大技术原则和指标需要进一步研究

高速公路改扩建工程受原路路况条件、用地条件等建设条件制约,需要对原路结构物、设施进行改造,其工程技术与新建工程有一定的差别,因此,需要进一步研究和实践,以制定共性原则和控制性的技术指标。

(1)原有道路与设施的检测评价办法与合理利用原则。高速公路改扩建应处理好适当超前规划与可承受能力之间的关系,树立"全寿命周期成本"的理念,既要避免过度超前而造成资源浪费和投资效率降低,又要避免因预测不足或降低初期建设成本而造成后期二次改造、维修成本增加。

(2)高速公路改扩建工程的交通量预测。由于我国各地经济条件差异较大,诸多因素的不确定导致现有的各种交通量预测模型或参数并不能完全适合于我国国情,分析结果也未能精确反映交通增长状况。因此在进行改扩建工程交通量预测时,应参考原高速公路的预测交通量模型,同时根据现有交通的发展进行分析和修正,以期获得较准确的交通量变化趋势。

(3)路基、路面、桥梁等拼接加宽的安全稳定和质量控制。作为改扩建项目,高速公路新旧路基、路面、桥梁的拼接质量决定着工程的成败。在施工过程中,应加强重点拼接部位的质量控制,保障新旧结构拼接的安全性和稳定性。

(4)立交枢纽、特大桥梁等重大设施的扩建改造和利用原则,特殊困难路段的工程处理措施及技术指标适应性。由于高速公路改扩建的特殊性,应结合项目所在地区的地形地质条件、沿线土地利用、道路构造物的结构与规模、交通组织、施工难度及道路养护管理等情况,本着"安全、节约、充分利用"的原则进行综合比较,分段择优选择扩建方式。

(5)工程实施过程中的交通组织与安全保障要求。由于高速公路承担着区域的主体运输任务,与人民群众的生产生活密切相关,社会影响极大。因此在扩建施工期应采取多种方式减少对现有交通运输的影响;高速公路改扩建工程规模和施工难度较大,施工中的车辆、设备、人员等均利用原有道路展开,因此施工安全、原有道路和结构物的安全以及通行安全和应急保障措施是施工过程中的重点问题。

(6)多车道公路的交通安全评价。多车道高速公路由于车道数增加,车辆的冲突行为、驾驶特性及运行管理不同于普通的4车道高速公路。因此,需要针对高速公路安全隐患和事故特点,建立基于驾驶员行为的多车道高速公路安全设计与评价技术、施工作业区交通安全组织技术,形成高速公路安全设计、评价、保障标准、规范以及高速公路改扩建工程安全技术指南,为多车道高速公路新建、改扩建工程及其安全运营服务水平的提高提供技术和标准支撑。

4. 高速公路改扩建涉及的公众利益

原高速公路已运行多年,对沿线区域社会、经济的发展,人民生活等都形成了难以替代的影响力。因此,高速公路改扩建工程需要对以下方面做出指导性的意见或政策:施工期高速公路服务水平及其通行费用的相关关系;改扩建工程实施后的收费标准和收费年限的调整;改扩建工程的建设用地、资源利用和环境保护等。

第三节 京石高速公路改扩建工程建设环境

一、京石高速公路改扩建工程背景及地理位置

京港澳高速公路是国家高速公路网(7918网)的重要组成部分,它自北向南连接北京、石家庄、郑州、武汉、长沙、广州、香港、澳门等8个中心城市,是我国最早规划的高速公路之一,其前身为京珠国道主干线。京港澳高速公路河北段途经河北省会石家庄及保定、邢台、邯郸等大中城市,是河北省2020年高速公路网布局规划"五纵、六横、七条线"中最主要的南北交通干线,也是河北省中南部地区联系首都北京,进而沟通东北、华北和华中地区的重要高速通道。京港澳高速公路京石段(简称京石高速公路)不仅是"五纵、七横"国道主干线中"纵3"京珠高速公路的起始路段,同时也是国家高速公路网规划中"射3"京港澳高速公路(G4)的重要组成部分,在国家及河北省路网中具有十分重要的地位,是全国最繁忙的交通通道之一。

京港澳高速公路的准确定位是:国道主干线、省高速公路骨架和河北省经济发展轴。

京石高速公路河北段起自涿州市与北京市房山区交界地带，沿107国道东侧5~7km处向南经保定到石家庄，沿途穿过河北省12个市县，如图1-4所示。京石高速公路河北段于1987年3月开始动工修建，1993年11月半幅高速公路全线建成通车，1994年12月全幅通车运营，全长221.254km，双向4车道，路基宽27m（约18.3km长的局部路段路基宽26m）。它采用了先单幅修建，单幅通车，再扩建半幅，全幅通车的建设方式，解决了短期建设资金不足的难题，开创了在经济较落后条件下，阶段性地修建高速公路的新观念与新实践，实现了河北省较早地拥有高速公路的目标，同时有力地促进了沿线地区的经济发展，展现了高速公路对社会发展的巨大贡献。

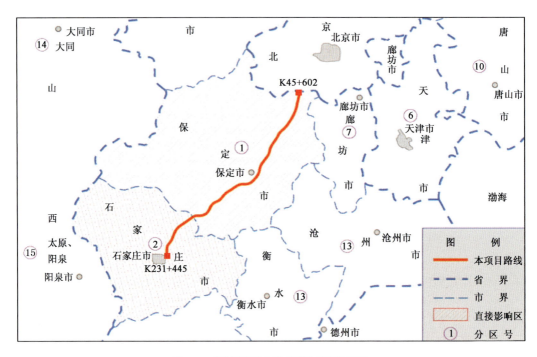

图1-4 京港澳高速公路京石段地理位置图

京石高速公路开通后，交通量增长迅速，大型车比例不断增加，道路病害也逐渐增加，导致京石高速公路服务水平逐渐下降。根据现有的资料统计，到2009年末，京石高速公路年平均交通量已达49855pcu/日，高峰时段道路服务水平已明显下降。

为提高道路通行能力适应交通量迅速增长的需要，满足社会经济发展的需要，适应地方规划的需要，发挥通道资源优势的需要，恢复道路使用性能的需要，京石高速公路改扩建工程迫在眉睫，势在必行。

二、原有公路建设历程、使用状况及存在的主要问题

1. 原有公路建设历程

京港澳高速公路早期建设时全国的路网规划尚未稳定（建设时期为国家"五纵七横"中的"一纵"，统称京珠高速公路），沿线各省根据发展需要进行了分段建设，并相应进行了分段命名，其中，北京至石家庄段简称"京石高速公路"，按北京市与河北省界划分为京石高速公路北

京段和京石高速公路河北段。1985年,京石高速公路的项目立项、决策及勘察设计等工作进行了长时间的反复调查与审慎论证。最初论证在原107国道东侧5~7km处修建二级汽车专用公路,后根据国家干线公路网的规划,我国经济发展的未来趋势对公路建设等级与规模的要求,并结合当时河北省的财力状况和京石高速公路的交通量增长预测分析,原河北省交通厅最终决定并经原交通部以"(88)交计字346号文"批准,按双向4车道高速公路标准横向分期修建。一期工程(西半幅)为新建半幅高速公路,于1987年3月开工,并分四大段进行设计施工,其中石家庄地、市段48.599km,保定地区南段46.933km,保定市段45.104km,保定地区北段49.423km。至1991年3月,石家庄至定州68km通车投入运营,并取得良好的社会经济效益。1992年11月通车至新城,1993年4月28日通车至涿州。西半幅全线于1993年7月全部建成并投入使用。二期工程(东半幅加宽)于1993年3月开工,1994年12月18日竣工通车,至此完成京石高速公路的全部建设工作。最终建成双向4车道,全部控制出入口,全封闭、全立交,有较为完善的交通安全设施、管理设施、服务设施和收费系统的双幅高速公路,如图1-5所示。

a)　　　　　　　　　　　　　　　　　　b)

图1-5　原京石高速公路

2. 原有公路使用状况及存在的主要问题

现有京石高速公路采用横向分幅、纵向分期的模式修建,一期(西半幅)和二期(东半幅)分别于1993年、1994年建成通车。一期以《公路工程技术标准》(JTJ 01—1981)为设计标准,二期的技术标准为《公路工程技术标准》(JTJ 01—1988)。现有车道数为4车道,路基宽26~27m,中央分隔带为波形和墙式护栏,设计速度为120km/h。全线均采用沥青混凝土路面。经过多年运营,扩建阶段原路已面临问题。

(1)分幅修建,路况复杂

原京石高速公路的建设采用纵向分段、横向分期修建,路幅布置多样,原路基宽度有27m和26m两种,中央分隔带宽度有4种,路面结构横向不同、纵向多变。而且,路面、桥梁也经过了多次罩面加铺、维修改造工作,构成了京石高速公路路况的复杂局面,其路基典型断面如图1-6所示。

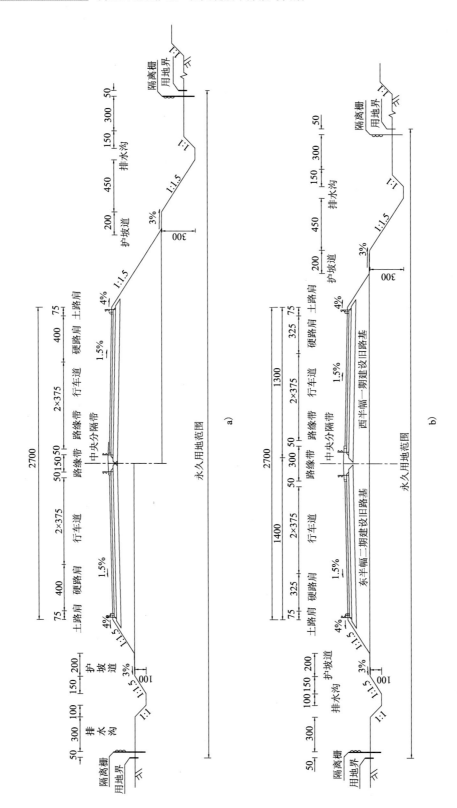

图1-6 原京石高速公路路基典型断面(尺寸单位:cm)

(2)交通量大,改扩建实施难度高

京石高速公路 2010 年第一季度的现状交通量已达到 48798 辆/日(折小客车),道路服务水平已整体降为二级,高峰时段开始进入三级服务水平。这对改扩建施工期间的交通组织、施工组织提出了较高要求,但京石高速公路具备较好交通分流条件,可考虑利用大广高速公路、张石高速公路、国道 107 进行路网分流。

(3)充分利用与规划发展之间关系难处理

改扩建工程的设计原则是充分利用原有工程,但原有工程在很多方面难以适应地方规划发展的变化,若全部满足其需要,会造成原有工程的废弃,新建工程规模剧增。改扩建工程是适应新的规划发展的契机,这需要多次论证、多方案比选、权衡利弊,选择合理、经济的改扩建方案。

(4)早期建设,改扩建技术复杂

①早期破坏问题。西半幅修建时间为 1987 年 3 月~1993 年 7 月,二期东半幅拓宽建设时间为 1992 年 3 月~1994 年 12 月。西半幅的病害明显较东半幅严重,部分路段路面病害较为严重,经过了多次维修养护,桥梁加固及典型病害如图 1-7 所示。全线桥梁结构类型众多,且存在一些Ⅲ类病害以上的桥梁。这些均给改扩建设计与实施带来了较大难度。

a) 钢板加固

b) 横隔板裂缝灌缝

c) 边梁腐蚀严重

d) 支座严重偏位

图 1-7　桥梁加固及典型病害

②技术标准问题。原设计执行的技术标准为《公路工程技术标准》(JTJ 01—1988),改扩建工程应按现行规范标准(JTG B01—2003)实施,在安全性评价前提下,充分利用原有工程,合理运用技术指标,减少工程投资。

③多专业综合技术复杂。鉴于京石高速公路改扩建项目功能地位的提升、交通流的特殊性、技术标准和技术指标的多样性以及建设时限长等特点,其改扩建技术主要有:原有路基路面检测评价、桥涵构造物检测评价及荷载试验、综合地质勘察、工程测量、安全性及符合性评价、土建工程设计、交通工程及沿线设施设计、绿化和环境保护、交通组织及施工组织、运营管理系统设计、工程拆除利用以及项目综合管理等。不仅各个专业技术复杂,而且还要把握好"充分利用原有交通设施"与"规划发展需求"的协调统一,京石高速公路改扩建项目是一个复杂的系统工程。

三、京石高速公路改扩建工程技术标准及工程概况

1. 京石高速公路改扩建工程采用的技术标准

根据工程可行性研究报告和沿线建设条件,京石高速公路改扩建工程主线采取"两侧拼宽为主、局部分离"的方式将原双向4车道高速公路扩建为双向8车道高速公路,综合考虑原路现状、互通立体交叉的分布情况及扩建应充分利用原路的需要,拟定设计速度采用120km/h,路基宽度为42.0m。各项技术指标按《公路工程技术标准》(JTG B01—2003)执行,主要技术标准见表1-2。

主要技术标准表　　表1-2

序号	指　　标		单　位	技　术　标　准	
				规范值	采用值
1	起讫桩号		—	K45+602~K270+212.767	
2	路线总长		km	224.611	
3	公路等级		—	高速公路	高速公路
4	设计速度		km/h	120	120
5	路基宽度	整体路基	m	42	42
6	行车道宽度		m	2×15	2×15
7	中央分隔带宽度		m	3.0	3.0
8	右侧硬路肩(含路缘带)		m	2×3.0	2×3.0
9	平曲线	一般最小半径	m	1000	2050
		极限最小半径	m	650	
10	不设超高最小平曲线半径		m	5500	5500
11	平曲线最小长度		m	600	844.352
12	最大纵坡		%	3	1.73

续上表

序号	指标		单位	技术标准	
				规范值	采用值
13	最小坡长		m	300	—
14	凸形竖曲线最小半径	一般值	m	17000	18870
		极限值	m	11000	
15	凹形竖曲线最小半径	一般值	m	6000	12000
		极限值	m	4000	
16	汽车荷载等级		—	公路—Ⅰ级	
17	地震动峰值加速度		m/s²	0.05~0.1g	
18	设计洪水频率	特大桥		1/300	
		桥涵、路基		1/100	

2. 京石高速公路改扩建工程规模概述

河北省涿州(京冀界)至石家庄公路改扩建工程原路扩建段(K42+602~K231+445)起自河北省与北京市交界的琉璃河附近,沿途经涿州市、高碑店市、定兴县、徐水县、保定市区、清苑县、望都县、定州市、新乐市,止于石家庄市沙河特大桥南岸。其勘察设计工作由河北省交通规划设计院和中交第二公路勘察设计研究院有限公司共同承担,路线总长185.843km。

新建段起点顺接原路改扩建段终点,京港澳高速公路连接处设置郭村枢纽互通,经新乐市、藁城市后,在彭家庄枢纽互通终点处,以桥梁形式与石安高速公路顺接。其勘察设计工作由贵州省交通规划勘察设计研究院股份有限公司承担,路线全长38.768km。

沿线相交的主要公路有:京都旅游大道、规划涿州南北外环、津徕线、规划五四路、规划迎宾路、G112、东高线、S232、规划巨力路东延;保定市七一路、省道S334保静线、省道S331保沧线、保沧高速公路、省道S231保衡线、省道S335蠡野线、博望公路、省道S382河龙线、省道S234定魏线;石黄高速公路、S203、S204、S302等。相交的铁路有朔黄铁路,平行的铁路主要有京石客运专线、京广铁路、石家庄市规划的轻轨等。相交的管道有京邯管道。跨越的主要河流有漕河、唐河、大沙河、木刀沟河、滹沱河等。

本高速公路设计速度为120km/h,由原4车道扩建为8车道后,主线整体式路基全宽42m,新建段直接填筑42m宽相同路基;其中中间带宽4.5m(含2×0.75m路缘带+3.0m中央分隔带),行车道8×3.75m,右硬路肩2×3.0m(含2×0.5m路缘带),土路肩2×0.75m。一般路段行车道及硬路肩横坡值为2%,土路肩坡值为4%,路基典型断面如图1-8所示。

施工图设计阶段设置特大桥两座(2512m),大桥5座(2260m),中桥22座(1400.072m),小桥60座(1502.4m),涵洞51道;设置分离式立交68座,通道343处;新建段设特大桥3座(7001m),中桥1座,分离式立交15座。全线设服务区7处,其中新设4处,改扩建3处;收费站16处,其中新建5处,原位重建7处,改建两处,移位改建两处。

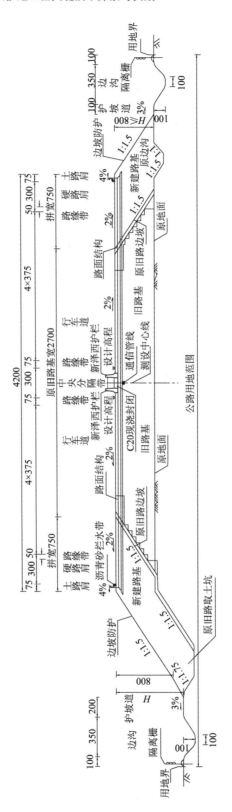

图1-8 主线两侧拼接八车道路基标准横断面图（尺寸单位：cm）

第二章 高速公路路基加宽施工技术研究

第一节 高速公路改扩建旧路路基状态调查与评价

一、旧路路基边坡状态分析

为了分析旧路路堤边坡土体含水率和压实度沿横断面和高度的空间分布规律,在京石高速公路改扩建工程沿线选取多个断面进行台阶开挖现场试验。由于京石高速公路是东西幅分幅施工,因此试验过程中,分别在石家庄方向和北京方向的路基边坡进行台阶开挖试验。图2-1为典型断面的台阶开挖取样方案。

由于路基边坡直接受到雨雪的侵蚀、干湿变化、冻融变化的影响,使原来压实的填土变得松软。此外,按照绿化和防护的要求,在边坡上植有草和灌木,这些草和灌木的根系也使填土变得松软。所以在进行路基边坡压实度和含水率试验时先清除边坡坡面50cm宽的土层。回填边沟到地表后,开挖第一级台阶,第一级台阶可根据情况分别按1.5m、2.0m、2.5m和3.0m几种宽度进行开挖,第二级及以上台阶按宽1.2m,高0.8m进行开挖(图2-2)。开挖完成后,按照图2-1所示的位置取土样,进行土体的含水率和压实度试验。

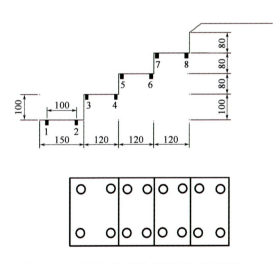

图2-1 旧路边坡台阶开挖与取样位置(尺寸单位:cm)　　图2-2 老路边坡台阶开挖

1.旧路堤边坡状态沿横断面的分布

表2-1为K79+733典型断面的实测结果,图2-3和图2-4分别为该断面石家庄方向和北京方向两侧路堤边坡含水率和压实度沿横断面的分布曲线。

K79+733 断面旧路堤边坡状态实测结果 表 2-1

断面里程	距坡脚距离（m）	距地面高度（m）	含水率（%）	压实度（%）	断面里程	距坡脚距离（m）	距地面高度（m）	含水率（%）	压实度（%）
K79+733 东半幅（北京方向）	0.5	0	29.4	71	K79+733 西半幅（石家庄方向）	0.5	0	25.8	77.6
	2.5	0	27.1	76.8		2.5	0	25.1	78.1
	3.3	2.0	16.5	89.4		3.3	2.0	16.0	92.3
	3.9	2.0	16.0	90.1		3.9	2.0	15.8	93.2
	4.5	2.8	15.8	91.6		4.5	2.8	15.3	93.0
	5.1	2.8	15.4	91.8		5.1	2.8	15.2	93.2
	5.7	3.6	15.3	92.3		5.7	3.6	16.3	93.5
	6.3	3.6	15.1	92.1		6.3	3.6	15.8	93.6
	5.9	4.4	17.4	84.6		5.9	4.4	18.5	87.8
	7.5	4.4	17.1	85.9		7.5	4.4	18.0	89.6

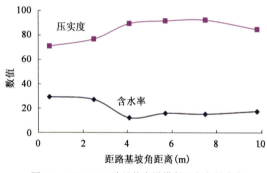

图 2-3 K79+733 路基状态沿横断面方向的分布（北京方向）　　图 2-4 K79+733 路基状态沿横断面方向的分布（石家庄方向）

第一级台阶位置路基土体含水率偏大，均在 25% 以上，中间高度位置路基的含水率基本在最优含水率（$w_{opt}=13.5\%$）的 ±3% 之间，最上一级台阶土体的含水率偏大。第一级台阶位置路基土体压实度均在 80% 以下，其上各级台阶处压实度基本在 85% 以上，但均小于规范规定的标准数值。大气降水浸润边坡部位土体，由于土体毛细作用，水体产生横向迁移，在同一高度基本上靠近边坡位置含水率偏大，向路基内部含水率逐渐降低。

全线旧路路基边坡含水率及压实度沿横断面的分布如图 2-5、图 2-6 所示。

从图中可以看出，沿路基横断面方向，随着距坡脚距离的增加，旧路基压实度呈增大趋势，含水率呈减小的趋势。路基东西两侧边坡状态基本一致。

2. 旧路路堤边坡状态沿路基高度的分布

图 2-7 和图 2-8 详细对比了 K79+733 典型断面的实测结果。

全线旧路路堤边坡含水率及压实度沿路基高度的分布如图 2-9、图 2-10 所示。

从图中可以看出，随着距地面高度的增加，旧路路基压实度呈增大趋势，含水率呈减小的趋势。距离地面 1.5m 以上含水率基本一致，东西半幅路基边坡状态基本一致。

旧路路基底部即旧路路基坡角位置为旧路路基的边沟位置，是旧路路基的排水道，地势低洼、植被茂密、边坡外侧植物根系发达、含水率较高,这是造成边坡底部压实度较低的主要原因。

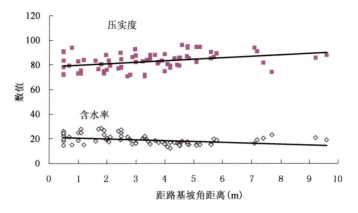

图 2-5 全线路基状态沿横断面方向的分布(石家庄方向)

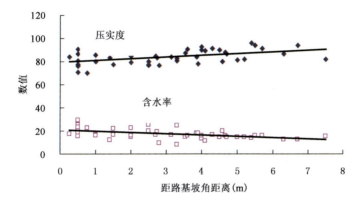

图 2-6 全线路基状态沿横断面方向的分布(北京方向)

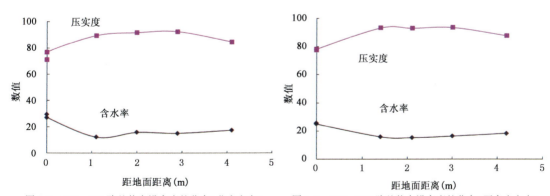

图 2-7 K79+733 路基状态沿高度的分布(北京方向)　　图 2-8 K79+733 路基状态沿高度的分布(石家庄方向)

3. 旧路路堤边坡状态分析

(1)对于平原区高速公路,由于地下水位较深,路基含水率主要受降雨和排水沟中水的影响,路基基本处于非饱和状态。

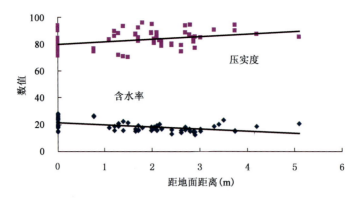

图 2-9　全线路基状态沿高度的分布（石家庄方向）

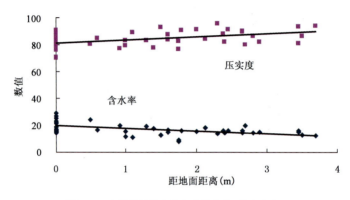

图 2-10　全线路基状态沿高度的分布（北京方向）

（2）京石高速公路地处平原区，路堤两侧均采用了大边沟的排水形式。边沟内水的排出主要依靠蒸发和下渗，因此，第一级台阶位置的含水率偏大，而压实度偏小。

（3）京石高速公路全线路基高度、边沟形式、土体类型和防护形式不同，总体上，旧路边坡状态沿路基高度基本呈线性变化。

二、旧路路基堤身状态分析

路基作为公路路面的基础，在行车荷载和自然环境因素的长期作用下，物理力学特性可能会发生改变。在路基加宽过程中为确保旧路路基的稳定性及加宽路基施工后沉降控制在合理的范围内，需要对旧路路基的物理力学状态进行分析和评价，从而为高速公路改扩建设计和施工方案提供技术支持，为控制横向不均匀沉降提供技术方案。

为了了解旧路路基填筑土体的工程特性，沿京石高速公路石家庄方向选取 9 个典型断面，在硬路肩位置采用钻机干钻采取试样（图 2-11），查明路基范围内各土层分布情况以及各土层的物理力学性质。为便于分析比较，选取 9 个断面路面以下 6.5m 范围内的路基土体。

1. 旧路路基压实度状态分析

在土基填筑过程中，对压实度有很高的要求，压实度不足，可能导致路堤整体破坏。土基越密实，压实度就越高，水稳性也就越好，因此用压实度评价压实质量是可以满足强度和稳定性要求的。大量工程实践表明，土基压实可使其强度增加、塑性变形减小、透水性降低、毛细水上升高度减小。9个断面钻孔土样的压实度试验结果如图2-12所示。

图2-11　旧路路基钻机取样压实度

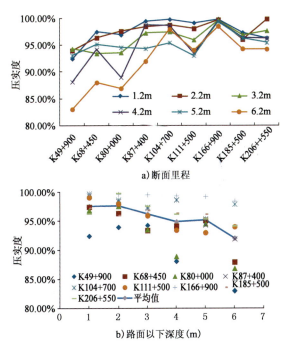

图2-12　各断面路面以下不同深度处土基的压实度

我国现行的《公路路基施工技术规范》(JTG F10—2006)和《公路路基设计规范》(JTG D30—2004)对高速公路路基压实度要求见表2-2。

公路路基设计标准　　　　　表2-2

填料应用部位		压　实　度(%)		
(路面底高程以下深度/m)		高速公路、一级公路	二级公路	三、四级公路
路堤	上路床(0~0.30)	≥96	≥95	≥94
	下路床(0.30~0.80)	≥96	≥95	≥94
	上路堤(0.80~1.50)	≥94	≥94	≥93
	下路堤(>1.50)	≥93	≥92	≥90
零填及挖方路基	(0~0.30)	≥96	≥95	≥94
	(0.30~0.80)	≥96	≥95	

根据公路路基压实标准和试验数据,可以分析出旧路路基的压实情况:

下路床范围(1.2m处)土体的压实度除K49+900断面略小外,所有数值均大于96%,平均数值为97.60%。上路堤范围(2.2m处)土体的压实度除K49+900断面略小外,所有数值均大于96%,平均数值为97.61%。下路堤范围土体,除K49+900和K80+000断面4.2m位置与K49+900、K68+450和K80+000断面6.2m位置处的压实度不满足规范要求外,其余各断面、各深度位置的压实度均满足规范要求。

由此可见,京石高速公路石家庄方向路基土体的压实质量较好。路基土体经过施工过程的振动压实以及竣工后路面和路基土体自重作用和行车荷载的长期作用逐步密实,压实度提高。

2. 旧路路基含水率分析

路基土体的回弹模量是影响沥青路面使用性能的重要指标。路基土体的含水率对回弹模量的影响较大,尤其是水敏感性较强的黏性土。因此研究路基土体的含水率具有重要的现实意义。AASHTO 指南(1993)考虑了湿度对路基回弹模量的影响,采用路基有效回弹模量作为设计指标。Ping(1998)选择了美国佛罗里达州的 5 种典型的粒状路基土,采用试验井装置分别测定了 3 种试验条件(最佳含水率、饱水、疏干)下路基材料的回弹模量。研究表明:从饱水条件到疏干条件,路基回弹模量增大了 3~5 倍。Wai(1998)用干—湿循环模拟路基土湿度变化,研究证实:湿度增大,路基回弹模量减小;干—湿循环对路基回弹模量也有影响。为了检验路基土含水率的状态,对 9 个断面钻孔土样进行含水率试验,试验结果如图 2-13 所示,土体含水率与最优含水率的差值如图 2-14 所示。

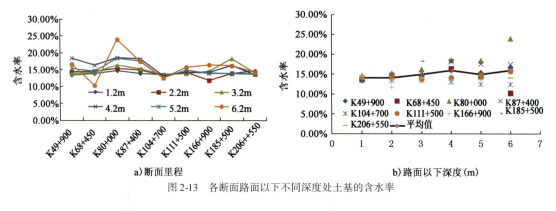

图 2-13 各断面路面以下不同深度处土基的含水率

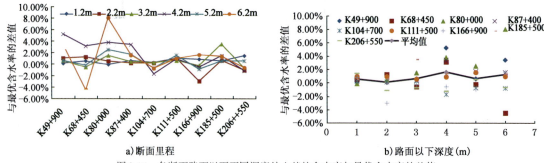

图 2-14 各断面路面以下不同深度处土基的含水率与最优含水率的差值

试验结果表明,除 K49+900、K68+450 和 K80+000 断面 6.2m 位置处的含水率较最优含水率偏差较大外,京石高速公路石家庄方向沿线路基土体含水率大部分在最优含水率 ±2%。这一方面说明旧路路基施工过程含水率控制满足规范要求,另一方面说明经过近 20 年的运营,旧路路面结构层性能良好,具有较好的防排水能力。K49+900、K68+450 和 K80+000 断面均处于软土地基,路基高度均在 7m 左右,由于地下水的毛细作用,导致了地面以上一定范围内路基土体的含水率增加。而路基高度大致相同的 K166+900、K185+500 和 K206+550 三个断面地基条件较好,地下水毛细作用不明显,实测路基土体含水率较施工时变化不大。

第二节 高速公路加宽路基软土地基 CFG 桩处理施工技术研究

一、施工准备

1. 内业准备

开工前组织技术人员认真学习实施性施工组织设计,阅读、审核施工图纸,澄清有关技术问题,熟悉规范和技术标准;制订 CFG 桩布桩图,图中注明桩位编号;制订出施工安全保证措施,提出应急预案;对施工人员进行技术交底,对参加施工人员进行上岗前的技术培训,考核合格后持证上岗。

2. 外业准备

测量放线,准确确定桩位,检查施工场地的控制桩点是否会受施工振动的影响;确定施工机具——CFG 长螺旋钻孔机及配套设备;施工作业层中所涉及的各种外部技术数据收集。

二、施工程序与工艺流程

1. 施工程序

每一根成桩作为一个完整的施工过程,其施工程序为:原地面处理→测量放线→钻机就位→钻进至设计深度→停钻→泵送混合料→均匀拔钻至桩顶→钻机移位。

2. 工艺流程图

高速公路路基加宽软土地基 CFG 桩施工工艺如图 2-15 所示。

(1)原地面处理

图 2-15 CFG 桩施工作业流程

先进行场地平整,清除桩位处地上、地下的一切障碍物,场地低洼处用黏性土料回填夯实,并做好排浆沟,如图 2-16 所示。

a)

b)

图 2-16 原地面处理

(2)测量放线

测量放线,准确确定桩位,检查施工场地的控制桩点是否会受施工振动的影响,如图 2-17 所示。

a)

b)

图 2-17　测量放线

(3)钻机就位

按照测放的桩位,将钻机移至桩位上,钻头对准桩位,桩位偏差不大于 5cm,调平机台,如图 2-18 所示。

a)

b)

图 2-18　钻机就位

(4)钻进至设计深度

钻孔开始前,按设计预定的高程在钻机塔身处做醒目标记,如图 2-19 所示。

(5)泵送混合料、均匀拔钻至桩顶

钻孔至设计高程后,停止钻进,开始泵送混合料,当钻杆芯管充满混合料后开始拔管,如图 2-20 所示。

(6)钻机移位

钻机移位至下一桩位施工时,应根据轴线和周围桩的位置对需施工的桩位进行复核,保证桩位准确,如图 2-21 所示。

a)　　　　　　　　　　　　　　　b)

图 2-19　钻孔至设计深度

a)　　　　　　　　　　　　　　　b)

图 2-20　泵送混凝土

a)　　　　　　　　　　　　　　　b)

图 2-21　钻机移位

三、施工质量控制要求

（1）钻机就位

钻机就位后，应用钻机塔身前后左右的垂直标杆检查塔身导杆，校正位置，使钻机垂直对准桩位中心。钻孔控制时,可采用在钻架上挂垂球的方法测量该孔的垂直度,也可采用钻机自带垂直度调整器控制钻杆垂直度。每根桩施工前现场工程技术人员应进行桩位对中及垂直度检查,CFG 桩垂直度允许偏差≤1%,桩位允许偏差≤5cm。满足要求后,方可开钻。

(2)钻进成孔

钻孔开始前,按设计预定的高程在钻机塔身处做醒目标记。钻孔开始时,关闭钻头阀门,向下移动钻杆至钻头触地时,开启起动机钻进,先慢后快,同时检查钻孔的偏差并及时纠正。在成孔过程中发现钻杆摇晃或难钻时,应放慢进度,防止桩孔偏斜、位移和钻具损坏。根据钻机塔身上的进尺标记,成孔到达设计高程时,停止钻进。

(3)混合料拌和

混合料拌和进行集中拌和,按照配合比进行配料,准确计量,上料顺序要考虑到冬季施工影响,拌和时间一般不少于 1.5min,具体拌和时间根据试验确定。

(4)灌注及拔管

钻孔至设计高程后,停止钻进,开始泵送混合料,当钻杆芯管充满混合料后开始拔管,严禁先提管后泵料。为保证桩体质量,混合料一定要均匀,且投料充分。混合料坍落度一般为 160~200mm。成桩的提拔速度应该根据机型、地质条件、混合料情况、施工条件等因素酌情考虑,以达到最佳成桩效果。总的时间控制在每分钟 1.5~2.5m,成孔过程连续进行,避免因供料慢而导致停机待料,造成断桩事故。灌注成桩完成后,用水泥袋盖好桩头,进行保护。施工桩顶高程高出设计桩顶不少于 0.5m,桩长、桩径不小于设计值。

(5)钻机移位

钻机移位至下一桩位施工时,应根据轴线和周围桩的位置对需要施工的桩位进行复核,保证桩位准确。

(6)现场试验

对于每盘混合料,试验人员都要进行坍落度的检测,合格后方可进行混合料的投料,每台机械每台班混合料坍落度检测应不少于 4 次,在成桩过程中抽样制作混合料试块,每台班做 3 组(各 3 块)试块,其中两组用于测定混合料 7 天、28 天抗压强度,另一组试块备用。

(7)清理

CFG 桩施工完毕并在其混合料初凝后,进行打桩弃土清运,清运时不可对设计桩顶高程以下的桩身造成损害,不可扰动桩间土,不可破坏工作面未施工的桩位。清运完毕后人工开挖其下 50cm 保护土层,清运保护土层时不得扰动基底土,防止形成橡皮土。施工时严格控制高程,不得超挖。保护土层清除后,截除桩顶设计高程以上的桩头,截桩时在同一水平面按同一角度对称放置 2 个或 4 个钢钎,用大锤同时击打将桩头截断,条件许可时采用截桩机截桩。桩头截断后,用钢钎、手锤将桩顶从四周向中间修平至桩顶设计高程,桩顶允许偏差 0~+20mm。如果在基槽开挖和截桩头时造成桩体断至桩顶设计高程以下,必须接桩至桩顶设计高程,剔平凿毛桩顶,用与桩体材料、配比相同的混合料接桩,并超出桩周 200mm。

四、材料要求

所用的水泥和粗细集料品种、规格及质量应符合设计要求,可以使用 32.5 级水泥,各种原材料每批抽样检验 1 组。检验方法:检查产品质量证明文件,在水泥库抽样检验水泥强度、安定性、凝结时间,在料场抽样检验粗细集料含泥量、筛分试验检验颗粒级配。

五、施工质量控制技术

(1)测量桩位前应对施工现场原地面高程进行抄平测量,并用平地机平整碾压后放出各桩的准确位置,将施工区域进行划分,并将各桩进行编号,定机定人进行管理。

(2)布桩时,CFG桩的数量、布置形式及间距必须严格按设计要求。遵循从中心向外推进施工,或从一边向另一边推进施工的原则,不宜从四周向内推进施工。

(3)对进场施工的所有长螺旋钻机在开钻前应由施工技术人员对标尺、刻画进行复核,消除标志误差。使用反差大的反光贴进行标示,粘贴在钻机导向架上,利于夜间记录人员识别读数。

(4)现场管理人员对每根桩都要根据桩机上的垂球目测导向架垂直度,以保证桩身垂直度不大于1%,确保桩体的正常受力。

(5)钻孔开始时,关闭钻头阀门,向下移动钻杆至钻头触及地面时,开启起动机钻进,先慢后快。在成孔过程中,如发现钻杆摇晃或难钻时,应放慢进尺,否则容易导致桩孔偏斜、位移,甚至使钻杆、钻具损坏。

(6)CFG桩成桩过程由现场值班人员指挥,桩机操作手和地泵操作手密切配合,按照先泵料后拔管的原则,严禁先拔管后泵料,防止CFG桩成吊脚桩。

(7)严格控制拔管速度。拔管速度太快可能导致桩径偏小或缩颈断桩,而拔管速度过慢又会造成水泥浆分布不匀、桩顶浮浆过多、桩身强度不足和混合料离析,导致桩身强度不足。

(8)整个施工过程中,应安排质检人员旁站监督,并作好施工原始记录。记录的内容主要有:桩号、钻孔深度、瞬间电流值、孔深、拔管速度、单孔混合料灌入量、堵管及处理措施等。

(9)提钻泵送过程中,旁站人员要经常敲打输送管,确认管内混合料充实,以保证桩体密实。

(10)由于桩管垂直度的偏差,在拔管过程中易出现反插,使土与桩体材料混合,导致桩身掺土影响桩身质量,所以施工中应避免反插。

(11)桩顶混凝土停灰面根据导向架上标志由值班人员判断,控制在桩顶高程以上0.5m的位置。

(12)控制好混合料的坍落度。混合料坍落度过大,会形成桩顶浮浆过多,从而影响桩体强度。坍落度控制在160~220mm,要求混凝土和易性好,桩顶浮浆控制在20cm以内。

(13)设置保护桩长。在泵送混合料时,比设计桩长多加0.5m的料。将沉管拔出后,用插入式振捣棒对桩顶混合料加振3~5s,提高桩顶混合料密实度。上部用土封顶,以提高混合料抵抗周围土挤压的能力,避免新打桩振动导致已打桩受振动挤压而出现混合料上涌使桩径缩小的情形。

(14)在截取桩头前应准确测量桩顶高程,并在纵横向挂线标示桩头水平位置。凿除桩头时严禁单边打眼凿桩头,防止桩头成斜面或破损,截取后的桩头面应是水平面。清理桩间土和截取桩头时,应采取相应的预防措施,防止桩顶高程以下桩身断裂和扰动桩间土。

(15)冬季施工时混合料入孔温度不得低于5℃,对桩头和桩间土应采取保温措施,保证桩顶覆土厚度。

六、施工质量检验要求

（1）CFG 桩的数量、布桩形式应符合设计要求。检验数量：全部检查；检验方法：计数。

（2）每根桩的投料量不得少于设计灌注量。检验数量：每根桩检验；检验方法：料斗现场计量。

（3）CFG 桩的有效长度应满足设计要求。检验数量：每根桩检验；检验方法：测量钻杆长度，并在施工中检查是否达到设计深度标志，施工后检查浮浆厚度，计算出桩的有效长度。

（4）CFG 桩身施工完毕，28d 后对 CFG 桩进行检测（图 2-22）。检测包括钻芯抗压强度、桩长、低应变对桩身质量的检测和静载荷试验对单桩、复合地基承载力的检测。各项检测标准应依据设计图纸、技术规范、设计补充文件等。

a)

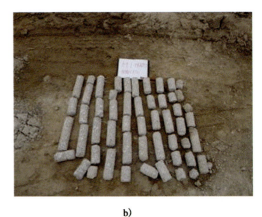
b)

图 2-22　CFG 桩桩身钻芯取样

（5）CFG 桩的桩位、垂直度、有效直径的允许偏差应符合表 2-3 的规定。

CFG 桩质量检验内容　　　　表 2-3

序　号	项　目	允许偏差
1	桩位（纵横向）	50mm
2	桩身垂直度	1.0%
3	桩体有效直径	不小于设计值

第三节　旧路路基边沟回填、重型压实技术研究

一、旧路路基边沟状态检测、分析与评价

在京石高速公路选取 10 个典型断面，如表 2-4 所示。在每一断面的边沟基底布置测点，挖 1.0m×1.0m×(0.5~1.5)m 的坑，取原状土样进行室内试验，测试边沟基底土的物理力学性质，同时采用 DCP 测试 50~100cm 范围内基底土的贯入量。利用红外线测距仪和钢尺测定边沟的底宽、顶宽和深度。

从表 2-4 可知,京石高速公路边沟具有深度大、宽度变化大等特点,一些边沟基底含水率高,强度低。边沟的深度一般在 1~3m,基底宽度窄处仅为 1.2m 左右,宽处则无明显边沟沿,基底土主要为粉土和粉质黏土,粉土的孔隙比在 0.6~0.8,黏性土的孔隙比不超过 1.0。基底土的含水率可达 20%~30%,DCP 贯入量可达 40mm/击以上,基底土强度和承载力较低。另外,调查还发现公路沿线 JS8、JS9、JS10 等标段局部加宽地基为湿陷性黄土。

典 型 断 面　　　　　　　表 2-4

调查位置	基 本 特 征
K229+000	细砂或粉砂,无明显边沟沿,深约 2.9m,含水率 3.67%,干密度为 1.60g/cm³,最大干密度为 1.80g/cm³,DCP 贯入量 28.9mm/击
K208+400	低液限黏土(粉土),底宽 5m,顶宽 8.5m,深约 1.5m,基底土含水率 20% 左右,液限 24.3%,塑性指数 8.1,干密度为 1.75g/cm³,最大干密度为 1.94g/cm³,DCP 贯入量 10.7mm/击
K180+525	低液限黏土(粉质黏土),无明显边沟沿,深约 2.6m,基底土含水率 24.2% 左右,液限 28.6%,塑性指数 12.2,干密度为 1.75g/cm³,最佳含水率 13%,最大干密度为 1.94g/cm³,DCP 贯入量 19.3mm/击
K166+600	低液限黏土(粉质黏土),无明显边沟沿,深约 1.6m,基底土含水率 26.5% 左右,液限 28.6%,塑性指数 12.2,干密度为 1.44g/cm³,最佳含水率 13%,最大干密度为 1.9g/cm³,DCP 贯入量 30mm/击
K132+150	低液限黏土(粉质黏土),边沟底宽 2.5m,顶宽 6.5m,深约 2m,基底土含水率 29% 左右,向下递减,向下 50cm 含水率约为 24%,液限 27.8%,塑性指数 11.6,最佳含水率 14.3%,最大干密度为 1.82/cm³,DCP 贯入量 43.4mm/击
K111+550	低液限黏土(粉质黏土),石京方向,边沟底面平坦,宽度约为 4.4m,深约 2m,基底土含水率 22% 左右,液限 27.8%,塑性指数 11.6,最佳含水率 14.3%,最大干密度为 1.82/cm³ DCP 贯入量 20~30mm/击
K99+020	低液限黏土(粉质黏土),石京方向,边沟底面平坦,宽度约为 4.4m,深约 2m,京石方向边沟底宽 3.8m,顶宽 6m,深度约 2.6m,基底土含水率 14.7%~17.2%,液限 26.3%,塑性指数 8.92 最佳含水率 13.5%,最大干密度为 1.89/cm³,DCP 贯入量 25~67mm/击
K89+450	低液限黏土(粉土),石京方向,边沟底面平坦,无明显边沟沿,京石方向边沟底宽 3.6m,顶宽 7.4m,深度约 2.2m,基底土含水率 18.2%~32.8%,液限 26.3%,塑性指数 8.92,最佳含水率 13.5%,最大干密度为 1.89/cm³,DCP 贯入量 48mm/击
K82+650	低液限黏土(粉质黏土),边沟底宽 2.8m,顶宽 4.8m,深约 2.8m,基底土含水率 22.5%~26.5%,液限 26.3%,塑性指数 8.92,最佳含水率 13.5%,最大干密度为 1.89g/cm³,DCP 贯入量 58mm/击
K48+800	低液限黏土(粉质黏土),石京方向,边沟底宽 2.9m,顶宽 8.8m,深约 1.8m,京石方向无明显边沟沿,深约 3.2m,基底土含水率 20% 左右,液限 27.92%,塑性指数 12.0,最佳含水率 12.8%,最大干密度为 1.93g/cm³,DCP 贯入量 22mm/击

二、旧路路基边沟回填施工技术

1. 旧路路基边沟类型

为了研究各种类型旧路路基边沟的处理方法,先对旧路路基边沟进行类型划分。根据现场调查,按照旧路路基边沟是否有水,可分为有水边沟和无水边沟;按照旧路路基边沟基底50cm范围内土质工程性质,可分为软弱基底边沟和普通基底边沟;按照旧路路基边沟尺寸可以分为小边沟和大边沟,小边沟是指加宽路基坡脚与边沟外沿线相交或在边沟范围以外的边沟,如图2-23;大边沟是指加宽路基坡脚落在边沟底范围内的边沟,如图2-24所示。

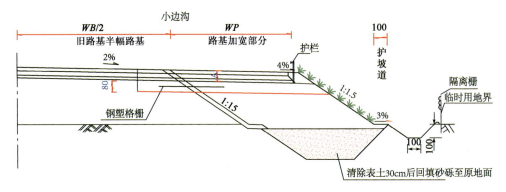

图2-23 小边沟回填(尺寸单位:cm)

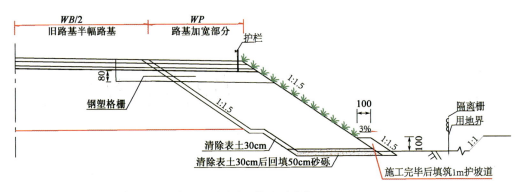

图2-24 大边沟回填(尺寸单位:cm)

2. 旧路路基边沟回填处理技术

1)边沟回填的侧壁台阶

为强化边沟回填土料与边沟侧壁的结合,回填时边沟侧壁应开挖台阶,如图2-25所示。第一级台阶尺寸为150cm×100cm,以上台阶尺寸为120cm×80cm,若为小边沟,则对称开挖台阶。边沟基底尺寸应保证使用机械设备所要求的工作面。

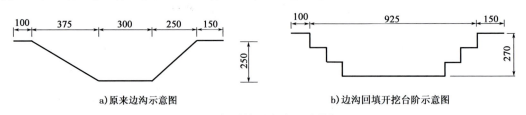

a) 原来边沟示意图　　b) 边沟回填开挖台阶示意图

图2-25 边沟回填侧壁台阶(尺寸单位:cm)

2)边沟回填的技术方案

(1)小边沟路段。为保证拼宽路基的质量和减少工后沉降,使用砂砾或山皮土回填边沟。

(2)结合现场实际情况,大边沟路段按以下三种情况处理,如图2-24所示。
①清表后直接填土或通过翻拌晾晒后填土。
②对含水率过大通过翻拌晾晒不能解决的,掺3%~5%的石灰进行处理。
③对于泄水槽附近过湿部位采用砂砾或山皮土进行填筑,处理范围为泄水槽每侧各2m。
(3)对于JS8、JS9、JS10等标段的湿陷性黄土路基段,采用换填法消除湿陷性黄土对加宽路基不均匀沉降的影响。结合施工便道设置,将湿陷性黄土路段换填范围优化至拼宽路基护坡道外缘。对于不同边沟类型采取如下换填方案:
①旧路路基有边沟且拼宽路基坡脚落在旧边沟外侧平台或落在边沟外侧坡体上,以边沟外侧平台(原地表)作为换填顶面,如图2-26a)所示。

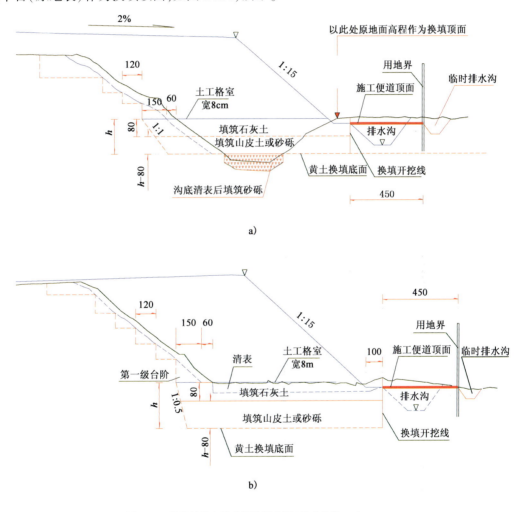

图2-26 湿陷性黄土路基段换填方案(尺寸单位:cm)

若设计换填底面高于原沟底,清表后先填筑砂砾或山皮土至换填底面,再开始做开挖换填处理;若换填底面低于原沟底,清表后,即开始开挖做换填处理。
②旧路路基无边沟或边沟较宽路段(拼宽路基坡脚落在旧边沟沟底内),以旧路路基坡脚处平台作为换填顶面,如图2-26b)所示。

三、重型碾压技术

使用山皮土或砂砾回填边沟时一个重要控制指标是回填后的压实度。压实度大,回填边沟的强度就高,整体性就好,应力均化能力更强,更有利于均化加宽路基荷载,提高回填边沟的模量,减小加宽路基差异沉降,进而防止路面出现纵向裂缝,增强路面的使用性能和使用寿命。

为了提高回填边沟及整体路基的压实质量,在沟顶处增加补强措施;每填高80cm(即一个台阶的高度),也增加补强措施。受限于项目施工场地,经过调研拟采用重型压路机进行碾压补强。为了解重型压路机碾压补强效果,进行了重型压路机碾压补强效果调研和试验段研究。

图2-27 YZ32型振动压路机

1. 重型压路机碾压补强效果调研

YZ32型重型强振碾压压路机由陕西中大集团湖南中大机械制造有限责任公司生产。该压路机具有自重大、激振力大等特点,主要技术参数包括:发动机为依维柯F2CE9687A,额定功率220kW以上,最大激振力59t,前轮重21t,最大总作用力800kN,振动频率23~28Hz,振幅1~1.8mm,最小转弯半径(外侧)7400mm,最小离地间隙470mm,行走速度Ⅰ档0~6km/h,Ⅱ档0~8km/h,爬坡能力40%,如图2-27所示。

从YZ32型振动压路机已有的应用情况来看,该压路机目前主要应用于路基填筑工程中的增压补强,使用效果优于冲击碾压。本研究采用该重型压路机进行边沟回填的增强压实。为检验重型压路机的补强效果,总结施工技术参数,在JS7标段开展研究。

2. 重型碾压补强试验段研究

(1)试验概况

试验选择在K131+881~K132+358进行,试验时基底清表50cm,清除腐殖土、杂草和树根。清表后的边沟基底为粉质黏土,测试基底含水率结果如表2-5所示。从表2-5可以看出,边沟基底含水率较大,表面含水率大致为22.7%,深度50cm处水率大致为25.5%,深度100cm处水率大致为24.1%。可见从表面向下50cm范围内含水率逐渐增加,50cm以下含水率下降。边沟基底土体基本处于软塑状态。现场开挖试坑,基底下0.5m为粉质黏土,再向下为粉砂土。

基底软弱土含水率高,若直接填筑砂砾,易发生软弹现象,应对基底软弱土翻挖晾晒或彻底清除后换填砂砾。本次试验段都没有清除基底下薄层软弱土(约50cm),直接填筑50cm厚,粒径2~20cm的粗砂砾,先采用22t压路机进行静弱强振结合碾压,然后采用32t压路机补强碾压,碾压至最后2次沉降差不超过4mm,最后填筑40~50cm砂砾,采用22t和32t压路机进行静弱强振结合碾压。

试验段1为K131+880~K131+980。先填50cm砂砾,压实后再平均虚铺约40cm砂砾,摊平后每20m布设一个水准观测断面,每一断面2个水准测点进行观测。先用22t压路机静压1遍+弱振1遍+强振1遍,然后使用32t压路机弱振1遍+强振1遍+强振4遍,最后采用22t压路机稳压,观测填筑砂砾土的压沉值,观测数据如表2-6所示。

边沟基底含水率情况　　　　　　　　　　　表2-5

测试位置	取样深度(cm)	含水率(%)
K131+900	0	22.6
	50	24.4
	100	23.6
K132+000	0	22.2
	50	25.4
	100	24.0
K132+100	0	22.8
	50	25.4
	100	24.4
K132+250	0	23.2
	50	24.6
	100	25.2
K132+450	50	27.5
	100	23.4
	200	24.5

试验段2为K132+570～K132+670(右幅)。基底清表后铺60cm砂砾,布设水准观测断面,先用22t压路机静压1遍+弱振1遍+强振3遍,然后用32t压路机强振1遍+弱振1遍+强振2遍,分别观测压沉值,结果如表2-7所示。

(2)试验结果分析

从表2-6可以看出,虚铺后22t压路机静压1遍,平均沉降量为13.9mm,弱振1遍后,平均再沉约12.2mm,再强振1遍后,平均再沉约7.7mm。可见随着压实遍数增加,沉降量逐渐减小。由于22t压路机有效影响深度有限,使用22t压路机压实0.9m厚度砂砾压密程度有限。采用32t压路机弱振一遍后,平均再沉约4.3mm,若再强振碾压5遍,可再沉3.9mm。

上述试验结果表明:对于0.9m砂砾土,22t压路机碾压至稳定后,再采用32t压路机弱振1遍,强振4~5遍,至最后两遍沉降差不超过4mm终止,稳压1遍,效果较佳。

32t强振1遍后回填土出现反弹隆起,其原因为:在32t压路机强振作用下,已板结(即形成结构特征)回填土中局部压密不实、板结结构不强的土体发生破坏,并表现剪胀特征,从而使得回填土表现为隆起。若继续碾压,则重新形成板体结构,并变得更为密实。因此,碾压需要3遍以上,以消除这种效应。

从表2-7可以也看出:虚铺后22t压路机静压1遍,平均沉降量为7.9mm,弱振1遍后,平均再沉约5.4mm,再强振2遍后,平均隆起约2.1mm,再强振碾压1遍,再下沉约2.2mm,这时使用22t压路机很难进一步压实填土,即使用22t压路机强振碾压3~4遍即可。

表 2-6

K131+880～K131+980 试验段水准观测结果

桩号	右幅距中桩距离(cm)	第一层(原地面 50cm 砂砾压实后)	虚铺(m)	虚铺厚度(cm)	第二层(40cm 砂砾摊平后放钢球测)											40cm砂砾顶压实后高程(m)
					22t静压后(m)	比上次沉降(mm)	22t弱振后(m)	比上次沉降(mm)	22t强振后(m)	比上次沉降(mm)	32t弱振后(m)	比上次沉降(mm)	32t强振一次(m)	比上次沉降(mm)	强振4次且22t稳压(m)	比上次沉降(mm)	
k131+880	19.3	10.165	10.718	55.3	10.694	-24	10.68	-14	10.675	-5	10.673	-2	10.679	6	10.681	2	10.681
k131+900	23.5	10.15	10.644	49.4	10.633	-11	10.607	-26	10.594	-13	10.592	-2	10.593	1	10.591	-2	10.591
k131+900	19.5	10.036	10.595	55.9	10.589	-6	10.58	-9	10.566	-14	10.562	-4	10.568	6	10.562	-6	10.562
k131+920	23.5	10.046	10.559	51.3	10.55	-9	10.533	-17	10.524	-9	10.511	-13	10.515	4	10.498	-17	10.498
k131+920	20.5	10.078	10.554	47.6	10.54	-14	10.531	-9	10.515	-16	10.518	3	10.523	5	10.518	-5	10.518
k131+940	24.5	10.125	10.483	35.8	10.485	2	10.462	-23	10.461	-1	10.453	-8	10.457	4	10.443	-14	10.443
k131+940	20.6	10.139	10.603	46.4	10.586	-17	10.58	-6	10.568	-12	10.568	0	10.566	-2	10.551	-15	10.551
k131+960	24.4	10.107	10.581	47.4	10.581	0	10.575	-6	10.57	-5	10.556	-14	10.558	2	10.539	-19	10.539
k131+960	19.6	10.136	10.629	49.3	10.591	-38	10.583	-8	10.561	-22	10.572	11	10.577	5	10.569	-8	10.569
k131+980	23.6	10.162	10.579	41.7	10.578	-1	10.58	2	10.579	-1	10.569	-10	10.567	-2	10.559	-8	10.559
k131+980	20.1	10.268	10.642	37.4	10.62	-22	10.608	-12	10.61	2	10.602	-8	10.604	2	10.604	0	10.604
	25	10.233	10.628	39.5	10.601	-27	10.583	-18	10.587	4	10.582	-5	10.58	-2	10.574	-6	10.574
平均值						-13.9		-12.2		-7.7		-4.3		2.4		-8.2	
标准差						12.2		7.9		7.9		7.0		3.1		6.8	

注：负值代表压沉，正值代表隆起。

表 2-7 K132+570～K132+670 试验段水准观测结果

部位		22t压路机静压后 沉降差(mm)	22t压路机弱振一次后 沉降差(mm)	22t压路机强振一次后 沉降差(mm)	22t压路机强振二次后 沉降差(mm)	22t压路机强振三次后 沉降差(mm)	32t压路机强振一次后 沉降差(mm)	32t压路机强振一次后 沉降差(mm)	32t压路机强振二次后 沉降差(mm)	32t压路机强振三次后 沉降差(mm)
K132+580	内	0	0	8	-5	11	-3	9	14	7
	外	4	0	-4	-8	18	-2	8	32	-17
K132+600	内	-14	-8	5	-5	-8	-2	13	-4	-2
	外	-2	-10	0	-6	-4	-1	16	-9	-16
K132+620	内	-8	-4	0	-3	-5	0	6	-15	1
	外	-6	-6	-7	-7	-3	-1	9	3	-22
K132+640	内	-9	-2	6	-7	-6	3	-14	2	-2
	外	-14	-6	5	0	-8	-2	-24	35	-16
K132+660	内	-7	-13	-9	28	-12	-16	-20	15	-17
	外	-23	-5	2	28	-5	-2	-53	24	-27
平均值		-7.9	-5.4	0.6	1.5	-2.2	-2.6	-5	9.7	-11.1
标准差		7.8	4.2	5.7	14.2	9.3	5.0	22.2	17.1	11.2

注：负值代表压沉，正值代表隆起。

采用32t压路机强振一遍后,平均再沉约2.6mm,若再弱振碾压1遍,可再沉5mm,而后再强振,3遍内无明显效果。32t压路机在弱振后,再强振影响效果不明显。这是由于32t压路机影响深度较大,弱振时足以对0.6m深度产生有效、积极影响,促使砂砾土颗粒重排而趋于紧密,若激振力过大,使得已经重排紧密的砂砾土板结结构破坏,并对基底土产生影响,效果反而不好。因此对于基底回填0.6m厚度的砂砾土使用32t压路机强振碾压,效果不佳。

从表2-6和表2-7还可以看出:对于32t和22t压路机而言,在弱振1遍后,再强振若干次尽管对填土的压实影响有限,但通过多次强振可以有效降低压沉值的离散性,使得填土更趋均匀,因此强振次数应不少于3~4次。

为了评估上述工艺和重型碾压的效果,在K132+420~K132+530标段边沟回填1.1m厚砂砾,并使用32t重型压路机进行碾压至无明显轮迹。另取K132+580~K132+780试验段,边沟回填1.1m厚砂砾,然后使用22t压力机进行碾压至无明显轮迹。对这两段的弯沉情况进行了现场检测。检测依据JTG E60—2008进行,测试中采5.4m贝克曼梁,测试车车型为BZZ-100,后轴重100kN,轮胎气压为0.7MPa,季节修正系数为1.2,结果统计分析时保证率系数取2。测试结果分别见表2-8和表2-9。

K132+420~K132+530 1.1m厚砂砾回填32t压路机碾压弯沉测试结果　　表2-8

弯沉仪类型		5.4m贝克曼梁		测试车车型		BZZ-100	后轴重(kN)		100
轮胎气压左侧(MPa)		0.7		轮胎气压右侧(MPa)		0.7	路基干湿状况		潮湿
基层结构类型		粒料基层		沥青面层厚度(mm)			前5天平均气温(℃)		
季节修正系数	1.2	保证率系数		2	剔除系数	3	设计弯沉值(0.01m)		
测点桩号	车道	路表温度(℃)	左侧(0.01mm)			右侧(0.01mm)			备注
			初读数	终读数	回弹弯沉	初读数	终读数	回弹弯沉	
K132+430	右幅		250.0	29.0	530.4	104.0	36.0	163.2	
K132+440	右幅		180.0	81.0	237.6	111.0	17.0	225.6	
K132+450	右幅		198.0	100.0	235.2	151.0	9.0	340.8	
K132+460	右幅		300.0	0.0	720.0*	141.0	64.0	184.8	
K132+470	右幅		123.0	64.0	141.6	70.0	27.0	103.2	
K132+480	右幅		167.0	98.0	165.6	97.0	33.0	153.6	
K132+490	右幅		74.0	3.0	170.4	60.0	10.0	120.0	
K132+500	右幅		83.0	7.0	182.4	162.0	90.0	172.8	
K132+510	右幅		145.0	82.0	151.2	61.0	8.0	127.2	
K132+520	右幅		142.0	44.0	235.2	159.0	67.0	220.8	

对表2-8和表2-9统计分析,其弯沉平均值分别为185.1和188.7,标准差分别为56.6和126.9,代表弯沉值分别为298.3和442.5。

对比表2-8和表2-9的弯沉测试结果可以看出,32t重型压路机补压后,回填砂砾土的弯沉值标准差为56.6,22t的为126.9,前者数据离散性小,后者的弯沉值离散性大,这表明32t压路机补压后的砂砾土力学性质较为均匀,有利于土体承载。另外,对比2种方法的代表值,

32t 和 22t 压路机碾压后砂砾土的弯沉代表值分别为 298.3 和 442.5,前者比后者低 144.2,这表明 32t 压路机碾压补强效果明显。

K132+580~K132+780 1.1m 厚砂砾回填 22t 压路机碾压弯沉测试结果　　表 2-9

弯沉仪类型	5.4m 贝克曼梁			测试车车型		BZZ-100	后轴重(kN)		100
轮胎气压左侧(MPa)	0.7			轮胎气压右侧(MPa)		0.7	路基干湿状况		潮湿
基层结构类型	粒料基层			沥青面层厚度(mm)			前5天平均气温(℃)		
季节修正系数	1.2		保证率系数	2		剔除系数	3	设计弯沉值(0.01m)	
测点桩号	车道	路表温度(℃)	左侧(0.01mm)			右侧(0.01mm)			备注
			初读数	终读数	回弹弯沉	初读数	终读数	回弹弯沉	
K132+590	右幅		200.0	0.0	480.0	200.0	0.0	480.0	
K132+600	右幅		142.0	80.0	148.8	82.0	33.0	117.6	
K132+610	右幅		93.0	56.0	88.8	103.0	64.0	93.6	
K132+620	右幅		200.0	150.0	120.0	200.0	0.0	480.0	
K132+630	右幅		140.0	39.0	242.4	175.0	84.0	218.4	
K132+640	右幅		200.0	170.0	72.0	60.0	21.0	93.6	
K132+650	右幅		88.0	34.0	129.6	140.0	83.0	136.8	
K132+660	右幅		141.0	76.0	156.0	108.0	62.0	110.4	
K132+670	右幅		90.0	28.0	148.8	82.0	20.0	148.8	
K132+680	右幅		92.0	18.0	177.6	151.0	85.0	158.4	
K132+690	右幅		121.0	61.0	144.0	45.0	4.0	98.4	
K132+700	右幅		66.0	12.0	129.6	200.0	0.0	480.0	
K132+710	右幅		85.0	18.0	163.2	96.0	22.0	177.6	
K132+720	右幅		170.0	125.0	108.0	110.0	35.0	180.0	

3. 重型压路机碾压补强影响深度动力试验

通过试验段研究已证明重型压路机碾压补强具有显著效果,但在何位置开展碾压补强是重型压路机补强施工中的关键技术参数。若补强土体厚度过大,土体下部补强效果欠佳,影响工程质量,若补强土体厚度过薄,不仅效果不好,还增加了工程造价。为此开展了重型压路机补强影响深度的动力试验,通过该试验确定 YZ32 型重型振动压路机的补强作用效能和有效作用深度。

试验的监测采用拾振器进行振动信号采集,通过电荷放大器将电信号放大后经数据采集仪进行记录采集,最后用数据分析软件进行数据分析,该系统框图如图 2-28 所示。

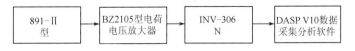

图 2-28　试验监测系统

本次动力监测设备的参数见表 2-10,参与对比的普通 22t 振动压路机与 32t 重型振动压路机的性能参数见表 2-11。

振 动 监 测 设 备　　　　　　表 2-10

序号	仪器名称	规格型号及精度	产地	数量	用途
1	低频传感器	891-B	中国	8	信号采集
2	智能信号数据采集分析系统	INV 306N	中国	1	数据分析
3	功率放大器	BZ2105	中国	1	信号采集

普通 22t 振动压路机与 32t 超重型振动压路机性能参数　　　　表 2-11

车型	单位	XS222	YZ32
工作质量	kg	22000	32000
前轮分配质量	kg	15000	21000
后轮分配质量	kg	7000	11000
压轮宽度	mm	2130	2430
静线载荷	N/cm	704	940
振动频率(低/高)	Hz	28/33	28/33
名义振幅(高/低)	mm	1.86/0.93	1.80/1.10
激振力(高/低)	kN	390/270	590/450
行驶速度	km/h	5	4

本次试验主要采集施工周边范围的地面振动竖向加速度、地面振动响应频率、阻尼比。依据试验目的,选择同一条直线上的 5 个测点,每个测点布置两个竖向加速度传感器(图 2-30)。测点 1 至测点 5 分别埋置在振源周围不同深度土基里,且呈一条直线。

测点 1 布置于路基基底压实顶面位置,测点 2 布置于路基基底压实顶面下 50cm 位置,测点 3 布置于路基基底顶面下 100cm 位置,测点 4 布置于路基基底顶面下 150cm 位置,测点 5 布置于路基基底顶面下 200cm 位置,如图 2-29 所示。

图 2-30 为不同深度位置测点的频谱图。从图可以看出,在振动压路机工作过程中路基响应振动频率非常明显,表明路基土碾压密实,路基接近刚性体,这种试验方法是切实可行的。

为了对比研究,设计了如下 6 种工况:

工况一:普通 22t 振动压路机沿测点布置方向往返静力碾压 3 遍。

工况二:普通 22t 振动压路机沿测点布置方向往返小振碾压 3 遍。

工况三:普通 22t 振动压路机沿测点布置方向往返强振碾压 3 遍。

工况四:超重型 32t 振动压路机沿测点布置方向往返静力碾压 3 遍。

工况五:超重型 32t 振动压路机沿测点布置方向往返小振碾压 3 遍。

工况六:超重型 32t 振动压路机沿测点布置方向往返强振碾压 3 遍。

加速度振动信号通过低频传感器(891—Ⅱ型)、信号放大器、数据采集、笔记本进行数据采集处理。

本次试验过程中主要采集路基竖向加速度振动信号,同时通过积分得到路基竖向速度振动信号、竖向振动幅度信号。时域振动信号的统计指标一般有最大值、最小值、平均值、平均幅值、方根幅值、有效值(均方根)、均方值、标准差等。由于本次振动测试的振动压路机的路基响应振动为随机简谐振动,故振动效果可用有效值(均方根)进行评价,而响应振动的最大值受不确定性因素影响较多,不具备代表性,故本次评价不采用该项指标。

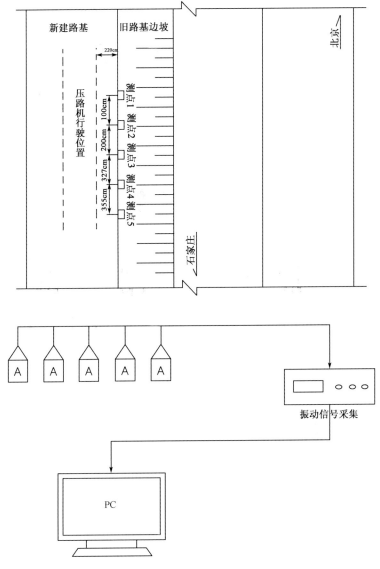

图 2-29　测点及传感器布置

表 2-12、表 2-13 和表 2-14 分别为不同深度各个工况下的竖向速度、加速度和振幅有效值的情况,这些值直接反映了振动效应的能量衰减快慢。根据以上试验结果,可得到如下分析结果:

(1)振动信号有效值在路基顶面以下 1~2m 范围内变化较快,路基顶面以下 0~1m 范围内变化较缓慢。由此反映出振动效应的能量在 1m 范围内衰减较慢,而在 1~2m 范围内衰减较快。

由于路基压实度越高,路基土越接近刚性体,能量衰减越慢,则振动速度衰减越慢。故可以推定振动压路机的有效压实深度在 1m 范围内。

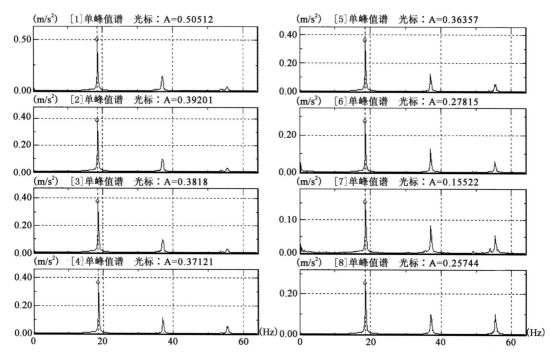

图 2-30 各深度位置测点频谱

各个振动工况下不同路基位置深度速度值（单位：mm/s）　　　　表 2-12

工况 \ 路基深度(cm)	0	50	100	150	200
22t 静压	0.28	0.24	0.18	0.15	0.10
32t 静压	0.31	0.26	0.22	0.17	0.09
22t 微振	3.079	2.753	2.321	1.588	0.923
22t 强振	3.335	3.011	2.571	1.753	1.099
32t 微振	3.721	3.379	2.833	1.957	1.283
32t 强振	4.115	3.824	3.265	2.384	1.567

各个振动工况下不同路基深度位置加速度值　　　　表 2-13

工况 \ 路基深度(cm)	0	50	100	150	200
22t 静压	0.011	0.010	0.007	0.006	0.005
32t 静压	0.010	0.010	0.007	0.006	0.005
22t 微振	0.49	0.44	0.38	0.27	0.19
22t 强振	0.52	0.45	0.39	0.27	0.20
32t 微振	0.52	0.47	0.41	0.29	0.22
32t 强振	0.53	0.49	0.44	0.30	0.23

各个振动工况下不同路基深度位置振幅值(单位:μm)   表2-14

工况\路基深度(cm)	0	50	100	150	200
22t 静压	0.35	0.38	0.32	0.25	0.18
32t 静压	0.41	0.32	0.29	0.28	0.19
22t 微振	21.16	17.73	12.75	6.62	4.17
22t 强振	24.73	20.84	15.48	10.62	8.33
32t 微振	30.25	27.56	20.37	13.61	10.85
32t 强振	37.22	33.26	27.22	18.66	14.23

（2）表2-12表明，四个振动工况的振动速度值在同一深度位置时，32t振动压路机明显大于22t振动压路机，强振作用明显大于微振作用。说明32t振动压路机冲击振动效应明显高于22t振动压路机。

（3）由表2-13、表2-14数据可表明，四个振动工况的振动加速度在同一深度位置时，22t与32t振动压路机效果较接近，强振作用稍大于微振作用。而振动幅值在同一深度位置时，32t振动压路机明显大于22t振动压路机，强振作用明显大于微振作用。这说明使用大吨位振动压路机进行路基施工是非常安全、合理的，然而如果振动压路机吨位过大，导致响应加速度值过大，有可能使周围建筑物在过大的加速度作用下破坏。

（4）从以上3个表格还可看出，22t、32t振动压路机静力碾压作用均不明显，这主要是由于测点距作用点位置较远，能量未传递至该位置，说明静力碾压效果有效影响深度、范围均较小。

4. 边沟回填重型碾压补强技术要点及压实标准

1）技术要点

开挖台阶并修整后，分层填筑砂砾，并分层使用22t压路机进行碾压至要求的压实度（91%），每填筑一级台阶（100cm或80cm高），重型碾压一次。碾压工艺为：弱振1遍，强振4~5遍，稳压1遍。

（1）基底存在薄层（不超过0.5m）软弱土层，若直接回填砂砾，推荐工艺如下。

先填筑50cm粗砂砾，然后用22t压路机静压1遍+弱振1遍+强振3~4遍，最后两次碾压沉降差不超过4mm终止并稳压1遍。而后分层回填60cm砂砾，22t压路机碾压后，使用32t压路机弱振1遍+强振4~5遍碾压补强，最后两次碾压沉降差不超过4mm终止并稳压1遍。再以上，分层填筑30cm砂砾土，使用22t压路机碾压，静压1遍+弱振1遍+强振3~4遍+稳压1遍，每0.9~1.2m使用32t压路机重碾补压，弱振1次+强振4~5遍，两次碾压沉降差不超过4mm且无明显轮迹终止，稳压1遍。

（2）对于基底含水率较高（约25%）的软弱土，若填筑砂砾直接碾压，基底土水不易排出，基底土内孔隙水压力升高，基底发生软弹现象，这已被现场试验所证实。随着孔隙水压力的逐渐消散，基底土将发生一定沉降，这不利于加宽路基的工后沉降控制。

因此，对基底浅层软弱土应翻挖晾晒或彻底清除换填砂砾。回填砂砾时，30cm厚分层填筑，22t压路机分层碾压，每0.8~1.0m厚使用32t压路机补强碾压，弱振1遍+强振4~5遍+

稳压1遍。

(3)若基底软弱土较厚,含水率25%以上,且无地基处理设计,则需要将情况反馈给设计院,针对现场实际软弱土层厚度进行沉降验算,若不符合沉降控制要求,需要进行软弱土地基处理。

2)质量控制方法

22t压路机碾压回填砂砾的压实质量采用沉降差控制,待碾压层顶面稳定且无明显高程差异时进行沉降差检测,检测方法为22t振动压路机振压两遍高程差不大于3mm。

32t重型压路机补强的压实质量控制包括:严格监控施工工艺,按拟定的施工工艺碾压补强;采用沉降差控制重型碾压质量,重型压路机强振两次平均沉降差不超过3mm。压实度检测频率为每200m测4处,台阶部位不少于2处。压实度不小于91%。

当砂砾回填至原地面后进行弯沉测试,以弯沉值合格为标准进行验收。

准确、如实填写重型压路机补强原始记录表。

第四节 新、旧路路基台阶处治与路基加宽施工技术研究

一、新、旧路路基拼接台阶合理尺寸研究

在新、旧路路基之间开挖台阶的作用体现在:

(1)增加新、旧路路基结合部接触面积,增强结合部摩阻力和抗剪能力,保证新、旧路路基之间的有效结合和整体性。

(2)清除旧路路堤边坡内一定深度内压实度不足的填土。

(3)方便加宽部分路堤下的地基处理。

(4)横向台阶面为土工格栅的铺设提供了一个锚固长度。

1. 调查的结论

从台阶尺度角度而言,一方面台阶越大,新、旧路路堤结合部接触面积越大,同时很大程度上清除了旧路边坡压实度不足土体,从而有利于控制新、旧路路基结合部的差异沉降;另一方面,大台阶不仅影响旧路边坡的稳定性,而且增加了土方量,使得工程造价提高。因此,台阶尺寸应结合路堤的土质条件因地制宜地进行设计。我国几条高速公路改扩建工程中削坡及台阶开挖方式见表2-15。

从已有工程来看,台阶宽度一般在0.9~2m,台阶高度一般在0.6~1m,通常不超过1.5m。总结这些已有工程,主要结论为:

(1)台阶不宜过小。过小的台阶一方面将减少新、旧路路基的接触面,影响结合部的稳定,易于发生应变局部化;另一方面旧路边坡挖除少,若旧路边坡压实度不满足要求,会导致过大的差异沉降。

(2)台阶也不宜过大。若台阶高度过大,一方面在台阶开挖施工中可能影响旧路堤的稳定性,另一方面开挖方量大。

综合已有研究,台阶宽度宜控制在0.9~1.5m,高度宜控制在0.6~1cm。

我国高速公路改扩建工程中的削坡及台阶开挖方式　　　　表 2-15

工 程 项 目	削 坡 方 式
广佛高速公路	挖成台阶状,台阶高度控制在 0.8m 左右,宽度为 1~2m
沪杭甬高速公路	挖成台阶状,台阶高度控制在 0.8m 左右,宽度为 1~2m
沈大高速公路	从土路肩向下挖成 1:0.5 坡度,并挖成高度不大于 80cm 的台阶,台阶底面向路中心横坡 3%,台阶挖至与原地面平齐
海南环岛东线高速公路	从坡脚向上挖成宽 1~1.5m,内倾 2%~4% 的反向台阶
沪宁高速路	清除表层 30cm 压实度不够的土,挖成台阶状,台阶高度控为 0.5~0.6m,宽度为 0.9~1m
南京绕城公路	从上向下挖成台阶状,台阶高度控制在 0.8m 左右,宽度为 1~2m
沪宁—锡澄高速公路直接拼接段	挖成台阶状,每个台阶高度 0.8m,底宽 1.2m,台阶底面向路中心横坡 2%,台阶挖至与原地面齐平
深圳水管高速公路扩建工程	从坡顶向下挖成台阶状,台阶高度控制在 1m 左右,宽度为 1.5m

2. 旧路路基边坡状态对台阶尺寸的影响

旧路路基边坡状态调查表明:

(1) 旧路路基边坡压实度不足较为普遍。

(2) 通过深挖可以较大程度地挖除压实度不足的填土,进而找到坚实、强度高、压缩性小的台阶面。

因此,从清除表层压实度不足路基土、获得坚实台阶面的角度来看,台阶高度不宜小于 0.7~0.8m。

3. 理论分析

加宽路基差异沉降的重要原因之一是新、旧路路基结合部的较大变形。若台阶尺寸大,新、旧路路基接触面面积大,路基结合好,抗滑动能力大,则结合部局部变形小,新、旧路路基的差异沉降就小。下面以 5m 高的路基为例,对比宽高分别为 0.6m×0.4m 和 1.2m×0.8m 两种台阶尺寸的抗滑力及稳定性。不同台阶尺寸的台阶布置如图 2-31 所示。

图 2-31 分别是 0.6m×0.4m 和 1.2m×0.8m 台阶布置示意图,图中最下一级台阶均为 1.5m×1m,在图 2-31a) 中 0.6m×0.4m 台阶共 10 级,在图 2-31b) 中 1.2m×0.8m 台阶共 5 级。

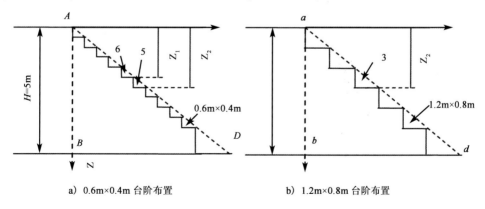

a) 0.6m×0.4m 台阶布置　　　　b) 1.2m×0.8m 台阶布置

图 2-31　大小台阶布置

分析中假设为平面应变,在路纵向取 1m 进行研究。

假设加宽路基稳定,结合部为弱面(沿结合面发生滑移),在弱面处发生应变局部化现象,即在弱面处应变较大,使得加宽路基沿结合部发生较大变形,从而表现为较大差异沉降。

在这一过程中,结合部的抗剪强度提供了阻止两侧土体发生大变形滑移的抗滑力。设结合部的抗剪强度指标分别为 c(黏聚力)和 φ(内摩擦角),则对于上述两种情况,黏聚力引起的抗滑力分别为:

$0.6\text{m} \times 0.4\text{m}$ 台阶:

$$F = c \times (L_{AB} + L_{BD}) \tag{2-1}$$

式中:c——黏聚力(kPa)。

$1.2\text{m} \times 0.8\text{m}$ 台阶:

$$F = c \times (L_{ab} + L_{bd}) \tag{2-2}$$

式中:c——黏聚力(kPa)。

可见,对于上述两种情况,黏聚力引起的抗滑力相同。

下面分析 φ(内摩擦角)引起的抗滑力。φ 引起的抗滑力可分成两部分,一部分发生在台阶的竖直面,另一部分发生在台阶的水平面。

首先,分析发生在台阶竖直面的部分。

在竖直方向,任意一微小段 dz 范围内,内摩擦角引起的抗滑力为:

$$dF_H = \gamma z K_0 \tan\varphi dz \tag{2-3}$$

式中:dF_H——抗滑力(kN);
γ——填料重度(kN/m³);
z——高度(m);
K_0——侧压力系数;
φ——内摩擦角。

则竖直面总的抗滑力为:

$$F_H = \int dF_H \tag{2-4}$$

$0.6\text{m} \times 0.4\text{m}$ 和 $1.2\text{m} \times 0.8\text{m}$ 两种台阶布置情况竖直面相同,故竖直面上由内摩擦角引起的抗滑力相等。

接下来分析台阶水平面上由内摩擦角引起的抗滑力。为了便于说明,分析图 2-31a)图中 5 和 6 两个台阶和图 2-31b)中台阶 3 由内摩擦角引起的抗滑力。

图 2-31a)中台阶 5 和 6:

$$F_{Va5-6} = \gamma z_1 \tan\varphi \times 0.6 + \gamma z_2 \tan\varphi \times 0.6 \tag{2-5}$$

式中:F_{Va5-6}——台阶 5 和 6 由内摩擦角产生的抗滑力(kN)。

图 2-31b)中台阶 3:

$$F_{Vb3} = \gamma z_2 \tan\varphi \times 1.2 \tag{2-6}$$

式中:F_{Vb3}——台阶 3 由内摩擦角引起的抗滑力(kN)。

由于 $z_2 > z_1$，则 $F_{Vb3} > F_{Va5-6}$。

大台阶比小台阶增量的抗滑力可写为：

$$\Delta F = \gamma(z_2 - z_1)\tan\varphi \times 0.6 \tag{2-7}$$

式中：ΔF——大台阶比小台阶引起的增量抗滑力（kN）；

$z_2 - z_1$——两种台阶的高度差；

0.6——台阶宽度的一半。

从式(2-7)可见，台阶尺寸越大，极限条件下新、旧路路基结合部抗滑力越大，抵抗结合部应变局部化现象的能力越强，也就越能减小结合部两侧的差异沉降。因此在坡率一定的条件下宜采用大尺寸台阶。

若路基土重度为19kN/m³，侧压力系数为0.5，内摩擦角为25°，黏聚力为9.5kPa，台阶高度分别为1.0m、0.8m、0.6m、0.4m、0.2m、0.1m时，分析0.4m、0.2m、0.1m台阶抗滑力损失占总抗滑力的比重。计算结果见表2-16。

不同尺寸台阶的计算结果　　　　　表2-16

台阶尺寸 （高×宽） （m）	黏聚力引起的 抗滑力 （kN）	内摩擦角产生的 竖直抗滑力 （kN）	内摩擦角产生的 水平抗滑力 （kN）	与台阶高1.0m相比损失的 抗滑力占内摩擦力比重 （%）
1.0×1.5	118.8	22.15	199.35	0.00
0.8×1.2	118.8	22.15	194.05	2.66
0.6×0.9	118.8	22.15	187.12	6.13
0.4×0.6	118.8	22.15	183.87	7.77
0.2×0.3	118.8	22.15	178.56	10.42

从表2-16可见，台阶产生的抗滑力主要分为三部分，由黏聚力产生的抗滑力、由内摩擦角产生的竖直和水平抗滑力，其中由黏聚力和由内摩擦角产生的竖直抗滑力不随台阶尺寸的改变而发生变化，而由内摩擦角产生的水平抗滑力随着台阶尺寸的加大而逐渐增长，1.0m×1.5m的台阶所产生的抗滑力要比0.2m×0.3m的台阶产生的抗滑力增加约10%，因此，台阶尺寸的选择可以很大程度的影响新、旧路路基结合处的连接，在保证新、旧路路基结合良好，不影响旧路基稳定的前提下台阶尺寸越大新、旧路路基结合部的总的抗滑力越大，加宽后路基越稳定，越有利于防止新、旧路路基的差异沉降。

4. 数值分析

理论分析中假设新、旧路路基之间的失稳滑移（或失稳滑移趋势）的最危险滑面在新、旧路路基的结合界面处。这一假设与新、旧路路基结合部的真实滑移情况并不完全相符。为了更深入了解台阶尺寸对新、旧路路基结合部稳定性的影响，采用数值方法分析台阶尺寸对新、旧路路基结合部稳定性的影响。

数值模型根据本项目工程实践建立，但进行了一定的简化。数值分析的主要目的是从稳定性角度说明小台阶拼接方案和大台阶拼接方案的优劣。

数值模型中路基土高度为4m，路基土的重度为19kN/cm³，内摩擦角为25°，黏聚力为10kPa，拼接台阶尺寸分别为0.4m×0.6m和0.8m×1.2m，如图2-32和2-33所示。

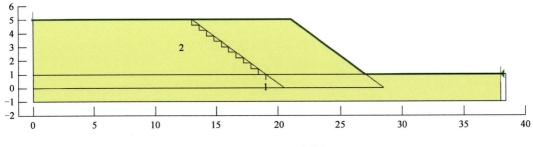

图 2-32　小台阶拼接(尺寸单位:m)

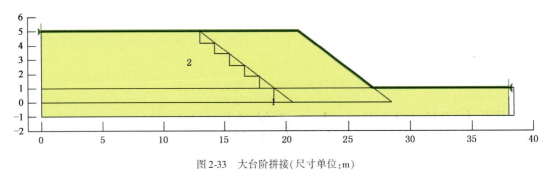

图 2-33　大台阶拼接(尺寸单位:m)

利用 Morgenster-price 方法计算,获得的不同拼接台阶尺寸新、旧路路基结合部滑移面和稳定安全系数如图 2-34 和图 2-35 所示。

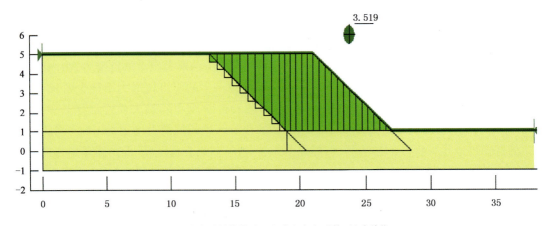

图 2-34　小台阶拼接滑移面和稳定安全系数(尺寸单位:m)

从图 2-34 和图 2-35 可以看出,大台阶拼接方案的稳定安全系数为 4.921,小台阶拼接方案的稳定安全系数为 3.519,大台阶拼接方案的稳定安全系数要远大于小台阶拼接方案。

另外,从图 2-34 和图 2-35 还可以看出,小台阶拼接方案的滑移面基本在新、旧路路基结合的平行斜面上,而随着台阶增大,滑移面逐渐向台阶内移动,旧路路基对新路路基的嵌锁作用增强,稳定安全系数增大。

上述数值分析结果表明,本项目新、旧路路基拼接宜采用大台阶方案。

综合上述分析,本项目宜采用 1.2m × 0.8m 的台阶尺寸进行拼接。

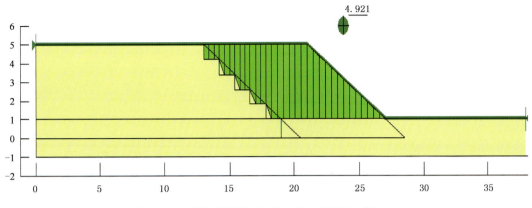

图 2-35　大台阶拼接滑移面和稳定安全系数(尺寸单位:m)

5. 大尺寸台阶稳定性的现场验证

在 K180+600 和 K165+250 上行坡面开展了台阶试挖(图 2-36、图 2-37),台阶尺寸分别为 0.6m×0.4m、0.9m×0.6m、1.2m×0.8m、1.5m×1.0m 等多种尺寸,结果表明各种尺寸台阶均能很好地成型自立。因此,采用 1.2m×0.8m 尺寸的台阶是完全可行的。

图 2-36　K180+600 断面台阶试开挖现场

图 2-37　K165+250 断面现场试开挖现场

综上,对于台阶尺寸建议如下:

(1)一般路基段

台阶尺寸为 1.2m×0.8m,第一级台阶尺寸为 1.5m×1m。

(2)包砂路基段

台阶尺寸为 0.6m×0.4m 或 0.9m×0.6m。

(3)边沟沟壁拼接台阶

第一级为 1.5m×1m,第二级以上为 1.2m×0.8m。

(4)实际路基边坡坡率在 1∶1~1∶1.5 变化,以上台阶开挖尺寸按高度控制,宽度按实际坡率调整。

(5)为方便压实作业,每级台阶立面应有适当坡度,做成竖斜台阶。

6. 台阶开挖中的最危险工况

台阶开挖过程中必须保持稳定,为此需要了解影响台阶稳定性的主要因素和最危险工况,并使用最危险工况验算开挖台阶的稳定性。

若采取合适的施工方案,影响开挖台阶稳定性的主要因素是路基土本身的物理力学性质

(如重度、抗剪强度)以及降雨量。

路基土的力学特性具有非均质性,其非均质性使得开挖台阶的失稳具有概率特征,并需要通过概率方法进行研究。

通过对现场路基边坡土取样和室内力学试验,获得现场路基边坡土的强度指标(内摩擦角和黏聚力等),在试验数据整理中剔除了一些明显不合理数据(如黏聚力小于0),试验数据结果如表2-17所示。

现场路基边坡土强度指标　　　　　　　　表2-17

桩号	含水率(%)		压实度(%)		抗剪强度指标			
	0.3~0.4m	1.0m	0.3~0.4m	1.0m	c(kPa)	φ(°)	c(kPa)	φ(°)
K114+200	13.4	15.8	88.7	83.4	76.00	35.23	72.46	38.31
K116+900	13.8	11.3	85.6	90.3	38.02	35.93	24.62	41.54
K118+300	13.9	13.0	93.1	88.0	110.41	30.22	41.69	41.90
K118+300	14.0	13.4	76.9	92.2	39.07	27.25	26.34	38.46
K121+300	15.1	15.0	82.5	86.5	54.85	24.42	53.84	39.23
K121+300	13.5	13.0	89.5	89.4	51.35	32.25	119.52	21.98
K124+300	15.9	18.4	93.1	85.5	49.98	31.48	56.58	19.56
K124+300	18.2	16.8	71.1	86.6	11.75	27.95	24.50	32.40
K127+300	15.8	14.8	95.4	89.1	72.92	38.72	72.92	36.24
K127+300	16.4	14.3	76.6	73.4	9.68	31.24	21.94	28.60
K130+300	13.8	12.8	89.1	89.5	61.98	32.48	31.94	31.60
K130+300	17.1	18.7	79.1	81.2	8.10	31.84	—	—
K133+300	12.6	13.1	79.7	82.0	12.38	33.40	148.31	22.42
K133+300	16.4	12.6	83.8	91.3	17.86	31.08	44.50	33.16
K136+300	10.1	10.7	78.4	73.1	69.12	32.68	19.18	31.98
K136+300	9.0	11.2	79.5	80.9	115.82	22.95	61.56	42.72
K139+300	11.2	8.7	85.7	90.0	67.19	39.15	57.48	39.03
K142+300	9.1	9.0	76.5	85.5	10.13	35.49	50.97	37.69
K145+300	9.7	8.6	93.2	77.2	—	—	37.61	31.72
K148+300	11.1	11.7	84.5	80.8	36.13	37.32	11.54	44.60
K205+300	11.6	12.1	88	87.6	71.4	28.2	38.2	33
K205+300	12	12.7	80.8	85.2	—	38.8	23.8	34.5
K208+300	10.7	14.3	80.3	94.4	30	32.5	60.5	18.1
K208+300	12.6	13.3	85.6	89.1	58.9	29.2	33.5	32.5
K211+300	14.7	14.6	82	83.4	9.8	33.8	19.6	29.7
K211+300	12.9	15.3	86.6	87.5	68.29	31.15	73.83	24.26
K214+300	6.9	10.7	92.5	87.4	76.3	24.4	45.6	33.5
K214+300	10.2	7.7	84.3	83.9	122.31	18.52	50.26	30.26

续上表

桩号	含水率(%)		压实度(%)		抗剪强度指标			
	0.3~0.4m	1.0m	0.3~0.4m	1.0m	c(kPa)	φ(°)	c(kPa)	φ(°)
K217+300	12	13.6	85.4	88.5	79.6	21.2	48.3	27.1
K217+300	9.6	7.1	73.9	84.6	62.77	26.39	92.25	28.19
K220+300	7.8	11	97.9	89.5	42.6	28.5	23.8	39.7
K220+300	11.6	11.1	78.2	72.5	41.40	36.27	5.76	33.68
K223+300	10.2	—	—	83.4	—	—	3.5	36.3
K223+300	11.3	8.3	94.7	75.8	69.29	31.15	5.63	33.44
K226+300	11.8	—	—	84.3	—	—	26	27.4
K226+300	8.3	4.9	90.9	84.6	26.27	35.08	1.22	38.30
K228+400	4.7	4.8	90.9	90.6	27.80	34.59	—	—
K228+400	13.4	5.6	87.1	81.4	13.08	32.87		
K231+300	7.9	10.2	74.6	76.7	47.81	22.37	27.01	31.98
K231+300	11.7	12.4	77.6	82.9	59.51	26.55	38.59	34.24

从表2-17可以看出,沿线旧路路基边坡土的抗剪强度指标离散性较大,且无明显的相关关系。

对表2-17中的试验数据进行统计分析,得到黏聚力均值为47.8kPa,内摩擦角均值为31.9°。因此在研究中不考虑两者之间的相关性,假设黏聚力与内摩擦角相互独立。通过统计分析,黏聚力近似服从Weibull分布,内摩擦角近似服从正态分布。由概率和数理统计方法获得本项目分析使用的黏聚力和内摩擦角分别为14kPa和25°(0.1分位点),并将其称为临界值,若临界值条件下边坡稳定,且边坡稳定的安全系数为a,则90%以上情况边坡的安全系数大于a。

边坡稳定性分析的模型为:由于对称性取一半路基进行研究,路基宽度为13m,结构层厚度为0.8m,容重为25kN/cm³,内摩擦角为40°,黏聚力为50kPa;路基高度为8.8m,容重为19kN/cm³,内摩擦角为25°,黏聚力为14kPa;路面硬路肩为3m,车辆荷载(双轴,轴载300kN)等效为一线性荷载,采用Morgenster-price方法计算。

计算结果为:

未开挖台阶,整体稳定性安全系数为1.518,

底层第一级台阶(1.5m×1m)开挖,整体稳定性安全系数为1.468。

第一级台阶填筑,开挖第二级台阶,整体稳定性安全系数为1.517。

第二级台阶填筑,开挖第三级台阶,整体稳定性安全系数为1.614。

第三级台阶填筑,开挖第四级台阶,整体稳定性安全系数为1.684。

第四级台阶填筑,开挖第五级台阶,整体稳定性安全系数为1.776。

第五级台阶填筑,开挖第六级台阶,整体稳定性安全系数为1.875。

第六级台阶填筑,开挖第七级台阶,整体稳定性安全系数为2.016。

第七级台阶填筑,开挖第八级台阶,整体稳定性安全系数为2.296。

第八级台阶填筑,开挖第九级台阶,整体稳定性安全系数为2.486。

第九级台阶填筑,开挖第十级台阶,整体稳定性安全系数为2.677。

第十级台阶填筑,开挖第十一级台阶,整体稳定性安全系数为2.932。

从计算结果可以看出,按建议的台阶(1.2m×0.8m)开挖方案施工,台阶分级开挖,分级填筑,对于9.6m高度路堤而言,按抗剪强度指标临界值进行计算,第一级台阶后路堤稳定性最差,安全系数仅为1.468。

因此,第一级台阶开挖后,路基边坡的稳定性最差,为最不利工况。而后,填筑一级,开挖一级,路基边坡的稳定性逐渐提升。

这说明在加宽路基施工中,台阶应逐级开挖,及时回填。另外,第一级台阶开挖,边坡稳定性最差,这时应加强对路基的监测,增加监测频率。

二、强力夯实机用于高速公路路基加宽搭接部位补强技术研究

从旧路路堤边坡状态调查结果来看,大部分旧路路堤边坡土体的压实度达不到设计要求,若不进行处理直接拼接,路基边坡土体在加宽路基及车辆荷载的作用下,将发生较大压缩,在加宽路基横断面产生较大差异沉降,影响加宽公路的工程质量。为此,提出了强力夯实机补强高速公路路基加宽搭接部位施工技术。

1. 强力夯实机补强技术原理

强力夯实机以固有的特定频率,使作用点的土体形成共振,瞬间再对土体施加高达1.4～1.5MPa的强大压力,并连续击压80次以上(图2-38)。通过反复击压,破坏了新、旧路路基土体的原有结构,使土颗粒之间发生错动、滑移,并趋于紧密。一方面使得土体极尽可能压实,压实度显著提高,回弹模量、强度显著增长;另一方面,原薄弱结合部新、旧路路基土体形成新的结构,新、旧路路基土体的整体性增强,有利于形成新的板体构造。当地基发生不均匀沉降或路基发生不均匀压缩时,新、旧路路基的良好结合、较高的强度和模量有利于路基内附加应力的调整、均化,从而降低路面纵向破裂的风险。结合部强夯重塑和重碾补强可以提高拼接路基的整体性,主要体现在:

①提高路基的强度和整体性,压实度的提高能相应提高路基强度,提高路基的整体性,增强其抵抗变形的能力,减少由地基传递到路基顶部的差异沉降,降低了结合部路面开裂的可能性。

a)

b)

图2-38 强力夯实机

②减少了路基本身的工后压缩变形,压实度越大,路基本身的工后压缩变形越小,同时减少了行车荷载作用下路面结构层产生的瞬时变形和形变累计,增强路面的使用性能和延长路面使用寿命。

2. 强力夯实机补强试验研究

(1)试验段概况

试验段选在 K190+800~K190+900,路基填土为低液限黏土,路基填高为 5.6m,该段土的最大干密度为 1.92g/cm³,最佳含水率为 13.2%。

根据该夯实机的特点,并结合现场实际操作情况及研究目的布置试验段的试验点,共布设了 25 个轻型触探点(强夯前后),26 个压实度检测点(强夯前后),另外分别在该试验段桩间新增了 10 个点用于轻型触探,在整个试验段选择三个断面分别做 1 个承载力和 3 个压实度试验,如图 2-39 所示。

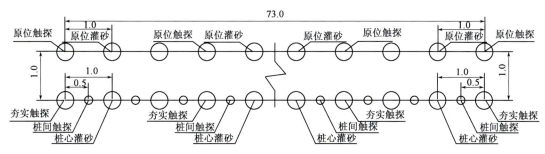

a)试验点的布设

b)轻型触探测试

图 2-39 试验点的布设及轻型触探测试(尺寸单位:m)

(2)试验结果及分析

夯点夯击前后压实度的对比:强夯前路基压实度为 94.7%,强夯后平均提高 3.68%,夯点处(直径 49cm)压实度最大提高 6.5%,最小提高 1.0%,平均压实度为 98.4%,夯点间土的平均压实度为 96.3%,可见强力夯实机对压实度提高比较明显。

夯点夯击前后承载力对比:夯点经过强力夯实后采用轻型触探进行试验,分析入土 30cm、60cm、90cm 锤击数的增加情况,结果显示,经过强力夯实后锤击数有明显的提高,30cm 内平均提高 18 次,60cm 内平均提高 12 次,90cm 内提高 13 次。将轻型触探锤击数换算成承载力,30cm、60cm、90cm 的承载力分别提高了 144kPa、99.5kPa、104kPa,与强力夯击前相比分别提高了 25.21%、19.89%、30.61%,可以看出夯实机比较显著地提高了夯点处承载力。

强力夯实后桩间土轻型触探的锤击数也有增长,入土 30cm、60cm、90cm 锤击数分别增长了 2 次、2 次和 7.5 次。将轻型触探锤击数换算成承载力,30cm、60cm、90cm 的承载力分别提高了 15.2kPa、19.2kPa、60kPa,与夯击前相比分别提高了 2.83%、4.07%、18.46%。

三、高速公路路基加宽标准化施工技术

1. 路基清表

(1)清表目的

清除表面松散土、腐殖土,使新、旧路路基填土均匀、一致,较好衔接,加强路基整体性,达到设计图纸及技术规范要求。

(2)清表要求

①原地面清表(含边沟清表)

根据设计图纸要求深度进行清表,将路基红线之内的垃圾、有机物残渣及原地面以下厚度不低于 30cm 内的草皮、农作物的根系和表土全部清理干净(图 2-40),以达到清除腐植土层的目的。清表段落要适当,不宜过长,清表完成后及时向现场监理工程师报验,验收合格后进行下道工序施工。

②边坡清表

根据设计图纸要求,植草路段清表按不小于宽 50cm、厚 28cm 控制,根系较深路段(紫穗槐等)清表按宽 75cm、厚 40cm 控制,第一级台阶处清表宽度应严格控制不小于 60cm(图 2-41)。

图 2-40　原地面清表

图 2-41　边坡清表

③清表土处理

清表土不可随意丢弃,由施工单位负责找场地集中堆放,留做将来绿化换填使用。

④注意事项

清表前施工单位应参照设计图纸核对原地面高程,如有图纸未标明的构筑物由施工单位统计上报,按照不确定工程量程序进行确认。边坡清表考虑到旧路路基边坡稳定性,在边沟填

至原地面后再进行。

⑤控制要点

路基红线之内要清表到位,清表厚度要符合设计要求,清表段落要适当,不宜过长,根据施工需要,逐段清理和报验。

2. 填前碾压

(1)路基(包括边沟、护坡道及无边沟路段)清表后,由试验室对填前碾压段取土样做标准试验,以确定土的最大干密度和最佳含水率等试验指标。当天然含水率接近最佳含水率时可以进行填前碾压工作(图2-42)。当含水率大于最佳含水率但不超过最佳含水率5%时,采取先翻拌晾晒再碾压的方式。当含水率较大且无法碾压,经过翻拌晾晒仍然达不到碾压标准时,由施工单位按照程序上报,业主、监理、设计、施工各方现场根据具体情况确定处理方案,并形成会议纪要。

图2-42 填前碾压

(2)控制要点

①检测换填厚度、宽度、长度并做好原始记录。

②控制松铺厚度、碾压遍数,现场观察边角压实情况,无碾压轮迹。

③山皮土或砂砾压实度检测采用高程差控制,待填筑层顶面稳定且无明显高程差异时进行沉降差检测。

3. 边沟处理

按照本章第三节的要求,根据旧边沟大小进行回填。

4. 路基加宽施工技术

1)路基加宽填筑施工工艺与流程(图2-43)

2)旧路基边坡台阶开挖(图2-44)

(1)路基开挖前,先进行原路基坡脚以外原地面及边坡的清表。边坡清表时要根据填筑速度和台阶的开挖高度沿路线逐段进行,不可将边坡清表和台阶开挖一次性完成。

(2)台阶沿原坡面线相应位置采用逐层开挖的方法,填筑一层台阶高度的路基再开挖下一层台阶。

(3)施工时,台阶开挖要确保开挖层面落在坚实的土基上,禁止为了台阶线性一致而用虚土人工培护台阶。

(4)为保证新、旧路路基拼接质量,除灰土层以外,每级台阶高度必须用重型压路机和小型台阶夯实机进行补强。

(5)如果开挖后旧路台阶上的土基强度达不到要求时,需将表面强度不足的土层翻拌晾晒,再与新路路基土一起碾压至规定的密实度。

(6)注意事项

①采取机械进行开挖,开挖时要注意不能破坏原路基结构。在开挖台阶时,由于机械开挖不易控制,要用人工配合开挖,在机械将台阶基本挖到位时,再人工进行修整。

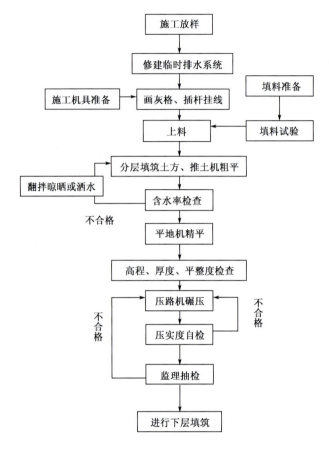

图 2-43 路基填筑施工工艺流程

②由于在施工过程中,原高速公路仍然正常通车,所以在开挖时要注意行车的安全。项目部应设有保通人员,负责指挥车辆尽量不靠近紧急停车带行驶,以免影响边坡稳定。

③为保证原路基的稳定性,边坡台阶开挖前应在原路路基路肩侧及路基坡面埋观测点监控,防止因超挖造成原路滑坍等现象的发生。如有问题及时报告,并采取相应的保护措施。

④台阶开挖过程中要做好排水工作,以防雨水冲刷开挖好的台阶而破坏原高速公路路基。具体措施为将原高速公路路面水引向泄水槽内,并在加宽路基上设置横向排水沟将水排向路基外侧水沟。当雨水很大时可在原路基边坡上覆盖彩条布防止冲刷。

图 2-44 开挖台阶

3)施工放样

根据原高程控制点和加密导线点用全站仪进行测量放线,按照 20m 间距放出边桩,根据填筑层面的高程,放出路基的填筑边线(按照加大 50cm 控制)并用白灰撒线,作好各高程记录,以便控制填筑层厚。

4)临时排水设施

可在新路路堤便道外侧1m开挖临时排水沟(图2-45),梯形断面不宜小于0.8m×0.8m,纵坡度不小于5‰。

5)划格上土、挂线施工

上土前,根据压实厚度和每车土的运量确定单位车辆的卸土面积,用白灰线打出方格控制卸土范围(图2-46)。整平时,根据松铺厚度在旧路路基台阶边缘和填土路基边缘纵向钉桩挂线施工,挂线桩采用5cm×5cm×70cm的木桩,并用红白油漆每10cm交错标注,沿路线每7m两侧各插一根,要求钉桩竖直、挂线平顺,按其挂线高度找平。

图2-45 临时排水设置

a)

b)

图2-46 打格画线

6)路基上土

路基上土应派专人负责管理。路基填料应均匀地摊铺在整个拼宽路堤宽度上,碾压前应先整平并做成设计横坡(图2-47)。

7)推土机粗平、含水率检查、平地机精平及高程、厚度检查

用推土机和平地机将填料按试验段确定的松铺厚度摊铺平整(图2-48),土方路堤分层填筑最大松铺厚度不超过30cm,最小压实厚度应不得小于10cm。性质不同的填料分段填筑,同

图2-47 路基上土

图2-48 平地机整平

一水平层路基的全宽采用同一种填料,不得混填。每种填料的填筑层压实后的连续厚度不小于 50cm,填筑路床顶最后一层时,压实厚度应不小于 100mm。碾压前,应确保土的含水率在最佳含水率±2% 范围内,否则应进行翻拌晾晒(图 2-49)或掺灰处理,并进行高程、厚度检查,以便获得均匀的压实效果。

8)压路机碾压(图 2-50)

碾压由路基边侧向中心碾压,超高路段由内侧向外侧超高部分碾压,遵循先轻后重,先静压后振动的原则。振动压路机须重叠 40~50cm,三轮压路机须重叠后轮宽的 1/2,前后相邻两区段纵向须重叠不小于 2m,并应达到无漏压、无死角,确保碾压均匀。碾压后进行高程检查,厚度满足设计要求(图 2-51)。连接结构物的路堤工程施工不得危害结构物的安全稳定。

图 2-49　翻拌晾晒

图 2-50　压路机碾压

从第一级 1.2m 宽台阶开始每填高 80cm 对台阶位置进行一次重型压路机强振补强后再采用液压强夯机补强,至下路床底位置对 3m 宽大台阶梅花形布点进行补强。(图 2-52 和图 2-53)。

图 2-51　高程检查

图 2-52　重型压路机补强

9)压实度检测(图 2-54、图 2-55)

路基压实度检测方法采用灌砂法,施工单位自检合格后,报驻地办和总监办,总监办和驻地办共同抽检,保证压实度要求。

图 2-53　强力夯实机补强

图 2-54　压实待检图

图 2-55　压实度检测

10）进行下层填筑

监理单位检查合格后进行下层填筑。

第五节　土工合成材料在路基加宽工程中的施工技术

一、高强土工格室铺设及施工技术

1. 高强土工格室材料要求

高强土工格室材料要求见表 2-18 和表 2-19。

高强土工格室的尺寸偏差要求（单位：mm）　　表 2-18

格室高度		焊接、连接点距离	
标称值	偏差	标称值	偏差
$H=50$	±2	800	±2

高强土工格室的网带连接方式采用 U 型钢钉插接编织，U 型钉直径≥2.5mm，U 型钢钉须

做好镀锌防腐蚀处理。网带厚度 0.4±0.1mm，格室高度 50mm，网格尺寸 40cm×40cm，单网面积≥50m²。

高强土工格室力学性能　　　　表 2-19

格室片单位宽度的段裂拉力(N/cm)	格室片间连接处的断裂拉力(N)	连接处连接件的抗剪切力(N)
≥1200	≥5500	≥5500

2. 高强土工格室施工要点

(1) 布网时应张拉到位，及时埋填，严禁暴晒(图 2-56)。

(2) 路堤墙路堤或加宽小于 2.8m 的路段土工格室铺设 4m，其他路段铺设 8m，从第一级台阶内侧开始铺设。

(3) 铺设格室的层面应平整，不得有片石等坚硬凸出物，距土工格室 10cm 以内的路基填料其最大粒径不得大于 12cm。

(4) 网间连接可采用专用插件或现场连接的方式。

a)

b)

图 2-56　土工格室的铺设

二、钢塑格栅铺设及施工技术

1. 钢塑格栅材料要求

钢塑格栅单幅宽 6m，采用整体加工成型的凸结点双向钢塑格栅，抗拉强度不小于 100kN/m，对应延伸率≤3%，焊接点剥离力≥500N。条带厚度大于 2mm，条带宽度为 15~20mm，网孔尺寸 100~150mm，钢塑外裹聚乙烯塑料炭黑含量不小于 2%。

2. 钢塑格栅施工要点

(1) 路床铺设 2 层格栅，铺设宽度为 6m，新、旧路床各搭设 3m 宽，铺设位置分别在距路床顶面以下 50cm、80cm 处。格栅之间搭接宽度不小于 50cm。

(2) 钢塑格栅的铺设面平整，铺设层经验收合格后，为防纵向歪斜现象，先按幅宽在铺设层划出白线或挂线，即可开始铺设，然后用 U 型钉固定格栅的端部(每米宽用钉 4 根，均匀距离固定)(图 2-57)。

(3) 固定好格栅端部后，将格栅缓缓向前拉铺，每铺 10m 长进行人工调整一次，直至一卷格栅铺完，再铺下一卷。

钢塑格栅施工质量的检查和验收见表 2-20。

钢塑格栅施工质量的检查和验收 表 2-20

项 次	检 查 项 目	规定值或允许偏差	检查方法和频率
1	平整度、拱度	符合设计施工要求	每 200m 检查 4 处
2	横向搭接宽度(mm)	≥50	抽查 2%
3	纵向搭接宽度(mm)	≥150	抽查 2%
4	搭接缝错开距离(mm)	符合设计施工要求	抽查 2%
5	黏结力(mm)	≥20	抽查 2%

a)　　　　　　　　　　　　　　b)

图 2-57　土工格栅的铺设

第六节　高速公路改扩建特殊路基加宽施工技术

一、高速公路短路基加宽施工技术研究

既有京石高速公路具有小型结构物繁多、密度大,路基段落相对较零碎等特点。施工图设计中将路基填筑长度小于 100m 的路基定义为短路基,由于填筑路基短,碾压机工作面小,填筑普通填料难以确保其压实度满足设计要求。

短路基设计方案如下:

(1)路基长度 $L \leqslant 30m$ 的路基定义为超短路基,考虑到碾压困难,填筑普通填料难以满足压实度要求,故采用液态粉煤灰填筑(图 2-58)。

(2)$30m <$ 路基长度 $L < 100m$,路基填筑采用 7% 石灰土,为确保路基填筑满足压实度指标要求,经普通碾压机碾压后,对局部无法压实的部位采用小型强夯机或人工夯实进行补强。待填筑至路床顶高程后,若有条件建议增加堆载预压。

堆载预压具体要求:路床施工完毕后,满足设计高程,路床顶面必须整平为 2% 的横坡以确保排水需求。然后进行堆载预压,堆载预压土方可以为砂土、黏性土、砂砾、山皮土、块片石,若有条件可以采用路面材料进行预压。预压期考虑不小于 90d,最好选择冬季。

a) b)

图 2-58 短路基浇筑液态粉煤灰

(3)路基长度≥100m,按一般路基段处理。

(4)大于30m路床以下填筑素土,路床掺灰处理,采用预压。

二、路桥(涵)过渡段加宽路基冬季备土堆载预压

1. 冬季备土堆载预压方案

为了减小台背路基及一般路基工后沉降,实现京石高速公路改扩建工程桥头路基沉降满足设计要求的目标,确保通车后行车的舒适性与安全性,对全线桥头路基自2013年底进行堆载(等载或超载)预压。按照"先台背,后主线,再互通"的原则,保证预压完成后备土完全利用而不产生弃方,倒运距离不宜超过2km。

(1)改扩建段一般路基备土预压方案

已施工至路床的一般路基备土预压松方高度2.0m,堆载预压设置段落长100m,两堆载预压土体段落之间预留1.5m宽作为排水通道,排水通道上铺设塑料薄膜。备土段落修整整形并采取覆盖措施防止扬尘。

(2)改扩建段路基备土堆载预压方案

根据施工便利原则在就近位置备土,已完成下路床填土的,预压备土松方高度0.8m,下底宽6m;已完成上路堤填土的,预压备土松方高度1.6m,下底宽8.3m;未施工至上路堤的段落,以两构造物为单元计算土方工程量,分别在主线拼宽路基上进行备土,便于明年土方填筑施工,备土段落修整整形并采取覆盖措施防止扬尘。

(3)改扩建段台背备土堆载预压方案

改扩建段已施工至路床的台背进行堆载预压,预压松方高度2.5m,在桥头搭板范围内预压宽度为桥涵拼接宽度,在路基拼接范围从拼接部位开始预压,台背路基预压长度不少于30m,顶层修整整形并采取覆盖措施防止扬尘。

(4)短路基备土堆载预压方案

已施工至路床的短路基需进行预压,备土预压松方高度2.5m,在桥头搭板范围内,预压宽度为桥涵拼接宽度,在路基拼接范围从拼接部位开始预压,备土段落修整整形并采取覆盖措施防止扬尘。

2. 堆载预压沉降观测方案

(1) 堆载预压沉降观测原则

为了确保台背预压达到预期效果，提出了台背预压沉降观测原则如下：

对已完成桥涵盖板未填筑台背的桥涵，在基底和台后路基上设置沉降观测板，每幅每侧桥台设置两处，堆载填筑期每填高 1m 观测一次，堆载预压码方整形后每 7d 观测一次。对已完成桥涵盖板且填筑部分台背的桥涵，在现有填筑的台背面上和台后路基上设置沉降板，每幅每侧桥台设置两处，堆载填筑期每填高 1m 观测一次，堆载预压码方整形后每 7d 观测一次。对已填筑完成的台背在台背顶设置沉降板，每幅每侧桥台设置两处，堆载预压码方整形后进行沉降观测，每 7d 观测一次。对已完成台背预压土的桥涵，在预压土顶面 1m 范围内埋设沉降板并加以固定，沉降板位置距离台身后不小于 10m。

(2) 堆载预压沉降观测方案

由于主要是针对台背进行沉降观测，每个台背按照不同工况布置 2 个观测断面。具体布置分为横向和纵向两个方面。

① 纵向布置。观测断面距桥头方向 2.5m 和 20m，根据现场的情况可进行调整，但必须保证距桥头距离不小于 2m。对已完成台背预压土的桥涵，沉降板位置距离台身后 10m。

② 横向布置。每个观测断面横向布置一个沉降观测点。其中，新建段沉降板在路中心线上埋设，改扩建段沉降板距路中心线距离 13.5~15.5m 埋设（图 2-59）。

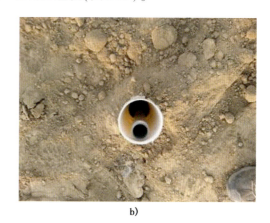

图 2-59 沉降板布设图

(3) 观测频率

按照堆载预压沉降观测原则进行相应观测（图 2-60）。

3. 冬季备土堆载预压卸载时机

根据沉降观测分析结果，经过冬季备土堆载预压，随着时间的延续桥头路基地基沉降呈以下形式：

(1) 快速增长期。加载初期，地基沉降量随着时间的增加以较大的速率增大，本观测期的沉降速率较上观测期内的平均沉降速率偏大。

(2) 稳定增长期。预压一段时间后，地基沉降量随着时间的增加呈线性增大。本观测期的沉降速率等于或略小于上观测期内的平均沉降速率，地基沉降在向趋于稳定的方向发展。

a)　　　　　　　　　　　　　　　　b)
图 2-60　台背预压与沉降观测

（3）趋于稳定期。地基沉降量随着时间的增加逐渐增大，本观测期的沉降速率小于上观测期内的平均沉降速率，地基沉降曲线逐渐变缓，沉降基本稳定，图 2-61 为典型的沉降观测结果曲线。

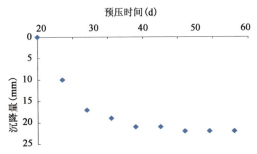

图 2-61　K183+330 桥头路基预压沉降观测结果

根据本工程实际情况和沉降观测结果，冬季备土堆载预压卸载时机方案如下：

（1）按照"先互通、后主线、再台背"的原则对堆载预压土进行卸载。

（2）总沉降量不大于 20mm、最后一期沉降速率不大于 1mm/d 且数值小于月平均沉降速率的段落直接卸载。直接卸载的台背段落应卸载至压实成型的路基面，不得留有虚铺土，且与相邻路基以台阶方式相连接。

（3）台背路基卸载完成后，应按照设计要求尽快安排回填施工，及早成型。

（4）不满足卸载继续堆载预压的段落，按照规定要求继续进行沉降观测，根据观测结果判断合理的卸载时间。

第七节　高速公路路基加宽沉降观测技术

一、变形观测的目的

京石高速公路路基沿线高度差异较大，软（弱）土地质条件差，土性变化复杂。旧路路基经过近 20 年的运营地基沉降基本完成，而对其进行加宽拼接扩建的过程中，新路路基的沉降刚刚开始发生，为了了解新、旧路路基如何协同变形，解决在施工过程和通车运营后路面开裂和路基塌陷等问题，进行路基施工及运营期间路基变形和稳定性的监测非常重要。通过监视路基的动态变化，检验设计地基的加固及拼接效果，为路基填筑计划的制定和执行提供定量的参考数据，保证填筑过程中路堤的安全，保证公路运营过程中的工后沉降及差异沉降满足行车要求。

新、旧路路基拼接质量决定着工程的成败,为保证加宽后路面性能满足路用功能,避免出现路基塌陷、路面开裂,在路基加宽施工过程及运行期间对新、旧路路基进行沉降变形观测,分析新拼接路堤荷载对旧路路基产生的附加沉降和横断面方向横坡改变规律。通过在路基上设沉降观测点进行全过程跟踪监测,为进一步优化设计和验证设计对策的合理性提供依据。

二、变形观测范围

(1)软土地基区段,路基高度大于6.0m。
(2)非软土地基区段,路基高度大于7.0m。

三、变形观测技术依据

(1)《建筑变形测量规范》(JGJ 8—2007)。
(2)《国家一、二等水准测量规范》(GB 12897—2006)。
(3)《工程测量规范》(GB 50026—2007)。
(4)《公路路基设计规范》(JTG D30—2004)。
(5)《公路工程质量检验评定标准 第一册 土建工程》(JTG F80/1—2004)。
(6)交通运输部颁标准、规范、规程和有关规定。
(7)路基和桥涵设计文件。

四、加宽路基沉降观测方案

加宽路基铺筑路面前,应对其沉降变形进行评估,确认加宽路基的工后沉降和新、旧路路基间不均匀沉降符合设计要求。路基填筑完成或施加预压荷载后应有一定的观测和调整期,观测数据不足以评估时,应继续观测;工后沉降和不均匀沉降评估不能满足设计要求时,应采取必要的措施加速完成沉降或控制沉降。

加宽路基沉降观测应以旧路路面沉降和新加宽路基基底沉降观测为主,并有针对性的对路桥过渡段纵横向差异沉降和软土地基段的横向差异沉降进行重点观测。在高填、深厚软基路段可适当设置水平位移观测断面。

1. 加宽路基控制标准

(1)加宽路基工后沉降小于10cm,桥头过渡段总沉降不大于30cm,旧路路基与加宽路基的路拱横坡比的工后增大值不应大于0.5%。

(2)扩建工程路基施工期间加宽路堤地表沉降速率应小于5 mm/d,边坡水平位移应小于3mm/d。

(3)路基填筑完成后,应对完成的路基进行沉降变形观测。根据沉降观测资料推算剩余沉降,如果剩余沉降小于规定的允许工后沉降值或满足连续3个月沉降小于2mm/月时,才能进行路面施工。对于沉降速率达不到要求的路段,不得进行路面施工,应采取必要的措施进行处理。处理后的路基沉降速率小于2mm/月后,再进行路面施工。

(4)扩建工程路面施工期间,实测路面沉降速率应小于1mm/月。

(5)扩建工程路面施工期间,实测路面横坡变化应小于0.5%。

(6)扩建工程通车运行期间,实测路面沉降速率应小于1mm/月。

2.加宽路基沉降观测断面布置

1)布置原则

加宽路基沉降观测断面布置在考虑工程地质条件、地基处理及路堤设计方式、荷载因素、结构物特征、路堤高度、周边环境和经济因素等几个因素的情况下,原则上按照以下要求布置观测断面和观测点:

(1)地基条件均匀良好且路基高度大于7m、软土地基地段路基高度大于6m沉降观测断面的间距一般为150~200m。

(2)对于地势平坦、地基条件均匀良好、高度大于4m且小于6m的路堤可适当放宽。

(3)对于地形、地质条件变化较大地段应适当加密。

(4)路堤与不同结构物(大中桥、分离式立交)的连接处应设置沉降观测断面,每个路桥过渡段在搭板尾部和距离桥头35m处分别设置一个沉降观测断面。

2)观测断面组成

本线路加宽路基沉降观测采用Ⅰ、Ⅱ、Ⅲ型观测断面。

Ⅰ型观测断面主要用于一般地段加宽路基(软土地段高度大于6.0m或非软土地基地段高度大于7.0m)的沉降观测(图2-62)。

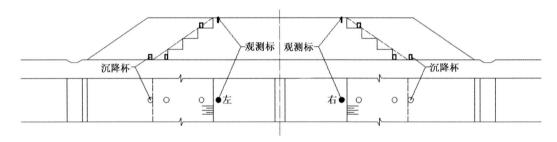

图2-62 加宽路基沉降观测剖面原件布置(Ⅰ型)

Ⅱ型断面仅在桥头搭板尾部(软土地段高度大于6.0m或非软土地基地段高度大于7.0m)布置(图2-63)。

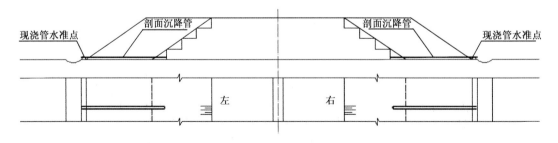

图2-63 加宽路基沉降观测剖面原件布置(Ⅱ型)

Ⅲ型观测断面用于软土地基路基高度大于7m以上的地段和非软土地基路基高度大于8m的地段(图2-64)。

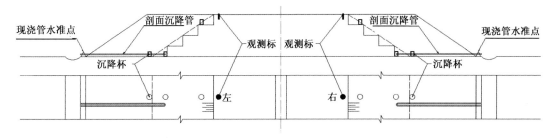

图 2-64 加宽路基沉降观测剖面原件布置（Ⅲ 型）

Ⅰ型观测断面包括沉降观测标和沉降杯。每个断面设置 2 个沉降观测标，埋设于两侧防撞护栏内 1.0m 位置。沉降杯分别位于新路肩、加宽路面中部、旧路路肩外侧 2.0m 垂线位置对应的地基或开挖后的边坡上。

Ⅱ型观测断面只包括剖面沉降管，每个断面设置 2 条剖面沉降管，埋设在新路基坡脚至旧路基坡脚台阶底部。

Ⅲ型观测断面包括 2 个沉降观测标、6 个沉降杯以及 2 条剖面沉降管，埋设位置参照Ⅰ型断面和Ⅱ型观测断面。

3）观测元件埋设要求

（1）旧路肩沉降观测标。观测标选用 ϕ20mm 不锈钢棒，顶部磨圆并刻画十字线，底部焊接弯钩，通过测量埋置在距离旧路护栏内侧 1.0m 的观测断面设计位置，埋置深度 0.3m，桩周 0.15m 用 C20 混凝土浇筑固定，完成埋设后按二等水准标准测量桩顶高程作为初始读数。观测标埋设示意图如图 2-65 所示。

（2）沉降杯。相对于常用的沉降板沉降测量方法，沉降杯一旦安装完成，观测时对路堤上部施工没有影响，在路基施工过程中可连续观测。

沉降杯是利用液体在连通管两端口保持同一水平面的原理制成的，如图 2-66 所示。在测量室内读出测量管内液面高度，与用水准测量方法测出的测量尺基准高程相加可得到测量室内液面的高程，由连通器原理便可知另一端口（测点）的液面高程，前后两次测量得到高程之差，即为被测点的沉降量。

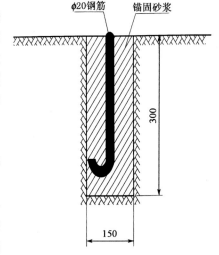

图 2-65 沉降观测桩埋设方案（尺寸单位：mm）

沉降杯的管路系统由进气管、进水管、出水管以及保护管组成（图 2-66）。进气管、出水管和进气管采用 ϕ12（外径）×1mm（壁厚）的尼龙管，尼龙管应采用整根管，中间不设接头，以保证系统的可靠性，管路外必须使用保护管保护。保护管采用 PVC 管，每个测点使用单独的一条保护管，两根保护管之间采用直径较大的伸缩管连接，伸缩管长不小于 50cm，接口处采用土工布包裹密封并用钢丝扎紧，防止泥沙进入保护管。这样可使保护管适应路基内部水平位移及沉降。

沉降杯的测量系统包括观测墩、测量管以及测量尺等。观测墩按照水准测量水准基点规格制作，埋深不小于 600mm，顶部设置水准点，水准点埋设方式参考观测标。测量管采用有机玻璃管,长1m,测量尺量程1m,精度1mm。

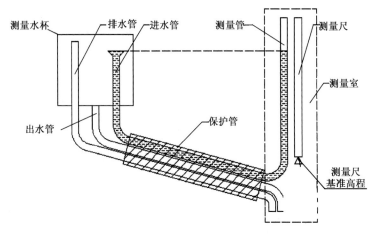

图2-66 沉降杯基本构造

由于埋设在土中的沉降杯会随地基的沉降不断下沉,埋设管道前应估计地基沉降量,避免管道中出现高于的沉降杯的反坡而引起较大的误差。故埋设管道时应保证测点到观测点有一定坡度,坡度的大小取决于测点的沉降以及管道沿线可能的沉降情况,一般可以设置3%～5%,最终观测墩顶面高程应低于沉降杯埋设高程0.6～0.8m。

具体埋设方法如下:

水杯式沉降仪通常采用挖沟槽的方法埋设,当路基填筑至测点以上1m时,从测点位置开始挖宽20~30cm的沟槽,测点位置开挖深度不小于30cm、长宽为30cm×30cm的平台,其后的沟槽设置向坡脚方向的向下3%~5%的坡度,最终到坡脚测量室位置时应比测点处低不小于60cm,保证水可以顺畅地排出。

测点位置应尽量整平压实,并用水平尺校准,把沉降杯与管线紧密连接后放入沟槽中,管线在沟渠中应略摆放成"S"型,以防止路基沉降时将管线拉断,填土时应先覆盖一层沙土或细土,压实后再填路基土,最后将沟槽压实。

埋设好沉降仪后应马上进行一次加水测量,检查整套仪器密闭性并测得沉降杯的初始高程。

沉降杯管路埋设方法如图2-67所示。

(3)剖面沉降管。路基基底剖面沉降管在地基加固及垫层施工完毕后,填土至0.6m高度碾压密实后开槽埋设,开槽宽度为20~30cm,开槽深度至地基加固垫层顶面,槽底回填0.2m厚的中粗砂(图2-68)。在加宽路基和既有路基交接处水平埋设U形管,在U形管两端分别密封连接回线钢管和内壁均布有四条轴向凹槽的PVC测管,并在回线钢管、U形管和PVC测管内穿设通长的测绳。回线管和测管平行设置且两者轴线与线路延伸方向垂直。测管在埋设时,其中两条相对的凹槽呈上下设置,另外两条呈左右设置,其上夯填中粗砂至与碾压面齐平。

4)观测方法及要求

(1)观测方法

①横剖面沉降观测方法(图2-69)

采用横剖仪和水准仪进行横剖面沉降观测。每次观测时,首先用水准仪按二等水准精度测出横剖面管一侧的观测桩顶高程,再把横剖仪放置于观测桩顶测量初值,然后将横剖仪放入横剖管内测量各测点。

a)

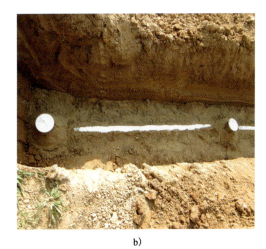
b)

图 2-67　沉降杯管路埋设

a)

b)

c)

图 2-68　剖面沉降管埋设

②沉降杯观测方法

采用水准测量方法,按测量精度要求和频次定期观测沉降杯墩顶面水准点高程和测量管水位读数。

③路肩沉降观测标观测方法

采用水准测量方法,按测量精度和频次要求定期观测路肩观测标顶面测点高程。

(2)观测测量精度及频度:

①观测精度

路基沉降观测水准测量的精度为±1.0mm,读数取位至0.1mm;剖面沉降观测的精度应不低于8mm/30m,横剖面沉降测试仪最小读数不得大于0.1mm。

②观测频度

路基沉降观测的频次不低于表 2-21 的规定。

图 2-69 横剖面沉降观测方法

加宽路基沉降观测频率 表 2-21

观测阶段	观测频次		
路基施工	一般		1 次/(1~2)层或 1 次/(3~5)d
	沉降量突变		1 次/d
	路基搁置期		1 次/15d
路面施工	6 个月		1 次/(10~15)d
通车运行期	12 个月	0~3 个月	1 次/月
		4~12 个月	1 次/2 月

3. 典型断面观测结果

图 2-70 为采用横剖面进行的典型观测断面地基沉降结果。从图中可见,随着路基填筑高度的增加,地基沉降逐渐增大。从路基坡脚(观测室位置)向路基中心地基沉降逐渐增大。根据最大沉降点沉降—填高—时间曲线(图 2-71),可见地基沉趋于稳定,最近四个月的月沉降量均小于 2mm/月。

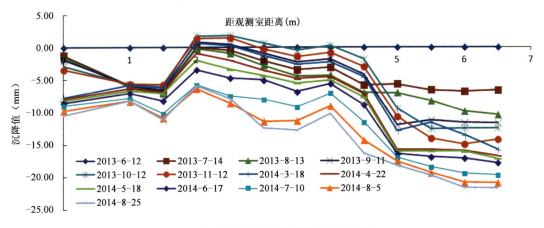

图 2-70 典型观测断面的沉降观测结果(坡面管法)

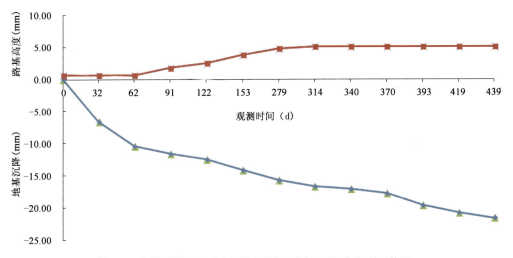

图 2-71 典型观测断面的最大沉降点沉降—填高—时间曲线(坡面管法)

本 章 小 结

路基加宽是高速公路改扩建工程的重要组成部分,其施工质量直接影响到路面的使用性能,从影响行车安全。为了实现新、旧路路基的有效衔接,减小新、旧路路基间的不均匀沉降,结合京石高速公路改扩建工程实践,展开了旧路路基边坡及堤身的状态调查,明确了加宽路基软基CFG桩复合地基处理方法,提出了旧路路基边沟回填与重型压实技术,构建了新、旧路路基台阶处治与路基加宽标准化施工技术,确定了土工合成材料加筋路基技术方案,提出了高速公路特殊路基加宽施工技术[短路基施工和路桥(涵)过渡段加宽路基冬季备土堆载预压],发展了路基加宽沉降观测技术,从多角度、多方位对高速公路路基加宽工程质量进行了有效控制。

第三章　高速公路路面加宽技术与施工标准化

第一节　旧路路面概况

一、旧路路面结构层

京石高速公路1985年开始立项研究和勘察设计,1987年3月动工修建,采取纵向分段、横向分东西幅分期修建的形式建设,1993年11月半幅高速公路全线建成通车,1994年12月全幅通车运营。这种特殊的施工方式,导致京石高速公路路面结构出现横向不同、纵向多变的复杂局面。该公路路面罩面前结构总厚度为63~67cm,由沥青混凝土面层、水泥稳定碎石或二灰碎石半刚性基层以及石灰稳定土底基层组成。在道路使用过程中,共进行了两次全路段罩面处理,并对路面病害进行了处治,罩面后旧路路面结构厚度达到71~75cm,见表3-1。

旧路路面结构　　　　　表3-1

结构名称	段落划分类型(一)	段落划分类型(二)
	K45+602~K57+500(右幅) K45+602~K113+310(左幅)	K57+500~K130+602(右幅)
面层	1cm厚MS-3微表处 4cm厚细粒式沥青混凝土罩面 3cm厚细粒式沥青混凝土 4cm厚中粒式沥青混凝土 5cm厚粗粒式沥青混凝土	1cm厚MS-3微表处(K57+500~K113+310) 4cm厚细粒式沥青混凝土罩面(K113+310~K130+602) 4cm厚细粒式沥青混凝土罩面 4cm厚中粒式沥青混凝土 6cm厚沥青碎石
基层	15cm厚水泥石灰稳定碎石	15cm厚水泥、石灰稳定碎石
底基层	40cm厚石灰土	40cm厚石灰土
总厚度	72cm	70cm或73cm
结构名称	段落划分类型(三)	段落划分类型(四)
	K113+310~K130+602(左幅) K174+700~K231+445(左幅)	K130+602~K152+800(右幅) K130+602~K174+700(左幅)
面层	4cm厚细粒式沥青混凝土罩面 4cm厚细粒式沥青混凝土罩面 3cm厚细粒式沥青混凝土 4cm厚中粒式沥青混凝土 5cm厚粗粒式沥青混凝土	4cm厚细粒式沥青混凝土罩面 4cm厚细粒式沥青混凝土罩面 5cm厚厚中粒式沥青混凝土 5cm厚厚粗粒式沥青混凝土
基层	15cm厚二灰稳定碎石	15cm厚二灰稳定碎石
底基层	40cm厚石灰土	40cm厚石灰土

续上表

结构名称	段落划分类型(三)	段落划分类型(四)
结构名称	K45+602～K57+500(右幅) K45+602～K113+310(左幅)	K57+500～K130+602(右幅)
总厚度	75cm	73cm
结构名称	段落划分类型(五)	
结构名称	K152+800～K231+445(右幅)	
面层	4cm厚细粒式沥青混凝土罩面 4cm厚细粒式沥青混凝土罩面 3cm厚中粒式沥青混凝土 5cm厚沥青碎石	
基层	12cm厚水泥、石灰稳定碎石	
底基层	43cm厚石灰土	
总厚度	71cm	

二、旧路路面专项检测

一般现场调查难以发现病害,需通过路面专项检测来确定路面损坏程度。初测及定测阶段对京石高速公路双向四车道的路面车辙深度、路面平整度、路面破损、道路内部缺陷及前方图像等指标展开了详细的检测评价工作,在此基础上对路面技术状况进行全面评价,详见表3-2。

各车道路面状况技术指标平均值汇总表　　　表3-2

路面技术状况指标	行车道		超车道	
	上行	下行	上行	下行
PQI	86.9	87.7	89.2	89.2
PCI	82.4	86.3	84.0	86.0
RQI	92.2	92.4	93.3	93.7
RDI	87.8	86.2	92.1	90.8
SRI	79.8	75.8	86.7	80

由表3-2可以看出:

(1)双向四车道的各路面状况指标平均值都保持在较高的水平,除了双向行车道的抗滑性能指标SRI低于80外,其余各指标均在80以上。

(2)京石高速公路行驶质量指数平均值评价为优,是各路面使用性能中评价最高的指标;而抗滑性能指标评价结果最低,双向行车道的抗滑性能只达到中等水平。

(3)相对而言,超车道的路面状况要优于行车道的路面状况;上行方向两车道与下行方向两车道路面状况指标比较各有高低,相差不大。

另外,通过探地雷达识别路面内部缺陷的结果可以看出:

(1)京石高速公路双向四车道部分路段沥青层较厚,部分路段沥青层厚度达到20cm以上,甚至大于30cm,这是该路段使用期内进行过多次维修罩面的结果。

(2)京石高速公路双向四车道出现的路面内部缺陷病害较少,病害类型较为单一,病害路段里程只占总里程的2.2%。

(3)存在路面内部缺陷的位置较为分散,没有出现病害集中发生的路段。

同时钻芯检测结果也表明:原有路面主要病害有横向裂缝、纵向裂缝、龟裂、翻浆及松散等,路面病害以裂缝最为严重。另外西半幅病害比东半幅病害严重,行车道病害比超车道病害严重,一般路面病害主要集中在上面层和基层。

另外,从原有路面代表弯沉检测的情况来看,右幅平均值在26~29(0.01mm)之间,左幅平均在22~24(0.01mm)之间。从硬路肩顶面当量回弹模量来看,一般在380~580MPa之间,原有路面结构强度较低。相关检测数据作为路面改建方案研究的基础。

结合检测资料、现场调查结果认为:原有路面经过罩面和局部病害处治后,行车效果良好,但是由于路面建成较早、结构层厚度较小,尤其是存在基层较薄的特点(12~15cm),随着交通量的不断增长,累计轴次不断增大,加之其他因素的影响,使原有路面整体结构强度偏低。

三、原有路面硬路肩检测

为了在新旧路面拼接时评价旧路硬路肩的使用性能,定测阶段开展了钻芯检测工作(图3-1),设计单位对各结构层厚度和强度进行了测定。钻芯检测频率为双幅每2~3km取芯一次,其中上行方向(涿州~石家庄)钻取芯样79个,下行方向(石家庄~涿州)钻取芯样75个。芯样厚度钻取至底基层,部分底基层芯样断开未被取出。

a)　　　　　　　　　　　　　　　　　　b)

图3-1　钻芯检测及芯样照片

钻芯检测结果表明,旧路硬路肩面层抗压强度回弹模量一般为380~580MPa,仅有一个检测点的抗压强度回弹模量超过1200MPa,大部分检测点的抗压强度回弹模量较小。

此外,硬路肩部分钻芯检测结果显示路面结构层厚度基本都小于70cm。京石高速公路共钻芯154个,钻芯厚度达到70cm以上的只有35个,且其中6个钻芯厚度刚好为70cm。检测芯样厚度汇总结果表明旧路硬路肩处路面结构层复杂多变,厚薄不一,且多处上基层极薄并呈破碎状态。

第二节　加宽路面结构方案设计

京石高速公路改扩建工程项目除收费站采用水泥混凝土路面外,主线路段及其余匝道均采用沥青混凝土路面。沥青混凝土路面设计使用年限为15年,水泥混凝土路面设计基准期为30年,设计采用双轮组单轴轴载为100kN的标准轴载。

一、方案制定原则

根据沿线的气候、水文、地质、筑路材料分布特征、路基稳定性因素以及工程可行性研究报告,依据沿线当地筑路材料供应情况,遵循因地制宜、合理选材、便于施工、利于养护、节约投资并符合路面强度、稳定性、平整度等要求的原则,结合当地水文、气候自然条件以及设计路段的交通特点,综合进行路面结构方案制定。

二、方案制定依据

根据有关的技术标准、规范及相关指导性意见进行方案制定。

1. 设计标准与设计理论

设计标准:沥青路面以双轮组单轴100kN为标准荷载,其中沥青路面设计使用年限为15年,水泥路面设计使用年限为30年。

设计理论:沥青路面设计中结构计算采用双圆垂直均布荷载作用下的多层弹性体系理论,层间接触条件为完全连续体系,以设计弯沉值为路面整体刚度的设计指标来计算路面结构厚度,并对容许弯拉应力进行验算,弯拉应力不满足规范要求时以弯拉应力作为控制指标进行路面结构厚度计算。路面结构设计按新建路面和旧路路面改建两种类型考虑。

2. 路面设计参数

(1)工程自然区划。本项目所处公路自然区划为Ⅱ4区(海滦中冻区),土基类型主要为砂性土和低液限粉土。

(2)土基回弹模量的确定。计算中土基回弹模量取中湿状态的值,$E_0=40\text{MPa}$。

3. 交通组成、交通量及轴载计算

根据工程可行性研究报告提供的交通量、交通组成、重载、超载等实测资料,经过统计分析,得到其交通组成,见表3-3。

主线交通量预测表(小客车:pcu/d)　　　　表3-3

年份(年)	2014	2020	2030	2033
全线平均交通量	42922	63284	96303	104709

三、路面结构类型的确定

根据交通量及其车型组成、使用任务、服务功能、当地材料、自然条件、施工便利性以及经济性等方面的因素,路面结构设计在原工可的基础上进行优化。

(1)在半刚性基层顶面设置了8cm厚的密级配沥青稳定碎石,改善了行车荷载在路面结构内部的应力分布,也大大减少了半刚性基层裂缝对上部沥青路面的影响,使得沥青路面的损坏仅局限于路面表面,维修时不必进行开膛破肚式施工,仅处理表面破坏即可,虽然初期投资较大,但具有良好的服务功能和耐久性能,全寿命周期成本降低。

(2)同时,项目因新旧路面搭接,产生了大量的路面铣刨料,为了充分利用旧料,变废为宝,将旧路面层铣刨料用作拼宽路面垫层,将旧路基层铣刨料用作拼宽路面底基层或垫层。

四、路面结构设计参数

路面结构计算采用双圆垂直均布荷载下的多层弹性连续体系理论,以路表设计弯沉值作为设计指标计算路面结构厚度。计算采用的设计参数详见表3-4。

路面结构设计参数表　　表3-4

路面结构层	20℃抗压回弹模量（MPa）	15℃抗压回弹模量（MPa）	劈裂强度（MPa）	厚度（cm）
细粒式沥青玛蹄脂(SMA-13)	1400	2000	1.4	4
中粒式沥青混凝土(AC-20)	1200	1600	1.0	6
中粒式沥青混凝土(AC-20)	1200	1600	1.0	6
密级配沥青碎石(ATB-25)	1200	1400	0.8	8
水泥稳定碎石	1300	1100	0.5	56
级配碎石	300	—	—	15
土基	40MPa			

根据《公路沥青路面设计规范》(JTG D50—2006)和预测交通量,在考虑超载的情况下,经分析计算出第三、四车道设计使用年限内一个车道上的累计标准轴载(100kN)作用次数为 5.56×10^7,对应设计弯沉值 L_d 为16.9(0.01mm)。第一、二车道设计使用年限内一个车道上的累计标准轴载(100kN)作用次数为 2.25×10^7,对应设计弯沉值 L_d 为20.3(0.01mm)。

五、路面横坡改造

现有路面一般路段(非超高)横坡坡度标准值为1.5%。根据测量数据计算结果,现有横坡坡度实际值相对1.5%有一定的偏差。本次改建后一般路段(非超高)调整横坡坡度为2%,超高路段按扩建后实际横坡坡度控制。通过设置路面调平层来调整横坡坡度,部分路段因横坡坡度调整困难,结合旧路面病害处治采用了铣刨加铺的方案。

六、路面分车道设计

路面设计考虑了分车道设计理念,即从中央分隔带往外,分为第一车道、第二车道、第三车道、第四车道,第一、二车道基本在旧路基围内,主要作为中小型客、货车行驶车道,第三、四车道在旧路基硬路肩及新建路基范围内,主要作为大中型客、货车行驶车道。

七、路面结构类型及厚度

1. 主线旧路面改建方案

主线旧路面改建方案需结合路线纵面设计,以直接加铺为主;局部路段因纵面抬升较低采用铣刨加铺的方案;部分路段因纵面设计限制抬高值过小或不能抬高,采用一般的铣刨加铺方案不满足扩建后路面结构强度要求时,采用挖除旧路面重建的方案。

2. 主线(含互通主线)拼宽路面结构

主线拼宽路面统一采用4cm厚SMA-13+6cm厚中粒式橡胶改性沥青AC-20C+6cm厚中粒式橡胶改性沥青AC-20C+8cm厚ATB-25+56cm厚水泥稳定碎石(结合实际情况分2层或3层摊铺碾压)+15cm厚再生旧料或级配碎石(垫层)。另外,选取一个施工标段作为试验路段,采用12cm厚厂拌乳化沥青再生旧料代替8cm厚ATB-25。

3. 互通立交匝道路面结构

(1)枢纽互通匝道路面结构同主线拼宽路面。

(2)一般服务性互通匝道路面结构为:4cm厚SMA-13+6cm厚中粒式橡胶改性沥青AC-20C+8cm厚粗粒式沥青混凝土AC-25C+17cm厚水泥稳定碎石上基层+18cm厚水泥稳定碎石下基层+20cm厚水泥稳定碎石底基层。

4. 收费广场

收费广场路面结构为:30cm厚C40钢筋混凝土+4cm厚AC-13沥青混凝土应力吸收层+17cm厚水泥稳定碎石上基层+18cm厚水泥稳定碎石下基层+15cm厚水泥稳定碎石底基层。

5. 桥面铺装

桥面铺装采用4cm厚SMA-13+6cm厚中粒式橡胶改性沥青AC-20C。

6. 黏层、防水层和封层设置

(1)旧路面改建范围

在上面层底面(即SMA底面)设置一层改性橡胶沥青防水层,贯通至整个拼宽路面;面层范围其余各层间设置改性乳化沥青黏层。若已设置封层或防水层,则不设置黏层。

(2)拼宽路面范围

在上面层底面(即SMA底面)设置一层改性橡胶沥青防水层,贯通至旧路面;在水泥稳定碎石基层顶面(即沥青碎石ATB-25底面)设置一层改性乳化沥青封层;面层范围其余各层间设置改性乳化沥青黏层。若已设置封层或防水层,则不设置黏层。

(3)互通匝道范围

在面层底面(即基层顶面)设置一层乳化沥青封层;面层范围其余各层间设置改性乳化沥青黏层。若已设置封层或防水层,则不设置黏层。

第三节 旧路面改造与路面拼接设计及施工控制

一、改造方案制定原则

(1)充分利用旧路面。通过对旧路病害调查及原因分析,在保证维修质量的情况下,减少对旧路面的铣刨量。

(2)结合路面改建方案及施工前路面实际病害情况合理采用病害处治方案。

(3)分车道设计,并考虑不同车道路面结构协调。根据不同病害程度及弯沉值确定不同车道的铣刨加铺厚度,且尽量保证不同车道新加铺路面结构组合对应结构层处于同一层位。

(4)尽量实现旧路铣刨材料的再生利用。利用已有研究成果,变废为宝,妥善处理旧路面铣刨料。

(5)动态设计与施工。施工全过程中坚持贯彻"动态设计、施工"的原则,在施工过程中根据路面改造工程的实际情况,对原有设计做"动态调整"。

二、旧路病害调查与处治方案

1. 路面病害处治应遵循的原则

(1)尽量避免或减少旧路面挖补。

(2)处治方案应明确化,处治段落应精细化。

(3)处治方案应结合原施工图路面改建方案综合考虑。

(4)处治方案应尽量考虑方便施工。

(5)处治方案应经济合理。

(6)病害处治应出具全套病害图、处治图及相应工程数量表。

(7)病害处治路段原路状况照片由施工单位留存。

2. 病害处治具体操作办法

1)纵面抬高值 $h \geqslant 24cm$ 路段路面病害处治(图3-2)

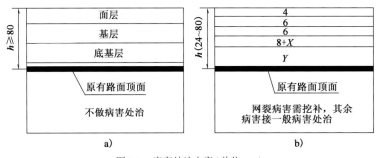

图 3-2 病害处治方案(单位:cm)

纵面抬高值 $h \geqslant 80cm$ 时,不考虑任何病害处治;纵面抬高值在 24~80cm 范围内时,除网裂(龟裂)病害需考虑铣刨外,其余路段病害均不考虑挖补,仅做一般病害处治。

2)纵面抬高值 $h \leqslant 14cm$ 路段路面病害处治

(1) $h \leqslant 5cm$ 的路段原设计路面改建方案已考虑挖除重建方案,不再考虑病害处治;

(2) h 在 5~14cm 范围内时,原设计路面改建方案已考虑铣刨方案,病害处治原则上不再考虑挖补方案,但铣刨后,应对裂缝做一般病害处治,一般采用改性沥青灌缝,并铺设33cm宽抗裂贴,对于铣刨后仍存在网裂(龟裂)病害的情况可经现场四方确认后,考虑进一步挖补方案。

3)纵面抬高值 h 为 14~24cm 路段路面病害处治

(1)挖补处理的基本原则

旧路面行车道、超车道出现如下情况之一时,需进行铣刨,不符合下面任一条件的,做一般病害处治:

①旧路面表面出现网裂(龟裂)、严重坑槽(深≥25mm)、严重沉陷或车辙(深≥25mm)、严

重的松散麻面的路段。

②路面横向裂缝连续(连续长度≥50m)、两条横缝平均间距小于8m且平均缝宽大于5mm的路段。

③1个车道(超车道或行车道)存在2条及以上纵向裂缝且平均缝宽大于5mm的路段。

(2)挖补方案的具体措施(图3-3和图3-4)

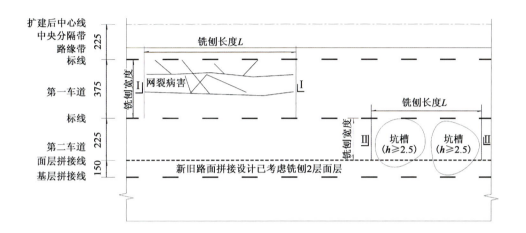

图3-3 挖补方案平面示意图(尺寸单位:cm)

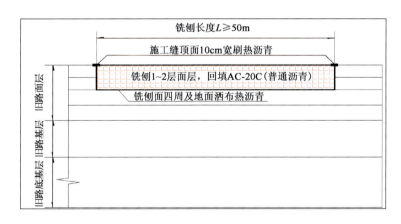

图3-4 挖补方案纵剖面示意图

凡涉及挖补方案,一般考虑铣刨2层面层,铣刨纵向长度在病害纵向长度基础上前后各延长1~3m,铣刨2层后,下层病害按一般病害处治,若病害仍较为严重,由四方赴现场进一步确定。

①铣刨宽度控制。

宽度按一个车道控制,注意平面位置上按扩建后第一车道、第二车道进行挖补,第一车道按3.75m宽计,第二车道按2.25m宽计(图3-5~图3-7)。第二车道往内1.5m为第一个面层拼接台阶,对于铣刨2层面层的路段,铣刨宽度应为3.75m-1.5m=2.25m。

②回填材料控制。

a.部分路段挖补长度<50m,回填C20混凝土。

图3-5 仅挖补第一车道横断面示意图(尺寸单位:cm)

图3-6 仅挖补第二车道横断面示意图(尺寸单位:cm)

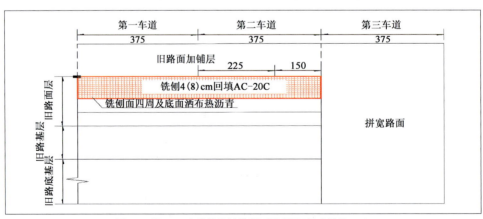

图3-7 第一、二车道均挖补横断面示意图(尺寸单位:cm)

b. 一般挖补长度≥50m,按旧路面加铺层数分类:第一车道回填AC-20C。若第一车道已考虑铣刨,第二车道铣刨回填料采用AC-20C;若第一车道未考虑铣刨,第二车道铣刨回填料应采用与拼宽路面同层同材料,摊铺碾压同步实施。

注意:凡挖补路段,在铣刨后应先洒布改性热沥青(起黏层兼防水作用,包括底面及侧壁),并立即组织回填,严禁雨季进行挖补施工。挖补完成后,沿顶面施工缝10cm宽范围刷热沥青。

(3)不严重坑槽、沉陷或车辙病害处理

对于不严重坑槽(深<25mm)、不严重沉陷或车辙(深<25mm),按上层加铺调平层一并回填处理。

(4)一般病害处理(纵、横向裂缝)

①旧路面微表处理的路段需按微表处厚度铣刨。

②缝宽小于5mm路段,采用压缝带封堵,压缝带为15cm宽。

③缝宽在5~15mm时,扩缝后采用改性热沥青灌缝。

④缝宽大于15mm时,扩缝后采用改性热沥青灌缝,灌缝后,铺设抗裂贴,抗裂贴宽度为33cm。对于横缝贯通至基层、底基层的,虽然考虑了铣刨2层面层,但铣刨后横缝应采取改性热沥青灌缝+抗裂贴。路面病害调查阶段能判断的,在病害处治方案中体现,未能判断的待铣刨后,由四方赴现场确定。

⑤裂缝切缝后用压缩空气(气压500~700kPa)对裂缝周边和裂缝槽至少进行两遍高压喷气流清理,清除所有松散颗粒和杂物。

4)基层、底基层病害处治

原则上底基层不做处理;若局部路段铣刨至基层顶面后,仍存在较严重基层病害,现场确定处治方案。基层、底基层病害挖补长度不大于50m时,回填C20混凝土;挖补长度大于50m时,回填水泥稳定碎石。

注意:在施工路面病害处治前,应先在扩建后第一、二车道分划线处做好标记,路面病害处治以扩建后第一、二车道为平面范围,并非旧路面超车道、行车道。

三、新旧路面横向拼接

路面拼接方案是整个改扩建工程路面施工的总纲领,京石高速公路改扩建工程中引入分车道设计理念,为了提高旧路基强度,保证新建路面下路基强度的均匀性,硬路肩采用挖除重建的方式,扩建后第三、第四车道为全新建路面,按行驶大中型车进行路面设计。第一个拼接缝设置在距中线8.25m处,即第一个开挖台阶在第二、三车道划分线往内1.5m处,第二个拼接缝(主要拼接缝)在距中线9.75m处,即第二个台阶在第二、三车道划分线处。台阶开挖方式主要考虑避开行车轮迹线,避免或减少反射裂缝。总体方案如图3-8所示。

四、旧路面改建方案在纵向的结构过渡设计

路面纵向衔接时,要注意开挖台阶尺寸按照不小于2m宽进行,且上、中面层摊铺不得留缝,确保上、中面层摊铺一次性完成。

京石高速公路改扩建工程中由于部分桥梁按照防洪要求需要抬升高程,部分路段因合成坡度调整等原因造成路线纵断面相比原有纵断面存在不同程度的调整,再综合考虑路面改建后结构强度等指标,施工图纵面设计完成后,旧路面改建设计在局部路段存在纵向不同结构过渡,施工图设计针对纵面设计高度与原有路面高度不同差值情况,在不同路段确定采用了A、B、C、D、E、F、G、H共计八种改建方案,即根据纵面抬高值从0到2m,分别采用了挖除旧路面重建至摊铺全新路面的改建方案。(设纵面抬高值为h,在超高路段h代表距中心线1.5m处

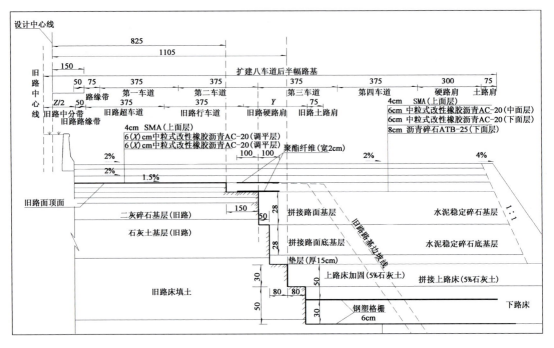

图 3-8　路面拼接设计方案（尺寸单位：cm）

的纵面抬高值，在一般路段 h 代表距中心线 8.25m 处的纵面抬高值）

（1）若 $h \leqslant 5$cm，旧路面挖除重建；重建 4cm（SMA）+6cm（AC-20）+6cm（AC-20）+8cm（ATB-25）+28cm（水泥稳定碎石）+Xcm（水泥稳定碎石调平层），即 G 方案，如图 3-9 所示。

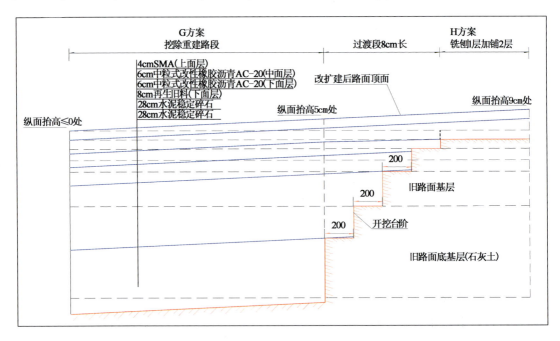

图 3-9　路面加铺 G、H 方案（尺寸单位：cm）

(2)若 $5\text{cm} < h \leqslant 9\text{cm}$，铣刨 1 层加铺 2 层，加铺 4cm(SMA) + Xcm(C-20 调平层)，即 H 方案，如图 3-9 所示。

(3)若 $9\text{cm} < h \leqslant 14\text{cm}$，直接加铺 2 层(或铣刨 1 层加铺 3 层)，加铺 4cm(SMA) + Xcm(AC-20 调平层)，即 A 方案，如图 3-10 所示。

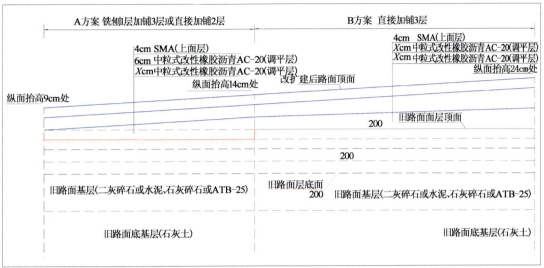

图 3-10 路面加铺 A、B 方案

(4)若 $14\text{cm} < h \leqslant 24\text{cm}$，直接加铺 3 层，加铺 4cm(SMA) + 6cm(AC-20) + Xcm(AC-20 调平层)，即 B 方案，如图 3-10 所示。

(5)若 $24\text{cm} < h \leqslant 32\text{cm}$，直接加铺 4cm + 6cm + 6cm + 1 层 ATB-25(调平层)，即 C 方案，如图 3-11 所示。

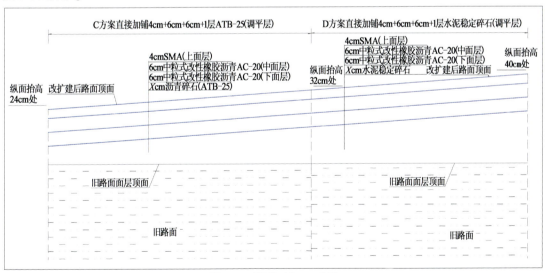

图 3-11 路面加铺 C、D 方案

(6)若 $32\text{cm} < h \leqslant 40\text{cm}$，直接加铺 4cm + 6cm + 6cm + 1 层水泥稳定碎石(调平层)，即 D 方案，如图 3-11 所示。

(7) 若 40cm < h ≤ 54cm，直接加铺 4cm + 6cm + 6cm + 8cm + 1 层水泥稳定碎石（调平层），即 E 方案，如图 3-12 所示。

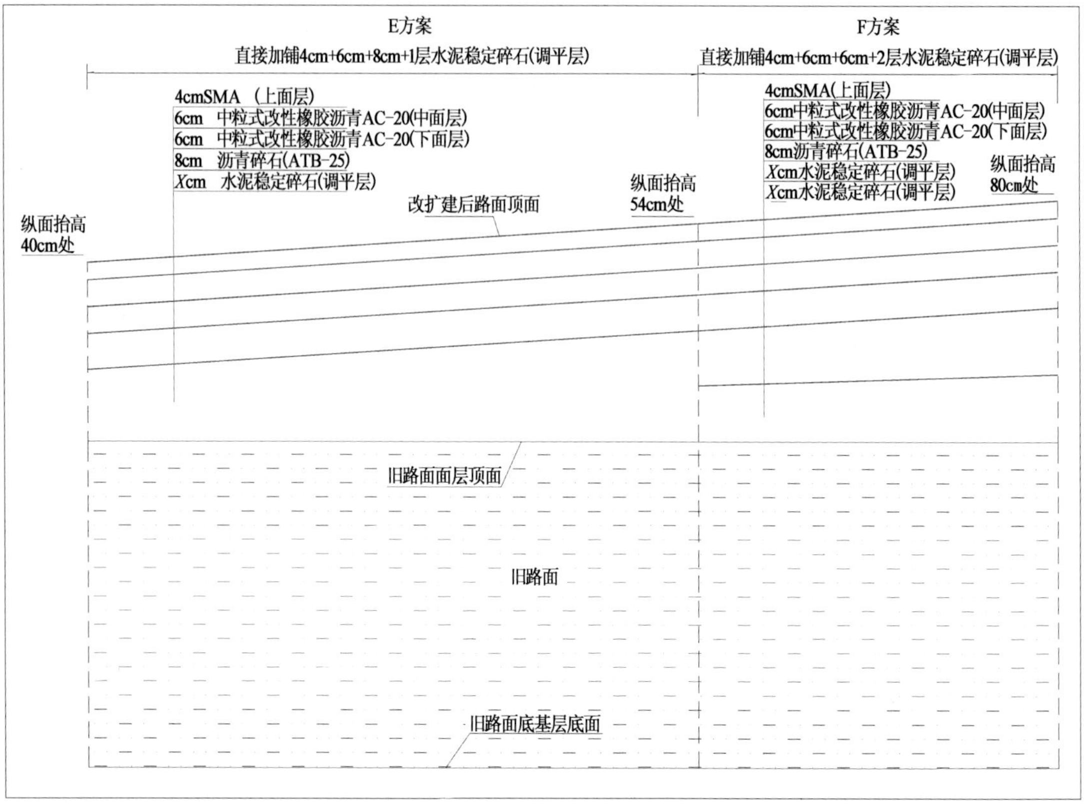

图 3-12　路面加铺 E、F 方案

(8) 若 54cm < h ≤ 80cm，直接加铺 4cm + 6cm + 6cm + 8cm + 2 层水泥稳定碎石（调平层），即 F 方案，如图 3-12 所示。

(9) 若 h > 80cm，路段不再铣刨旧路面面层，直接加 4cm + 6cm + 6cm + 8cm + 28cm + 28cm + Xcm 就地冷再生旧料或 5% 石灰土，即 BG 方案，如图 3-13 所示。

五、拼宽路面横坡改造

原有路面一般路段（非超高）横坡坡度标准值为 1.5%，根据测量数据计算结果，原有横坡坡度实际值相对 1.5% 有一定的偏差。原有横坡坡度与扩建后设计横坡坡度 2%（一般路段）有差异，因此横坡改造是本次改扩建施工中一项关键的技术问题，要既保证达到设计横坡坡度，又要确保平整度满足要求。

设计中针对不同路段情况，考虑了不同的改建方案。在施工中注意：对于加铺 2 层的（4cm 厚 SMA + Xcm 厚 AC-20），一定要确保施工 Xcm 厚 AC-20 时，一次性完成路面横坡坡度达到设计要求，确保上面层 4cm 厚 SMA 等厚摊铺；对于加铺 3 层的（4cm 厚 SMA + 6cm 厚 AC-20 + Xcm 厚 AC-20），尽量保证 Xcm 厚 AC-20 层完成路面横坡坡度一次性达到设计要求，若旧路面改建方案中最下面 1 层为水泥稳定碎石，则在水泥稳定碎石层调整横坡（即无论设计中采用何种改建方案，横坡的调整一定要在最下面的加铺层完成），如图 3-14 所示。

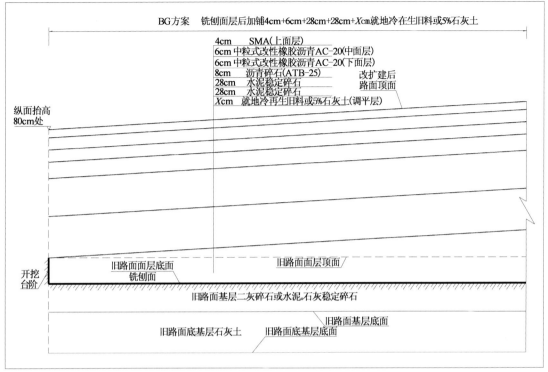

图 3-13　路面加铺 BG 方案

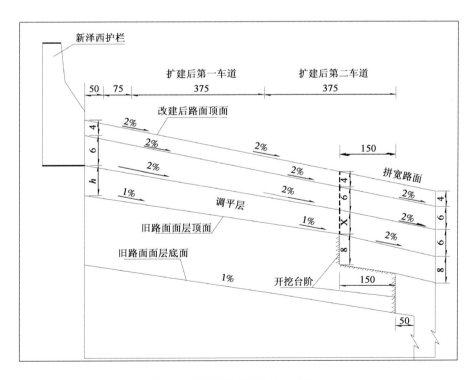

图 3-14　路面横坡调整图(尺寸单位:cm)

若采用上面层调横坡,由于上面层不等厚,施工控制难度极大,极易造成平整度不符合要求,行车舒适度较差,严重路段还易造成运营安全隐患。因此本项目严禁采用上面层施工来调整横坡,必须在施工上面层前,将横坡坡度调整到位。

六、旧路硬路肩台阶开挖

根据旧硬路肩基层以下的强度情况,分别采取以下台阶开挖方案。

1. 基层、底基层强度完好

当基层、底基层强度完好时,采用基本台阶开挖方案。基层台阶开挖方案为:从旧路硬路肩标线(含标线)向外铣刨1.5m,沥青面层均铣刨掉,铣刨二级台阶(台阶宽度由上而下分别为100cm、50cm),形成错台。

当铣刨第二级台阶后,若发现灰土层上残存5cm以下水泥稳定碎石基层,需要在铣刨过程中将此软弱层一并铣刨,并做好施工记录。在拓宽段施工时,通过摊铺横坡或人工补料的方式,保证路面的整体横坡坡度。

2. 基层、底基层强度不足

出现基层、底基层强度不足的现象,在基本台阶开挖方案的基础上进行台阶整体内移。当底基层松散时,台阶整体内移;当基层松散,而底基层完好时,为了避开车轮荷载位置,也采用整体内移。

旧路硬路肩开挖方式如图3-15所示。

a) 台阶开挖

b) 现场存在软弱夹层

图3-15　旧路硬路肩开挖方式

七、路面拼接施工

1. 横向新旧路面拼接

面层拼接台阶开挖宽度为1.5m,基层、底基层拼接台阶宽度不小于50cm,铣刨时可适当增加预留宽度,拼接前进行切边处理。

2. 旧路面纵向拼接

旧路面纵向不同铣刨层次、不同路面结构的路段进行纵向拼接时,面层、基层均需设置拼接台阶,台阶宽度按 2.0m 控制。

八、非标准路段拼接施工控制方案

1. 拼宽路面水泥稳定碎石顶面比 9.75m 处台阶(已铣刨)低 0~8cm 或高的路段

(1)拼宽路面水泥稳定碎石层顶面(基层顶面)比已铣刨台阶面低 0~3cm 路段(台阶处铺 ATB-25 时为 5~8cm),若该层水泥稳定碎石未施工,铺设水泥稳定碎石时形成斜面顺接与台阶顶面齐平,若已施工拼宽路面水泥稳定碎石(即已形成 0~3cm 台阶),上层直接铺设 ATB-25 (图 3-16)。

(2)拼宽路面水泥稳定碎石层顶面(基层顶面)比已铣刨台阶面低 3~8cm 路段,将 1.5m 范围处台阶铣刨 3~8cm(以与水泥稳定碎石层顶面齐平为控制面),铣刨后铺设等厚 ATB-25 (图 3-17)。

图 3-16　拼接基层低于台阶 3cm 以下路段　　图 3-17　拼接基层低于台阶 3cm 以上路段

(3)拼宽路面水泥稳定碎石层顶面(基层顶面)比已铣刨台阶面高的路段,按上层铺设 ATB-25 时一并摊铺碾压补齐。

2. 拼宽路面 ATB-25 顶面比 9.75m 处台阶(已铣刨)低 0~6cm 路段

(1)拼宽路面 ATB-25 顶面比已铣刨台阶面低 0~2cm 时(图 3-18),铺设 ATB-25 时形成斜面顺接与台阶顶面齐平,按 0.5% 坡度横向顺接。

(2)拼宽路面 ATB-25 顶面比已铣刨台阶面低 2~6cm 时(图 3-19),铺设改性橡胶沥青 AC-20C 前,将 1.5m 范围处台阶铣刨 2~6cm(以与 ATB-25 顶面齐平为控制面),铣刨后铺设等厚改性橡胶沥青 AC-20C。

(3)拼宽路面 ATB-25 顶面比已铣刨台阶面低 6cm 以上、原设计方案已考虑铣刨或挖除重建方案、ATB-25 顶面比台阶面高的路段,与(1)中按水稳控制对应。

3. 拼宽路面 ATB-25 顶面比 9.75m 处台阶(已铣刨)低 6cm 以上路段

依照设计对旧路面进行铣刨,保证旧路面两层摊铺厚度(10cm)和横坡度。对旧路铣刨时要整层铣刨,不留超薄夹层。工程实体摊铺时控制好不同厚度的虚铺系数与碾压工艺,确保工程质量。如图 3-20 所示。

图 3-18　拼接 ATB-25 低于台阶 2cm 以下路段　　　　图 3-19　拼接 ATB−25 低于台阶 2cm 以上路段

4. 拼接路面 ATB-25 顶面比 9.75m 处台阶(已铣刨)高 8cm 以上路段

采用 ATB-25 作为调平层,对旧路面清扫后喷洒黏层油,将拼宽 ATB-25 直接通铺到旧路面,不再对旧路进行下挖。ATB-25 碾压厚度上限为 14cm,但需要对摊铺碾压工艺进行相应调整。如图 3-21 所示

图 3-20　拼接 ATB-25 低于台阶 6cm 以上路段　　　　图 3-21　拼接 ATB-25 高于台阶 8cm 以上路段

5. 特殊路段

对于局部路段 8.25m(距中心线距离)处台阶可能存在错台问题,铺设时尽量按照斜面顺接齐平方式,未能齐平的,按上层材料摊铺碾压时补齐。

九、拼接施工控制注意事项

(1)施工中应综合考虑病害铣刨。

(2)清除旧路肩的遗留物。清除的杂物原则上应废弃,有条件时可作为路基路床以下的路基填料。

(3)铣刨要求。

①必须选用带自动找平装置的铣刨机,铣刨宽度2.0m左右,铣刨最大深度不小于30cm。

②切边线形顺直,不出现明显的啃边现象。

③铣刨面平整,高低差小于8mm。

④铣刨深度误差为±1.0cm。

⑤旧路利用的结构层面拉毛,不允许有遗留的夹心层,如有夹层要二次补铣。

⑥沥青面层、基层、底基层按台阶拼接的要求分层铣刨。不同材料不能混铣混装,运至再生加工厂也必须分类堆放。

(4)基层施工。

①施工前应对基层进行彻底的清扫,拼接缝两侧各1.5m范围内进行清扫、吹尘和清洗。

②竖向界面处涂刷界面剂或水泥净浆,以增加黏结效果。

③在拼接裂缝两侧各1.0m范围内,按0.5kg/m^2沥青用量喷洒透层乳化沥青。

④布设玄武岩纤维布,根据设计宽度(一般为2m)平铺在拼缝处,必须与基层粘牢,若局部路段基层顶面存在错台,将玄武岩纤维布移至上一层。

(5)面层拼接。

①接缝要密实不透水。

②接缝面不发生啃边、松动、粒料脱落等现象。

③玄武岩纤维布与聚酯玻纤布的铺设以新旧路面衔接施工完成首层面层平齐顶面开始铺设,先铺设玄武岩纤维布,聚酯玻纤布在其上一层层位,平面位置为9.75m处左右各1m。

第四节 掺旧路面铣刨料的级配碎石垫层施工技术

加宽工程由于要和旧路进行拼接,且要对旧路路面及路面结构层进行处理,因此会产生大量的路面基层、面层废料,这样对当地环境造成很大的影响。有效地将废料再次利用,是京石高速公路改扩建工程的一项重要举措。

为了充分利用旧路改造中产生的铣刨料,降低建设费用及保护环境,在旧路改造工程中对部分路面进行厂拌冷再生施工,将铣刨的水泥稳定碎石和沥青面层废料用于扩建部分搭接段施工。图3-22为级配碎石基层施工工艺流程图。

一、拼宽路段垫层下承层准备

下承层必须达到表面平整、坚实,没有松散和软弱点,边沿顺直,路肩平整,并经监理工程师验收合格(图3-23)。

级配碎石施工前,必须对下承层进行彻底清扫,并适量洒水,在施工过程当中,保持下承层表面湿润,以保证上下层之间结合良好。

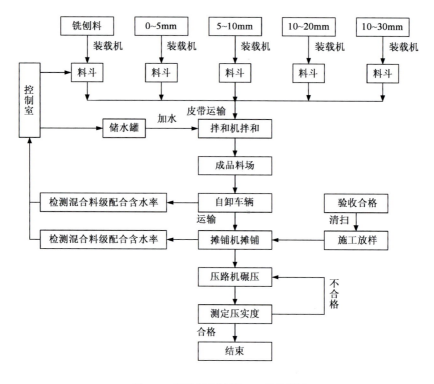

图 3-22 级配碎石基层施工工艺流程图

图 3-23 级配碎石下承层的准备

二、拼宽路段垫层试验段级配碎石方案设计

旧路面回收材料(包括铣刨基层料和铣刨面层料)应用于级配碎石垫层的工程实践经验少,在确保工程质量的前提下,为了充分利用旧路面回收材料,某标段设计了三种级配碎石垫层材料方案(表3-5)进行比较分析。

三种级配碎石方案　　　　　　　表 3-5

方案编号	方 案 一	方 案 二	方 案 三
材料组成	全部为新料	掺旧路面层铣刨料(沥青混凝土)	掺旧路基层铣刨料(二灰碎石)

1. 级配碎石原材料检测

上述三种级配碎石方案中共包括 6 种原材料,其中 15~30mm 碎石、10~20mm 碎石、5~10mm 碎石、0~5mm 石屑为新购材料,石灰岩、无风化;回收材料有基层铣刨料和面层铣刨料两种。级配碎石不同原材料筛分试验结果见表 3-6。

级配碎石不同原材料筛分试验结果　　　　表 3-6

材料类型	通过下列筛孔(mm)的百分率(%)									
	31.5	26.5	19	16	9.5	4.75	2.36	1.18	0.6	0.075
15~30mm 碎石	100	66.6	3.3	0.3	—	—	—	—	—	—
10~20mm 碎石	100	100	93.1	72.3	6.8	1.2	—	—	—	—
5~10mm 碎石	100	100	100	100	94.3	11.3	2.2	—	—	—
0~5mm 碎石	100	100	100	100	100	98.4	71.4	51.3	32.6	13.0
面层铣刨料	95.9	95.0	91.5	87.4	73.3	48.3	28.7	18.8	10.4	4.5
基层铣刨料	99.4	97.8	89.6	83.4	58.7	31.3	19.2	13.8	9.6	3.2

2. 矿料级配设计(表 3-7)

三种级配碎石方案中各档材料的掺配比例见表 3-7。

三种级配碎石方案中各档材料的掺配比例　　　表 3-7

材料类型	方 案 一	方 案 二	方 案 三
15~30mm 碎石	12%	8%	12%
10~20mm 碎石	31%	10%	26%
5~10mm 碎石	15%	—	10%
0~5mm 碎石	42%	12%	20%
面层铣刨料	—	70%	—
基层铣刨料	—	—	32%

由图 3-24 可以看出,除面层铣刨料级配碎石合成级配中 31.5mm 的通过率超出级配范围外,各级配曲线均在允许的范围内,这可能是由于旧沥青路面的铣刨料有团块,实际旧集料中粒径大于 26.5mm 的碎石不会这样多,这也与现场抽查检测中所见情况相符。

三、级配碎石的生产与运输

1. 级配碎石混合料的拌制

级配碎石混合料的拌制采用每小时不小于 600t 的拌和设备集中拌和(图 3-25)。施工前已对其计量设备进行标定,确保材料配比的可靠性和真实性。

2. 级配碎石混合料的运输

(1)装料过程控制

采用 40t 自卸汽车运料,料车顶部用篷布覆盖,以减少混合料含水率的丧失(图 3-26)。级配碎石混合料采用"品"字形装料,避免粗细混合料的第一次离析。卸料时应快速,以减小第一次离析界面的滑动,从而减少第二次离析。

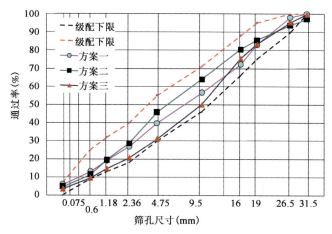

图 3-24　三种级配碎石方案各档集料合成级配曲线

图 3-25　级配碎石拌和设备

图 3-26　级配碎石混合料的运输

（2）运输过程控制

为减少运料车对试验路段下承层的破坏,运料车在摊铺作业面以外调头,倒退驶入摊铺现场。为了保证连续摊铺,现场存料车不少于 5 辆。

四、级配碎石的摊铺与压实

级配碎石垫层的铺筑阶段,采用两台摊铺机一前一后成梯队同步摊铺。在压实阶段,采用钢轮压路机和轮胎压路机结合进行路面的压实,采用表 3-8 中两种碾压组合方式分两阶段进行压实。级配碎石垫层摊铺和压实的现场实际情况如图 3-27 和图 3-28 所示。

某标段级配碎石垫层采用的碾压组合方式　　表 3-8

类　型	初　压	复　压	终　压
碾压方式	22t 钢轮压路机静压 1 遍	22t 钢轮压路机振压 2 遍 25t 钢轮压路机振压 1 遍	采用胶轮压路机碾压,压至无轮迹为止

注：钢轮压路机前进时静压,后退时振压。

图 3-27 级配碎石垫层现场摊铺　　　　　图 3-28 级配碎石垫层现场压实

五、级配碎石试验路段质量检验

1. 级配检验

级配是影响级配碎石强度和刚度的最重要因素,级配碎石合理的级配能够使混合料获得最佳的密实状态及力学性能且具有一定的排水性能,因此必须控制级配碎石级配的稳定性。

2. 压实度检验

实体工程铺筑完成后,应及时对所铺筑的级配碎石垫层进行检测。主要检测项目有压实度(现场挖孔灌砂),保证其相关指标满足要求。

第五节　超厚度水泥稳定碎石配套施工技术

目前,国内各地半刚性基层设计与施工经验越来越丰富,施工水平越来越高;改进型连续式拌和设备、大功率摊铺机和压路机不断涌现,推动了大厚度与大宽度半刚性基层的发展和应用。提高半刚性基层的碾压厚度,可减少路面施工的施工层数,利于提高路面结构的整体性;且可缩短路面工程建设工期,利于改扩建工程的施工工期安排及路面建设质量的提高。

京石高速公路改扩建工程基层为 56cm 厚的水泥稳定碎石,考虑到施工有效工期短、路线长,通过相关论证,采用两层 28cm 厚的水泥稳定碎石进行施工。除底基层微调水泥剂量外,采用 DT1600 型摊铺机和 YZ32t 超大吨位压路机,水泥稳定碎石大厚度拼接全宽度一次摊铺的施工摊铺碾压工艺。该工艺通过验证,取得了良好的效果。

一、与超厚度水泥稳定碎石配套的施工工艺

目前,国内不同地区半刚性基层所用水泥稳定碎石级配大多粗集料较多(某些省份称之为"骨架密实结构"),无论是单机摊铺还是联机摊铺,离析均没得到彻底有效的解决。因此,为确保超厚度水泥稳定碎石的施工质量,其配套的设计与施工工艺的选择就显得尤为重要。

1. 水泥稳定碎石成型方式的选择

水泥稳定碎石基层施工时需要合适的最大干密度来控制压实度，混合料生产时要由最佳含水率控制拌和质量，在水泥稳定碎石基层施工前要模拟施工现场成型试件来确定最大干密度、最佳含水率，通过振动成型试件测定无侧限抗压强度。

目前，振动压路机在半刚性基层施工中得到了相当普遍的应用，对于无机结合料稳定粒料土的半刚性基层而言，采用击实法确定压实标准、利用压力机静压成型试件显示出了一定的不适应性。标准重型击实的击实功率已达不到现场振动压路机的压实功率，使得室内确定的半刚性基层材料的压实标准偏低。但正是在压实度容易达到的情况下，基层的压实反而被忽视。室内静压成型方式和压路机振动压实的压实机理是完全不同的，使得压实材料的整体物理性能存在较大的差异，相同压实度的半刚性基层芯样强度要远大于静压成型的试件强度。

图3-29 振动压实成型设备

为模拟振动压实对材料的作用，采用自上而下振动的振动成型压实机（图3-29），其振动压实效果主要是通过两个在垂直平面上对称布置的振动器对试件施加振动力，从而达到振动密实的效果。振动器通过内部偏心块高速旋转产生正弦规律变化的激振力，偏心块旋转时只产生垂直方向的正弦激振力。振动试验法主要有以下特点：

①采用振动成型方法，其各种试验参数能够模拟现场振动压路机效果，即振动成型试件结构和力学特性与振动碾压施作的基层芯样接近。

②与传统方法相比，试件密度提高2%～5%，即现场压实度提高2%～5%。

③采用振动成型方式设计的水泥稳定碎石半刚性材料级配组成与传统设计结果相比有重大改进，主要表现为水泥剂量降低，同时强度提高、抗裂能力提高。

④密度提高、水泥剂量降低，工程单位在不增加任何设备的情况下能够达到规定的压实度，施工的基层抗裂能力强、路用性能好。

2. 水泥稳定碎石拌和设备的选择

由于拌和设备安装周期长，要选择出料能力有富余的拌和机，以防止工期提前或其他因素赶工时拌和能力跟不上。摊铺机和压路机更换起来相对容易，根据施工的具体情况配备，发生变化时随时调整。

由于骨架密实结构水泥稳定碎石混合料中粗集料含量多，水泥剂量小，对拌和机械的拌和能力要求较高，在选择拌和设备时要尽量选取功率大、近几年出厂的新设备，并事先对拌和设备进行标定与验证。

拌和设备必须采用2台以上强制式拌和机，每小时产量不小于600t，具备电子配料系统，并能自动打印出数据，加水时应具备计重系统，上料仓不少于5个。上料仓上口之间要用隔板隔开，上口要加装带有倾斜度的铁筛子，以筛除超过粒径的碎石。装载机装料斗的宽度要小于储料斗的上口宽度,避免混料而改变级配。各料仓要搭建防雨棚,以保证下料顺畅和含水率符合要求(图3-30)。

3. 水泥稳定碎石摊铺设备的选择

为了解决前些年使用传统的中等功率(指160kW以下)摊铺机大宽幅摊铺沥青路面和稳定基层时所引起的混合料离析问题,公路施工规范中规定了双机并幅摊铺的工艺要求;又由于摊铺机双机并幅摊铺功率不足及碾压设备限制,规定了稳定基层分层摊铺的工艺要求。近年来的实践证明,这一工艺在解决老问题的同时产生了一些新问题,如双机并幅中缝离析,生产率和平整度降低,分层摊铺路基路面板块整体性差等。

图3-30　各料仓加盖防雨棚

从图3-31可明显看出,单机摊铺平整度较高,表面混合料分布均匀,无离析,不存在双机联铺时接缝处平整度差的情况。双机摊铺的表面离析严重,混合料分布不均匀。

纵观国内外近年来摊铺机技术发展趋势,可以看到其正朝着改善传统机器结构,提高功率配置和自动控制程度这一方向发展,其目的在于全面提高摊铺机的综合性能指标。

a) 单机摊铺整体路面效果

b) 双机联铺整体路面效果

图3-31　单机摊铺与双机联铺的效果对比图

由于骨架密实结构水泥稳定碎石基层混合料易离析,单机摊铺时要求摊铺机抗离析能力强。国产品牌陕西"中大"摊铺机在抗离析方面走在了世界前列,其DT系列摊铺机的抗离析能力优于同类进口产品。

4. 水泥稳定碎石压实设备的选择

过去水泥稳定碎石基层普遍采用悬浮密实结构,施工难度不大,加上采用静压成型和重型击实成型的压实标准偏低,碾压时压实度很容易达到,造成水泥稳定碎石施工时对压实重视不够,对压实机械的配置要求偏低。采用振动成型后,压实标准大幅度提高,相应要提高压实机械的配置和压实能力;同时骨架密实结构基层混合料含量大,易发生离析,所以要使用抗离析的摊铺机,同时要注意摊铺机与压路机的匹配。

骨架密实水泥稳定碎石基层常规压实厚度(一般压实厚度小于20cm)压实设备最低配置:18t以上单钢轮振动压路机1台,22t以上单钢轮振动压路机2台,26t或30t胶轮压路机1台,电夯机或8t以下小型压路机1~2台。

骨架密实水泥稳定碎石基层超厚压实厚度(一般压实厚度大于26cm)压实设备最低配置:18t以上单钢轮振动压路机1台,32t以上单钢轮振动压路机或25t以上垂直振动压路机2台,30t以上胶轮压路机1台,电夯机或8t以下小型压路机1~2台。

二、超厚度水泥稳定碎石施工过程控制要点

级配组成设计是水泥稳定碎石基层施工的灵魂,特别是骨架密实结构,级配组成一旦确定,施工控制便是关键。没有科学合理的配比设计,施工控制再严也逃脱不了失败的命运。反之,确定了合理配比,施工控制不严则会因小失大、徒劳无功。也就是说,二者是相辅相成的。

1. 拌和站后场10大基本控制

(1)集料控制。一方面,10~30mm、10~20mm、5~10mm 三种粒径的碎石应基本保持同一产地,应为无杂质且相对稳定的优质石料;石粉应无泥土、无杂质。

(2)拌和站料场及拌和机料场控制。各集料场地应设分储标志,并建立废弃料场。

(3)拌和设备稳定性的控制。严格控制拌和设备所出混合料的质量稳定性,定期对拌和设备进行标定与复核。

(4)筛分控制。筛分控制中要采用干筛分和湿筛分相结合的方式检查是否符合生产级配的要求。

(5)含水率控制。为了确保底基层、基层的压实度,必须严格控制混合料的含水率为最佳。

(6)水泥剂量控制。采用 EDTA 滴定法,根据灰剂量和 EDTA 消耗量的关系曲线,检查水泥剂量是否控制在级配要求之内。

(7)无侧限抗压强度控制。依据现行规范要求制件,根据现行试验操作方法进行无侧限抗压强度测试,使测试结果符合控制的要求。

(8)拌和均匀性控制。拌和机必须在正常状态下工作,确保拌和的混合料均匀、无花白料。

(9)装料均匀性控制。确保储料斗储存有一定的混合料,然后再放料能减少混合料离析;同时还应减少运料车顶面与下料口的垂直距离(一般以小于50cm为宜)。

(10)运输车辆装载控制。考虑重载车辆对水泥稳定层初期强度形成的影响,拌和站后场必须控制运输车辆限载、限速运输,同时要求用彩条布或土工布加以覆盖,严禁裸装运输。

2. 施工前场10大基本控制

(1)基准线控制。摊铺机作业时的基准线必须按设计高程控制,绝对不能根据上路床顶面施工的情况随高就高,随低就低。

(2)松铺厚度控制。结合实验段总结,分析出满足厚度要求的松铺系数,确定实际施工时的最小松铺厚度。

(3)摊铺机速度控制。以摊铺机传感器杆作为参照物,定好时间进行检查,摊铺机速度宜控制在1~1.5m/min性。

(4)碾压组合方式控制。结合试验段所确定的最佳碾压组合方式,严格控制碾压顺序和碾压遍数,确保碾压后路面质量的整体稳定性。

(5)压实度控制。碾压完成后,应及时用灌砂法测定压实度,并对压实度的数据进行统计与分析,确保后续铺筑路面的工程质量。

(6)厚度控制。在灌砂法测定压实度的同时量测试坑深度确定厚度。

(7)平整度控制。采用6m直尺,每400m测2处×10尺,不得大于允许偏差。

(8)离析的处理。可筛除混合料中的较大颗粒料,用筛下的细料补撒在离析处,继续压实。注意补撒细料工作宜在初压完成时进行。

(9)横接缝的处理。根据压实厚度和平整度确定切缝的部位,横接缝强调垂直于道路中心线向下切齐,垂直于下承层顶面。

(10)养护管理与控制。采用宽幅较厚塑料或土工布全覆盖保湿养护。

3. 施工控制注意要点

根据原材料及地域气候特点选定一个合理的设计配合比,在条件允许的情况下尽可能减少2.36mm以下细料的含量。在保证强度的前提下,尽可能减少水泥剂量。

4. 拌和

(1)首先应选定一套性能稳定的电子称重控制的WT500t以上的稳定土拌和站。值得注意的是,拌和料拌缸的拌和时间会直接影响拌和料的均匀度,因此,同一型号拌和站的选择中应选择拌缸流程长的拌和站。

(2)严格按照配合比进行拌料,重点对其含水率进行控制(用电子流量计精确测定用水量),确保混合料的质量及均匀度。

5. 运输

(1)在装料过程中,应将车位摆正,并严格控制单斗放料量,杜绝溢料现象造成混合料离析。

(2)运输过程中应对运料车加以覆盖,避免水分流失造成表面混合料和内部混合料含水率不均匀。

6. 摊铺

(1)采用双机联铺时,单机摊铺宽度不超过7m,以避免成品料的离析。

(2)在摊铺前设专人指挥倒车,严禁车辆倒车不当造成停机现象出现,并对成品料实行两次或两次以上起斗,严禁在摊铺机的料车内发生堆料现象。

(3)在摊铺机的调试过程中,应将摊铺机的行走速度和料斗的传感器以及两侧布料传感器调整的流速相当,形成流畅作业。该控制以两侧布料器及料斗给料器不停,并以不溢料保证摊铺为准,严禁料斗给料器及两侧布料器时动时停。

(4)摊铺机夯锤频率以接近集料物理频率为宜,这样可获得较高的初始压实度。

7. 碾压

(1)碾压终压时间应控制在水泥的初凝时间内。

(2)压路机的行走速度应均匀,在起步和停车时应缓慢,避免出现推挤和松动现象出现。

(3)将试验段确定的压路机振频、振幅锁死,严禁施工过程中任意调整。

(4)初压应以12t双钢轮压路机稳压,前进时静压,倒退时振压;复压采用较小吨位压路机在前较大吨位在后的原则,终压以较大吨位胶轮压路机收面。收面时如有干燥起皮现象,可喷洒雾水或用胶轮压路机洒水装置喷洒补充水分,严禁用运水车进行喷洒。

(5)压路机的变线应缓且尽可能地延长距离,但切勿压至已过初凝的作业面上。

(6)在现场设置动态的初压、复压、终压起止位置标志牌,并设专人指挥。

8. 养生

(1)采用土工布覆盖养生,始终保持土工布的湿润。

(2)洒水车严禁碾压至龄期不足的作业面上。

(3)封闭交通。

三、拼宽路段超厚度水泥稳定碎石方案设计与施工

1. 水泥稳定碎石方案设计

为了充分利用旧路面基层回收材料,某施工单位设计了两种水泥稳定碎石底基层材料组成方案(表3-9)。

两种水泥稳定碎石底基层方案　　　　　　　　　表3-9

方案编号	方案 一	方案 二
材料组成	全部为新料的水泥稳定碎石	掺部分旧路基层铣刨料的水泥稳定碎石

(1)水泥稳定碎石原材料筛分(表3-10)

上述两种级配碎石方案中共包括5种原材料,其中15~30mm碎石、10~20mm碎石、5~10mm碎石、0~5mm石屑为新购材料,石灰岩,无风化;回收材料为基层铣刨料。

水泥稳定碎石不同原材料筛分试验　　　　　　　　表3-10

材料类型	通过下列筛孔(mm)的百分率(%)									
	31.5	26.5	19	16	9.5	4.75	2.36	1.18	0.6	0.075
15~30mm碎石	100	66.6	3.3	0.3	—	—	—	—	—	—
10~20mm碎石	100	100	93.1	72.3	6.8	1.2	—	—	—	—
5~10mm碎石	100	100	100	100	94.3	11.3	2.2	—	—	—
0~5mm碎石	100	100	100	100	100	98.4	71.4	51.3	32.6	13.0
基层铣刨料	99.4	97.8	89.6	83.4	58.7	31.3	19.2	13.8	9.6	3.2

(2)矿料级配设计

由表3-11不难看出,除方案二合成级配中31.5mm的通过率略超出级配范围外,各级配曲线均在允许的范围内,这可能是由于旧沥青路面的铣刨料有团块。

两种水泥稳定碎石底基层方案矿料合成级配　　　　　　　　表3-11

材料类型	通过下列筛孔(mm)的百分率(%)									
	31.5	26.5	19	16	9.5	4.75	2.36	1.18	0.6	0.075
方案一	100	98.1	82.6	72.6	54.1	33.8	22.3	15.9	10.9	5.0
方案二	99.8	94.4	81.5	74.4	52.0	34.7	23.7	16.8	10.7	4.2
级配上限	100	100	88	78	58	40	28	20	15	5
级配下限	100	90	78	68	48	30	21	11	8	0

2. 水泥稳定碎石的运输

对运料车装料时,运料车车顶距拌和机出料口的高度应尽量小,以最大限度减少装料离析,同时采用两次"品"字形装料顺序进行装料(图3-32)。

为了减少运输过程中水分的散失,运料车必须采用彩条布或帆布覆盖。没有配备覆盖篷布的运料车不准运料作业。

3. 水泥稳定碎石的摊铺与压实

在水泥稳定碎石的铺筑阶段,采用1台摊铺机摊铺。在压实阶段,采用不同型号钢轮压路机和轮胎压路机结合进行路面的压实,碾压方案见表3-12。现场实际情况如图3-33和图3-34所示。

图3-32 运输车辆装料情况

考虑到改扩建工程涉及新旧路面的搭接,因此在水泥稳定碎石底基层施工过程中,事先对搭接部分侧面用稠度较大的水泥净浆精心涂刷,同时搭接20cm区域内上下均匀喷水泥净浆(图3-35)。值得一提的是,上面喷洒时宜在初压后进行。此外,为了提高搭接部位附近区域的压实度,除正常压路机碾压外,采用三轮压路机额外进行边部压实(图3-36)。

水泥稳定碎石底基层采用的碾压组合方式　　　　表3-12

类　型	初　压	复　压	终　压
碾压方式	22t钢轮压路机静压1遍	32t振动压路机强振3遍 25t垂直振动机碾压3遍	32t胶轮压路机收面

注:钢轮压路机前进时静压,后退时振压。

图3-33 摊铺机现场全幅摊铺

图3-34 不同碾压设备的现场碾压

4. 水泥稳定碎石底基层的养生

(1)土工布洒水养生

骨架密实水泥稳定碎石基层施工时,养生是一个关键环节,也是最后一个环节,影响着基层强度的形成。

图3-35　新旧路面搭接处人工进行灌浆　　　　图3-36　三轮压路机搭接处进行碾压

基层碾压检测合格后立即进行洒水覆盖保湿养生（图3-37），覆盖保湿必须7d以上。值得注意的是，刚刚碾压完成的结构层严禁洒大水，必须采用雾化较好的水车洒水（图3-38）。

图3-37　土工布覆盖与养生　　　　　　　图3-38　雾化较好的水车洒水养生

在养生期间要加强交通管制，除洒水车外，禁止其他车辆通行。

在下基层养生7d后，方可进行上基层的铺装。

土工布重叠的边部采用大石块压边，防止被风吹开影响基层整体强度的形成。从图3-37可以看出，土工布覆盖间距均匀、横成行、竖成列，现场非常整洁，中央分隔带没有一点杂物，文明施工程度很高。

（2）透层油养生

上基层施工完成后，可直接洒透层油（乳化沥青），有利于透层油的渗透。基层施工碾压成型后表面变得干燥，但尚未硬化时（基层施工完1~2h）开始透层油施工，一般应在24h内施工完毕。

为了保证沥青面层与基层的整体连接及透层油的渗透,透层油养生时间要充足,养生期间任何车辆不得通行。

5. 水泥稳定碎石基层的取芯

(1)防止污染

为防止取芯时冷却污水横流污染基层,在取芯机的四周用海绵或抹布围住,水过多时用抹布将圈住的水蘸出,拧到水盆里或水桶里,这样做可保证基层不被污染。取芯后立即用稍细的基层混合料填住并夯实,必要时向填补后芯样孔洞区域内灌注水泥净浆,确保取芯孔洞与四周的黏结密实。图3-39中施工人员没有采取措施,造成污水横流,要坚决杜绝。

(2)尽量少取

芯样应尽量少取,取芯的目的主要是看级配,看骨架形成的好坏。通过检查混合料的配比同样能达到相同的目的,不一定非要取芯。因为取芯后留下的芯洞无论怎么填补都会形成薄弱的环节,会引起基层的破坏。取芯的第二个目的是检测基层厚度,检测厚度一方面可结合基层高程的变化进行估算,也可采用无损的雷达检测。现在雷达测厚技术非常成熟,精确度很高,误差在1mm左右,建议采用雷达测厚代替取芯测厚。

由图3-40可知,骨架密实结构水泥稳定碎石基层取芯时芯样表面会有许多凹点和麻点,这是由于骨架密度结构基层强度形成得慢,混合料黏结力没有充分形成,取芯时小料会被打掉。从表面看,空隙率很大,其实不必担心,等过一段时间,基层强度完全形成后,芯样效果将会有很大的变化。一旦强度达到,基层中水泥的干缩与温缩性能发挥充分后,表面非常光滑,没有一点空隙。

图3-39 没采取措施的基层钻芯

图3-40 7d钻取的基层芯样断面

6. 水泥稳定碎石基层的检测验收

骨架密实结构水泥稳定碎石基层的检测按《公路工程质量检验评定标准》(JTG F80/1—2004)中水泥稳定碎石检测标准及频率进行(表3-13)。

在摊铺前,施工单位和监理,需在施工现场取样做抗压强度和水泥剂量试验。在碾压完成后,施工单位和驻地办要立即组织自检和抽检。在自检和抽检中,发现不合格的,及时进行处理,不准出现"死后验尸"的现象。要求自检和抽检同步进行,并按规定7d养生后进行取芯检测。取芯数量尽可能减少,由驻地监理工程师指定位置和旁站,并做抗压强度检测,同时与室内养生试件强度对比,确保室内试验成果能够有效指导施工。

水泥稳定碎石检测标准及频率　　　　　表3-13

项次	检查项目		规定值或允许偏差	检查方法与频率	权值
1	压实度(%)	代表值	98	按附录B检查,每200m每车道两处	3
		极值	94		
2	平整度(mm)		8	6m直尺:每200m测2处×10尺	2
3	纵段高程(mm)		+5、-10	水准仪:每200m测4个断面	1
4	宽度(mm)		符合设计要求	尺量:每200m测4处	1
5	厚度(mm)	代表值	-8	按附录H检查,每200m每车道1点	3
		极值	-15		
6	横坡坡度(%)		±0.3	水准仪:每200m测4个断面	1
7	强度(MPa)		符合设计要求	按附录G检查	3

第六节　乳化沥青厂拌冷再生柔性基层施工技术

道路冷再生的主要目的是使旧材料得以重复利用,显著的特点是节省资源、环保和缩减资金。冷再生是一种常用道路再生方法,与其他传统的施工方法相比,总投资一般可节省40%~50%。厂拌冷再生技术,具有再生工艺易于控制、再生混合料性能较好、适用范围广、能耗低、污染小等优点,是一种应用较广的沥青路面再生技术。结合我国现有的施工技术和设备水平,乳化沥青冷再生混合料适合作为高等级路面的柔性基层。

和传统的沥青混合料一样,乳化沥青冷再生混合料也必须进行合理的设计,以确保可靠的使用性能。乳化沥青冷再生混合料和传统的沥青混合料相比无论是级配组成设计还是拌和设备拌和均有所不同。本节结合京石高速公路改扩建工程,对乳化沥青厂拌冷再生技术进行了研究与实践。

一、乳化沥青冷再生混合料的设计

为了满足工程实践的需要,在室内配合比设计过程中遵照图3-41和图3-42的设计方法进行乳化沥青冷再生混合料的矿料组成设计。

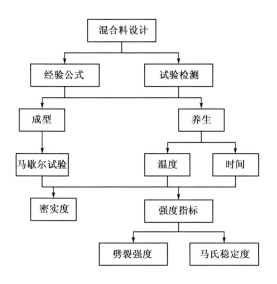

图3-41 乳化沥青冷再生混合料设计方法（一）

图3-42 乳化沥青冷再生混合料设计方法（二）

1. 材料

（1）RAP矿料

结合现场所铣刨的全厚度路面旧料存在较多大块的事实，为了有效控制再生料尺寸，避免大料的存在，特将现场的RAP矿料运至拌和场内进行破碎和分类筛分（图3-43～图3-46）。筛分过程中共分0～5mm、5～10mm和10～30mm三档再生料，各档料具体筛分结果见表3-14。

某标段不同RAP矿料级配检测结果　　　　表3-14

类别	通过下列筛孔(mm)的百分率(%)												
	31.5	26.5	19	16	13.2	9.5	4.75	2.36	1.18	0.6	0.3	0.15	0.075
10～30mm	100	96.8	79.0	64.1	41.8	6.0	0.6	—	—	—	—	—	—
5～10mm	100	100	100	100	100	99.9	12.4	0.9	—	—	—	—	—
0～5mm	100	100	100	100	100	100	99.8	60.2	42.2	29.4	15.0	10.2	6.4

图3-43 筛分后废弃的大块铣刨料

图3-44 分类筛分产生的10～30mm铣刨料

图 3-45　分类筛分产生的 5~10mm 铣刨料　　　　图 3-46　分类筛分产生的 0~5mm 铣刨料

(2)乳化沥青

选用 70 号基质沥青作为乳化沥青所需的基质沥青,其各项技术指标满足相关技术文件的要求。

(3)水泥

为了提高乳化沥青混合料早期强度和水稳定性,在冷再生沥青混合料中加入水泥,根据水泥强度形成机理和施工工艺的要求,本工程采用的是 32.5 级普通硅酸盐水泥。

(4)新石料

由于 RAP 矿料整体偏细,除了充分利用旧料,还要加入一定量的新料(一般为粗集料),以便改善混合料的级配和提高再生混合料的强度。新加入的粗集料采用易县半壁店的石灰岩碎石,规格为 10~30mm,集料筛分结果见表 3-15。

某标段 10~30mm 规格集料检测结果　　　　　　表 3-15

类　别	通过下列筛孔(mm)的百分率(%)											
	31.5	26.5	19	16	13.2	9.5	4.75	2.36	1.18	0.6	0.3	0.15	0.075
10~30mm	100	97.3	19.2	5.8	1.2	0.2	—						

(5)填料

矿粉来自涞源县,其各项技术指标满足相关技术文件的要求。

2.级配设计

针对施工过程中铣刨旧料的级配,结合重新筛分后各档旧料的级配,调整档位不同旧料和 10~30mm 粗集料(新料)的比例,使再生混合料级配曲线尽可能接近最佳配合比曲线,生产级配组成见表 3-16 和图 3-47。需要说明的是,水泥采用外掺法,掺配量占 1.5%,因此其在级配曲线中忽略不计。

某标段冷再生混合料矿料筛分与合成级配一览表　　　　　　表 3-16

类　别 筛孔尺寸(mm)	各档旧料(%)			新料(%)	矿粉 (%)	合成级配 (%)	中值 (%)	范围 (%)
	10~30mm	5~10mm	0~5mm	10~30mm				
31.5	100	100	100	100	100	100	100	100
26.5	96.8	100	100	97.3	100	92.6	90	80~100

续上表

类别 筛孔尺寸(mm)	各档旧料(%)			新料(%)	矿粉(%)	合成级配(%)	中值(%)	范围(%)
	10~30mm	5~10mm	0~5mm	10~30mm				
13.2	41.8	100	100	1.2	100	71.1	70	60~80
4.75	0.6	12.4	99.8	—	100	43.4	42.5	25~60
2.36	—	0.9	60.2	—	100	31.6	30	15~45
0.3	—	—	15.0	—	100	11.6	11.5	3~20
0.075	—	—	6.4	—	88.9	3.4	4	1~7
掺配比例(%)	21	23	34	19	3	—	—	—

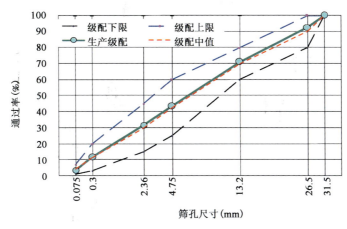

图 3-47 乳化沥青冷再生混合料合成级配曲线

3. 最佳乳化沥青用量的确定

按确定的 RAP 矿料和新集料(图 3-48)的掺配比,取 2.6%、2.9%、3.2%、3.5%、3.8% 乳化沥青用量进行二次成型,进行毛体积密度、空隙率及稳定度等指标的测试。

根据表 3-17 的测试结果,以室内压实试件(图 3-49)密度与现场压实度相近的原则,结合工程实际,确定最佳乳化沥青用量为 3.3%。

最佳乳化沥青检测结果　　　　表3-17

乳化沥青掺量 (%)	毛体积相对密度 (g/cm³)	最大理论相对密度 (g/cm³)	空隙率 (%)	稳定度 (kN)
2.6	2.350	2.630	10.6	11.11
2.9	2.360	2.626	10.1	11.96
3.2	2.362	2.613	9.6	12.86
3.5	2.354	2.599	9.4	12.05
3.8	2.345	2.595	9.6	11.30
技术要求	—	—	9~14	≥6.0

图3-48 冷再生各档矿料的比较

图3-49 乳化沥青冷再生混合料室内成型试件

4. 最佳含水率的确定

按确定的 RAP 矿料和其他外加料的掺配比,乳化沥青用量取 3.3%,按预加含水率 2.1%、2.6%、3.1%、3.6%、4.1% 变化掺水一次成型。采用马歇尔重型击实试验,烘干 48h,测定干密度。确定最佳含水率为 3.6%(表 3-18)。

夏季施工或远途运输考虑水的散失,实际为掺水量可适当提高 0.5%~1.0%。

不同含水率与干密度检测结果　　　　　　表3-18

预加含水率(%)	实测含水率(%)	干密度(g/cm³)	试验方法
2.1	2.0	2.143	马氏重型击实试验
2.6	2.3	2.202	
3.1	2.7	2.218	
3.6	3.4	2.240	
4.1	3.9	2.175	

二、乳化沥青冷再生混合料的拌制

使用 Wirtgen KMA220 在拌和厂进行乳化沥青冷再生混合料拌和,生产过程中尽量保证足够的效率和拌和的连续性,如图 3-50~图 3-51 所示。

图3-50 乳化沥青冷再生拌和设备

图3-51 乳化沥青冷再生混合料的拌和

三、乳化沥青冷再生混合料的运输与摊铺

运料车将拌制好的混合料运至现场,为避免运输过程中水分散失,从而影响后续施工,运料车使用帆布覆盖,直至卸料时才将帆布去除,摊铺过程与摊铺沥青混凝土类似,但熨平板不需加热,如图 3-52 所示。在摊铺机确定的振捣频率下,取 6 个断面测量乳化沥青混合料的松铺系数,经成型基层高程检查,初步拟定松铺系数为 1.28。松铺系数测量结果见表 3-19。

图 3-52　乳化沥青冷再生混合料的摊铺

松铺系数测量结果　　　　表 3-19

桩号	K99+140	K99+190	K99+240	K99+290	K99+340	K99+390	平均
松铺厚度(cm)	15.7	14.9	15.2	15.0	15.9	15.1	15.3
压实厚度(cm)	12.3	11.8	12.2	11.7	12.4	11.9	12.1
松铺系数	1.28	1.26	1.25	1.28	1.28	1.27	1.27

四、乳化沥青冷再生混合料的碾压与养生

根据压路机组合和试验段情况,确定的碾压方案见表 3-20。碾压现场如图 3-53 所示。

乳化沥青冷再生混合料试验路采用的碾压组合方式　　　　表 3-20

压实类型	压实设备	碾压工艺
初压	双钢轮压路机 DD110	静压 1 遍,高幅低频振压 2 遍
复压	22t 单钢轮压路机	低幅高频振压 4 遍
终压	胶轮压路机 XP302	静碾 6 遍以上至无轮迹

乳化沥青冷再生混合料在碾压后,随着内部水分的不断蒸发,强度逐渐增加,因此需要一定的时间自然养生,使其达到足够的强度。养生采用封闭交通自然养生过程,养生时间为 3～7d,如图 3-54 所示。

a)　　　　　　　　　　　　　　　　　b)

图 3-53　不同压实设备现场碾压

 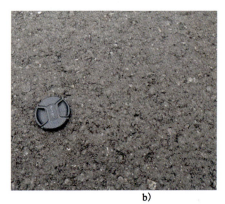

a)　　　　　　　　　　　　　　　　　b)

图 3-54　封闭交通与自然养生

五、乳化沥青冷再生混合料质量检验

某标试验段铺筑完成且养生结束后,需进行质量检验,现场取芯的实际情况如图 3-55 所示。

图 3-55　冷再生试验段现场取芯断面

第七节　ATB-25 沥青稳定碎石柔性基层施工技术

京石高速公路改扩建工程沥青路面柔性基层结构类型采用的是 ATB-25 沥青稳定碎石，它是不同于半刚性基层的柔性基层，是用适量的沥青对级配矿料进行稳定后用作沥青面层的下面层(也被称作沥青路面的柔性基层)。由于其刚度较小，具有较高的抗剪强度、抗弯拉强度和耐疲劳性，在很大程度上能延缓半刚性基层裂缝的向上延伸，提高路面抵抗水损害的能力，因此，ATB-25 沥青稳定碎石质量控制的好坏直接关系着基层与面层之间有效连接的优劣。本节结合京石高速公路改扩建工程，对 ATB-25 沥青稳定碎石的施工技术进行了探讨。

一、拼宽路段柔性基层 ATB-25 下承层准备

柔性基层 ATB-25 下承层必须达到表面平整、坚实，没有松散和软弱点，边沿顺直，路肩平整，并经监理验工程师收合格。

柔性基层 ATB-25 施工前，采用强力清扫车对下承层进行彻底清扫，确保水泥稳定碎石基层粗集料能够有效显露出来(图 3-56)。

下封层(图 3-57)施工时，不仅要确保洒布的均匀性，同时对新旧路面搭接处侧面涂刷热沥青以利于新旧部位的有效结合。此外，为了有效延缓新旧路面搭接处(二者强度不同)裂缝向上快速发展的现象，采用 2m 宽的玄武岩玻纤布进行铺设(图 3-58)。需要注意的是，该区域内仅洒油(图 3-59)，不撒布碎石，以减少碎石对玄武岩玻纤布的破坏。

图 3-56　柔性基层下承层清扫

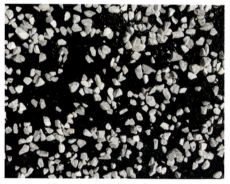

图 3-57　下封层局部断面情况

图 3-58　玄武岩玻纤布的现场铺设

图 3-59　人工对旧路面台阶处进行涂油

一般来说,下封层要求坚实、平整、耐久,与半刚性基层黏结牢固,有良好的封水效果。为保证下封层能够有效发挥其作用,应注意以下几点。

(1)下承层清扫要彻底

可采用类似山猫的强力钢丝清扫车与鼓风机或森林灭火器组合清扫,清扫的理想效果是基层表面的粗集料颗粒上表面要凸显出来,以利于乳化沥青的径向渗透。

(2)洒布要保质保量

考虑到 SBR 改性乳化沥青洒布量较大(采用 $0.6 \sim 0.8 \text{kg/m}^2$),建议分两次洒布,避免流淌。改性乳化沥青喷洒后微铺粒径为 $5 \sim 10 \text{mm}$ 的不易压碎的洁净硬质石灰岩,覆盖率以 55%~60% 为宜。

(3)严格控制洒布时间

考虑到天气炎热的影响,建议施工单位洒布乳化沥青时应选择早上或者傍晚进行,同时为保证乳化沥青破乳充分,在洒布前应保证基层表面处于湿润状态。

(4)严格执行下封层施工工艺

在沥青洒布和碎石撒布完成后,应及时用胶轮压路机或小吨位光轮压路机进行碾压成型。碾压成型后应尽快安排沥青混合料的摊铺,间隔时间不宜超过 24h,其间应临时封闭交通,避免封层的二次污染。

二、柔性基层 ATB-25 沥青稳定碎石的拌和与运输

施工前已对拌和楼计量设备进行了标定,确保了材料配比的可靠性和真实性。一般而言,矿料加热温度为 $170 \sim 180$℃,沥青加热温度为 150℃左右,初定拌和时间为 40s(干拌 5s),确保其质量。温度检测采用温度计和热电偶温度计联合进行。

运输时应对每辆运料车的车厢内进行集中清扫并涂抹隔离剂,同时采取加盖苫布的保温措施。此外,拌和机向运料车放料时,通过汽车的前后移动,采用五次装料法进行装料,减少热拌沥青混合料的离析和局部热量的散失。运料车装料与运输如图 3-60 和图 3-61 所示。

图 3-60　运料车等候装料

图 3-61　现场运料车运输

三、柔性基层 ATB-25 沥青稳定碎石的摊铺与压实

柔性基层 ATB-25 沥青稳定碎石的铺筑阶段（图 3-62 ~ 图 3-65），应采用两台性能优越的履带式摊铺机一前一后成梯队同步摊铺。在压实阶段，采用钢轮压路机和轮胎压路机结合进行路面的压实，碾压组合方式见表 3-21。

某标段柔性基层采用的碾压组合方式　　　　表 3-21

类　型	初　压		复　压		终　压	
ATB-25	胶轮压路机静压	1 遍	胶轮压路机碾压	3 遍	钢轮压路机收光	1 遍
			钢轮压路机振压	3 遍		

四、柔性基层 ATB-25 沥青稳定碎石的质量验收

实体工程完成后，检测内容应包括厚度、压实度、平整度、宽度、高程、横坡度及摊铺的均匀性等（图 3-66 ~ 图 3-69），检测频率参照相关规范要求进行。

图 3-62　摊铺过程中测定高程

图 3-63　现场测定摊铺后的温度

图 3-64　胶轮压路机现场初压

图 3-65　6m 直尺检测局部平整度

图 3-66　钻芯机现场取芯

图 3-67　现场测试渗水系数

图 3-68　现场复核路面高程

图 3-69　现场钻芯断面情况

第八节　高模量沥青混合料设计与施工技术

高模量沥青混凝土（High Modulus Asphalt Concrete）的理念最初由法国提出，高模量沥青混凝土技术的应用旨在解决沥青路面在使用过程中出现的面层抗车辙能力不足及基层刚度不够的问题，其在法国成功使用已超过 20 年的时间。高模量沥青混凝土技术在国内虽然应用得较多，但大多并非按照其设计理念完成，仅仅是采用了高模量沥青。结合京石高速公路改扩建工程的需求，采用法国的设计理念和相关设备进行了高模量沥青混凝土的实践应用。

一、法国高模量沥青混合料设计方法

目前，国内应用较为广泛的配合比试验方法是马歇尔方法，该方法是经验试验方法，但室内试验指标很难与现场路用性能指标建立联系；而法国道路配合比设计方法是一种基本力学

方法,其制定的室内配合比设计指标很大程度上模拟了现场施工过程,与现场使用性能关联性较强。

应用于法国道路的配合比试验方法由相应的标准规定。这种方法最大程度地寻找具有最佳性能的沥青混合料。配合比试验对混合料组成成分有特定要求,特别是集料,包括使用具有代表性的材料(粗、细集料,沥青胶结料,矿物或有机添加剂)。沥青混合料的性能可以通过进行一系列室内试验来描述。根据合同对性能试验水平(水平一到水平四)的要求(表3-22)选择具体的试验内容,有时还可能有一些附加的试验。性能试验通常取决于:混合料类型,沥青混合料在路面中的层位和厚度,项目交通水平,特殊的加载条件(如匝道、交叉口),应用于该结构层的特定目的及其下面结构层次的类型,以及道路建设项目的性质。法国的沥青混合料设计方法建立在组成特性,水敏感性试验、用旋转压实评价空隙率,抵抗永久变形,劲度模量和疲劳阻力的基础上。

不同性能水平所必须进行的混合料试验内容　　　　表3-22

类　别	水 平 一	水 平 二	水 平 三	水 平 四
旋转压实试验和多列式	是	是	是	是
轮辙试验	否	是	是	是
劲度模量试验	否	否	是	是
疲劳试验	否	否	否	是

高模量沥青混合料设计工作,不是简单地将普通沥青替换成硬质沥青。法国高模量沥青混凝土的设计思想主要是保持高的沥青含量和较低的空隙率,这将有助于提高抗疲劳性能和硬质沥青(相比普通沥青)较低的复原能力。路面结构设计中,高模量沥青混凝土层通常用作中下面层,这样表面层能够保证较小的温度变化范围。

高模量沥青混凝土的合理应用不仅取决于质量优越、稳定的硬质沥青,还取决于混合料设计工作和路面结构设计工作。

二、高模量沥青混合料配合比设计中的试验方法

1. 旋转压实试验

该试验方法(NF P98-252)是将沥青混合料在一定的温度下(130~160℃),用压实仪(图3-70)自动施加固定的压强(600kPa)并且以30rpm/1.25°进行压实。可以分别压实直径为150mm或100mm的试件。根据NF P98-140对AC-EME的规定,粒径20mm的EME0/20应旋压120次,空隙率控制在6%以内。如果混合料不能满足空隙率的要求,应及时调整级配和沥青的用量。

2. 水敏感性(多列士)试验

该试验方法(NF P98-251-1)采用专用的试模将沥青混合料在压力机下进行双面压实。一组试件放在18℃的干燥环境下,另一组试件放入水中进行保水。7d后进行无侧限抗压强度试验,得出保水状态下 r 与干燥状态下 R 的强度比。多列士试验主要反映了混合料的水稳性指标。

3. 车辙(大型车辙)试验

该试验方法(NF P98-253-1)根据混合料所在层的厚度是小于还是大于5cm,选用两种试

样厚度(5cm 和 10cm),将沥青混合料在成型机上成型。在车辙试验机(图 3-71)的轮荷下(频率 1Hz,荷载 5kN,压力 0.6MPa),在 60℃的温度下进行 30000 次碾压循环。通过车辙深度的变化,评价混合料抵抗车辙的能力。

4. 劲度模量试验

该试验方法(NF P98-260-2)为复数模量试验(图 3-72)。采用经切割的长底边为 70mm,短底边为 25mm,高 250mm,厚 25mm 的梯形棱柱试件(此方法与美国 ASTM-D3497——沥青混凝土混合料动力模量的标准测试方法中规定的直径为 100mm,高 150mm 的试件差别很大)。试件的尺寸、质量、密度误差不能超标,否则应弃置该试件。以 15℃的试验温度,对试件进行加载,在试件内部产生 10Hz 的动态正弦波动。试件在 30s~2min 内做正弦运动,通过置于顶部的变化幅度在 50×10^{-6} 以内的活动标杆可以观察到。复合模量可以通过数值相差较大的 4 种以上的温度来测定。

图 3-70 旋转压实机 MLPC 3 型

图 3-71 大型设备轮辙试验机

5. 疲劳试验

该试验方法(NF P98-261)对切割的梯形棱柱试件进行两点弯曲疲劳试验(图 3-73)。在规定温度和频率下给梯形梁试件一个变形(106 周期、10℃和 25Hz 下的变形),当变形保持不变,作用力减少到一半时,认为试件在相应的加载循环次数下已破坏。

图 3-72 复数模量试验机 MLPC 3MC

图 3-73 锥棱柱试件两点弯曲疲劳试验

三、高模量沥青混合料组成设计

为了满足工程实践的需要,在室内配合比设计阶段遵照法国沥青混合料的设计体系进行高模量沥青混合料的矿料组成设计。

1. 材料

(1)不同规格集料筛分

为了有效控制高模量沥青混合料级配组成,级配组成设计中采用矿粉、0~3mm 碎石、3~5mm 碎石、5~10mm 碎石和10~20mm 碎石五档规格集料,各档原材料具体筛分结果见表3-23。

某标段不同规格矿料级配检测结果　　表3-23

类　　别	通过下列筛孔(mm)的百分率(%)										
	26.5	19	16	13.2	9.5	4.75	2.36	1.18	0.6	0.3	0.15	0.075
10~20mm 碎石	100	82.3	54.3	28.6	4.3	0.3	—	—	—	—	—	—
5~10mm 碎石	100	100	100	100	81.5	10.1	1.4	—	—	—	—	—
3~5mm 碎石	100	100	100	100	100	36.2	2.0	1.5	1.4	—	—	—
0~3mm 碎石	100	100	100	100	100	100	86.8	64.6	28.6	13.1	9.3	4.9
矿粉	100	100	100	100	100	100	100	100	99.9	99.5	99.1	85.5

(2)各档集料密度检测(表3-24)

各档集料的密度检测结果见表3-24。

某标段不同规格矿料密度检测结果　　表3-24

试验项目	技术要求	实测指标				
		10~20mm 碎石	5~10mm 碎石	3~5mm 碎石	0~3mm 碎石	矿粉
表观相对密度	≥2.50	2.841	2.734	2.750	2.724	2.756
毛体积相对密度	≥2.50	2.818	2.689	2.675	2.606	—

2. 级配设计

下面层采用粗粒式沥青混合料 HMAC-20,其矿料级配范围和合成级配见表3-25和表3-26,合成级配曲线如图3-74所示。

某标段 HMAC-20 沥青混合料级配范围　　表3-25

类型	通过下列筛孔(mm)的质量百分率(%)										
	26.5	19.0	16.0	13.2	9.50	4.75	2.36	1.18	0.6	0.3	0.15	0.075
HMAC-20	100	90~100	80~92	70~83	60~73	41~54	28~40	18~30	12~22	7~17	5~13	4~8

某标段 HMAC-20 沥青混合料矿料筛分与合成级配一览表　　表3-26

类　　别　　　　　筛孔尺寸(mm)	各档集料(%)				矿粉(%)	合成级配(%)	中值(%)	范围(%)
	10~20mm	5~10mm	3~5mm	0~3mm				
26.5	100	100	100	100	100	100	100	100
19	82.3	100	100	100	100	95.0	95.0	90~100
16	54.3	100	100	100	100	87.2	86.0	80~92
13.2	28.6	100	100	100	100	80.0	76.5	70~83

续上表

类别 筛孔尺寸(mm)	各档集料(%)				矿粉 (%)	合成级配 (%)	中值 (%)	范围 (%)
	10~20mm	5~10mm	3~5mm	0~3mm				
9.5	4.3	81.5	100	100	100	70.2	66.5	60~73
4.75	0.3	10.1	36.2	100	100	47.5	47.5	41~54
2.36	0.0	1.4	2.0	86.8	100	35.9	34.0	28~40
1.18	0.0	0.0	1.5	54.6	100	24.4	24.0	18~30
0.6	0.0	0.0	1.4	28.6	99.9	15.2	17.0	12~22
0.3	0.0	0.0	0.0	13.1	99.5	9.6	12.0	7~17
0.15	0.0	0.0	0.0	9.3	99.1	8.2	9.0	5~13
0.075	0.0	0.0	0.0	4.9	85.5	6.0	6.0	4~8
掺配比例(%)	28	16	16	35	5	—	—	—

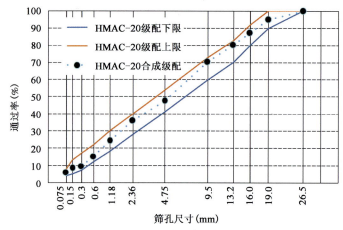

图 3-74 HMAC-20 沥青混合料合成级配曲线

3. 最佳沥青用量的确定

根据 PCG 试验的要求,试验压强采用 0.6MPa,机器角采用 1°,进行不同油石比的 PCG 试验,按照旋转压实 120 转后试件空隙率 3% 确定最佳油石比为 4.8%,油石比范围为 4.6%~5.0%,最佳油石比对应的芯样毛体积密度为 2.493g/cm³。

按照 PCG 试验确定的最佳油石比成型试件,进行马歇尔验证试验,测定各项技术指标(表 3-27)。

马歇尔试验结果 表 3-27

技术指标	马歇尔技术要求	试验结果
击实次数(双面)	75	
稳定度(kN),不小于	8.0	23.9
流值(mm)	1.5~4.5	3.5
密度(g/cm)³	实测	2.496
空隙率(%)	2~4	2.1

4. 生产配合比的设计

生产配合比设计的目的是为了在实际的生产条件下,能生产出符合目标配合比设计要求的沥青混合料来。由于试验室的拌制过程与实际生产条件有很大差异，尤其是集料烘干过程和二次筛分对矿料级配有着较大的影响，因而必须通过调整搅拌设备运行参数才可能使所生产的沥青混合料尽可能地接近目标配合比的要求，并获得在实际生产过程可以实现的矿料级配与最佳沥青用量。

(1)生产配合比的调试

生产配合比的调试有两方面的任务，一方面应使成品料的组成尽可能接近目标配合比，另一方面应尽可能使各热料仓的供料大体平衡，以保持热集料生产的均衡性，避免在生产中出现大量的溢料或待料。

(2)冷集料的级配调试

从拌和场料堆或冷料仓中取样，进行筛分试验，按各粒径段的筛分曲线，参照目标配合比确定的各粒径段的用量比例计算矿料的合成级配曲线，矿料的合成级配曲线应与目标配合比的合成级配曲线基本一致。如两者相差较大，则应调整各粒径段的用量比例，使之符合目标配合比的合成级配要求，必要时应重新进行目标配合比设计。

(3)热集料的级配调试

热集料的级配调试应在搅拌设备标定生产条件下进行；各热料仓的取样应待热集料的生产稳定后再进行，并将各热料仓中开始生产时不稳定阶段的热集料放掉，废弃不用；各热料仓的取样应在全宽度上进行以减少仓内材料离析的影响。参照目标配合比各粒径段的用量比例调节冷料供给系统的流量，对各热料仓进行取样和筛分分析，并与目标配合比设计级配进行对比，调整矿料配合比，根据确定的热料仓供料比例调节各冷料仓的流量，再次对各热料仓进行取样分析，按上述方法调整热集料级配曲线直至既满足目标配合比设计级配的要求，且能保证各冷料仓均衡供料。热集料的合成级配曲线应在 0.075mm、2.36mm、4.75mm、最大公称粒径以及 4.75mm 至最大公称粒径之间的 1~2 个筛孔处与设计级配完全吻合或非常接近。

(4)冷热集料的供料平衡

按试验确定的各冷料仓供料比例生产供料平衡的热集料，并按最终确定的各热料仓供料比例，确定最佳沥青用量。试件可按目标配合比的最佳沥青用量及其±0.3%这三个用量来制作。

(5)进行 PCG 或马歇尔试验及混合料的性能检验

按最终确定的矿料配合比进行 PCG 及马歇尔试验，确定最终沥青用量后进行混合料的性能检验。如各项设计指标和混合料的各项性能均符合相应的技术要求，即完成生产配合比的调试。

由于生产配合比和目标配合比设计流程大体相等，这里不再赘述。经试验得出：确定最佳油石比为 4.8%，油石比范围为 4.6%~5.0%，最佳油石比对应的芯样毛体积密度为 2.505g/cm^3。

5. 生产配合比的验证

(1)生产配合比的验证应分成试拌和试铺两个阶段来进行。

(2)生产配合比的设计结果应通过在拌和楼上进行试拌来验证。试拌的混合料最初几锅应废弃不用(宜不少于 3 锅)，然后进行取样，立即制作马歇尔试件(试件数量不少于 6 个)，并进行马歇尔试验以及沥青的抽提分析。

(3)在生产配合比的试拌过程中还应对各热料仓进行取样筛分以进行矿料的级配分析。

(4)根据试拌的结果，允许对生产配合比做出某些微调，最佳沥青用量的调整幅度不宜超过±0.2%，矿料合成级配的各关键筛孔的通过率应符合或接近设计级配。如发现矿料的级配变化过大,应查找原因,必要时应重新进行配合比设计。

(5)试拌确定的生产配合比还应通过试铺验证。试铺阶段所检验的主要是混合料组成在生产过程中的稳定性以及成品料的温度、和易性是否能满足施工的要求。试拌确定的生产配合比在试铺工作中通常不宜再做调整。

(6)通过试拌、试铺的生产配合比将最终被确定为生产用的标准生产配合比,标准配合比在生产过程中不得随意变更,并根据质量控制要求确定在施工中容许偏离标准配合比的波动范围,用以检查混合料的生产质量。

(7)当原材料发生变化而导致混合料的矿料级配和马歇尔技术指标偏离标准生产配合比较多时,应及时调整配合比,必要时应重新进行配合比设计。

四、高模量沥青混合料的生产与运输

某施工标段采用的是4000型马莲尼间歇式拌和设备,施工前已对其计量设备进行了标定,确保了材料配比的可靠性和真实性。

初步拟定矿料的加热温度为180～190℃,沥青的加热温度为170℃左右。拟定的拌和时间为45s,其中干拌时间为5s,出料温度控制在175～185℃,确保拌和后混合料色泽一致,集料颗粒都被沥青膜均匀裹覆,无花白料,无离析。温度检测采用温度计、红外温枪和热电偶温度计联合进行,确保不同过程中方便测试温度。

五、高模量沥青混合料的摊铺与压实

采用两台VöGELE型履带式摊铺机一前一后成梯队同步摊铺。在压实阶段,采用钢轮压路机和轮胎压路机结合进行路面的压实,通过采用表3-28中的组合方式分两阶段进行压实,现场实际情况如图3-75和图3-76所示。

高模量沥青混合料采用的碾压组合方式　　　　表3-28

类型	初压		复压		终压	
碾压方式	胶轮压路机静压	1遍	胶轮压路机碾压	3遍	钢轮压路机收光	1遍
			钢轮压路机振压	3遍		

图3-75　联合摊铺机现场摊铺

图3-76　不同型号压路机现场碾压

六、高模量沥青混合料质量检验

1. 芯样外观评价

由图 3-77 可以看出,现场所钻取的芯样表面比较密实;从其断面来看,断面中 3~5mm 颗粒含量较多,正因为此,高模量沥青混合料能够容纳较多硬质沥青,从而使混合料具有优良的抗疲劳性能和抗车辙性能。

2. 级配组成检验

采用燃烧炉法对高模量沥青混合料进行筛分,具体结果如图 3-78 所示。

图 3-77 高模量沥青混凝土芯样断面

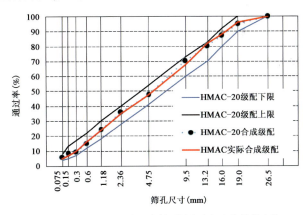

图 3-78 HMAC-20 沥青混合料不同合成级配曲线的比较

由图 3-78 可以看出,现场抽验的级配组成与生产配合比合成级配差别不大,说明所设计的高模量沥青混合料级配组成是相当稳定的。

3. 压实度检验

高模量沥青混合料现场压实度检测结果见表 3-29。

高模量沥青混合料现场压实度检测　　表 3-29

类型	序号	桩号	试件厚度（mm）	芯样密度（g/cm³）	压实度(%) 标准密度	压实度(%) 理论密度	空隙率(%)
高模量沥青混合料	1	K232+590	120	2.467	97.4	95.3	4.7
	2	K232+610	124	2.463	97.2	95.1	4.9
	3	K232+640	115	2.489	98.3	96.1	3.9
	4	K232+710	127	2.478	97.8	95.7	4.3
	5	K232+790	122	2.488	98.2	96.1	3.9
	6	K232+840	124	2.475	97.7	95.6	4.4
	7	K232+930	120	2.473	97.6	95.5	4.5
	8	K233+070	122	2.492	98.4	96.3	3.7

注:标准密度采用室内制件密度,结果为 2.533g/cm³;理论密度采用实测法,结果为 2.589g/cm³。

从表 3-29 可以看出,压实度均超过标准试件密度的 97%,现场空隙率均在 6% 以下,说明压实机械组合和压实工艺是合理的。

七、高模量沥青混合料施工过程控制要点

高模量沥青混合料的生产、运输、摊铺、碾压与普通沥青混合料的施工要求类似，可参照相关规范中关于热拌沥青混合料的要求。除此之外，高模量沥青混合料在施工中尚应注意以下事项。

1. 施工前检查

（1）下承层应具有足够的承载能力，以便为高模量沥青混合料层提供必要的支撑并保证混合料的压实度，因此在施工 HMAC 下面层之前，应对基层材料的压实度和模量进行检测。

（2）对基层出现的纵、横向裂缝必须进行填封处理，对高程和横坡度不合格的路段应进行整修，对个别的凸起部位应采进行铣刨处理，保证必要的平整度。

（3）在半刚性基层上铺筑 HMAC 前应按要求喷洒透层油。洒透层油应与基层牢固黏结并形成完整的整体，以确保 HMAC 与基层之间的黏结性。

（4）下承层清扫。对下承层表面的浮土、散落的矿料、污染物等应用自动扫地机清扫或用森林灭火器吹除干净，必要时用水冲刷；对冲刷不掉的，应人工凿除。下承层表面清扫干净后应立即施工，以避免二次污染。

2. 生产与施工控制

（1）确保 HMAC 胶结料满足规范要求，包括等级、类型及用量等。

（2）确保 HMAC 物理力学性能达到室内配合比试验的要求，尤其是模量，施工中应加强检测和验证。

（3）HMAC 施工应特别注意横向和纵向连接，避免产生薄弱部位。

（4）HMAC 的摊铺温度较普通沥青混合料一般要高出 10℃ 左右，施工过程中要加强温度控制，采用 20 号硬质沥青时的具体施工温度可按表 3-30 控制。

HMAC 施工温度控制　　　　　　　　表 3-30

温度类型	20 号硬质沥青	温度类型	20 号硬质沥青
沥青加热温度	165～175℃	运输到现场温度，不低于	170℃
矿料加热温度（间歇式拌和机）	集料比沥青加热温度高 10～20℃（填料不加热）	摊铺最低温度，不低于	170℃
沥青混合料出厂正常温度	175～185℃	开始碾压的混合料内部温度，不低于	160℃
混合料储料仓储存温度	储料过程中温度降低不超过 10℃	碾压终了的路表温度，不低于	110℃
混合料废弃温度，高于	195℃		

第九节　SBS 橡胶改性沥青混合料施工技术

近年来，随着建设资源节约型、环境友好型社会和转变经济增长方式等一系列可持续发展战略和政策的实施，国内各部门对废旧轮胎的再生利用也给予了越来越多的重视。在废旧轮胎的各类再生利用方式中，利用废旧轮胎橡胶粉作为橡胶沥青改性剂的技术一直是国内外公路界关注和讨论的热点。橡胶改性沥青技术经过 30 多年的发展已经是一项在道路的铺筑和

维修养护中广泛应用的成熟技术,具有广阔的应用前景和推广价值。本节结合京石高速公路改扩建工程,对 SBS 橡胶改性沥青混合料的施工技术进行了探讨。

一、SBS 橡胶改性沥青混合料设计

骨架密实型橡胶沥青混合料是近年来在传统悬浮密实型橡胶沥青混合料基础上发展起来的一种新型间断级配橡胶沥青混合料。此种橡胶沥青混合料的设计出发点是希望在形成粗集料嵌挤结构的基础上适当降低结合料的用量,以获得更高的抗车辙性能并减少橡胶沥青混合料的生产成本,但同时仍保持着橡胶沥青混合料的基本特点:较粗颗粒的橡胶粉和较高的橡胶粉用量,较高的沥青膜厚度和较低的粉胶比,以及良好的耐久性和疲劳寿命。

骨架密实型橡胶沥青混合料是一种粗集料嵌挤结构的混合料,而形成嵌挤结构的条件是由混合料组分的体积构成所决定的。因此,骨架密实型橡胶沥青混合料的设计如同 SMA 混合料那样需要采用体积设计法。

骨架密实型橡胶沥青混合料的矿料级配范围可按照 3-31 选取,混合料设计步骤与 SMA 混合料无原则区别,只是由于 AR 结合料黏度高,在混合料中不需添加纤维稳定剂也不需进行析漏试验。试验方法一般采用马歇尔设计方法,确定最佳结合料用量的目标空隙率可按 4%~4.5% 确定,设计完成的橡胶沥青混合料应满足表 3-32 的技术标准。

骨架密实型橡胶沥青混合料级配范围　　　　　表 3-31

混合料类型		通过下列筛孔(mm)的百分率(%)										
		26.5	19	16	13.2	9.5	4.75	2.36	1.18	0.6	0.3	0.15	0.075
ARHM-20	上限	100	100	88	76	59	35	27	21	17	13	10	8
	下限	100	90	77	64	47	25	18	14	10	7	5	4

废胎胶粉沥青混合料马歇尔试验技术指标　　　　　表 3-32

检测项目	单位	密级配混合料技术指标
马歇尔击实次数	次	75
稳定度(流值为 3mm 时)	kN	>7
设计空隙率	%	3~5
沥青饱和度	%	70~85
矿料间隙率(VMA)	%	≥13

二、SBS 橡胶改性沥青混合料生产与质量控制

1. 原材料质量控制与管理

橡胶沥青混合料对矿料的级配要求比常规沥青混合料更为严格。保持集料级配规格、特性的一致是集料管理最主要的目标。集料规格不一致会影响混合料矿料级配的稳定性,导致橡胶沥青结合料含量的波动并偏离其最佳值,造成沥青拌和设备生产的不稳定(溢料和等料),从而严重影响成品料的生产质量。

在原材料管理方面,对入库的原材料实行规范化的验收。集料的堆放、储存、运输和装卸应遵循一些基本原则:集料应堆放在坚硬、清洁、有良好排水结构的场地上;堆放场地,尤其是细集料的堆放场地应设有雨棚或遮雨的棚布;不同规格、不同来源的集料应分开堆放,用隔墙或料槽分隔开以免混料;集料的运输和装卸尤其是粗集料,应避免发生材料的离析;应正确修筑料堆,分层堆放,每层料堆不宜过高(宜控制在 1.2m 左右),不应采用单一的输送带将集料堆成一个大料堆,这将导致材料的严重离析;应按正确的方式使用装载机在料堆上取料和向冷料仓装料,以尽可能减少在装卸过程中产生的材料离析。

2. 拌和设备的调试、校正与使用

生产橡胶改性沥青混合料之前应对间歇式沥青拌和设备进行必要的调试和校正,这种调试和校正正是为拌和设备的正常使用提供保障,同时也是混合料生产质量控制的重要环节。

间歇式拌和设备的调试工作应包括以下内容:

(1)集料、粉料、沥青秤的标定。
(2)冷料给料系统的标定。
(3)筛分系统的调试与标定。
(4)计量控制系统的调试。
(5)生产配合比的调试。
(6)拌和设备生产能力的调试。

3. 橡胶沥青混合料的拌制

成品橡胶沥青储存罐应尽可能靠近沥青拌和设备,以缩短输送管道与导热油套管的长度。泵送橡胶改性沥青需要重载的沥青泵,最常用的是螺旋齿轮泵。成品橡胶沥青储存罐至少安装两个以上搅拌器不停搅拌,防止橡胶沥青的离析和沉淀。在通往沥青拌和设备的结合料输送线上应安装三通阀,可以方便地变换输送给拌和设备的橡胶种类(是普通沥青,还是高黏度的橡胶沥青)。

橡胶沥青混合料在拌制过程中的生产温度与拌和时间是混合料拌制工艺中最关键的参数,集料加热温度、橡胶沥青结合料温度、混合料拌和温度、成品料出料温度可按表 3-33 的要求进行控制。

废胎胶粉沥青混合料的生产温度　　表 3-33

生产温度	控制要求(℃)	生产温度	控制要求(℃)
橡胶改性沥青加热温度	180～200	混合料拌和温度	175～185
集料加热温度	185～195	成品料出料温度	175～185

橡胶改性沥青混合料的拌和时间以获得裹覆良好、拌和均匀的沥青混合料为准,通常从结合料给料终止至拌缸门打开为止的净拌和时间不宜低于 45s。

4. 成品混合料生产过程中的质量控制

与常规热拌沥青混合料相同,橡胶沥青混合料生产过程的质量控制可采用拌和设备生产过程中的在线过程控制(黑匣子实时监控)和试验室取样检测控制两种手段分别进行,互为补充。

三、SBS 橡胶改性沥青混合料的铺设与压实

橡胶沥青混合料的施工和常规混合料施工一样并不需要增加某些特殊的设备,在施工工

艺方面获得高质量橡胶沥青路面的关键是各个施工环节的温度控制。由于橡胶沥青混合料温度高、容许变化的范围窄,因此施工过程应严格控制混合料的出厂温度、摊铺温度、压实温度(包括初压温度与终压温度)等各个施工环节的温度。

四、SBS 橡胶改性沥青混合料实体工程应用

京石高速公路改扩建工程中下面层均采用的是 SBS 橡胶改性沥青混合料,其施工质量的优劣直接影响着整个路面结构层的质量。下面对某一标段的 SBS 橡胶改性沥青混合料下面层试验段具体实施过程进行分析与评价。

1. 下承层的准备

对于新拼宽柔性基层平整度过差的路段,应通过铣刨作业或加铺调平层进行修正。下承层清扫要干净、平顺,对景观护栏垫块间孔隙用砖砌筑,景观护栏底部与旧路面间裸露的灰土面用 C15 混凝土找平,厚度不低于 10cm(图 3-79)。聚酯玻纤布摊铺要平顺整齐(图 3-80)。

图 3-79 新泽西护栏板的安装与美化

图 3-80 聚酯玻纤布的铺设

2. ARHM-20 橡胶改性沥青混合料的生产

施工单位事先进行了下面层沥青混合料的生产配合比验证,并先后进行了试验路段的试铺,具体情况阐述如下。

(1)调试合成级配与生产配合比合成级配的比较

实际生产配合比合成级配(调试合成级配)与外委单位生产配合比合成级配的比较见表 3-34,级配曲线的比较如图 3-81 所示。

实际生产配合比与外委单位生产配合比的比较　　　表 3-34

类别	合成级配通过下列筛孔的百分率											
	26.5	19	16	13.2	9.5	4.75	2.36	1.18	0.6	0.3	0.15	0.075
合成级配①	100	97.9	83.9	66.5	54.6	30.5	21.9	16.2	11.2	8.9	7.6	6.3
合成级配②	100	96.3	81.8	70.8	55.5	30.3	22.4	16.0	12.8	9.6	7.3	5.4
级配上限	100	100	88	76	59	35	27	21	17	13	10	8
级配下限	100	90	77	64	47	25	18	14	10	7	5	4

注:①代表外委单位生产配合比合成级配。
　　②代表实际生产中的调试合成级配。

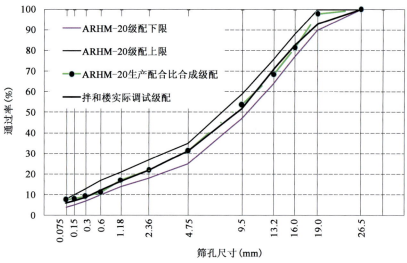

图 3-81　实际调试级配曲线与生产级配曲线的比较

(2) ARHM-20 橡胶改性沥青混合料的拌制

拌和时严格控制温度,沥青加热温度控制在 175~185℃ 范围内,集料加热温度比沥青温度高 10~20℃,填料不加热,沥青混合料出厂温度控制在 180~190℃,混合料超过 210℃ 废弃。每盘拌和时间不宜少于 50s(其中干拌时间不少于 5s)。由于 ARHM-20 为间断级配且粗集料含量多,干拌时间过短易造成粗集料扎堆而使沥青胶结料分布不均匀,必要时应确保干拌时间不少于 10s。

(3) 下面层室内马歇尔试验

室内成型试件所需的混合料为现场摊铺机摊铺后的路面取样,然后采用马歇尔击实仪室内成型试件,对所成型的试件进行体积参数和力学指标的测试。需要说明的是,所选取的试件均应满足相关要求,否则舍弃。具体试验结果见表 3-35。

ARHM-20 橡胶改性沥青混合料室内马歇尔试验结果　　表 3-35

油石比	试件编号	$\gamma_f(\mathrm{g/cm^3})$	$\gamma_t(\mathrm{g/cm^3})$	$VV(\%)$	$VMA(\%)$	$VFA(\%)$	$MS(\mathrm{kN})$	$FL(0.1\mathrm{mm})$
4.64%	1	2.533	2.615	3.1	14.8	79.1	14.71	21.3
	2	2.527	2.615	3.4	15.0	77.3	12.99	23.6
	3	2.526	2.615	3.4	15.0	77.3	15.07	25.4
	4	2.530	2.615	3.3	14.9	77.9	15.31	25.2
	5	2.526	2.615	3.4	15.0	77.3	12.01	23.4
	6	2.524	2.615	3.5	15.1	76.8	13.90	21.5
	平均值	2.528	2.615	3.4	15.0	77.6	14.00	23.4

注:表中理论最大相对密度 γ_t 采用真空法进行实测。

3. 下面层混合料的运输

在试验段的铺筑阶段,投入了 20 辆 30t 以上的自重式载重运输车辆,每辆运料车对车厢内进行了集中清扫并涂抹了防止沥青黏结的隔离剂,同时采取加盖苫布的保温措施。此外,拌和机向运料车放料时,通过汽车的前后移动,采用"五次装料法"进行装料,力争车辆箱体内料堆大小均匀,减少热拌沥青混合料的离析和局部热量的散失。

4. ARHM-20 橡胶改性沥青混合料的摊铺与压实

某标在下面层试验段的铺筑阶段,采用两台 VÖGELE 型履带式摊铺机一前一后成梯队同步摊铺。在压实阶段,采用钢轮压路机和轮胎压路机组合碾压(表3-36),现场实际情况如图3-82和图3-83所示。

下面层试验段采用的碾压组合方式 表3-36

压实类型	压实设备	碾压工艺
初压	双钢轮压路机 DD110	振压1遍
复压	钢轮压路机(开振)和胶轮压路机	各碾压3遍
终压	钢轮压路机	静碾至无轮迹

图3-82 摊铺机热料输送

图3-83 压路机现场碾压

5. ARHM-20 橡胶改性沥青混合料试验路段质量检验

(1)试验路段现场平整度测试

通过八轮平整度仪对下面层试验路段的现场平整度进行了测试,测试结果为:0.90mm、0.87mm、1.02mm、0.98mm,代表值标准差为0.957mm,测试结果均满足相关技术文件的要求。

(2)下面层试验路段现场压实度、厚度、现场空隙率检验

下面层现场压实度检验结果见表3-37。现场钻芯实际情况如图3-84和图3-85所示。

橡胶改性沥青混合料下面层现场压实度检验结果 表3-37

类型	序号	桩号	试件厚度 (mm)	芯样密度 (g/cm³)	压实度(%)		空隙率 (%)
					标准密度	理论密度	
橡胶沥青混合料	1	K54+600	77.9	2.484	98.3	95.0	5.0
	2	K54+620	60.7	2.500	98.9	95.6	4.4
	3	K54+660	76.8	2.491	98.5	95.3	4.7
	4	K54+780	75.6	2.499	98.9	95.6	4.4
	5	K54+890	69.1	2.492	98.6	95.3	4.7
	6	K54+960	61.6	2.506	99.1	95.8	4.2

注:理论密度采用实测法,结果为2.615g/cm³;标准密度为2.528g/cm³。

图3-84 现场钻芯整体外观

图3-85 现场钻芯切割后局部断面

由以上图表可以看出:下面层试验段芯样外观较好,而且与柔性基层的黏结较为牢固(图3-84),所检测的各项指标满足相关技术文件要求。

6.其他注意事项

由第三节可知,由于旧路路面结构的复杂性,新旧路面和桥面搭接不平顺将直接影响整体路面的平整度,而仅仅依靠上面层很难弥补下承层平整度的不足。因此,为了确保新旧路面整体平整度的均匀性,要求施工单位在铺筑中面层之前,对桥面搭接顺延部分要铣刨平顺,对新旧路面搭接区域要铣刨成整体路面。另外,中面层完成后对局部不平整区域要进行精铣刨,确保整体路面的平整度。现场实际铣刨情况如图3-86~图3-89所示。

图3-86 桥面打板铣刨后的清理

图3-87 桥面铣刨后的局部路面

图3-88 旧路面局部铣刨后情况

图3-89 中面层局部不平整处铣刨情况

第十节 SMA-13沥青玛蹄脂碎石混合料施工技术

京石高速公路改扩建工程沥青路面上面层采用的是SMA-13沥青玛蹄脂碎石混合料(以下简称SMA-13沥青混合料)。SMA类沥青混合料是典型的骨架密实结构,其结构组成特点是采用间断级配,粗集料含量较多(粗集料含量一般在70%以上),使得较多的粗集料形成骨架,粗集料骨架间隙中填入足够的沥青玛蹄脂。可以说,它充分考虑了现在普遍使用的AC、AM和OGFC等级配的缺点,又力求利用它们的优点,达到更为完美的组合。由于SMA-13沥青混合料的密实程度较好,空隙率很小,沥青膜较厚,玛蹄脂与集料的黏结力很强,所以它具有较好的抗疲劳耐久性及水稳定性,这一点正是高速公路沥青路面上面层所期望的,而SMA-13沥青混合料质量过程控制的好坏直接关系着沥青路面上面层功能的有效发挥。沥青含量、外加剂掺量(纤维)和矿料级配是决定混合料质量及性能的关键因素,而沥青混合料出场温度的合理范围和拌和、运输、摊铺、压实的均匀性是控制现场施工质量的重要因素。本节从以上几个影响因素着手,结合京石高速公路改扩建工程沥青路面的实际情况,对京石高速公路改扩建工程SMA上面层路面的铺筑过程进行分析与评价。

一、SMA-13沥青混合料生产、运输和摊铺过程中的离析现象

SMA-13沥青混合料在生产、运输和摊铺过程中,离析现象的发生往往会引起沥青路面早期病害的发生。

1. SMA-13沥青混合料级配离析现象

级配离析主要是指混合料在材料储存,混合料拌和生产、运输、机械摊铺过程中,由于各种因素(图3-90和图3-91)的不利影响造成混合料级配发生变化,导致现场成型后路面粗细集料分离,现场路面局部区域粗集料集中,局部区域细集料集中。级配、沥青用量与配比设计不一致,致使路面出现较差的结构和纹理特性。粗集料集中区域压实度减小,空隙率和渗水性能增大,造成早期水损害现象;而细集料集中区域空隙率小,出现泛油、车辙病害。

图3-90 拌和设备自身缺陷造成级配离析

图3-91 装料顺序不当造成级配离析

2. SMA-13 沥青混合料温度离析现象

温度离析是指热拌沥青混合料在运输、摊铺过程中,由于同一位置不同区域混合料温度下降不一致,导致压实不均与而产生的离析。运料车车厢两侧及表面、摊铺机两翼及履带下洒落的混合料,易因温度下降不一致而引起温度离析(图 3-92 和图 3-93)。

3. SMA-13 沥青混合料摊铺厚度与速度离析现象

摊铺厚度离析是指混合料的实际摊铺厚度小于设计厚度,偏差范围超出厚径比,引起厚度离析(图 3-94)。如 4cm 厚的上面层铺成了 2.5cm,必然造成离析。

摊铺速度离析是指因摊铺速度的变化,使混合料的初始压实度发生变化,摊铺速度慢会使混合料表面较密实;而摊铺速度快致使混合料表面空隙大、不易密实,造成局部离析(图 3-95)。

图 3-92 摊铺机履带下冷料引起温度离析

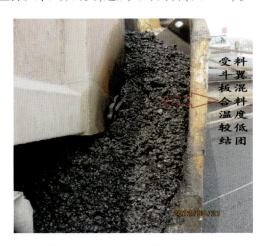

图 3-93 受料斗两侧中冷料结团造成温度离析

图 3-94 摊铺厚度不均引起条带状离析

图 3-95 摊铺机速度过快引起局部离析

二、SMA-13 沥青混合料生产、运输和摊铺过程中质量控制措施

要保证 SMA-13 沥青混合料路面施工质量,必须有效控制和减少离析现象的发生。具体可采取以下控制措施。

1. 合理进行 SMA-13 混合料设计

在进行 SMA-13 配合比设计时,在其他设计指标满足相关要求的情况下,混合料级配曲线向最大密实线靠拢,可减少混合料离析现象。

2. 控制原材料的均匀性和一致性

控制原材料的均匀性和一致性是控制离析的重点,主要从以下几方面着手：

(1)集料规格的一致性是防止 SMA-13 混合料出现离析的重要措施。集料加工应尽可能固定料源,选择合适的加工破碎方式,统一振动筛型号和筛孔尺寸,以减少集料本身级配的变异性。

(2)拌和场内集料堆放场地必须硬化处理,且具有良好的排水系统；各种规格材料应设置隔离墙隔开,防止窜料、混杂,细集料应搭棚,防止因集料含水率变化导致混合料产生温度变异。

(3)拌和场内堆料时,为减少集料变异性,应将每一运料车所卸集料单独成堆,在场地布满后,用机械平铺一层,然后在该层顶面继续堆料。此外,料堆不能过高、过大,以免大粒径集料滚落到料堆外侧,造成离析。

3. 检查拌和设备

应经常对拌和楼振动筛进行检查,防止其破裂；应及时检查一级和二级除尘设备的除尘能力；经常检查拌和楼计量系统传感器等。严格控制拌和时间,注意观察混合料中是否有明显的大粒径集料和小粒径集料聚集的现象。一旦发现,应立即查明原因,及时处理。

4. 正确合理的卸料和装料

拌和楼向运料车卸料时,应分别向运料车的前、后、中、前中及后中五个部位依次装料,这样可以减少装料过程中产生的集料离析。如果能够分两次进行"品"字形堆装,效果更佳。

5. 加强运输保暖措施

为了保证摊铺温度,防止温度离析、防雨、防污染,运输时必须采取加盖苫布、棉被等进行保温,也可采用双层篷布中间加海绵的方式进行覆盖保温。此外,将覆盖篷布固定在车上,卸料时不揭开更能减少混合料总体热量的损失。

6. 下承层的准备工作

摊铺前必须将中面层工作面清扫干净,未按规定喷洒黏层时,不得铺筑沥青层。在摊铺前应由监理工程师检查确认作业面达到清洁无杂物并确定保黏(透)层油洒布的质量合格,质量不合格时,不得进行摊铺作业。

7. 优化摊铺工艺

(1)当摊铺宽度较大时,应采取多机联铺,每机宽度最好不超过 6m,两机搭接宽度不超过 5cm,这样可以减缓混合料离析的发生。

(2)在每辆车卸料之间,不要完全把受料斗中的混合料传送完,留一部分混合料在受料斗中,使受料斗中剩余的粗集料和后一车混合料一起输送到分料斗,通过螺旋布料器可使新旧混合料较好地拌和,并尽可能减少摊铺机受料斗合拢的次数。

(3)尽量采用具有大直径、低转速螺旋布料器的摊铺机；螺旋布料器前面导料板的离地间隙应可调整,能减少集料向下承层表面滚落,使布料均匀,以避免竖向离析。降低螺旋布料器高度,使混合料的高度超过螺旋布料器,以便提高螺旋布料器的输送效率,降低转速,实现对混合料的二次搅拌,减少不同宽度位置上的竖向离析和混合料上下滚动产生的纵向离析。有条件时,采用变径螺旋布料器输送混合料。

（4）摊铺机在摊铺过程中,尽可能进行连续摊铺,减少停机待料的情况。如果发生离析时应及时补救,人工将稍细的 SMA-13 热混合料补洒在出现离析的空隙位置,及时碾压,这样可以消除部分离析。

（5）越靠近螺旋轴的混合料越容易随轴旋转,产生较多的翻滚,要求输送混合料的深度至少达到螺旋轴高度的 2/3 以上,将易翻滚的混合料埋在其他混合料里面,减少混合料离析。

（6）如果分料器转得过快,中间就会缺料,往往会产生离析带;如果摊铺机分料器的外边料不够,在混合料滚动到外侧时,容易在外侧产生离析带。因此,应及时调整摊铺机两侧料位仪,保证分料器连续均匀运转。

（7）调整摊铺机分料斗的伸长度,使摊铺机从受料斗的两侧输出相同数量的混合料。如果一侧推出的料较多,在受料斗的这一侧就会形成料"谷",使混合料产生离析。如果调整伸长度不能纠正这种缺陷,则料车要稍偏向于需要较多混合料的一侧,使受料斗中混合料堆积较为平均。

（8）每天摊铺机工作结束后,摊铺机要驶离工作位置。由于末尾结束的路面容易产生严重的温度离析和级配离析,因此,对每天最后摊铺的离析段落做好标记,第二天做好切缝处理,将发生离析的位置铲除,以便保持前后施工段落均匀一致。

三、SMA-13 沥青混合料压实过程质量控制

压实成型是沥青路面施工过程的关键环节,压实质量控制不严（如压实不足和过分压实）将直接影响着沥青路面的质量和路用性能。因此,改善施工工艺,保证混合料充分压实是提高沥青路面建设质量的关键。路面平整度是衡量沥青路面建设质量的重要指标之一,其优良与否直接影响到乘客的舒适性、车辆的运营费用和行车的速度等。在施工过程中,施工单位的技术管理水平和经验、施工机械的优良性、材料的均匀性、施工工艺及施工环境等都对压实度和平整度的控制有重要影响。

下面从沥青路面压实度指标变异性分析入手,结合京石高速公路改扩建工程沥青路面上面层 SMA-13 施工过程中的跟踪调研,分析了影响路面压实的因素,并提出了工程实际压实过程中的质量控制措施。

1. 沥青路面上面层压实度影响因素

SMA-13 沥青路面施工时,沥青路面的压实度（空隙率）是关键指标,而影响沥青路面压实度变异性的因素很多,主要包括下承层类型、SMA-13 混合料生产过程、碾压工艺、沥青混合料温度（出场温度、摊铺温度、碾压温度等）、环境条件、压实厚度等因素。

（1）下承层的准备情况（图 3-96 和图 3-97）

必须重视层间污染的处理,采用水车冲洗、强力清扫车打毛、道路清扫车吸尘、空压机表面吹净、洒布黏层油沥青的方法（五道工序法）,确保层间结合。

（2）SMA-13 混合料的生产

图 3-98 为某施工单位所进行的 SMA-13 混合料的生产配合比验证,并先后进行了试验路段的试铺,具体情况阐述如下。

图 3-96　洒水车冲洗污染下承层　　　　　　图 3-97　摊铺前上封层情况

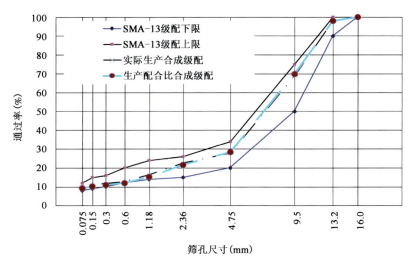

图 3-98　SMA-13 混合料合成级配曲线

　　SMA-13 混合料拌和时严格控制温度,沥青加热温度控制在 175~185℃,集料加热温度比沥青温度高 10~20℃,填料不加热,沥青混合料出厂温度控制在 180~190℃,混合料超过 210℃废弃。每盘拌和时间不宜少于 55s(其中干拌时间不少于 10s)。由于 SMA-13 为间断级配且粗集料含量多,干拌时间过短易造成木质素纤维不易分散而使沥青胶结料分布不均匀,为避免上述现象,必要时应确保干拌时间不少于 15s。

　　(3)SMA-13 混合料的运输

　　运输过程中应投入足够数量的 40t 以上的自重式载重运输车辆,同时采取加盖苫布的保温措施。采用数字显示插入式热电偶温度计检测 SMA-13 混合料的出厂温度和运到现场温度。插入深度要大于 150mm,在运料车侧面中部设专用检测孔。

　　(4)SMA-13 混合料的摊铺与压实(图 3-99~图 3-102)

图 3-99　SMA-13 现场摊铺情况

图 3-100　SMA-13 现场碾压情况

图 3-101　SMA-13 上面层整体情况

图 3-102　SMA-13 现场取芯断面情况

施工单位在试验段的铺筑阶段,采用不同吨位钢轮压路机进行路面的压实,碾压组合方式见表 3-38。

SMA-13 上面层试验段采用的碾压组合方式　　　表 3-38

类　型	初　压		复　压		终　压	
碾压方式	钢轮压路机静压(前静后振)	1 遍	振动压路机振压	3 遍	振动压路机收面	1 遍
			振荡压路机振压	3 遍		

2. 上面层沥青路面压实成型质量控制措施

针对上面层 SMA-13 沥青混合料的特殊性,施工过程中应该着重控制以下几个方面:

(1)SMA-13 沥青混合料进行现场碾压时,应采用双钢轮振动压路机,不得采用胶轮压路机进行碾压。

(2)钢轮压路机碾压轮在碾压过程中应保持清洁,有混合料黏轮应立即清除。对钢轮压路机碾压轮可涂刷隔离剂或防黏结剂,少用或不用污染性强的油类产品(如废柴油、废机油等)。

(3)碾压机械方式的最优组合。确定上面层 SMA-13 沥青混合料的碾压组合方式,不能过分迷信现有的碾压组合方式,应根据实际情况(原材料力学性能、碾压设备性能参数、摊铺厚度及周围环境等)进行不同碾压方式的试验验证,据此得出最切合实际需求的碾压组合方式。确定后的碾压组合方式应严格执行,不能过压或少压。

(4)压路机应慢而匀速地进行碾压,同时要紧跟摊铺机进行碾压。压路机的碾压路线及碾压方向不应突然改变而导致混合料推移。碾压区的长度应大体稳定,两端的折返位置应随摊铺机前进而前进,横向不得处于相同的断面上。

(5)碾压原则。紧跟慢压、高频低幅、先低后高、均匀少水。压路机进行碾压时,每次重叠 20cm 左右错轮。压路机要先起步再开振动,停机换向时要先关振动再停驶。

(6)初压的压路机应在摊铺面两个端部多碾压 1 遍,确保薄弱部位得到压实。每天开始碾压接缝(工作缝)时,必须在冷面上铺帆布,避免压路机在冷料上压碎集料。

(7)压路机禁止在未碾压成型路段上转向、停机、加水(或加油)、掉头或停留。在当天成型的路面上,不得停放各种机械设备和车辆,不得洒落冷料、废弃物品等杂物。

(8)接缝碾压。第 1 次碾压宽度为 20cm,此后每次贯入宽度不大于 20cm,直至 80~100cm 后,呈 45°向两边碾压。

(9)碾压温度要求。压路机的碾压温度应符合相关规范及其他技术文件的要求,并根据混合料种类、压路机性能、气温、层厚等情况经试压确定。在不产生严重推移和裂缝的前提下,初压、复压及终压都应尽可能在较高温度下进行。同时,不得在低温下反复碾压,使石料棱角磨损、压碎,破坏集料间的相互嵌挤和稳定。

(10)在上面层碾压过程中,振动压路机初始在高温下使用大振幅振压,随后可以用小振幅碾压。为避免碾压时混合料推移产生拥包,碾压时应将驱动轮朝向摊铺机。

3. 上面层沥青路面平整度变异性统计分析

沥青上面层的下承层为橡胶改性沥青中面层,其铺筑质量的优劣也影响上面层的平整度。表 3-39 列出了某标段试验路段上面层平整度与中面层平整度的对应关系。

上面层平整度与中面层平整度检测数据　　表 3-39

测试编号		A	B	C	D	E	F
平整度(mm)	上面层	0.60	0.76	0.84	0.74	0.92	0.88
	中面层	0.88	0.95	1.12	0.96	1.28	1.06

由表 3-39 可以看出,中面层的平整度直接影响着上面层的平整度,即中面层平整度较好时,上面层平整度也较好。因此,提高中面层的平整度对保证上面层的平整度是十分必要的。

4. 提高 SMA 路面平整度的措施

(1)施工准备阶段

对中面层不平整部位进行精铣刨处理,直至满足要求。

(2)施工过程

①运输车辆在倒车卸料时,尽量不撞击摊铺机,摊铺中避免紧急制动,不洒落混合料,做到匀速配合。

②确保连续、匀速摊铺不停机。

③摊铺桥涵结构物或虚铺厚度大的路段时,降低摊铺速度,增加振动夯锤频率。
④接缝处理,用钢板作为垫板。
⑤紧跟慢压。
⑥紧跟检测,修复碾压(修复在初压后进行)。
⑦正常路段采用接触式平衡梁。
⑧合拢段,上台阶时垫混合料,用铝合金导梁控制平整度。
(3)养生阶段
施工过程及养生期间封闭交通,避免车辆对路面的破坏。

四、特殊路段的路面施工质量控制

1. 中央分隔带开口路面施工质量控制

高速公路中央分隔带的永久性开口一般每2km设置一个。由于宽度和横坡度的特殊性,一般无法与主线实现同步摊铺。好的做法是:先施工的半幅不考虑中央分隔带开口路面,在摊铺另外半幅时与主线同步施工。具体做法为:3m宽的中央分隔带前期先按2.7m宽施工,另外半幅主线施工时提前200m准备,当主线到达时,人工配合设备施工,不影响路面平整度,而且纵缝密实平整,不影响外观质量。

2. 互通式立交匝道路面施工质量控制
(1)互通式立交匝道工程特点
①互通式立交匝道曲线半径小,摊铺时需不断校正摊铺机方向,容易影响平整度指标。
②高程变化大,纵坡、横坡坡度控制难度大。
③匝道的纵坡、横坡坡度较大,运料车卸料困难,容易发生侧翻车。
④主线上的接触式平衡梁无法使用。
(2)互通式立交匝道施工质量控制要点
①双向匝道一般采用两台伸缩式摊铺机并机作业,减少单位断面混合料的使用量。
②采用吨位较小的车辆运输混合料,防止运料车侧翻。
③碾压时速度应减慢,防止混合料推移。
④对所摊铺面层的沥青混合料根据各自结构类型特点,在满足其结构和功能要求的前提下,可将级配稍微调细,以保证其路面密实。
⑤压路机进行碾压时速度应放慢,并现场检验不同位置的碾压效果,对易欠压位置应增加碾压遍数,具体增加遍数根据现场情况而定。

3. 桥面沥青铺装层施工质量控制
(1)桥面沥青铺装层工程特点
①由于桥面结构受力明显不同于路基段和隧道内路面,因此,有必要进行沥青混合料桥面铺装层的专项设计。
②桥面铺装层应充分考虑沥青铺装层与水泥铺装层的黏结,桥面铺装层的封水、抗剪切、抗推移、抗车辙等。
(2)桥面沥青铺装层施工质量控制要点
①桥面沥青铺装层施工前应进行下承层的检查工作。如检查并验收桥面水泥混凝土平整

度、表面浮浆凿毛,黏油层的喷洒等。

②应提前将桥梁伸缩缝垫平整并碾压密实,使摊铺机在该处平稳通过,确保路面平整度。

③混合料摊铺温度应比正常段提高3~5℃。自卸式运料车必须全覆盖保温运输。

④摊铺速度应比路基段慢,一般按1.5m/min控制。

⑤应派专人跟机及时检测松铺厚度。

⑥压路机进行碾压时速度应放慢,现场检验不同位置的碾压效果,对边缘欠压位置应增加碾压遍数,具体增加遍数根据现场情况而定。

4. 收费站广场和服务区沥青铺装层施工质量控制

收费广场的工程特点是所有车辆进站交费时均需减速制动,在劝返车道附近掉头时路面需要很强的抗车辙、抗推移能力。服务区主要为过往车辆和人员提供加油、住宿、就餐、休息等服务,为了区分功能,往往把服务区道路分为水泥混凝土路面(停车功能)和沥青混凝土路面(行车功能)两大部分。这里主要针对沥青铺装层进行阐述。

收费站广场和服务区沥青铺装层路面施工质量控制应注意以下几方面:

(1)施工前,应准确测量放样,规划好各台摊铺机的摊铺宽度、段落等。

(2)摊铺时应多机并铺。一般在收费站广场摊铺时,由于其面积较大,往往需要采用4台以上摊铺机并机作业,实现热接缝施工,尽可能减少纵向冷接缝的数量。

(3)纵向接缝多,每台摊铺机的纵向距离不得大于3m。

(4)横坡度控制难度大,应现场随时检查;及时检测横坡是否平顺,是否满足设计要求,使行车舒适,不摇摆。

(5)碾压应及时,特别是纵向施工缝必须及时碾压。

(6)与水泥混凝土结合部挂钢丝线控制高程。

(7)摊铺机熨平板的加热系统应保持常开状态。

(8)收费站广场和服务区沥青铺装层应尽可能一个工作日内摊铺完成,做到加宽段无横向工作缝,减少后续接缝施工的难度。

本 章 小 结

高速公路改扩建工程中路面工程涉及新旧路面搭接、旧路旧桥改造及废旧路面的综合利用等多项技术难题;在保证工程进度和质量的前提下,改扩建工程又面临建设技术难点多、管理体系复杂等一系列难题。京石高速公路改扩建项目实施期间,围绕着关键技术与难点,进行学习借鉴和刻苦攻坚,形成了一套适合于京石高速公路改扩建工程的路面加宽技术。

(1)通过对原有路面路况的详细了解,评价分析了旧路面的现役使用性能,结合旧路面的使用情况,本着具体问题具体分析的原则,分项分类提出了新旧路面拼宽与搭接中的具体处治方案和施工工艺控制。

(2)为了充分利用旧路面产生的大量旧料,通过实地考察、试验分析、专家评审、现场观摩等手段确保旧料得以变废为宝。

①创新性地把旧路面面层铣刨料加到级配碎石(垫层)中,既保证了垫层强度,又提高了废料利用率。

②结合当前节能环保的需求,通过对旧路面面层铣刨料进行重新分类,采用乳化沥青冷再生技术进行了柔性基层的施工。

(3)考虑到新旧路面搭接的不同,采用超厚度水泥稳定碎石施工技术有效解决了施工过程中的难题,并提出了超厚度水泥稳定碎石基层路面施工的关键控制要点和注意事项。

(4)引用了法国高模量沥青混合料设计方法,合理设计了适合国内需求的高模量沥青混合料,并针对其技术特点提出了施工过程中的控制要点。

(5)根据沥青稳定碎石、橡胶沥青混合料和SMA-13沥青玛蹄脂碎石混合料的技术特点,对其不同结构层的施工技术和标准化施工工艺进行了重点阐述。

第四章 桥涵构造物改扩建技术与实践

第一节 概　述

京石高速公路建设时间跨度大,部分路段运营超过二十年。原有桥梁上部结构主要有预应力混凝土连续 T 梁、预应力混凝土连续空心板梁、预应力混凝土连续箱梁、钢筋混凝土连续空心板、钢筋混凝土简支实心板梁、钢筋混凝土简支空心板梁、整体现浇板梁等几种形式,桥梁下部结构以柱式墩、薄壁墩、重力式桥台、薄壁式桥台、肋板式桥台、桩柱式台为主,基础形式以钻孔灌注桩基础及扩大基础为主(表4-1)。

原有桥涵构造物统计一览表　　　　　　　　　　　　表 4-1

桥梁分类	上部构造结构类型	座数	长度(m)	座数合计	长度合计(m)
大桥、特大桥	预应力混凝土 T 梁	4	4295.1	7	5067.3
	预应力混凝土空心板	3	772.2		
中桥	钢筋混凝土空心板	18	1133.0	18	1133.0
小桥	钢筋混凝土空心板	73	1370.3	73	1370.3
涵洞	箱涵	1.5	—	66	—
	盖板涵	63.5			
	圆管涵	1			
通道	盖板通道	337.5	—	349	—
	箱形通道	11.5			
分离式立交	主线上跨	20	556.0	26	955.8
	主线下穿	6	399.8		

近年来,国家经济发展迅速,本路段交通量急剧增大,到 2009 年年末,京石高速公路年平均交通量已达到 49855pcu/d,高峰时段道路服务水平已明显下降,尤其重车及超载超限车较多,导致沿线桥梁出现了不同程度的病害,部分病害已经危及桥梁结构的安全运营。道路养护单位针对部分桥梁采取了有针对性的加固补强措施。总体来说,呈现以下四个主要特点:

一是左右幅桥梁分幅建设造成差异。由于原有构造物是分路段、分幅建成的,部分桥梁存在左右幅孔径不一致、结构形式不一致及交角不一致的情况,还存在右幅设置有构造物,左幅修建时该构造物被废弃而修筑了路基的情况。由于建设年代、车辆运营等存在差异,检测结果显示左右幅构造物的病害也不尽相同。

二是小型桥涵多,结构不标准,病害严重。由于旧京石高速公路在建设期尚无完善的高速公路设计标准,导致桥梁跨度偏小,通道净空不满足现有规范要求,很多梁板存在不同程度的刮痕,出现了混凝土脱落、露筋等情况。原桥10m以下,梁板长度是随角度不同而不一致的,给拼宽部分的标准化设计、施工带来了一定的困难。

三是长联桥改造难度大。京石段原有特大桥设计联长过长,如沙河特大桥采用25mⅠ型组合梁最长22跨一联,且在上部结构设计中一般没有考虑支座摩阻力,在温度效应作用下,支座摩阻力引起长联结构联中拉力较大,且长联桥梁结构中支点现浇段大部分未设预应力负弯矩束,采用普通钢筋混凝土结构,因此导致中支点现浇段受拉开裂,部分桥梁支点现浇段病害严重。

四是路面修补造成桥面铺装形式多样。由于本路段采用横向分幅、纵向分段的模式修建,桥面铺装设计复杂多样,原设计有5+5、4+6、3+7、7+7等多种形式。运营期间,管养部门曾对路面进行过两次罩面,每次罩面4cm沥青混凝土,导致现有桥面铺装厚度增加为18cm。为了处治预制板桥的单板受力病害,管养部门还对部分桥涵进行了桥面改造,将桥面铺装更换为18cm厚的配置双层钢筋网的现浇混凝土。

从上文可以看出,原有京石高速公路的桥梁状况极为复杂且质量较差、跨径较小,改扩建实施难度较大。下面从原有桥梁检测、评价及桥梁拆除、拼接等方面详细介绍。

第二节 桥涵改造技术方案研究

一、设计思路及原则

①桥涵的拼接加宽应在保证安全的前提下,按尽量利用的原则设计,即尽量利用原有结构或构件。桥涵拼接应在专项检测评价的基础上进行设计,根据评价结论确定加固与否,再进行拼接设计。

②桥梁拼接加宽推荐采用上部构造连接、下部构造不连接方式。拼接构造应多方案比较。加宽桥梁的桥跨布置、结构形式、梁高原则上与原桥相同。

③桥梁的新建、改建必须事先对沿线的河道、引水灌溉、排洪等设施进行调查,以确定桥涵相应高程。

④拼接加宽桥梁下部构造的基础形式原则上采用桩基础,当地基条件较好情况下,如原桥为扩大基础时,也可采用与原桥相同的基础形式。

⑤在改扩建路段出现主线上跨被交等级路,或被交等级路上跨主线,以及主线调坡等原因使桥下净空不满足要求时,设计应做多方案比较,如被交路路基路面下挖、桥梁顶升、调整桥面系铺装厚度、拆除重建等方式,综合分析后确定推荐方案。

⑥对于净空满足现行规范要求的通道、涵洞接长部分应与原有结构相同,原则上应保证原有净空要求不变,可考虑通过调整结构上部厚度尺寸或调整通道纵坡的方法进行;对于净空不满足要求的拆除重建。

⑦为今后维修罩面预留空间,对上跨高速公路的桥梁净空高度适当进行提高。

⑧桥涵构造物各部位(圬工除外)均采用高性能混凝土。

二、荷载标准的确定

《公路工程技术标准》(JTG B01—2003)与《公路工程技术标准》(JTJ 001—1997)对桥梁荷载等级要求不同,在《公路工程技术标准》(JTG B01—2003)施行之前修建的高速公路桥梁荷载均采用的是《公路工程技术标准》(JTJ 001—1997)的荷载等级要求。对于桥梁设计荷载标准问题,是高速公路改扩建工程中的重点技术问题之一,也一直存在着拼接桥梁采用何种标准的荷载等级之争。《公路工程技术标准》(JTJ B01—2003)中高速公路采用的是"公路Ⅰ级"荷载等级,但对桥梁结构的耐久性及构造等方面提出了更高的要求。

国内目前的高速公路改扩建工程中,对于改扩建工程中的新建、重建桥涵构造物,则完全按现行标准设计。而对于可以通过拼宽改造利用的桥涵构造物,其改扩建遵循"旧桥旧标准,新桥新标准"原则,主要做法是通过对原有结构进行维修、加固,使其全面达到旧标准的要求,旧桥部分即使进行维修、加固能够满足"公路Ⅰ级"荷载等级的承载能力极限状态要求,也不能在耐久性、构造等方面全面达到新标准要求。另外,若要求旧桥上下部结构全面满足"公路Ⅰ级"荷载等级的承载能力极限状态要求,对于桥梁基础、涵洞等加固存在着技术困难,对扩建期间交通组织带来较大难度,因此,原有桥涵全面达到新标准的要求是不适宜的。

本项目自2010年就开展了拼接桥梁荷载等级如何采用的专题研究,借鉴了我国其他改扩建项目的建设经验,在充分检测评价的基础上,充分利用原桥资源,节省建设资金,缩短工期,对于拼接桥梁设计标准,采用了以下设计原则:

①对原桥上下构进行评价和验算,采用原桥设计时的技术标准和规范,并根据评估的结果,确定采取拆除重建、加固改造或直接利用等方案。

②桥梁拼接设计中,对于拼接部位及新建拼宽部分,采用现行标准;对于原桥部分,上部结构需满足"公路Ⅰ级"荷载等级的承载能力极限状态要求。同时再次论证确定原桥上构是否采取拆除重建、加固改造或直接利用等方案,原桥下部结构需满足整体验算原标准要求。

③采用现行荷载等级对拼接后桥梁进行整体检验,以便在今后的运营管理和养护维修时采取针对性的技术措施和管理措施。

④对于原桥桥梁的加固改造,还需要重点考虑路线纵面及路面改建方案的协同处理等方面,这些制约因素影响加固改造方案的确定。

经论证分析结合本项目特点,最终验算荷载等级采用1.3倍公路Ⅰ级。

2013年交通运输部发布了《关于高速公路改扩建工程中有关技术问题处理的若干意见》(交公路发【2013】634号),其中的第(十二)、(十三)、(十四)条阐明了桥涵荷载标准的相关技术要求,本项目拟定的设计原则,与其基本吻合。

三、原桥涵检测与评价

由于京石高速公路分幅、分段、分期施工,原有构造物标准不统一,为了更好确定桥梁的改造方案,本项目在初步设计阶段、施工图设计阶段和施工过程中,分三个阶段对原有桥涵进行了检测和论证。

1. 初步设计阶段

为了全面摸清全线桥梁的实际工作状态,满足京港澳高速公路扩建工程的需要,河北省交通规划设计院于2010年6月18～30日对京港澳高速公路京石段桥梁进行了全面检测,并于2010年7月25日提交了《京港澳高速公路涿州(京冀界)至石家庄段改扩建工程项目桥梁检测报告》,报告显示京港澳高速公路京石段 K45+586～K267+053 内共包括桥梁356座,涵洞279座。对所检的桥涵构造物进行技术状况等级评定,其中一类桥20座,占桥梁总数的5.6%;二类桥303座,占桥梁总数的85.1%;三类桥33座,占桥梁总数的9.3%;无四类桥和五类桥。涵洞评为"好"的为47座,占涵洞总数的16.8%;评为"较好"的为227座,占涵洞总数的81.4%;评为"较差"的为5座,占涵洞总数的1.8%;无差和危险的涵洞。

通过本次桥涵定期检查,京石高速公路河北段桥涵结构物的技术状况总体上是良好的。但由于京石高速公路超载车、重车较多,对桥涵结构物的安全构成了威胁,使得桥梁营运环境比较恶劣,桥梁使用功能和通行标准降低较快。因此应加强桥涵构造物的日常预防性养护工作,加强对桥涵结构物的观测,加大检查频率,重点检查涉及结构安全的部位,发现问题及时处理。同时,建议结合本次桥涵定期检查结果,对部件评为三类的桥梁,及时采取有效措施进行维修处理,确保桥梁的运营安全。

2. 施工图设计阶段

为满足本项目施工图设计需要,检测部门于2011年4月11～22日对全线大、中桥及病害严重的小桥涵做了进一步的检测。

在所检查的桥涵构造物中,部分空心板桥的板底出现纵向或横向裂缝,部分裂缝超限;铰缝勾缝脱落、铰缝渗水,严重者出现单板受力;个别板底碱蚀泛白严重,并伴有碱蚀裂缝;板底混凝土脱落,主筋外露或钢筋锈蚀;箱梁横缝或斜缝宽度超限;T梁横隔板竖缝宽度超限;桥梁支座出现压缩变形、老化开裂严重的现象。

由于本次桥梁技术状况等级评定采用重要部件最差的缺损状况评定,因此上部承重构件、支座、墩台和基础的病害情况成为桥梁技术状况等级评定的主要依据。本次桥涵定测共检查桥梁118座(按单幅计),评定三类桥52座,四类桥1座,其余均为一类和二类桥;5座涵洞为"较差"涵洞。

3. 施工过程中

施工单位发现部分桥梁病害较原检测报告有新的发展,为保证桥梁工程质量,河北省交通规划设计院于2013年7月17～22日对施工图设计直接拼宽桥梁进行了补充检测。本次共计检查桥涵构造物239座,其中桥梁160座,涵洞79道。本次共检查独立桥梁构造物320座,评定一类桥2座,二类桥248座,三类桥70座;检查涵洞79座,评定为"好"的15道,评定为"较好"的60道,评定为"较差"的4道。在所检查的桥涵构造物中,大部分桥涵板底存在不同程度的碱蚀泛白,部分板底伴有碱蚀裂缝;部分桥涵的板底出现纵向或横向裂缝,个别缝宽超限;铰缝勾缝脱落、铰缝渗水;个别小桥出现单板受力;部分板底混凝土脱落主筋外露或钢筋锈蚀;个别现浇板或箱涵顶部存在超限贯通纵缝;个别涵洞实心板存在超限贯通纵缝,个别涵洞涵身横向开裂较为严重。

随着京石高速公路车流量的日益增大,重载车辆的通行对桥梁的运营安全构成了威胁,桥梁使用功能和通行标准降低较快。建议根据本次桥涵定期检查结果,对部分存在较严重病害的构件,在进行京石高速公路改扩建项目拓宽段施工图设计时,应重点考虑进行拆除重建或维修加固,提高上部结构的承载能力,以满足改扩建的要求。

第四章 桥涵构造物改扩建技术与实践

本次检查的小桥和涵洞,上部结构形式主要有钢筋混凝土空心板、实心板、现浇板和箱涵等。上部结构检查发现的主要病害如下:

(1)部分板底存在横向或纵向裂缝,个别板底存在网裂,腹板存在水平裂缝,个别缝宽超过限值。经过统计,共有53座桥涵存在板底裂缝。

(2)大部分板底存在不同程度的渗水碱蚀,部分板底碱蚀面积较大且伴随裂缝。经过统计,共有293座桥涵存在板底渗水碱蚀或伴随裂缝。

(3)部分板底存在不同程度的混凝土脱落、露筋,板侧由于雨水侵蚀作用出现钢筋锈胀,边板存在超高车辆撞击导致的混凝土脱落、露筋。经过统计,共有177座桥涵存在板底混凝土表面缺损。

(4)部分铰缝存在不同程度的渗水碱蚀,个别铰缝通长渗水碱蚀。经过统计,共有182座桥涵存在铰缝渗水碱蚀。

(5)部分铰缝存在不同程度的勾缝脱落,个别铰缝勾缝通长脱落。经过统计,共有108座桥涵存在铰缝勾缝脱落。

(6)部分板底存在超高车辆剐蹭痕迹。经过统计,共有89座桥涵存在板底刮痕。

(7)有2座桥涵空心板铰缝破坏严重,横向整体性削弱,存在单板受力现象。

上部结构病害形式统计如图4-1所示。

a) K84+936 板底碱蚀拌裂缝

b) K107+954 板底渗水碱蚀

c) K82+530 翼板混凝土脱落露筋

d) K123+875 板底空洞露筋

图 4-1

e) K52+829 绞缝与碱蚀　　　　　　　　f) K130+952 绞缝勾缝脱落

g) K112+589 板底刮痕　　　　　　　　h) K206+869 板底横缝

图 4-1　上部结构病害形式

本次检查的小桥和涵洞,下部结构形式主要以重力式桥台、轻型桥台居多。检查发现的主要病害如下：

(1) 大部分桥涵存在墩台竖向裂缝,而且部分缝宽超过限值 0.4mm。经过统计,共有 134 座桥涵存在墩台竖向超限裂缝。

(2) 部分桥涵存在墩台横向裂缝,个别涵洞涵身横向开裂较为严重。经过统计,共有 22 座桥涵存在墩台横向裂缝;其中 K102+094 小桥左幅 2 号台帽与台身连接处横向开裂较为严重。

(3) 大部分桥涵存在不同程度的墩台帽梁渗水碱蚀。经过统计,共有 210 座桥涵存在墩台渗水碱蚀。

(4) 部分桥涵存在不同程度的墩台混凝土脱落、露筋或钢筋锈胀。经过统计,共有 65 座桥涵存在墩台混凝土表面缺损。

下部结构存在各病害形式如图 4-2 所示。

从本次检查结果看,桥面铺装主要存在桥面横向裂缝、纵向裂缝,个别桥梁的桥面存在网裂(龟裂)、坑槽等病害。桥面横向裂缝一般出现在墩顶位置,且个别桥面铺装产生贯通横向裂缝。个别桥梁护栏存在混凝土脱落或锈胀露筋。

桥面系及其他附属设施存在的问题如图 4-3 所示。

由于京石改扩建工程正在施工,大部分桥涵的翼墙、锥坡均已被拆除,个别翼墙存在顶部砌石缺损等病害。

a) K102+094 台帽与台身连接处横向开裂

b) K104+174 桥台竖缝

c) K163+537 台帽渗水

d) K231+290 涵台水平开裂

图 4-2　下部结构病害形式

a) K175+308 桥面横缝

b) K205+217 桥面坑槽

c) K221+487 翼墙破损

d) K183+914 翼墙已拆除

图 4-3　桥面系及其他附属设施存在的问题

通过这三个阶段对原有桥涵的检测发现,原有桥梁随着时间的推移、车流量的增大、重车的增多,桥梁病害日趋严重,原有预制板很多出现单板受力。

四、长联桥改造方案研究

本路段特大、大桥仅有6座,其中4座为25mT梁,2座为20m预应力混凝土空心板,均为先简支后结构连续结构。旧路检测结果显示原有桥梁大部分病害较为严重,同时根据路面设计方案,为了更好解决多车道的排水问题,确定将原有1.5%通过改扩建彻底改造为2%,也就涉及既有桥梁的横坡改造方案,尤其涉及桥长500m以上的4座长联桥均布京石段全线,其改造方案也对交通组织方案影响较大,因此如何在保证工程质量的前提下,提出合理的大桥、特大桥改扩建方案则显得尤为急迫,尤其是4座典型长联桥的改造更是整个京石改扩建的节点工程。

1. 长联桥的概况

本工程始建于20世纪90年代初,当时的设计理念,认为连续梁桥联长越长越好,可以极大地提高行车舒适性。实际上,长联结构联长过长是不合理的,目前常规的设计中小跨径长联结构联长一般在150m左右,很少超过200m。

京港澳高速公路京石段和石安段都存在这种结构,石安段建设时间比京石段晚,最大联长510m,主要为组合箱梁和T梁,由于其建设标准较高且运行年限较短,其长联桥病害较京石轻得多。京石段最大联长550m,主要为T梁和组合工字梁,共有涉及4座长联连续梁桥需要进行改造,分别为北拒马河大桥、南拒马河特大桥、唐河大桥和沙河特大桥,具体情况见表4-2。其中有负弯矩束的南拒马河特大桥西幅和唐河大桥西幅的联长较小,最大为9跨一联。

京石段长联桥梁结构概况　　　　　　表4-2

桥　　名	结构形式	标准跨径（m）	跨径布置	桥梁全长（m）	支座情况
北拒马河大桥	T型连续梁无负弯矩钢束	25	16×25m+16×25m	800	中间11排为橡胶支座,联端6排为滑板支座
南拒马河特大桥东幅	T型连续梁无负弯矩钢束	25	14×25m+15×25m+14×25m+14×25m	1425	中间11排为橡胶支座,联端4排为滑板支座
南拒马河特大桥西幅	T型连续梁有负弯矩钢束	25	9或8跨一联	1425	
唐河大桥东幅	T型连续梁无负弯矩钢束	25	14×25m	350	中间9排为橡胶支座,联端6排为滑板支座
唐河大桥西幅	T型连续梁有负弯矩钢束	25	7×25m+7×25m	350	
沙河特大桥	T型连续梁无负弯矩钢束	25	22×25m+21×25m	1075	中间5排为板式橡胶支座,联端18排为滑板支座(22跨一联)

2. 联长过长存在的问题

由于京石段原有特大桥设计联长过长,如北拒马河大桥16×25m,唐河大桥东幅14×25m,沙河特大桥21×25m和22×25m,且在上部结构设计中一般没有考虑支座摩阻力,在温度效应作用下,支座摩阻力引起长联结构联中拉力较大,且长联桥梁结构中支点现浇段大部分未设负弯矩束,是钢筋混凝土结构,因此导致中支点现浇段受拉开裂,部分桥梁支点现浇段病害严重,而南拒马河特大桥西幅、唐河大桥西幅由于联长较短,有支点负弯矩束没有发现类似病害。病害严重的唐河大桥东幅已经进行加固,并在原中支点临时支座处加永久支座。

如果长联结构不进行解联,运营中支座必然有较大的横向变形和横向力,加之考虑一定数量支座脱空的影响,横向变形和横向力将更大,这将为运营中支座维修与更换带来难题,支座更换将相当频繁。联较长结构进行支座更换需要同步顶升方可确保结构安全,要达到同步顶升的目的,需要采用大量的千斤顶进行串并联,目前国内具备如此规模桥梁顶升设备的单位十分少见,后期养护成本昂贵。

3.长联桥改扩建方案研究

长联结构在拼接时,由于新旧桥梁混凝土龄期差导致的收缩徐变差的影响,会在拼接后的整体结构中引起较大的横向挠曲变形,必须在设计中予以高度重视。

研究后拟定了解决此问题三个解联方案。

1)方案一:长联桥解联拼接方案

以沙河特大桥(最长联长 550m)为代表进行长联桥拼接研究(拼接横断面图如图 4-4 所示)。

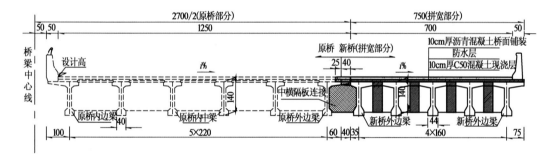

图 4-4　连续梁拼宽断面图(尺寸单位:cm)

解联方案 1:新旧结构完成先不拼接,等待收缩徐变完成之后再拼接。但等待收缩徐变完成的时间较长,若采取延迟 2 年拼接,拼宽 10 年后横向位移仍达 20cm 以上,与三年内一次性完成全部改扩建工程的基本原则相冲突,如果延长至通车再拼接,社会影响大,交通组织方案复杂,此方案行不通。

解联方案 2:将长联截短,减小收缩徐变变形和内力,等待相对较短时间进行拼接。

(1)设计思路

京石段部分桥梁连续结构联长过长,联长越长、跨数越多,收缩徐变引起变形就越大,对原桥进行解联可有效降低这种因联长过长,新旧混凝土收缩徐变不一致引起的联端横向变形量较大的问题,可以一次消除联长过长引起的桥梁病害问题。

(2)理论分析

经理论计算解联后采用 6 跨左右一联(解联示意图如图 4-5 所示),联中桥墩处采用板式橡胶支座,联端桥墩处采用双向滑板支座,释放收缩徐变所产生的横向位移后,能将联端横向变形量控制在5cm以内。

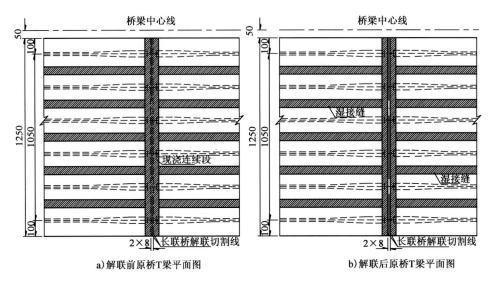

图4-5 解联示意图(尺寸单位:cm)

(3)施工特点

京石高速公路改扩建工程范围两座长联桥支点处负弯矩区均是采用普通钢筋连接,没有预应力钢束,尤其是沙河特大桥22跨一联,仅需对现浇连续段进行16cm缝宽的切割,解联施工风险相对较低。同时,解联也会次生一些技术问题:

①结构是按先简支后连续施工的,解短后中跨变为边跨,单排支座需要转换为双排支座,支座仍需放置在原盖梁上,为满足《公路桥梁抗震设计细则》(JTG B02-01—2008)支座到盖梁边缘的距离要求,一般需要增大盖梁截面、宽度尺寸,需要对原有盖梁进行加固改造,施工难度大质量不易控制。

②解短后中跨变为边跨,车辆荷载效应增大,需要加固,加之本段落内的唐河大桥原本承载能力就不满足,该桥的梁体需要进行维修加固处理后才能开始解联施工。

③构造上切割缝宽不好控制。可通过合理设计帽梁加宽方案,解联前运用合理的方案对需要进行中跨变边跨的梁体进行加固处理,严格控制解联切割施工。

综上,方案二还是合理可行的。

解联方案3:原桥不解联,拼宽部分的新桥按具备解联条件设计,即考虑远期原桥上构拆除重建(分联)后再与本次新建拼宽部分的拼接,新桥按分联设计,联与联之间采用较强的桥面连续结构,便于远期新桥解联。

(1)设计思路

本方案原桥不解联,拼宽部分的新桥按具备解联条件设计。设计中更换原有支座,采用板式橡胶支座或单向滑动支座来约束收缩徐变所产生的横向位移,考虑远期原桥上构拆除重建(分联)后再与本次新建拼宽部分的拼接,新拼宽桥的分联处采用较强的桥面连续构造,如图4-6所示。

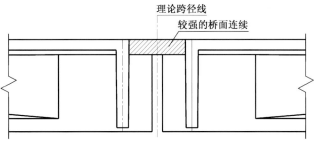

图 4-6　桥面连续示意图

（2）理论分析

该方案并没有从根本上解决长联桥因新旧桥收缩徐变差引起的联端横向变形量过大的问题。引起的联端横向变形量位于新桥联端的外侧，位移量过大时会导致新梁抵住墩台挡块，严重时还会剪断挡块，对桥梁安全造成一定影响，反而旧桥部分的收缩徐变趋于稳定，影响相对较小，如混凝土收缩徐变引起的大横向位移量发生，远期只考虑拆除原桥上部结构，重建对新拼宽桥的受力性能改善不大。在工程中，对材料变形通常宜"疏"不宜"堵"，通过设置支座来约束收缩徐变所产生的横向位移有一定的风险，通过计算分析，联中支座位移在16mm左右（向中央分隔带移动），水平支座反力在30kN左右，联端支座位移较大，超出支座容许位移，进入非线性状态，一旦个别支座的约束失效，很容易引起连锁反应造成其他支座应变形量过大而全部失效；支座存在如此大的水平推力，运营中更换支座风险大；支座将水平推力传递给桥墩，也给桥墩的受力带来很大的不确定性。

（3）施工特点

本方案无需对旧桥进行较大的改造，相对于解联方案2，在前期拼宽施工中的确具有较大的优势。但在运营期间可能会面对如下问题：

①目前还没有行之有效的方式进行模拟受力分析，如果新桥桥面连续构造过弱，则新旧桥混凝土收缩徐变差容易导致桥面连续构造开裂，对行车安全、美观性造成影响；如果过强，一旦联端横向位移控制失效，会给后期解联施工中的切割造成困难。

②考虑到一旦联端横向位移控制失效，远期考虑拆除重建的原桥位于桥梁内侧，作业空间有限，拆除旧桥对施工提出了很高的要求。

综上所述，考虑到本次改扩建工程施工的完整性和控制京石高速公路通车后运营阶段的风险，如需对长联桥进行解联，则推荐采用解联方案2进行施工。

2）方案二：长联桥桥位路段路线设置分线方案

4座长联桥南拒河特大桥北拒马河大桥病害较轻，唐河大桥最为严重，沙河特大桥桥况最好，以唐河大桥和沙河特大桥为例进行说明。唐河大桥路段，右幅两车道直接拼接，拼接完成后，形成半幅四车道行车断面，唐河大桥左幅新建两车道分线，分线路基断面13.25m，建成后形成分离的2个两车道断面。设置分线后路段影响段落为K195+800~K198+400，路段长度达到2600m，除唐河大桥外该段落内的构造有4道通道、1道涵洞、1座分离式立交受到影响需要调整原有方案。

沙河特大桥路段，沙河特大桥两侧分别新建两车道分线，分线路基断面13.25m，建成后左右两侧均形成分离的2个两车道断面。设置分线后路段影响段落为K227+900~K231+200，路段长度 3300m,除沙河特大桥外该段落内的构造有 6 道通道需要进行改造。

设置分线方案后,由于司乘人员的驾驶特性,在不清楚分线方案情况下会自然的靠左侧行驶,在分线端点前端形成新的事故黑点,行车安全隐患较大,尤其是北拒马大桥基本紧挨河北主线站,安全隐患更为严重,而且也未彻底消除长联桥的病害隐患,路线变化造成的占地增加,由此带来的地方征拆协调工程量增加不可预知。

3)方案三:拆除原桥上构重建方案

本方案拆除原有长联桥上部构造及墩、台帽梁,新建外侧墩柱、桩基后浇筑整体帽梁,再架设新建上部构造 T 梁,形成一体桥梁,此方案彻底消除桥梁拼接的技术难题,大大地降低了拼接的技术难度,与此同时彻底消除了长联桥的病害隐患,也解决了桥梁横坡改造问题。缺点是投资规模大,尤其对于沙河特大桥病害不太严重的桥梁,直接拆除社会影响大,4 座长联桥基本均布于京石高速公路改扩建工程,若全部拆除重建,除非采用断交交通组织方案,否则只能两车道保通。

4. 方案对比

长联桥改扩建方案优缺点对比见表 4-3。

长联桥改扩建方案优缺点对比表　　　　　　　表 4-3

方案编号	方案一	方案二	方案三
方案简述	将长联桥联长解短,采用与原有结构相同的结构形式进行拼接	在长联桥桥位处路线设置分线,新建分线桥梁	拆除原桥上构重建
优点	①使桥梁在温度效应作用下,受力更趋合理; ②建安费用低,经济性好	①分离断面消除了路面、桥梁的拼接技术问题,降低了拼接的技术难度; ②分离断面路基宽度小,排水问题易于处理; ③可以降低施工期对现有道路的交通干扰; ④利于将来对旧路、旧结构物的改建或重建	①消除了路面、桥梁的拼接技术问题,降低了拼接的技术难度; ②京石高速公路建设年代较早,加之以前的设计理念不完备,长联桥已经出现了不少的病害,本方案能从根本上解决这些病害问题
缺点	①解联可能存在一定的施工风险; ②部分桥梁病害有可能在解联后暴露有可能增加建安费	①路基总宽度大,增加分线方案后,用地规模有明显增加,影响路段的造价明显增加; ②由于主体是两条分离道路,在交通拥堵、交通事故及养护施工时交通组织不便,需要大量增加内外车道的连接	①拆除重建长联桥,造价大幅增加,社会影响较大; ②施工时本路段只能采用两车道保通,影响高速公路的通行能力

5. 沙河特大桥改扩建方案确定

京石高速公路改扩建 4 座长联桥的沙河特大桥的桥梁病害最轻,依据承载能力评定结果可知,该桥联长解短后,主梁跨中正截面抗弯承载力能够满足《公路钢筋混凝土及预应力混凝土桥涵设计规范》(JTG D62—2004)的受力要求,不需要补强加固,以沙河特大桥作为造价分析对象最具有代表意义。

沙河特大桥原桥设计共分 2 联,分别为 22 孔 1 联和 21 孔 1 联。22 孔 1 联的拟解短为 4 联,5 孔 1 联的共计 2 联,6 孔 1 联的共计 2 联。21 孔 1 联的拟解短为 4 联,5 孔 1 联的共计 3 联,6 孔 1 联的共计 3 联。解联费用见表 4-4。

单幅 1 处现浇连续段解联主要工程数量及概算表　　　　表 4-4

项　目	单位	帽梁加宽	切割横梁	新增端横梁	切割主梁	安装伸缩缝	合计	单价（元）	总价（万元）
C40 自密实混凝土	m^3	16.9	—	15.84	—	—	32.74	2500	8.2
HRB335 钢筋	t	2.0	—	1.9	—	—	3.9	6500	2.6
植筋 $\phi20$	孔	120	—	250	—	—	370	30	1.1
钻孔 $\phi10\times150$	孔	—	20	—	20	—	40	200	0.8
金刚石链式切割	m^2	—	12.5	—	9	—	21.5	15000	32.3
D240 伸缩缝	m	—	—	—	—	13	13	3000	3.9
合计									48.8

注:由于解不解联都需要顶升更换支座,故顶升费用没有列入该表中。

依据以上数据,并综合考虑拼宽工程数量,经过计算得到上述三种方案造价对比,详见表 4-5。

沙河桥改扩建方案造价对比表（单位:万元）　　　　表 4-5

费用内容	方案一（解联方案）	方案二（分线方案）	方案三（拆除重建方案）
桥梁建安费	7655.6	9790.9	13910.5
影响范围内路基路面费用	5809.3	8564.9	5809.3
征地费用	1678.2	2442.6	1678.2
总造价	15143.1	207980.4	21397.5

经过以上分析,分线方案造价与拆除重建费用基本持平,原有桥梁病害未彻底解决,而且增加事故黑点隐患,同时由于占地有可能增加的征拆问题未加以考虑,可以排除其实施的可能性。解联方案的总体造价占到拆除重建方案费用的 71%,且存在后期增加费用的可能性,同时存在极大的施工风险。经过综合考虑造价、施工风险,结合京石高速公路断交施工的方案,最终推荐采用了拆除上构重建方案。

五、其他大中桥改造方案研究

对既有桥梁技术状况进行检测和承载能力计算分析,结果表明大部分桥梁都可以继续利用,因此,应尽可能利用原有桥梁构造物。但设计阶段如存在以下情况的,则推荐拆除重建:

(1)原结构存在缺陷,通过加固不能解决问题。

(2)加固后承载能力虽能满足规范要求,但使用性能较差,可能存在安全隐患。

(3)原桥梁不满足防洪评价要求而需要顶升,当顶升高度较大,造成因加高桥墩、墩帽、桥台而不能满足受力要求、施工处理难度大,并可能存在安全隐患。

(4)加固顶升桥梁墩台改造的总费用占拆除重建费用 50% 以上。

表4-6对拆除重建桥梁进行了加固效果、施工风险、投资费用方面的比较,拆除桥梁主要有加固效果较差、施工风险高和投资费用较大的特点,投资费用虽然没有达到重建费用的50%,但一般也在40%以上,考虑到后期加固实施过程中存在增加投资的可能性,而且由于路面横坡的调整造成桥面横坡调整的施工难度较大,尤其是孟良河中桥顶升的高度达到1.75m,很难保证横坡调整效果,施工风险极大。综合考虑,将上述几座桥梁的上部构造拆除重建,目的是采用全新技术彻底消除梁板病害、改造桥面横坡。

拆除重建桥梁投资方案比较表　　　　表4-6

桥名	桩号	跨径(m)	拼接利用方案费用及效果(万元)			重建方案	投资比(%)	顶升高度(m)
			加固、顶升费用	加固效果	施工风险			
龙泉河大桥	K166+503.6	17×20	1051	较差	高	23	44.60	—
新九龙河大桥	K169+601.6	12×20	631	较差	可控	13	47.50	—
孟良河中桥	K208+282	5×15	241	好	高	43	56.00	1.75

六、中小桥、明通及明涵改造方案研究

为了更好解决多车道的排水问题,路拱横坡由1.5%调整至2%,路面加铺方案为4cm(沥青玛蹄脂碎石SMA)+6cm(中粒式沥青混凝土AC-20)+6cm(粗粒式沥青混凝土AC-25)。其中6cm(粗粒式沥青混凝土AC-25)为调平层,6cm为外侧边缘最薄处厚度,内侧最厚处约为10cm,均厚8cm。由于大桥、特大桥长联均采用拆除上构重建方案,因此占桥梁绝大多数中小桥、明通及明涵横坡改造方案由于涉及桥型复杂、病害程度不同,改造方案亦不相同,下面分别详述。

京石高速公路竣工图表明:斜交角度0°~15°的6m板及以下跨径板,板长小于7m,通常为1m宽实心板,每幅共计13块板,支座采用油毛毡垫层。而斜交角度20°~45°的6m板及以上跨径板,板长大于7m,通常为1.6m宽空心板,每幅共计8块板,支座采用橡胶支座。

该大类中桥代表跨径均为15m空心板,先简支后连续结构。板宽为1.6m,每幅共计8块板,支座采用橡胶支座。

因此,按照预制板类型并考虑桥面是否改造对该大类进行细分,可分为四小类:

第1小类:桥面已改造的实心板。该类结构主要是斜交角度0°~15°的6m板及以下跨径板,即板长小于7m,板宽1m,每幅共计13块板,支座采用油毛毡垫层。运营期间桥面已进行了改造。

第2小类:桥面未改造的实心板。结构方式同第一类,只是运营期间桥面没有进行改造。

第3小类:桥面已改造的空心板。该类结构斜交角度20°~45°的6m板及以上跨径板,板长大于7m,通常为1.6m宽空心板,每幅共计8块板,支座采用橡胶支座。运营期间桥面已进行了改造。

第4小类:桥面未改造的空心板。结构方式同第三类,只是运营期间桥面没有进行改造。

中小桥、明通及明涵分类表详见表4-7。

中小桥、明通及明涵分类表 表4-7

分类	预制类型	板宽/单幅块数	支座类型	桥面改造情况	单幅孔数	备注
第1小类	实心板	1m/13	油毛毡	桥面已改造	93孔	板长<7m
第2小类	实心板	1m/13	油毛毡	桥面未改造	413孔	板长<7m
第3小类	空心板	1.6m/8	橡胶支座	桥面已改造	172孔	板长>7m
第4小类	空心板	1.6m/8	橡胶支座	桥面未改造	398孔	板长>7m

第1小类：该类结构物桥面已经改造，现有桥面高程与路面高程相衔接。若直接加铺沥青，加铺厚度达18cm。经计算分析，加铺后结构受力状况不满足《公路钢筋混凝土及预应力混凝土桥涵设计规范》(JTG D62—2004)要求。对该类结构拟定两种改造方案：

方案一（推荐方案）：拆除上部结构，改造台帽至新的设计高度，再重新浇筑现浇板，最后加铺10cm沥青混凝土。

方案二（比较方案）：采用分配梁，整体顶升并旋转上部结构至新的设计高度，板底与台帽间垫塞楔形混凝土垫块，垫块上布置1cm厚油毛毡，再加铺10cm沥青混凝土。

两种方案比较详见表4-8。

从比较表中可知：方案一拆除重建施工简单、方便，效果较好；方案二顶升旋转施工复杂，不易控制，且工程费用已经超过了方案一拆除重建的50%，经济性较差。因此，综合分析，该小类结构推荐方案一（拆除重建）。

中小桥、明通及明涵第1小类改造方案比较表 表4-8

改造方案		方案一（拆除重建）	方案二（顶升旋转）
施工难易程度		相对较易	相对较难
改造效果		很好	一般
对交通的影响		半幅封闭、半幅通行	半幅封闭、半幅通行
工期		工期稍长	工期较短
造价	板长4m(半幅1孔)	6.5万元(半幅)	4.5万元(半幅)
	板长6m(半幅1孔)	8.5万元(半幅)	4.5万元(半幅)
综合评价		推荐方案	比较方案

第2小类：该类结构物桥面没有改造，现有桥面厚度约为18cm，桥面高程与路面高程相衔接。若直接改造桥面，改造厚度将达26cm左右，这已经接近板的厚度。经计算分析，如此改造后结构受力状况不满足《公路钢筋混凝土及预应力混凝土桥涵设计规范》(JTG D62—2004)要求。对该类结构拟定两种改造方案：

方案一（推荐方案）：拆除上构，改造台帽至新的设计高度，再重新浇筑现浇板，最后加铺10cm沥青混凝土。

方案二（比较方案）：采用分配梁，整体顶升并旋转上构至新的设计高度，板底与台帽间垫塞楔形混凝土垫块，垫块上布置1cm厚油毛毡，再改造15cm厚桥面整体化层，最后加铺10cm沥青混凝土。

两种方案比较详见表4-9。

从比较表中可知：方案一拆除重建施工简单、方便，效果较好；方案二顶升旋转施工复杂，不易控制，且工程费用已经超过或接近方案一拆除重建，经济性较差。因此，综合分析，该小类结构推荐方案一（拆除重建）。

中小桥、明通及明涵第2小类改造方案比较表　　　　表4-9

改造方案		方案一（拆除重建）	方案二（顶升旋转+桥面改造）
施工难易程度		相对较易	相对较难
改造效果		很好	一般
对交通的影响		半幅封闭、半幅通行	半幅封闭、半幅通行
工期		工期稍长	工期较长
造价	板长4m（半幅1孔）	6.5万元（半幅）	6万元（半幅）
	板长6m（半幅1孔）	8.5万元（半幅）	7万元（半幅）
综合评价		推荐方案	比较方案

第3小类：该类结构桥面已经改造过，理论计算也表明，该类结构在直接加铺10cm沥青混凝土后结构受力状况能够满足《公路钢筋混凝土及预应力混凝土桥涵设计规范》（JTG D62—2004）要求，但加铺18cm厚沥青混凝土后结构受力不能满足《公路钢筋混凝土及预应力混凝土桥涵设计规范》（JTG D62—2004）要求。故该类结构改造方案为整体顶升旋转后再加铺10cm厚沥青混凝土，同时，更换支座，新的横坡通过新增支座垫石调整。

第4小类：该类结构与第3小类的区别就是桥面没有改造过。因此，该类结构的改造方案为整体顶升旋转，同时，更换支座，新的横坡通过新增支座垫石调整，然后改造15cm厚桥面整体化层，最后加铺10cm厚沥青混凝土。

中小桥、明通及明涵各小类横坡调整为2%时的改造方案详见表4-10。

中小桥、明通及明涵横坡调整为2%改造方案一览表　　　　表4-10

分类	单幅孔数	改造方案
第1小类	93孔	方案一（推荐方案）：拆除上构重建，再加铺10cm沥青混凝土； 方案二（比较方案）：顶升旋转，增设楔形垫块，再加铺10cm沥青混凝土
第2小类	413孔	方案一（推荐方案）：拆除上构重建，再加铺10cm沥青混凝土； 方案二（比较方案）：顶升旋转，增设楔形垫块，桥面改造后再加铺10cm沥青混凝土
第3小类	172孔	顶升旋转，更换垫石及支座，再加铺10cm沥青混凝土
第4小类	398孔	顶升旋转，更换垫石及支座，桥面改造后再加铺10cm沥青混凝土

改扩建需要将路面需要抬高16cm，同时，横坡也需要从1.5%调整到2%，经仔细分析，并结合桥涵病害检测结果，综合考虑横坡改造、病害加固费用及地方要求增加原有桥梁跨径、净空等要求，京石高速公路的明通、明涵的改造方案全部采用拆除上构重建或拆除重建方案，将京石高速公路桥梁病害一次性彻底消除。

七、暗通及暗涵改造方案

由于路面加厚 16cm,对暗通及暗涵影响较小,其横坡改造通过路面结构即可完成,对于病害严重的采取拆除重建方案,病害较轻的对其病害进行常规加固处理后即可直接利用。

八、新型密排 T 梁的推广应用

传统的空心板结构显著优点是结构高度小,这对降低路基高度,节省工程造价具有非常重要的意义。随着大规模采用空心板结构形式的桥梁的建成使用,由于受到材料技术、施工工艺等因素的制约,长期以来工程病害十分突出,管养费用居高不下,难以满足交通建设持续、健康发展需要,空心板桥主要病害如下(典型病害图如图 4-7 所示):

①预制空心板之间沿铰缝开裂、剥落。
②支座脱空。
③内模上浮造成顶板过薄。
④墩顶连续处出现横向裂缝。
⑤桥面伸缩缝发生破坏。

图 4-7 空心板单板受力,铰缝脱落

尤其在改扩建中,如采用空心板拼接,后期浇筑的铰缝或湿接缝混凝土自身存在收缩徐变差异,新旧混凝土黏结较弱,空心板更易出现单板受力。在空心板运营存在一些不足的背景下,矮 T 梁更加耐久、经济,又便于后期管养。

传统的 T 梁采用马蹄形断面,腹板较薄,仅有 20cm,扣除混凝土保护层厚度和预应力波纹管直径,留给混凝土振捣的空间很小(3cm 左右),实际施工时混凝土振捣不密实,箍筋露筋的现象时有发生;传统的 T 梁梁高较高,腹板薄,横向刚度小,施工中预应力张拉不当可能造成 T 梁发生侧弯。由于矮 T 梁梁高比传统的 T 梁矮,为了增加 T 梁的抗弯刚度,矮 T 梁将梁肋设计为矩形,跨中腹板厚度 30cm,在支点附近渐变至 40cm,在京石改扩建工程中共设计了 13m、15m、16m 三种跨径,六种结构形式的矮 T 梁,其标准断面如图 4-8 所示。

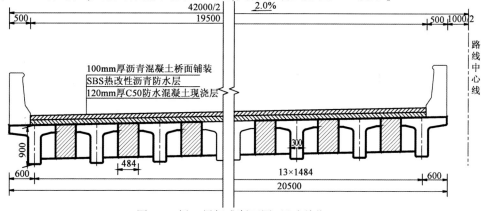

图 4-8 矮 T 梁标准断面图(尺寸单位:mm)

矮 T 梁桥相比空心板结构,工程造价提高 15% 左右,然而空心板结构病害比较严重,维修费用较高,密排 T 梁从根本上解决了空心板梁铰缝破坏、支座脱空和内模上浮等问题,变空心板梁横向铰接为刚接,彻底解决了空心板铰缝易破坏问题;梁端采用单支座,解决了空心板梁支座脱空的问题;采用开口式构件代替空心板闭口式构件,取消内模,彻底解决了内模上浮的问题。

从长远来看,矮 T 梁远比空心板更优越。在整个京石高速公路改扩建工程中对于拆除上构重建的小桥、新建段一等通道均采用此种结构,由于其施工工艺较常规大 T 梁无异,施工过程如图 4-9、图 4-10 所示,这里不再赘述。

图 4-9 拼接小桥架设矮 T 梁

图 4-10 新建一等通道采用矮 T 梁

第三节 桥涵拼接技术与实践

一、拼接模式论证

桥梁结构扩建中新旧结构之间的横向连接方式是桥梁拼宽中的关键因素,结合已有高速公路改扩建经验,目前主要使用的桥涵拼接方法主要有三种。

1. 上部结构和下部结构均不连接

新旧桥梁下部结构之间不连接,上部结构之间也不连接,仅在新旧桥上部结构之间预留工作缝,然后连续摊铺桥面沥青混凝土铺装层,这种连接方式新旧桥各自受力模型明确,新旧结构间互不影响,简化了施工程序,降低连接的施工难度,避免桥梁连接的技术问题,基本不影响原高速公路交通。

这种连接方式的缺点是在汽车荷载作用下,新旧桥主梁产生不均衡挠度以及加宽桥的变形大于原桥的后期变形,将会造成连接部位沥青铺装层的破坏,从而形成纵向裂缝和横桥向错台,影响行车舒适及安全和路容美观,增加后期的养护维修工作,大大增加了维修费用。近年来,俄罗斯进行桥梁加宽的小跨径梁桥中,大部分桥跨结构的新旧构件之间没有连接,或者只在行车道的垫层里(磨耗层、保护层)进行连接。从实际应用效果来看,如果结构没有牢靠的横向连接,结构易遭到损伤和破坏(板底面出现裂缝、防水层断裂和路面出现裂缝)。

2. 上部与下部结构均连接

新旧桥梁上、下部结构之间的对应位置采用横向植筋、浇筑湿接缝拼接连接,墩台帽梁、系梁等结构也通过植筋连接,浇筑混凝土形成整体。这种连接方式使新旧桥形成整体,减少在荷载作用下两者连接处产生的差异变形。加宽桥与原桥形成完整的一体,减少各种荷载(包括基础整体沉降差、汽车活载、温度荷载等)作用下新旧桥连接处的不均衡变形。

但是该种连接方式存在以下缺点:①新桥与原桥的上部混凝土梁变形(如混凝土收缩、徐变等)不一致,加宽桥基础沉降大于原桥基础沉降,由此产生的附加内力较大,易造成下部结构的盖梁、墩台连接处产生裂缝;②上部结构连接处也可能出现裂缝,影响行车、桥面美观性,增加维护工作量;③下部结构采用植筋技术工程成本高,植筋时往往需拆除原桥边主梁,工期长,需部分封闭旧桥,对原高速公路交通影响较大,下部结构连接施工空间受限制必然影响施工质量。如果是在软土地区采用此连接方式,出现问题的将会更多。沈大高速公路桥梁采用此方式连接,由于沈大高速公路改扩建项目的特殊性,它是在全封闭的情况下进行改扩建的,并且80%的桥梁需要重建,不存在对原高速公路交通的干扰问题,对于大多数高速公路改扩建,基本不可能对原高速公路封闭。

3. 上部结构连接、下部结构不连接

考虑到新旧桥基础沉降差对拼宽桥梁的不利影响,目前国内桥梁拓宽基本以上部结构连接、下部结构不连接为主。

上部结构连接、下部结构不连接的优点是:①新桥与旧桥上部连接,形成整体,有利于行车舒适、路容美观及路面养护;②新桥施工及拼装施工方便,把对原有交通的影响降到最低;③下部结构不连接,各自受力,可以减少由于新桥与旧桥的上部结构的变形不一致、新旧桥基础整体沉降差而产生的附加内力。但是新桥与旧桥的变形(如混凝土收缩、徐变等)不一致,以及新旧桥基础的不均匀沉降等产生的附加内力全部传递到上部结构拼接处,如对此考虑不当,可能造成上部结构拼接处的开裂,因此对新旧桥基础的沉降差要求严格,并应精确分析新桥与原桥的变形(如混凝土收缩、徐变等)不一致对上部结构拼接处的影响。为减少新旧结构沉降差,加宽桥梁应尽可能采取桩基础并适当加大桩长、延迟拼接时间等措施减小基础沉降。拼接部位产生的附加应力应通过改善连接部位构造、加强配筋等方法解决。这种方式在沪杭甬、南京浦珠路、沪宁高速公路等多个加宽改建工程中采用。目前通过对沪杭甬、南京浦珠路、沪宁高速公路已经通车几年后的观察,采用该方法施工桥面使用情况较好,未出现桥面纵向裂缝。

由于上部结构连接、下部结构不连接具有较高的经济、技术合理性以及上下部结构拼接方式的适用性,本项目新建桥梁与原有桥梁的连接方式主要采用"上部结构连接、下部结构不连接"的拼接方式。对于拼宽部分采用桩基础的桥梁、上部构造连接、下部构造不连接;对于原结构为扩大基础的涵洞、通道,则拼宽部分也采用扩大基础的,上下部结构均连接。

二、拼接方案研究

1. 预制空心板桥的拼接构造设计

1)设计方案

根据已完成或在建的高速公路扩建项目,(实)空心板的连接方式主要有以下四种方案可选用。

(1)方案一:采用桥面弱连接。切除原桥外侧边板钢筋,然后在旧桥空心板边缘植入水平钢筋,新桥架设后,浇筑拼宽部分位于连接湿接缝范围外的桥面混凝土。为减小切除工程量,而且切除可能对边板造成不利影响,可采用切除原边板的25cm翼缘,与之相连的新拼接桥采用普通设计边板。与原板相连接的新拼接桥的内侧边板25cm翼缘不预制,翼缘钢筋预留出来,与原板在切除部分植入的钢筋焊接,新旧板之间25cm翼缘采用现浇方式,待收缩徐变基本完成后再在凿开的桥面现浇层浇筑补偿收缩混凝土(UEA),桥面铺装仍恢复为原来的沥青混凝土,也达到上构连接的目的,如图4-11所示。

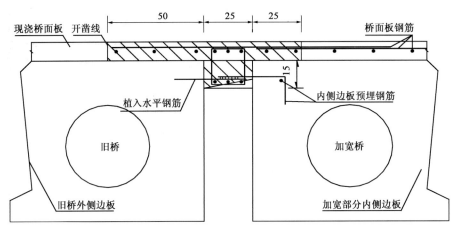

图4-11 空心板桥拼接方案一(尺寸单位:cm)

(2)方案二:柔性连接(铰接)。采用铰缝与桥面铺装共同连接,首先拆除旧桥防撞栏和边板挑臂,在旧桥空心板边缘植入水平及竖向钢筋,新桥则预埋。新桥架设后,待混凝土的收缩徐变基本完成后,再进行新旧桥梁板之间的横向连接。施工前先将旧桥边缘50cm范围桥面铺装整体凿开,置放整体化层钢筋网,再在铰缝内及凿开的桥面现浇层内浇筑C40补偿收缩钢纤维混凝土,然后桥面铺装部分浇筑与原桥同样形式沥青混凝土,如图4-12所示。

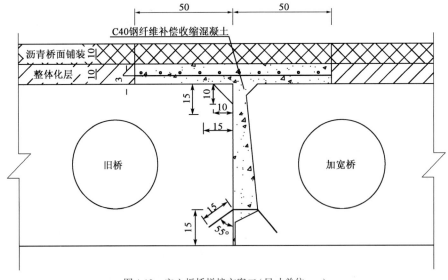

图4-12 空心板桥拼接方案二(尺寸单位:cm)

(3)方案三:刚性连接。本方案采用横梁与桥面现浇层及桥面铺装共同连接,横梁宽度 50cm,每隔 2m 设置一道。施工前首先拆除旧桥防撞栏,将旧桥空心板边缘 100cm 桥面铺装及桥面现浇层凿开,在横梁范围内旧桥边板植筋,新桥则预埋。新桥梁板架设后,待混凝土收缩徐变基本完成,再进行新旧桥梁板之间的横梁钢筋连接,将桥面现浇层钢筋连接,再在铰缝内及凿开的桥面现浇层内浇筑 C40 补偿收缩钢纤维混凝土,然后桥面铺装部分铺筑与旧桥同样形式沥青混凝土,如图 4-13 所示。

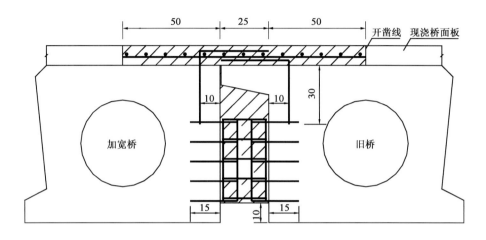

图 4-13 空心板桥拼接方案三(尺寸单位:cm)

(4)方案四:本方案采用翼缘板与桥面现浇层共同连接。首先拆除旧桥防撞栏,将旧桥空心板边缘约 100cm 范围内桥面铺装及桥面现浇层凿开,在旧桥空心板悬臂端部、腹板顶面分别植入 N1、N2 钢筋,新桥则预埋。新桥梁板架设后,待混凝土收缩徐变基本完成,再进行新旧桥梁板之间的横向连接,将桥面现浇层钢筋连接,再在空心板悬臂铰缝内及凿开的桥面现浇层内浇筑 C40 补偿收缩钢纤维混凝土,然后桥面铺装部分铺筑与原桥同样形式沥青混凝土,如图 4-14 所示。

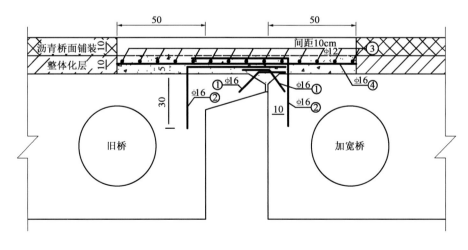

图 4-14 空心板桥拼接方案四(尺寸单位:cm)

2）拼接方法比较

（1）方案一为翼缘连接。该方案优点为连接整体受力好，行车影响较少。新旧桥受力影响较小，施工简单、方便、施工费用较低，并且可以通过调整现浇段的宽度解决新板与原板拼宽设计的横向误差。混凝土的收缩徐变、新桥的沉降对连接部位的影响，可以通过施工工序来解决；连接部分的混凝土后于新建桥桥面现浇层浇注，且待新浇筑的拼宽部分搁置一段时间，考虑上构对下构预压的时间后才浇注连接部分的混凝土，最后浇注桥面沥青铺装及护栏施工。另外，还可以通过适当增长桩长或设置挤扩支盘桩来控制新建桥的沉降。

（2）方案二为铰接。该方案优点为新旧桥受力明确，相互受力影响较小，施工较为方便。缺点为拼宽的内中板分别位于新旧墩（台）上，对于小跨径不设橡胶支座的桥梁，墩（台）不均匀沉降使特殊中板在墩（台）的工作缝处受剪，易产生裂缝，并且梁底截面植筋很难实现。

（3）方案三为刚接。该方案优点为横向连接刚度较大，连接较牢固，能有效避免纵向开缝，对行车影响较小。缺点为结构受力不合理，钢筋的植入深度不够，下缘的钢筋不能受力，原桥边板受力过大，无法承受，并且本方案的施工难度较大，造价较高。

（4）方案四为桥面连接。该方案优点为施工最容易，对旧桥破损最小，无需切割盖梁，对新旧桥受力影响较小。缺点为原桥边板受力过大，翼缘的下部易出现裂缝，植筋不易实现，新旧桥位移过大时，可能会导致桥面开裂。

综合比较，本项目空心板桥拼接采用方案一。

2. 原桥为装配式板与新建现浇实心板拼接

本项目原有板式结构桥梁有钢筋混凝土实心板、钢筋混凝土空心板等结构，数量众多，且10m以下孔径的梁板长度定义为桥台间的垂直距离，有别于常规定义的板长，垂直净距有4m、6m、8m、10m等跨径，实际板长随斜交角度变化而不同，给拼宽部分的标准化设计和施工带来了一定困难。斜交角度较小的原桥板端设置油毛毡垫层，通过锚栓与台帽连接，斜交角度较大的板端设置橡胶支座，铰缝处通过锚栓与台帽连接。

根据检测结果和旧桥现状，综合分析认为，现浇实心板的施工方法具有施工方便、工期短等特点，对于小跨径通道涵洞等可采用现浇实心板进行上部结构拼接，新桥构造形式为现浇混凝土连续实心板，跨径与旧桥布孔方式相同。

通过计算分析新桥实心板和旧桥空心板之间的混凝土收缩、徐变差异，新桥混凝土收缩在旧桥空心板产生的竖向弯矩较小，可忽略不计。在外边板产生的横向弯矩和轴力效应较大，不可忽略。延迟拼接时间，对于减少新桥收缩在旧桥空心板中产生的拉压应力效果不明显。新旧结构沉降差在可控范围内时，沉降差对旧桥上部结构影响极小。接缝处最大正拉应力和最大组合拉应力发生在梁的两端（墩顶对应的位置），主要由新空心板的收缩徐变和新旧基础整体沉降引起。

沉降以外的因素（如收缩、徐变等）引起的裂缝宽度仅占总裂缝宽度的17%，接缝裂缝宽度主要由新桥基础沉降引起，控制基础沉降是控制新、旧空心板拼接构造裂缝宽度的最有效的措施；当新桥沉降控制在4~5mm范围内时，接缝最大裂缝宽度满足规范要求，现浇板与空心板加宽断面如图4-15所示。

首先拆除原桥外侧防撞护栏，将桥面现浇混凝土及沥青混凝土由边梁翼缘根部向内侧凿除75cm宽，切除原边板的25cm翼缘，对原桥边板翼缘范围内进行竖向凿毛，并植入φ12钢

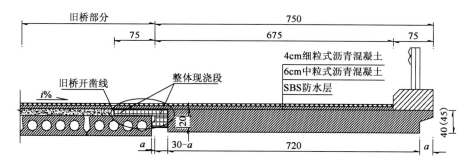

图 4-15 现浇板与空心板加宽断面图(尺寸单位:cm)

筋,植入深度为 15cm,加宽部分现浇板则预埋钢筋。在原桥桥面现浇混凝土层放置钢筋网,并与拼宽部分现浇混凝土中的预埋钢筋进行焊接。拼宽部分现浇板与原桥边板距离为 30cm,在此范围内搭建底模,焊接相应钢筋,浇筑补偿收缩混凝土(UEA)。加宽部分现浇板顶面不设置现浇桥面层,设计时应注意新旧梁板板厚与高程的位置关系,在加宽部分现浇板完成施工 3 个月后,方可进行现浇湿接缝的施工作业,完成新旧梁板的横向连接。

新旧混凝土之间需涂刷结构界面胶,采用改性环氧类界面胶。界面胶涂刷前需用细钢刷将混凝土表面刷出新面并清理干净,现浇湿接缝处理如图 4-16 所示。

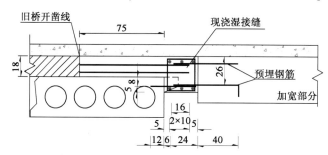

图 4-16 现浇湿接缝处理示意图(尺寸单位:cm)

3. T 梁桥的拼接构造设计

1)设计方案

T 梁桥考虑拼宽桥按原结构对应拼接。根据原桥边梁的使用情况及应力储备,提出了以下四种方案。

(1)方案一:横隔板不连接,仅桥面板连接。翼缘连接通过 T 梁翼缘板及桥面铺装将新旧结构拼接起来。施工时首先拆除原防撞护栏,将旧桥边梁挑臂约 50cm 桥面铺装和桥面现浇层凿开,将挑臂端部 25cm 混凝土凿除,保留原有钢筋,待新桥架设且收缩徐变基本完成后,连接新旧结构间的翼缘板钢筋,布置桥面现浇层加强钢筋,最后将新旧桥翼缘板现浇湿接缝段连成整体,如图 4-17 所示。

(2)方案二:采用刚性连接方式,即翼缘、横梁均拼接。先拆除原桥外侧墙式护栏,将原桥边梁悬臂约 50cm 桥面铺装及桥面现浇层凿开,待加宽部分 T 梁安装好后,再凿除原桥外边梁悬臂上长度为 20cm 的混凝土,露出并保留原桥该部位受力钢筋,在原桥外侧边梁翼板植入钢筋,然后将新旧边梁拼接部位钢筋连接,最后将新旧桥翼缘板现浇湿接段连成整体。

153

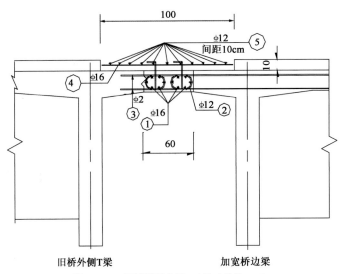

图 4-17　T 梁桥拼接方案一(尺寸单位:cm)

拼接部位新增横隔梁施工的主要流程为:在新旧 T 梁的肋板上设计位置钻孔,将直径为 32mm 的高强精轧螺纹钢筋穿过肋板,然后绑扎横隔板钢筋,施工时先拧紧精轧螺纹钢筋的螺母,再立模浇筑横隔板混凝土及其余连接部位混凝土。此连接方法施工难度较大,但可以保证连接质量。这种方式把横隔板和桥面板全部刚性连接,在沪宁高速公路 T 梁拓宽中采用,通过近 5 年的运营看,效果良好,如图 4-18 所示。

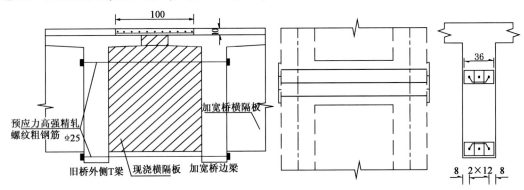

图 4-18　T 梁桥拼接方案二(尺寸单位:cm)

(3)方案三:通过横隔板将新旧 T 梁的主肋拼接起来,以消除整体挠度差,新旧结构翼缘板拼接承受翼缘板的局部挠度差异。施工时首先拆除原防撞护栏,将原桥边梁悬臂约 50cm 桥面铺装及桥面现浇层凿开,再将悬臂端部 20cm 混凝土凿除,露出并保留原桥该部位受力钢筋,将 T 梁对应横隔板位置在肋身外侧植筋安装横隔板,在新桥架设且收缩徐变基本完成后,连接新旧结构间的横隔板、翼板钢筋,布置桥面现浇层加强钢筋,最后将新旧桥翼缘板现浇湿接段连成整体,如图 4-19 所示。

(4)方案四:采用钢结构连接,施工时首先拆除原防撞护栏,将旧桥边梁挑臂约 50cm 桥面铺装和整体化层凿开,将混凝土表面凿毛,然后采用角钢及高强螺栓将新桥预留横隔板与旧桥进行连接,新旧结构翼缘板不连接,该处桥面现浇层重做,如图 4-20 所示。

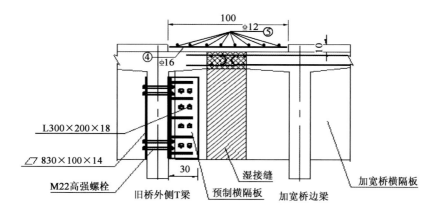

图 4-19　T 梁桥拼接方案三(尺寸单位:cm)

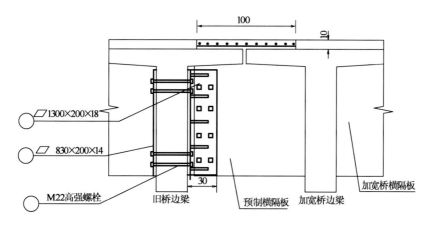

图 4-20　T 梁桥拼接方案四(尺寸单位:cm)

广佛高速公路二期扩建采用这种方式进行上部 T 梁拼接。优点是施工对既有交通影响极小,属于刚性连接,横向整体性好。缺点为拼宽采用高强螺栓作为施加预应力的方法,其连接横隔板和新旧桥的横隔板不在同一直线上,且新旧桥之间的横隔板厚度较大,容易造成荷载横向传递不协调和相应连接部位的应力集中和扭转变形,锚栓施工对原梁腹板的损伤大,并可能与预应力筋位置冲突,施工风险大,由于这种连接方式的桥面板没有连接,在实际施工过程中就出现问题,桥面铺装施工质量没法保证,最终桥面铺装无法连续形成整体。

2)方案比较

(1)方案一为铰接,其优点是施工方便,对旧桥受力影响小;缺点是横向整体性差,拼接比较薄弱,容易导致桥面纵向开裂。

(2)方案二为刚性连接,其优点是横向强连接,整体共同受力好,易于安装,拼接更可靠,钻孔数量少,对原 T 梁破坏较少;缺点是新旧桥的不均匀沉降对原桥影响较大。

(3)方案三为刚性连接,其优点是拼接后横向刚度大,拼接更可靠;缺点是刚体不可靠,对旧梁的破坏较大,旧桥安装横隔板时,需探明预应力钢束位置后打孔,施工较为繁琐,对原 T 梁腹板有损伤,对新旧桥位移差要求较高,梁肋受力面的下缘配筋不能起作用。

(4)方案四为刚性连接,其优点是拼接后横向刚度较大,拼接较可靠,相对方案三而言,施工相对简单;缺点是悬臂是铰接,横隔板是刚接,横向受力或有问题,旧桥安装横隔板时,需探明预应力钢束位置后打孔,施工较为繁琐,对新旧桥位移差要求较高,翼缘板局部变形可能引起桥面开裂。

几种方案均未考虑对旧桥边梁的拆除,大大减小了扩建工程量,且对主线交通影响较小。

3. 原桥上部结构拆除下部结构利用的拼接

通过对原桥技术状况的检测和承载能力的计算分析,对于上部结构不能利用的桥梁,上部结构均拆除重建,原桥下部结构尽可能保留利用,此时同样需考虑拼宽部位下部结构与原桥之间的沉降差,拼接部位应尽可能延迟拼接,湿接缝构造同样按旧桥上部结构利用处理。

上部结构拆除一般选择原上部结构重建,本项目对于原桥为 T 梁结构,上部结构拆除后采用 T 梁重建,原桥为预应力空心板结构,上部结构采用低高度 T 梁重建,原桥为小跨径空心板结构,上部结构采用现浇实心板重建。

大中桥下部结构采用桩基础拼接,通道采用桩基薄壁台或扩大基础拼接,低高度 T 梁及现浇实心板结构重建示意图 4-21 和图 4-22 所示。

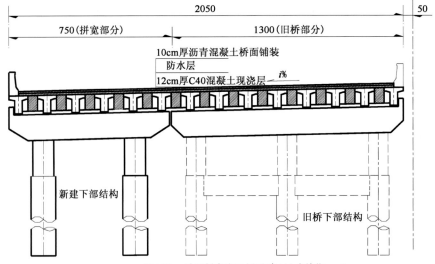

图 4-21 采用低高度 T 梁重建(尺寸单位:cm)

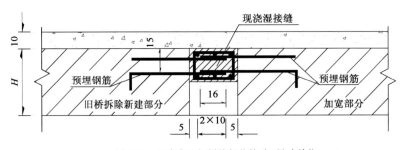

图 4-22 现浇实心板拼接部位构造(尺寸单位:cm)

京石高速公路原有路基宽度分别为 26m、27m,其中 K42+500~K152+800 段原有路基宽度为 26m,其余路基宽度为 27m。K42+500~K152+800 段桥梁两侧各拼宽 8.0m,其余路段桥梁两侧各拼宽 7.5m。拼宽断面如图 4-23 所示。

第四章 桥涵构造物改扩建技术与实践

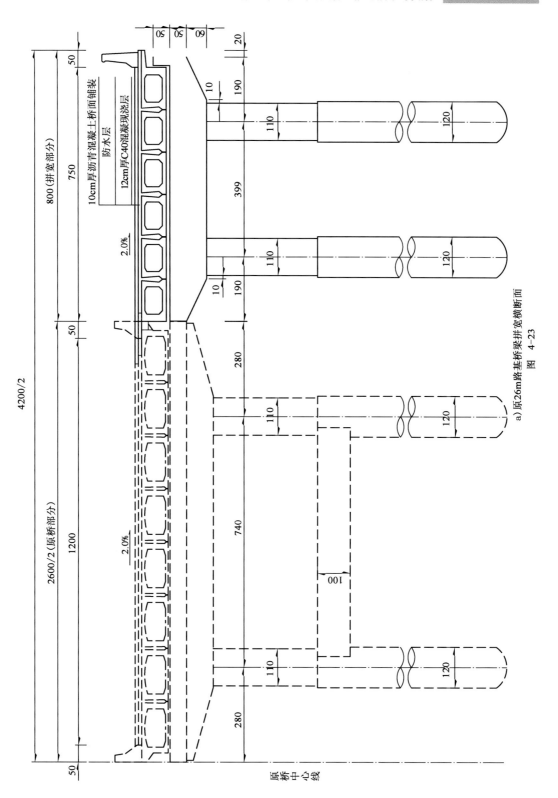

a) 原26m路基桥梁拼宽横断面
图 4-23

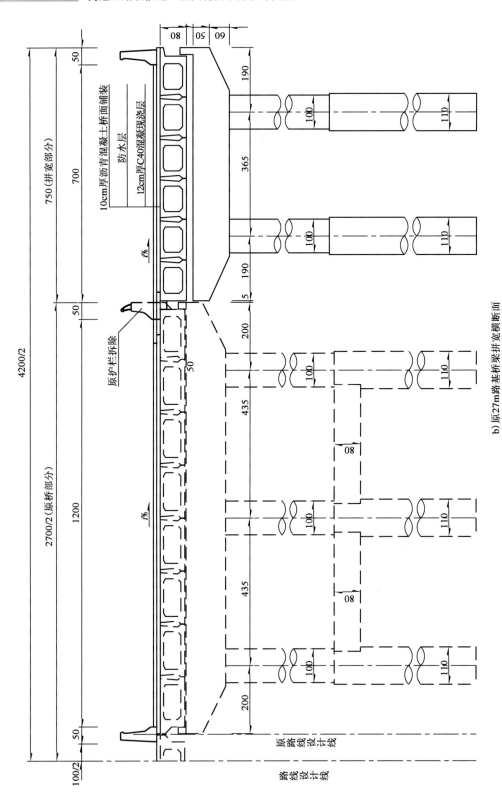

b) 原27m路基桥梁拼宽横断面

图4-23 拼宽断面(尺寸单位:cm)

4. 通道涵洞拼接

对于小跨径通道涵洞,根据设计原则,若下部结构采用扩大基础或整体式基础,采用上下部结构均连接的方式进行拼接,上部结构采用现浇实心板拼接,下部结构在墙身部位通过植筋连接。若下部结构采用桩基础方案,一般采用上连下不连的拼接方式,与大中桥拼宽方案一致。

(1)复合地基处理

通道涵洞下部结构采用整体式基础时,为避免基础沉降造成新旧拼接部位破坏,对整体式基础下部地质要求很高,需选择良好的持力层,本项目沿线表层地质主要为粉质黏土,采用整体式基础时,不可避免地会发生基础沉降。为减小新旧基础之间沉降差,本项目对整体式基础地基进行了复合地基处理。复合地基处理能很好地增强基础承载力,降低新旧基础沉降差,防止上部结构及台身拉裂,复合地基处理方式主要采用 CFG 桩处理和高压旋喷桩处理两种方式,如图 4-24 和图 4-25 所示。

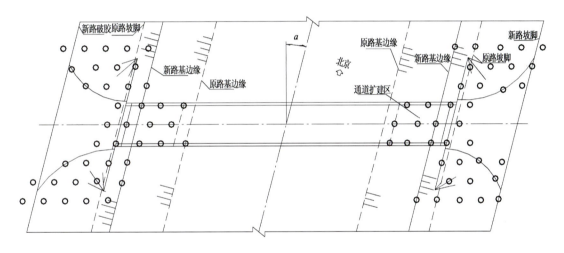

图 4-24 复合地基处理立面布置

a)示意图 b)实景

图 4-25 复合地基处理立面布置

(2) 桩基薄壁台方案

薄壁桥型桥台利用锚栓将台帽与上部结构现浇实心板固定连接，下部结构采用桩基础，承台之间采用纵向支撑梁进行连接，从结构上形成框架结构体系，受力模式明确，具有结构轻巧、美观、造价低廉、施工方便等优点，可应用于小跨径通道拼宽部分，如图4-26所示。

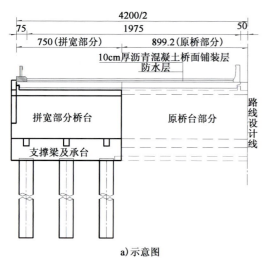
a) 示意图

b) 实景

图4-26 桩基薄壁台拼接方案(尺寸单位：cm)

5. 拼接时机

1) 交通组织要求和总体工期安排

桥梁拼接与交通组织要求和总体工期安排是密切相关、相互制约的。从交通组织和总体工期安排角度出发，桥梁施工往往都是改扩建工程的控制性节点，越快越好；但从桥梁拼接角度出发，为了保证拼接质量，减少工后沉降，减小收缩徐变，需尽量延迟桥梁的拼接施工。所以在规定的总体工期安排下选择合适的拼接时机非常重要。

2) 基础控制沉降措施

新建桥梁时，基础的沉降对新建桥梁影响不大，但是对采用上部结构连接、下部结构不连接方式的旧桥拓宽工程，新桥基础沉降过大就会导致新旧桥接合处混凝土产生较大的横向拉应力，这种拉应力超过结合部位混凝土抗拉强度就会在结合部产生顺桥向裂缝。

对桩基而言，基础沉降不外乎以下几个原因：桩基的弹性压缩、桩端土压缩变形、土的固结产生的沉降。对拼宽桥梁，原有基础的沉降已经基本稳定，而新基础在上述因素作用下沉降才刚刚开始，新旧结构之间基础沉降差必然存在。新旧桥梁基础的不均匀沉降差对桥梁拓宽的上部结构受力影响较大，为了在设计上和施工中能控制基础沉降差对桥梁结构的影响，需研究提出新旧桥梁间的沉降差容许值。通过对桩基沉降变形的影响因素讨论分析，提出控制或减小桩基沉降的方法。可通过增加桩径、增长桩长、提高桩身的刚度、桩侧和桩端注浆、DX三岔双向挤扩灌注桩、采用可调高的桥梁支座、合理安排施工工序，在加宽桥拼接前，架设梁板，并尽可能把整体化、防撞护栏、部分桥面铺装等荷载施加在桥面上，放置一段时间后再进行拼接，必要时还可在加宽桥桥面上进行堆载预压等措施来减小工后沉降。根据类似项目的课题研究成果，新旧桥梁的沉降差异控制为：简支梁沉降差容许值为5mm，连续梁为10mm。

3)收缩徐变控制

对拼宽桥梁,原有结构已经存在多年,混凝土的收缩徐变已经趋于稳定,而新拼宽部分的混凝土收缩徐变才刚刚开始,拼宽后新旧结构连为一体,新建部分的收缩徐变受到原结构的约束,会使拼接后桥梁上部结构的内力进行重新分布,并在原结构中产生收缩徐变次内力,产生不利影响,因此新旧结构之间必须采取有效措施严格控制混凝土收缩、徐变差在容许的范围之内,不至于在加宽后的结构中引起过大的附加内力。目前主要采用延缓上构拼接时间(至少6个月)和采用补偿收缩混凝土(UEA)等措施进行控制。

第四节 施工技术实践

京石高速公路改扩建工程桥梁下部结构拼宽部分均与原有结构分离,上部结构连接成一个整体。设计文件中原有桩基及承台或系梁均进行利用,桥台均利用,墩柱部分利用部分拆除重建,盖梁部分利用部分重建。旧有梁板均拆除废弃,集中预制新的梁板,所有梁板成一个整体受力。

京石高速公路第一次改建完成于1992年,至今已运营了20多年,其桥涵及道路已完成了不均匀沉降处于稳定状态,而现在我们正拼宽的工程肯定存在不均匀沉降,如何有效消除或控制不均匀沉降,这是作为京石高速公路建设者必须面临并需解决的一个难题。前期从设计方面已采取了众多的举措,而从施工的角度来看,我们需要把设计意图贯穿于整个施工过程中,严格按设计进行施工,按规范进行控制,确保不均匀沉降不反射到路面工程、桥面工程上去,保证通车运营的安全、舒适。

一、桥梁梁板拆除技术

由于工期非常紧张,加之上部结构全部废弃,本项目主要破碎机进行拆除。因为本项目部分路段是半幅断交施工半幅通车运营,为防止拆桥时混凝土渣飞溅到通行车道一侧造成安全隐患,在中央分隔带护栏上必须设置安全设施。在准备拆除梁板的另半幅桥面护栏上绑扎牢钢管。钢管长度为300cm,钢管高出护栏顶250cm左右;在钢管上绑好密目安全网,安全网需布设到整座桥长;要求钢管绑扎牢固,能经得起风吹雨打,安全网的边角及重叠处要绑扎牢固,不能随风飘荡影响行车。

在人员设备准备好后,按照以下顺序进行桥梁拆除作业:

(1)解除梁体与墩台的防震装置,尽量减小桥面破碎产生的震动造成对墩台结构的影响。

(2)拆除护栏。破碎机坐落在桥面上,从桥梁中间向两桥头边退边破碎桥面两侧护栏及两侧翼缘板,混凝土渣直接掉落到桥下地面上。

(3)撤除湿接缝。4台破碎机从桥中间墩顶开始,2台为一组开始凿除梁板间的湿接缝,边凿边退,湿接缝混凝土直接掉落,至此,整孔梁只剩下中腹肋板及湿接缝钢筋。

(4)拆除腹板及钢筋。一孔的湿接缝凿完以后,4台破碎机继续后退进行下一孔作业。另外安装2台破碎机在地面上开始凿除腹板混凝土,待一孔的腹板混凝土全部破碎后,使用氧割从墩顶开始切割梁板钢筋。至此,一孔梁板就拆除完工。如此拆除其他的梁板。然后清理现场,提交施工作业面。

图 4-27 为破碎机拆除桥梁现场图片。

a)

b)

图 4-27　破碎机拆除桥梁

二、大中桥拼接施工

1. 测量准备工作

1) 施工复测

桥梁现场拼接施工与旧桥、新桥上部结构拼接部位密切关联,同时受这两部分上部结构拼接部位构件厚度、相对位置(包括平面关系和高程关系)、全桥纵坡、横坡等因素的影响。实施中应考虑通过调整使成桥状态满足结构受力要求,同时桥面又能满足设计所要求的纵、横坡和高程的要求。在桥梁拓宽设计前已对原有桥涵进行过实际测量,所采集的坐标点和高程点均位于已有桥面上,并不能反映原有结构总高度实际情况。实测选点的横向位置在中央分隔带内侧、外侧护栏的内侧,并不在拼接点处,因而设计拟合线是根据当时实际测量线进行拟合而成,施工仅按设计拟合线控制拼接将难以达到各项要求,故在施工中必须做相应的调整。

2) 平面位置控制

桥梁拼接施工前施工单位需要复测旧桥的坐标(包括测量旧桥的墩柱及台身坐标),计算并复核其在设计图纸上的位置是否正确。新拼桥梁的平面控制误差范围要求纵向和横向误差不大于 20mm,而桩位、柱位、盖梁中心线误差控制按现行《公路桥涵施工技术规范》(JTG/T F50—2011)执行,必须减小最终的平面位置偏差,以满足拼接要求。

为了确保上述平面控制的要求,新拼桥梁桩位放样时必须双控,即按照施工图设计给定的桩位坐标放出桩位,然后将旧桥墩台盖梁的边线延长,边线延长后与按施工图实放桩位中心拟合,误差超过范围必须调整新建桥的桩基坐标以确保新旧桥对齐拼接。对于大中桥要求每 3 孔拟合一次,以确保桩位准确。平面曲线上的桥梁要按径向调整每片梁的架设位置,防止出现钢筋混凝土护栏不能完全落在板上的现象。

3) 高程控制

在新旧桥上部结构横向拼接时,高程控制是一大技术难点。实际桥梁状态比较复杂,为了便于统一技术要求,在进行实际桥梁施工中高程控制需要遵循如下的一般原则:

(1)必须满足结构受力的需要。无论是在拼接部分加铺或减薄结构厚度,应保证在结构能承受的范围之内,满足现行设计规范的要求。

(2)为控制架设梁、板后的桥面铺装顶面高程与原桥改造后桥面铺装顶面高程一致,在拼宽桥梁墩台帽梁施工前,应对原有桥梁进行复测,并将设计拟合高程和复测高程核对、比较,调整设计拟合线,确定拼接高程。

(3)原则上以调整新拼接部位结构的高程、厚度尺寸以适应旧桥,但对于仅调整拼接部位难以满足要求的,应考虑调整旧桥,必要时可采取整孔顶升的办法进行调整。高度调整通过调整帽梁特征点高程或支座垫石的高度来实现,必须在支座垫石上调整到位。尤其注意在浇注支座垫石前必须对旧桥进行高程复查,报监理工程师核查无误,获得批准才能浇注支座垫石。

2. 长联桥过渡墩改造技术

京石高速公路改扩建旧有构造物改造设计中,由于部分桥梁净空不足或因改变上部结构需拆除盖梁调整或接高墩柱,比如京石高速公路改扩建工程原长联桥中连续墩改为伸缩墩后,需要增加盖梁宽度,此部分盖梁拆除重建,其余大部分盖梁加以利用。下部结构改造施工主要涉及两种情况,一是直接拆除盖梁后新建盖梁,墩柱不接高;二是原桥梁的墩柱需要进行加高改造。

1)盖梁拆除施工

直接拆除盖梁后新建盖梁,墩柱不接高,主要工作是盖梁的拆除作业。为了最大限度降低拆除盖梁对墩柱的影响,本项目采用绳锯进行切割,然后再局部进行人工凿除。最后焊接钢筋,新建盖梁,完成原下部结构的改造。施工作业如图4-28~图4-30所示。

图4-28 绳锯定位

图4-29 盖梁切掉

2)墩柱需接高的下部结构改造施工

由于桥梁防洪标准变化需要提升桥梁净空,原桥梁的墩柱需要进行加高改造。原设计采用了两种方案:一是破除墩柱0.8m混凝土在原有墩柱上接高;二是直接破除盖梁混凝土后调整柱顶钢筋加高墩柱。在实际实施过程中,发现原方案主要存在以下不足:

①改造后的墩柱上新下旧,颜色差别较大,外观及整体性差。

图 4-30　柱顶凿除

②新制作的模板很难与原有墩柱混凝土严密吻合,浇注混凝土时易形成错台或跑浆形成麻面。

③接柱部分为高性能混凝土配比设计,与半截原有旧墩柱混凝土材料结构、龄期时间差异较大。

④旧墩柱破除 0.8m 后钢筋进行焊接,不能满足接头区段长度,且接近盖梁在塑性铰区域内不宜进行全断面焊接。

经对原有关的构造物进行调查,一般系梁以上柱高为 4~7m,如某标段黑水沟中桥系梁以上最低墩柱高度仅 2m 左右,破除 0.8m 后原有柱高仅剩 1m 左右,留用价值很小。所以对于接高的矮墩柱采用整体拆除方案,从系梁顶进行墩柱施工。如发现系梁与桩顶部位存在严重质量缺陷或安全隐患的,应连同系梁一同拆除重建,使改造后的墩柱为全新状态。

对于重新施工的墩柱,应按照技术要求制定科学合理的施工工艺,以确保改造后墩柱的工程质量和耐久性,墩柱接高施工工艺应要求如下:

①上部构造拆除后,在系梁以上柱高 1.5~2m 处,用无震动链锯切割,移出盖梁破碎或现场直接破碎盖梁。

②凿除墩柱钢筋混凝土保护层,解除螺旋筋并割断支撑圈钢筋,剥离墩柱主筋。

③将主筋剥离开与墩柱混凝土成 15°角后,用吊车将混凝土吊出或分段破碎,严禁将墩柱混凝土直接推倒,防止砸断主筋。

④清除混凝土废渣,调整焊接主筋后绑扎螺旋筋。

由于主筋连接采用现场立缝焊接,实际焊接效果不易全部达到平缝施焊水平,故应采取加强型钢筋连接方法,新柱钢筋从系梁顶开始与原有墩柱剥离出的钢筋整体并排搭接,两端可进行焊接,并增加 $\phi 22$ 支撑圈加强钢筋。螺旋筋采用 $\phi 10$ 或 $\phi 12$ 钢筋,在塑性铰区域间距不大于 10cm。改造接高后墩柱效果如图 4-31 所示。

3) 盖梁加固施工

新设计的预制 T 梁比旧桥 T 梁截面变大,自重增加,旧盖梁放置 6 片 T 梁,梁间距 2.15m。边支座支撑线距盖梁边最小为 0.45m,如图 4-32 所示。通过设计计算,旧桥盖梁两端悬臂段结构抗剪不够。为了对旧盖梁合理利用,设计采取盖梁顶补强的方法,即增大盖梁的厚度。

具体做法是:凿除盖梁顶约 5cm 保护层混凝土,露出顶面钢筋骨架,然后在墩顶混凝土中按设计要求植剪力筋,布设两层钢筋网,预埋支座垫石钢板,再使用小石子高标号混凝土浇筑墩顶混凝土。为加大抗剪截面,墩顶垫石取消,支座垫石钢板高程即为盖梁顶高程。盆式橡胶支座与预埋钢板焊接。

图 4-31 新建过渡墩

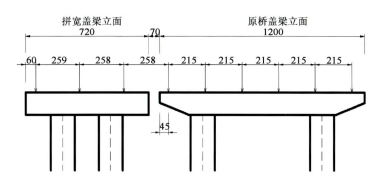

图 4-32 新拼宽设计横断面(尺寸单位:cm)

旧有连续墩盖梁改造因混凝土方量小,强度高,钢筋密集,因此控制好施工质量满足设计要求是关键。关键工艺注意事项如下:

①使用风镐凿除墩顶旧垫石挡块等,再往下凿除墩顶保护层混凝土,以露出盖梁主筋骨架为准。凿除后的顶面要求基本平整为宜。凿除时靠盖梁边缘处小力小块进行,防止啃边损坏盖梁。

②清扫、吹除顶面残渣,测量放出盖梁横纵轴线并用墨线弹出。按设计位置定出预植剪力钢筋位置。

③使用冲击钻打出孔道,如果碰到盖梁钢筋时,孔位可适当左右移位,但总的植筋数量不可少于设计量。选用合适的钻头,保证孔径及孔深满足设计要求。

④先用空压机吹出孔道内钻渣,再用高压水冲洗孔道,然后再用空压机吹干吹净孔道,保证孔道内洁净。

⑤采用植筋胶进行植筋。先将植筋胶充入孔道约 1/3 位置,然后慢慢放入钢筋,轻轻晃动及敲打钢筋,让孔内空气排出植筋胶密实,植筋胶以充满孔道为宜。植筋胶放置好后,在 24h 内严禁扰动。24h 后抽样对植筋进行拉拔试验,拉拔力应满足设计要求。在对盖梁进行植筋前,应在废弃的结构物混凝土面上进行钻孔、清孔、植筋及拉拔检测等工艺试验,试验成功后才

能正式进行施工。如试验时拉拔力达不到设计要求,应对各工序进行分析、改进,确保植筋一次成功。

⑥按设计图纸要求制作、绑扎钢筋(图4-33)。因钢筋较密,混凝土加铺厚度较小(外侧厚度约14.9cm,内侧厚度约11.4cm),注意钢筋定位,保证钢筋保护层厚度。注意准确预埋支座钢板及防震挡块钢筋。

图4-33 梁现场补强钢筋

⑦安装模板前,先在盖梁四周贴一层双面胶,防止露浆污染盖梁表面。模板安装要密封、牢固,严禁跑模或变形现象。

⑧混凝土浇筑前,先将模板内用水进行冲洗干净,再用高强度等级水泥浆将顶面喷刷一遍,以利于新旧混凝土面的结合,再浇筑小石子混凝土。混凝土配合比需经过试验验证。小石子需经过冲洗,所用砂要过筛。混凝土要求振捣密实,不允许漏振。混凝土需采用白色土工布覆盖并洒水保湿养生。

⑨模板拆除后,需对新旧混凝土结合面进行打磨、修饰,保证结合面平整、光洁。

3. 大型桥梁梁板吊装技术

桥梁支座垫石混凝土达到设计强度并达到7d以上龄期后,即可进行梁板吊装。

一般采用两种形式进行吊装施工:一是用炮车将梁板运到桥头,通过架桥机将梁板吊装就位,一孔吊装完成后,架桥机先前移一孔就位,炮车运输梁板通过已吊装完的梁板顶到架桥机下,然后吊装;二是用炮车将梁板运到待吊装孔处,利用2台吊车同时吊起梁板两端就位。梁板均是从桥下便道运输。均为常规方案,不再赘述,梁板架设如图4-34所示。

4. 差异沉降控制技术

上部结构T梁之间采用刚性连接,这样既减小了荷载的横向分布系数,又相对提高了其承载能力。这种连接对新旧桥差异沉降提出了相当严格的要求。由于旧桥已建成十几年,地基的沉降、混凝土的收缩徐变等已基本完成,而对于新加宽的桥梁来说,基于端承力和桩周摩阻力效应的钻孔灌注桩在新建桥梁墩柱自重、桥面荷载和行车荷载作用下会产生沉降,并且这种新旧桥梁的差异沉降和新混凝土的收缩徐变会引起桥面高次超静定结构内产生附加的内力。

a) b)

图 4-34 梁板架设

因此新旧桥梁的拼接质量决定着工程的成败,为保证加宽后路面性能满足路用功能,避免出现路面开裂,在桥梁加宽施工过程及运行期间对新旧桥梁进行沉降变形观测,分析新建桥梁墩柱和桥面的沉降规律,便成为至关重要的工序,设计阶段为减少新建拼宽桥面的沉降,新桩基均加长 3m,为保证桥梁拼接效果,经选择北拒马河大桥进行了沉降观测。同时桥梁上部结构在新旧拼宽湿接缝现浇段根据具体沉降观测数据最后浇筑,以验证桥梁差异沉降控制措施是否得当。

变形测量按国家二等水准测量规定执行,见表 4-11。

测量等级及精度要求 表 4-11

变形测量等级	垂直位移测量		水平位移观测
	沉降变形点的高程中误差（mm）	相邻沉降变形点的高差中误差（mm）	沉降变形点点位中误差（mm）
二等	±1.0	±0.5	±6.0

垂直位移观测网主要技术要求按表 4-12 执行。

垂直位移监测网技术要求 表 4-12

等级	相邻基准点高差中误差(mm)	每站高差中误差(mm)	往返较差、附合或环线闭合差(mm)	检测已测高差较差(mm)	使用仪器、观测方法及要求
三等	1.0	0.3	$4\sqrt{F}$	$6\sqrt{R}$	DS05 型仪器,按国家二等水准测量的技术要求施测

注:F-附合线路或环线长度,km;R-检测已测测段长度,km。

为满足桥梁变形观测的需要,应在加宽桥梁墩身和旧桥桥墩上设置沉降观测标。观测标具体埋设原则如下:

加宽桥梁和旧桥墩身各设置一个观测标,墩身观测标一般设置在墩底部高出地面或常水位 0.5m 左右的位置,如图 4-35 所示。

观测时间及频度应不低于表 4-13 要求。

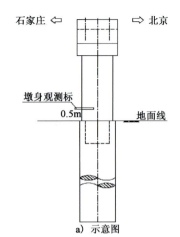 

a) 示意图　　　　　　　　　　b) 实物

图 4-35　墩身沉降观测标

墩台沉降观测频次　　　　　　　　　　表 4-13

观测阶段		观测频次		备 注
		观测期限	观测周期	
墩柱施工完成后		全程	1次/(1~2)周	
架梁	架梁前	全程	1次/(1~2)周	
	架设过程	全程	前后各1次	
	架梁后	全程	1次/(1~2)周	
桥面铺装及附属结构施工	铺装前	全程	1次/(1~2)周	
	铺装过程	全程	1次/周	
	铺装完成	全程	1次/(1~2)周	
成桥后		12个月	0~3个月　1次/月	工后沉降长期观测
			4~12个月　1次/2个月	

注：观测墩台沉降时，应同时记录结构荷载状态、环境温度及天气日照情况。

图 4-36 抽取了北拒马河大桥 27 号桥墩、30 号桥墩的沉降观测曲线近一年的沉降观测曲线。

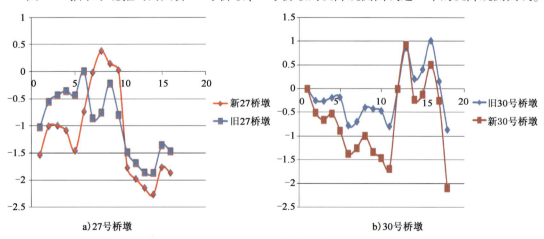

a) 27号桥墩　　　　　　　　　　b) 30号桥墩

图 4-36　北拒马河大桥沉降观测曲线

根据沉降观测数据可以看出,桥墩沉降曲线表现为无规律的波动,这主要是由于基准网的精度等级和测量过程的系统误差等原因。桥墩沉降量总体上较小,平均为1.57mm。新旧桥梁的沉降差异控制如下:简支梁沉降差容许值为5mm,连续梁为10mm。梁体对桥墩沉降影响不大,一般增大0.1~0.3mm。

梁板吊装完成,按照设计文件要求,建议新建桥完成一期恒载等待6个月再进行拼接施工,并根据现场施工条件,适当考虑预压措施。为尽量减小新旧桥基础不均匀沉降对桥面的影响,采取的措施是新旧桥的湿接缝及横隔板各自独立施工完成。即新建桥3片梁的湿接缝及横隔板先施工完成钢筋焊接及混凝土浇筑形成一个整体,同时旧有桥的6片梁的湿接缝及横隔板形成一个整体。为了节省工期,新旧桥之间的湿接缝、横隔板以及墩顶端横梁的钢筋可以先行安装、焊接,但不进行混凝土施工。如工期许可,需尽量推迟拼接处的混凝土甚至钢筋的连接时间,自动消除拼接处的拉应力。结合技术咨询单位基础沉降观测结果,再进行拼接处的混凝土浇筑及端横梁混凝土浇筑。这样,避免了因沉降不均匀造成的拼接处混凝土拉裂。

三、中小桥及涵洞通道拼宽施工技术

京石改扩建工程中,中桥设计为上部结构拆除,改换标准梁板,下部墩台帽全部拆除重建,墩柱、系梁及钻孔基础保留,加宽部分均采用桩基础。对于小桥改扩建设计一般上部结构拆除,改换标准梁板,中间墩如果为扩大基础,则中间墩全部拆除,重新进行桩基施工,再新建系梁墩柱帽梁等。原桥台基础及台身保留,台帽拆除重建。扩建桥台基础设计为钻孔灌注柱。中小桥的拼宽施工均为常规施工工艺,这里不再介绍,只针对改扩建工程桥涵拼接的两个特殊方面进行阐述。

1. 桥涵接长的防护工程

为了不影响出京方向的车辆通行,减缓北京市交通压力,京石改扩建工程毗邻北京市方向的两个标段保证半幅正常运行,半幅断交施工的特殊模式,桥涵拼宽初期整个高速仍旧维持四车道通行。这就要求桥涵工程可能存在边通车边施工的特殊模式,为保障路基运行安全,保障桥梁正常施工,必须进行边坡防护工程。本项目采取的基坑边坡防护有以下两种形式。

1)浆砌片石防护

用于填高少于3m土质路基段改建的中小桥基坑防护。涵洞、通道拼宽时原八字墙处路基边坡防护亦采用这种形式。在八字墙拆除完毕,及时从最下层开始沿开挖面利用原八字墙砌石砌筑挡土墙,砌筑用水泥砂浆为M7.5,墙体宽度30cm,高度为涵洞高度。对开挖基础进行夯实,然后按规范要求砌筑片石防护墙,墙体紧贴土质边坡。砌体要密实,砌体顶要用砂浆封面,严禁雨水渗透浸蚀边坡,如图4-37所示。

2)钢板桩防护

用于填高高于3m土质路基段改建的中小桥基坑防护,或者在半幅通车路段路改桥时采用该方案在桥梁施工之前进行路基防护。主要注意施工措施包括以下几方面。

(1)根据基坑深度选用合适长度的钢板桩,钢板桩一般长度选用9~12m。钢板桩的底端要求伸入基础底面2m以上,具体通过计算确定。

(2)在基础处的中央分隔带处打一排约6m长度的钢板桩,桩与桩之间要扣接牢固、紧密。采用打桩机械打桩。钢板桩要求紧靠近行车道一侧的波形护栏,以便有足够的路基填土厚度

图 4-37　接长涵洞砌石防护

以抵抗行车道一侧的土侧压力。

（3）钢板桩施工完成以后才能进行基坑开挖，开挖面要有一定的坡度，在开挖面上要全断面覆盖一层塑料薄膜保护坡面不被雨水冲刷。塑料薄膜要求固定牢固，其顶面要求用砂浆封顶，防止雨水灌入。

（4）基础施工完成后，要求及时回填基坑。回填前要求清除坑内积水，回填时要求分层夯实。

2. 拼接植筋施工

为尽量减少基础不均匀沉降产生的影响，在旧有通道的基础、墙身上进行植筋处理，让新旧涵体形成一个整体，共同抵抗不均匀下沉。对于改扩建项目而言，为使新旧结构物合理有效地共同受力，桥涵构造物上部梁体、箱通和箱涵的箱体、桥台台背牛腿等需要进行植筋拼接。施工中植筋工艺进行的好坏，直接关系到桥梁拼接的质量，关系到运营阶段结构受力是否满足要求，下面针对涵洞、通道拼接过程中植筋工艺进行详细叙述。

（1）植筋施工要求

①抗拔力要求为必须保证被植入钢筋达到屈服强度时不被拔出，在施工之前必须进行实地实物试验，达到要求方可全面施工。

②钢筋的植入深度在保证抗拔力的前提下满足所采用的植筋胶厂家的植筋基本要求深度，并应适当增加植筋基本深度的 10% 作为富余储备。植筋的植入深度以 C25 混凝土对应控制值（厂家资料）进行控制，植筋深度必须扣除混凝土表面松散层、含裂缝层。

③植筋位置应控制实际值与设计要求之差小于 10mm，并要确保设计要求的混凝土保护层。

④按设计要求植入的钢筋，一般采用 HRB335 钢筋。要求采取机械切断，端面不允许采用氧割。

⑤施工单位应配备钢筋探测仪，植筋之前应对结构体内钢筋位置进行探测，尽量避免伤及原结构的钢筋，植筋施工应控制对原结构内钢筋的破坏低于 15%。

⑥植筋施工应控制时机,一般宜在连接部位混凝土施工之前进行,避免植入钢筋长期暴露锈蚀,否则要采取防锈措施。

(2)植筋的质量验收

①施工前的试验。现场先选取不参与受力、非重要位置或将来凿除的混凝土进行植筋,达到强度要求后,进行抗拔试验,检验标准以钢筋达到屈服时不被拔出,此时混凝土完好即为合格,然后才可以批量操作。

②对植入的钢筋与混凝土交界面的根部,用与之相同直径的钢筋采用帮条焊,然后进行步骤(1)的试验,并要达到相同的要求。

③现场拉抗拔非破坏性试验(施工后的验收试验)。为非破坏性抗拔试验(即达到钢筋抗拉强度),同规格的钢筋每100根随机抽样一组,每组为3根,进行试拉,如达到安全拉力钢筋不被拉出,说明植筋施工质量合格,如图4-38所示,具体技术参数见表4-14。

a)

b)

图4-38 抗拉拔试验

抗拉拔试植筋技术参数表　　　　　表4-14

序　号	钢筋直径 d(mm)	孔径 D(mm)	安全拉力 F(T)
1	12	16	3.84
2	16	20	7.17
3	18	22	8.65
4	20	25	10.68
5	25	32	16.69
6	28	35	20.93

注:安全拉力 F 为钢筋达到抗拉设计强度时的拉力值。

在植筋施工完成后应该迅速完成底板、墙身施工,并覆盖土工布进行养生,保证涵洞、通道的拼接效果,在植筋施工完成后其余施工与新建通道无异,这里不再详述,具体施工过程如图4-39~图4-42所示。

图 4-39　防护施工完成,准备底板施工

图 4-40　旧有墙身凿毛植筋

图 4-41　拼接通道底板施工

图 4-42　拼接墙身完成后养生

四、通道排水问题

由于京石高速公路修建时间较早,受制于当时建设理念,高速公路填土较矮,地方通道为保证净空,下挖较深且大部分做的排水措施已经失效,在遇到暴雨或者连续大雨的时候通道内的积水无法及时排出。运营养护期间经常采用移动式抽水机具进行排水,费用支出较大。拓宽改造前京石高速公路基本采用集水井加蒸发池的方案,如图 4-43 所示。从现场看,暴雨过后,由于进水口被堵而导致通道存在积水现象。

a)　　　　　　　　　　　　b)

图 4-43　集水井蒸发池排水

改扩建实施过程中,地方针对拆除新建的通道加高净空以保证大型农业机械顺利通行,为保证通道净空,又受制于旧路的填土高度,不得不采用通道下挖的方式解决,但考虑到下挖通道排水困难,采用集水井加渗井的方案,地方路采用反坡,拦截流向通道的雨水,且在通道最低处设置集水井将通道中少量的雨水引导出通道,处理效果较好,如图4-44所示。

a)

b)

图4-44　渗井排水

本 章 小 结

桥涵工程的改造是整个改扩建工程的重点,也是改扩建的节点工程,其方案的合理性直接影响到路面方案、交通组织方案的制定。为了确定合理的桥涵构造物改造拼接方案,京石高速公路改扩建工程桥涵改造过程中进行了大量的研究,从技术经济角度解决了长联桥改造、不同结构的小型桥涵横坡改造的问题,详细地研究了桥梁拼接的荷载标准、空心板拼接、下部墩柱接高、通道拼接、新旧桥沉降差控制等桥涵改扩建面临的紧要问题,形成了一整套桥梁的改造拼接方案。施工中针对桥梁拆除、过渡墩改造、中小桥涵拼接施工等进行了研究。同时还在改扩建工程中首次全面推广密排T梁替代空心板,推广渗井排水技术解决了下挖通道排水问题。本项目桥涵结构物的设计、施工实践系统地解决了平原高速公路改扩建桥涵构造物的改造难题,为河北省乃至全国类似高速公路结构物的改造积累了宝贵的经验。

第五章 梁板集中预制实践与示范

为了规范施工,进一步提升工程质量、使施工管理更加有序便捷,近年来,河北省高速公路建设持续推行标准化施工管理,京石高速公路改扩建项目段划分方案的一个突出特点,就是改扩建全线采用梁板集中预制模式,实行梁板专业化、规模化生产。开创了我省高速公路改扩建工程施工的先例,采取集中预制更加有利于标准化的实施,工程质量能够得到更好控制,使整个项目施工管理更加有序、规范。集中预制与分散预制的对比主要优势包含在两个方面:①便于质量控制,符合交通运输部提出的标准化、专业化生产的要求;②综合成本低。主要缺点是协调主线标段和预制标段的施工进度,梁板的运输架设。

在集中预制过程中预制场集中推广应用一批新设备、新工艺,比如广泛采用高性能混凝土、自动喷淋养生、钢筋数控加工、智能张拉、压浆等先进技术,引入梁板身份证制度、第三方检测及工地视频实时监控技术,又进一步加强了梁板的质量,整个建设过程未出现一片因为质量问题而废弃的梁板,取得了较好的效果。

第一节 集中预制规划

一、集中预制概述

2010年12月,京港澳高速公路京石段改扩建筹建处成立,全面负责京石高速公路改扩建工程建设管理工作。筹建处设置九个职能科室,工地现场按照行政区域设置5个现场管理部,每段里程25~40km不等,现场管理部与驻地监理对应设置。按照项目管理的理念,决策层对执行层实行目标管理,将质量、进度、资金、安全各个要素的目标分解到每一个项目管理部。

京石高速公路改扩建工程预制梁具有种类多、数量多等特点,整个扩建段共计需要预制梁板12940片,而工程临时征地困难,结合本项目改扩建的施工特点及沿线路网情况,对全线预制梁板进行统一管理,按照扩建段每个分部设置一个集中预制梁场,减少主线路基施工单位临时占地费用,达到预制梁板工厂化作业,标准化施工,提高预制梁质量控制水平,为工程施工进度提供保障,同时梁板在分部范围内统一调配,便于协调主体标段和预制标段的施工进度匹配。

京石高速公路改扩建工程扩建段长185km,共计设置4个预制梁场,与现场管理部对应,见表5-1。

二、集中预制与分散预制费用对比

梁板分散预制费用见表5-2。

梁板集中预制费用见表5-3。

4个预制梁场与现场管理部对应关系　　　表5-1

标段号	负责里程	对应主体单位	预制梁板数量	所属管理部
JS23	K45+602～K82+400	JS1-3	3596	1
JS24	K82+400～K138+500	JS4-7	3476	2
JS25	K138+500～K183+200	JS8-10	2738	3
JS26	K183+200～K230+800	JS11-JS13	3130	4

梁板分散预制费用汇总表　　　表5-2

项目	标段数量	每标数量	单位	单价(元)	投资额(万元)
临时征地	13	80	亩/两年	6000	624
临建工程	13	400	m²	300	156
水洗及拌和设备	13	1	台	800000	1040
龙门吊	13	3	台	800000	3120
场地硬化及台座	13	4000	m³	400	2080
钢筋加工机具	13	1	套	660000	858
钢模板	13	10	套	100000	1300
自动喷淋系统	13	1	套	500000	650
张拉机具	13	2	套	500000	1300
合计					11128

梁板集中预制费用汇总表　　　表5-3

项目	标段数量	每标数量	单位	单价(元)	投资额(万元)
临时征地	4	200	亩/两年	6000	480
临建工程	4	600	m²	300	72
水洗及拌和设备	4	3	台	800000	960
龙门吊	4	6	台	800000	1920
场地硬化及台座	4	8000	m³	400	1280
钢筋加工机具	4	2	套	660000	528
钢模板	4	20	套	100000	800
自动喷淋系统	4	1	套	500000	200
张拉机具	4	4	套	500000	800
合计					7040

从表5-2、表5-3可以看出，经过测算采用集中预制模式，节约资金4088万元，节约临时用地250亩，集中预制模式可以更好地采用新技术、新材料，推广新工法，实现梁板"工厂化生产"相比分散预制优势非常明显。

第二节 梁场建设

一、梁场设计及地基处理

1. 梁场设计

根据合同要求,预制梁板工程的独立合同段预制场的占地面积不小于 65000m^2。预制场的选址和规划,应明确预制场设置及规模,避开专用河道,避开洪水、泥石流等自然灾害的地段,预制场与拌和场、钢筋加工场设在同一个临时区域内,接近主线大型横向通道,以方便、合理、安全、经济和满足工期为原则。预制场选址与布置经过了多方案比选,合理划分办公生活区、制梁区、存梁区、加工区等。预制场建设时,提前预埋蒸汽养生用暖气管道。规划方案经监理人员审批同意后方可进行预制场建设。建设完成后,承包人填写预制场验收表并报监理人员进行验收。每个合同段原则上只设置一座预制场,特殊情况需要另设预制场的,须经总监理工程师批准。制梁场的建设规模根据梁板数量、工期确定,台座数量应与预制时间相匹配,模板数量不少于台座数量的1/6。

以京石高速公路改扩建工程 JS24 标段为例,预制梁场采用纵列式布置,4 台 10t 轨道式龙门吊负责钢筋、模板及小型构件吊运,2 台 80t、6 台 40t 轨道式龙门吊负责提梁、移梁、装梁。制梁场为分为制梁区、存梁区、混凝土拌和站区、生活办公区、钢筋存放加工区、钢绞线存放区、库房、试验室、变配电室和发电机房等。

制梁区设置 199 个制梁台座,每天均衡生产 15 片梁板;存梁区共计 46000m^2,最大存梁 1200 榀;搅拌站配备 2 台 90m^3/h 混凝土搅拌站、4 辆 8m^3 混凝土罐车,试验室一座;钢筋加工场及存放场共计 7000m^2,共配备 45m 跨 10t 龙门吊 4 台每天可加工钢筋 160t,梁场整体布置如图 5-1 所示。

a)鸟瞰图

b)实景图

图 5-1　JS24 梁场总体图

(1)办公区

项目部生活办公区共计8600m²,其中标准板房面积1431m²。办公、生活区共计8600m²,宿舍41间,可提供82人入住。项目部大食堂60m²,小食堂30m²,可容纳80人同时用餐。

项目部按照"六部五室设置",其中项目经理室59m²,会议室80m²,活动室40m²,项目组织机构如图5-2所示,总体布置如图5-3所示。

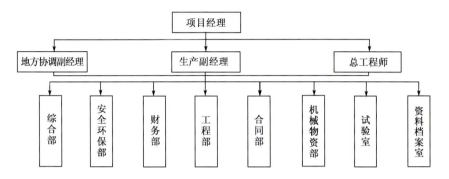

图5-2 项目部管理组织机构图

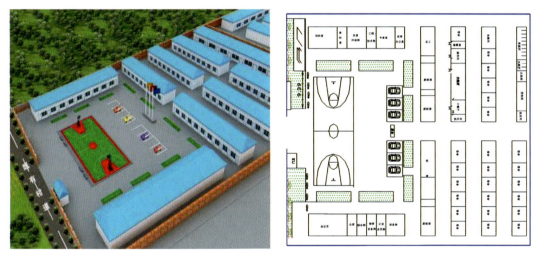

a)项目部鸟瞰图　　　　　　　　　　　b)项目部平面布置图

图5-3 项目部总体布置图(尺寸单位:m)

(2)搅拌站、试验室

高峰期每日梁场需混凝土量约300m³(20片梁考虑),搅拌站生产能力必须满足,综合考虑计量精度,上料能力,施工期间不同季节混凝土的搅拌时间、生产效率,可能出现的异常情况,确定采用2套理论最大出料能力90m³/h搅拌站,如图5-4所示。

搅拌站集料存放区采取棚架结构,隔离堆放,全部予以围护,避免阳光直射和雨水污染(图5-5)。料场基地换填50cm山皮土压实,表层浇筑20cm厚C25混凝土路面。集料存放区总面积3480m²,储存能力约为10000m³。可提前储备约15d混凝土搅拌所需的粗、细集料。另外搅拌站单独设置水洗设备(图5-6),确保碎石质量符合规范要求。

图 5-4　90 型搅拌站

图 5-5　集料存放区

为方便施工现场,确保混凝土质量控制,梁场试验室与搅拌站设置在一处,如图 5-7 所示。试验室总面积 640m²,分为留样室、胶凝室、化学室、仪器室、标养室(图 5-8)、混凝土室、力学室(图 5-9)以及两个办公室。其中标养室总面积 70m²。

图 5-6　在线水洗设备

图 5-7　试验室

(3)钢筋加工、存放区

钢筋加工及存放区均采用半封闭式彩钢棚,为方便龙门吊卸钢筋,钢筋存放区彩钢棚采用为可滑动式。场地内部全部硬化 20cm 混凝土,另外,在钢筋存放区间隔 1.5m 设置钢筋存放平台。钢筋加工采用数控钢筋加工设备,钢筋码放整齐,标志牌、安全警示牌按标准化工地建设要求悬挂整齐,如图 5-10 ~ 图 5-12 所示。

(4)制梁区

梁场四条生产线,各类型生产台座共计 199 个,各类型模板共计 43 套,配备龙门吊 12 台负责梁板生产及吊装;每天制梁 20 片,混凝土约 300m³,搅拌站满足施工要求,可在规定的工期内完成梁板生产任务。

制梁区每条生产线内台座纵向布置,台座间距根据所生产的梁板种类从 4.5 ~ 7m 不等,满足模板、钢筋及混凝土施工需求;且每个台座两侧设置排水沟,避免积水,如图 5-13 所示。

图5-8 标养室

图5-9 力学仪器防护

图5-10 钢筋加工厂标志标牌

图5-11 数控钢筋加工设备

图5-12 半成品整齐摆放

制梁台座基础换填山皮土压实后浇筑混凝土垫层,设置钢筋混凝土地板及台座顶层,制梁台座顶面安装6mm厚钢板作为梁板底模,确保底模平整,如图5-14所示。

(5)存梁区

存梁区总面积43600m^2。每片空心板梁占地约30m^2,T梁占地约70m^2,小箱梁占地约140m^2,根据各种梁型数量占总梁数的百分比:空心板梁5%、小箱梁16%、T梁79%,梁场制梁

图 5-13　梁板台座及排水沟

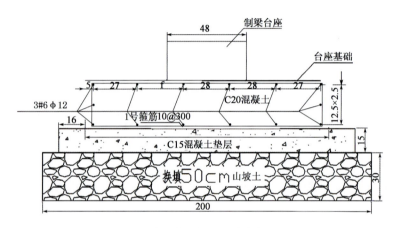

图 5-14　制梁台座断面(尺寸单位:cm)

暂时按均衡生产考虑,存梁面积平均分配,梁场最多可存梁 1229 片(各梁型均衡生产考虑),可满足生产任务。

存梁台座为通常条形基础,基础底层换填 60cm 厚山皮土压实后,浇筑混凝土垫层,最后采用两层钢筋混凝土扩大基础,基底承载力满足存量需求,如图 5-15 所示。

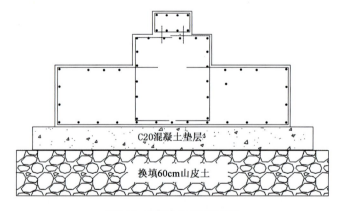

图 5-15　存梁台座基础断面图

在存梁区最南端,靠近既有乡村路一侧,每条生产线各设置一处长55m、宽10m的喂梁区,方便龙门吊直接装梁出场。

2. 电力设施

梁场系统分生产用电、辅助生产用电、生活区用电、办公区用电四大类。在梁场最北端设置一处变电站,两台630kW变压器,如图5-16所示。另外设置一处发电机房,备用两台315kW并网发电机,应对混凝土浇筑过程中临时停电。在每个生产区每排台座边上设置二级配电箱,方便现场施工用电。

3. 给水设施

梁场用水分为生活用水、搅拌站用水、生产区用水。梁场范围既有2口水井,存梁区范围内的水井安装无塔供水系统(图5-17)负责生产区养护用水及生活用水,在生产区养护用水管路安装管道增压泵(图5-18),满足养护用水需求。北侧水井负责搅拌站用水,搅拌站处设置蓄水池,存水量约在120m³,负责混凝土搅拌及在线水洗设备施工用水。生产区每个台座端头设置出水口(图5-19),方便连接制动喷淋养生设备(图5-20)对预制梁板进行洒水养护。

图5-16 预制梁场变压器

图5-17 无塔供水设备

图5-18 管道增压泵

图5-19 台座端头出水口

4. 排水设施

办公区、生活区采用暗沟排水(图5-21),上覆盖板,水沟采用1.5%坡,最终汇集到梁场西侧的主排水沟排出场外;生产区水通过8条龙门吊轨道及场区内排水沟将积水排至梁场最北侧干河沟中。另外在搅拌站及主排水沟最北端各设置一处沉淀池(图5-22),定期清理,确保流出场区的水不污染土地。

图 5-20　自动喷淋设施

图 5-21　暗沟排水

图 5-22　沉淀池

另外，在梁场制梁区、存梁区、办公区、生活区、试验室、搅拌站以及门口道路安装摄像监控系统，监控室设在梁场项目部办公区，可以方便管理整个梁场的生产过程，同时兼顾防盗。

第三节　预制梁板标准化施工工艺

在本项目采用梁板集中预制，主要目的是为了提高项目建设管理水平和工程质量。按照终端管理理念，以创新管理方式和推行工程施工标准化管理为手段，促进项目建设管理的标准化、专业化、精细化，以建设优质、安全、耐久、和谐工程为目标，集中预制工程现场管理模式主要以"四集中"（混凝土集中拌和、材料集中存放、钢筋集中加工、构件集中预制）的方式实施，以工厂化的生产模式实施，最终目的是全面提升预制梁板质量。

一、模板施工工艺

1. 模板概述

模板分为底模、侧模、端模、内模。底模采用6mm厚的钢板并根据设计图纸要求设置相应的预拱度,预拱度采用抛物线设置。吊装钢筋前底模用砂轮机除锈并用绵纱擦干净,然后均匀涂抹脱模剂,脱模剂涂抹完毕后用塑料薄膜覆盖防止灰尘污染模板。侧模和端模采用整体式钢模,箱梁及空心板梁采用分块式钢内模方便拆装。

2. 模板的设计、拼装

模板设计保证了模板具有足够的强度、刚度和稳定性,能承受施工中可能产生的各项荷载和震动作用;充分保证梁体的设计形状、尺寸的正确性;构造和制造力求简单,拼装方便,以提高装、拆速度和增加周转次数;模板接缝严实、紧密,保证在振捣下不漏浆,靠结构外露面的模板需保证平整、光滑,在侧面两侧安装辅着式振捣器,如图5-23所示。

3. 模板的进场检验

预制梁的模板主要包括底模、内模、外模、端模以及各种连接件、紧固件等。

模板进场后,组织相关人员进行检查。检查项目包括:单扇模板的数量、长度、附属加筋结构、焊接质量、表面钢板质量等,如图5-24所示。

图 5-23　模板侧面振动器

图 5-24　模板检查

4. 模板试拼装

模板在正式投入生产之前进行试拼,确保模板能够符合施工要求。

(1)底模钢板分块运输进场,底模钢板拼装时首要保证中心线在一条直线上,偏差不得大于2mm;其次,底模预设反拱;底模安装完后对底模的全长、跨度、宽度等进行全面的检查。

(2)内、侧模分节制作,运进场内再进行整体拼装,如图5-25所示,侧模应保证与底模密贴。内、侧模试拼后检查模板和支架的材料质量、焊接质量、结构形式、垂直度、长度、高度、变截面尺寸以及预留孔的间距等。

(3)端模拼装前对端模各预留管道的位置、倾斜角度进行全面检查。拼装时,应保证端模中心线与底模中心线在一条直线上,同时,应保证端模与底模角度符合设计要求。端模拼装完后应对模板的上部长度进行检查。

(4)模板拼装完后应对模板进行全面的检查。主要检查顶板宽度、底腹板宽度、全长、高度、桥面中心线偏离设计位置、外模和端模的垂直度、各预留孔的间距等。

5. 模板使用

(1)模板每次使用前均应打磨干净,仔细涂脱模剂,涂后保持清洁,如图5-26所示。

图 5-25　模板整体拼装

图 5-26　模板打磨

（2）模板使用前必须检查模板面是否平整光滑、有无凸凹变形、残存灰碴,特别是接口处及端模凹穴内应清除干净。模板连接端面、底部有无碰撞而造成不符合使用要求的缺陷和变形,振动器支架及其模板焊缝是否有开裂破损。

（3）侧模使用前检查底模是否有下沉以及反拱是否符合设计的要求,特别注意梁体的四个支座板安放处的相对高差不得大于 2mm。

（4）内模整体式拼装结构。内模拼装完毕后,利用龙门吊和专用吊具吊钢筋腹腔内,顶板钢筋、预埋件及防止内膜上浮装置。内模的支撑通过底模上泄水孔里放置支墩的形式或大型号高强度砂垫块浆实现。

（5）端模安装时首先要把成孔的波纹管穿入相对应的端模孔位,端模安装到位后要由人工在端模的外侧拉直,将波纹管放在端模处焊接的支撑钢筋上,检查管道在端部是否有弯曲的现象,使用螺栓和撑杆将端模与侧模连接在一起。

（6）模板全部安装完毕后,必须按标准进行最终调整,各部位尺寸等都达到要求后,按桥梁模板检查表项目内容,填写检查数据,安装调试好的模板如图 5-27 所示。灌注混凝土时,必须设专人值班对模板和支架进行观察和维护,模板、联结螺栓及扣件如有松动及时紧固。

6. 模板的拆除

当梁体混凝土强度达到设计强度的 60% 即 30MPa 以上时,梁体混凝土芯部与表面、表层与环境温差均不大于 15℃,且能保证梁体棱角完整时拆除端模和松开内模。当环境温度低于 0℃时,必须待表层混凝土温度冷却至 5℃以下方可拆模。温度急剧变化时不得拆模。在炎热或大风干燥季节,拆模时要覆盖和洒水。

拆外模主要是拆端模、侧模,拆端模时先松开所有连接螺栓,利用龙门吊和千斤顶将端模模块分别拆除吊走。模板拆除后及时打磨修整,如图 5-28 所示。

二、钢筋工程

1. 钢筋加工

钢筋加工在加工棚内按照工厂化要求采用数控加工设备集中加工,钢筋必须按照不同钢种、等级、牌号、规格及生产厂家分批验收,分别堆放,工地试验室要建立钢筋试验检验、调拨台账以备追溯查询,钢筋进货入库的批次、数量、时间与质量检验必须相对应,且应立牌标明"已

图 5-27　安装调试好的模板　　　　　　图 5-28　模板打磨修整

检合格区、待检区、不合格区",以便于识别。钢筋加工前认真核对设计钢筋数量、规格、尺寸,确认无误后在平整的水泥地面上放出钢筋加工大样图。所有钢筋加工均采用数控钢筋加工机械一次成型加工。

所有钢筋加工操作均应在不露天的厂棚内进行。钢筋加工采用全自动数控钢筋加工设备加工,加工车间采用轻型钢结构,侧墙、屋顶统一采用轻型彩钢瓦,高度和面积满足使用要求,钢筋加工区下部采用 10cm 级配碎石,上部采用 15cm 厚 C20 混凝土硬化处理,并具备完善的排水系统,不得在地面上加工操作及储存钢筋。不同级别及种类的钢筋要分别储存、堆放,并分别设以标志,以便于检查和使用,如图 5-29 所示。

图 5-29　钢筋分类码放

2. 钢筋的调直

(1)工艺流程:备料→调直→码放。

(2)钢筋使用钢筋调直机进行调直,钢筋拉伸调直后不得有死弯。

3. 钢筋切断

(1)工艺流程:备料→划线(固定挡板)→切断→堆放。

(2)备料。将同规格钢筋,根据不同长度进行长短搭配,先备长料,后备短料,以尽量减少短头。

(3)划线(固定挡板)。划线时避免用短尺量长度,防止造成累计误差,在切断机和工作台相对固定的情况下,在工作台上设置尺寸刻度线,尺寸刻度线以切割机的固定刀口作为起始线。

(4)切断。钢筋切断机固定刀片与冲切刀片必须有1~2mm的间隙,刀刃磨成一定的角度。钢筋端头要顶到刻度线挡板外,将钢筋落入切断机切断,为防止差错,要试断一根,检查合格后,再成批切断。

4. 钢筋的加工成型

(1)工艺流程:准备→划线→试弯。

(2)准备。下料弯制前要进行调直,钢筋表面的油渍、漆污和用锤击能剥落的浮皮、铁锈等均清除干净。

(3)划线。根据钢筋料表上标明的尺寸,用石笔将各弯曲点位置划出。

(4)试弯。在进行成批钢筋弯曲操作前,各类型的弯曲钢筋都要试弯,然后检查其弯曲形状、尺寸是否和施工图纸要求相符,并校对钢筋的弯曲顺序、划线、所定的弯曲标志、板距是否合适。经过调整后,成批生产,如图5-30所示。

5. 梁体钢筋绑扎

梁场钢筋成型加工采用在钢筋车间内完成,主要加工设备有:数控钢筋调直机、钢筋截断机、钢筋对焊机、数控钢筋弯曲机等。钢筋绑扎则在胎具上进行,每条生产线根据生产任务加工不同类型的钢筋胎具(图5-31)。钢筋绑扎分两阶段进行,先将梁体主筋在胎具上实施绑扎;在底腹板钢筋吊装调整完毕、模板安装完成后绑扎顶板钢筋及预埋件。

图5-30 数控钢筋弯曲机

图5-31 钢筋绑扎胎具

(1)梁体钢筋绑扎

①钢筋交叉点逐点绑扎牢固,竖向架立筋和吊点位置处用点焊焊牢;绑扣形式以不易松脱为准,绑点如有松脱,应紧扣或重绑,绑丝尾扭向骨架内,绑丝尾端不得侵入保护层内。

②除设计有特殊规定外,梁中的箍筋与纵筋垂直。

③箍筋的末端向内弯曲,箍筋转角与钢筋的交接点绑扎牢。

(2)波纹管绑扎

①设计预应力管道采用塑料波纹管成孔。波纹管硬度、强度等符合设计规范要求。波纹

管现场加工、存放分类、标志清晰。

②波纹管固定牢固,定位钢筋按500mm间距布置,端头按设计图纸加密布置,如图5-32所示。

③波纹管接头采用大一号波纹管套接,套接处用塑料薄膜缠紧,再用铁丝绑牢,防止水泥浆窜入孔道内,保证接口平整、顺直。

(3)保护层

钢筋保护层垫块选用与梁体同强度等级的混凝土垫块,根据梁体各部位保护层厚度大小不同合理选用保护层垫块,垫块均匀布置,每平方米不小于4块,垫块绑扎牢固,避免模板安装过程中将保护层垫块碰掉而影响钢筋保护层厚度,如图5-33所示。

图5-32 波纹管定位

图5-33 钢筋骨架的保护层

6.钢筋骨架的吊装

为保证底板、腹板钢筋及顶板钢筋整体吊装顺利,用15t龙门吊及专用吊具进行吊装作业。

①在起吊钢筋骨架前,吊点所在横断面上相应的底板、腹板钢筋梁端部位及钢筋交叉处均采用点焊加强。

②钢筋骨架吊装采用专门制作的吊架(图5-34),吊架具有足够的强度和刚度,以保证在吊运过程中不会发生变形及扭曲。起吊及移运过程中(图5-35),严禁急速升降和快速行走制动,以避免钢筋骨架扭曲变形,同时注意保护预应力管道在吊运过程中不会受到损坏。

图5-34 吊架

图5-35 钢筋骨架片起吊

7.顶板钢筋绑扎扁波纹管的安装

钢筋绑扎、波纹管安装具体要求同上。

桥面预埋钢筋高度一致,方向统一,间距固定,沿桥面纵、横向均匀布置,符合图纸及设计规范要求;桥面预留孔道初设加强钢筋。顶板钢筋绑扎完毕后在波纹管内插入内衬管,防止混凝土浇筑过程中波纹管破损、漏浆造成堵塞预应力管道的现象,安装效果如图5-36所示。

三、梁体高性能混凝土施工

京石高速公路改扩建工程全面推广应用高性能混凝土,所有的结构物上下部结构、混凝土护栏、预制构件等全部采用高性能混凝土,以保证结构物的耐久性。

1.配合比

高性能混凝土配合比选定是保证梁板质量的关键,混凝土配合比应根据原材料品质、混凝土设计强度等级、混凝土耐久性以及施工工艺对工作性的要求,通过计算、试配、调整等步骤选定。梁场C50混凝土,采用吊装入模施工,坍落度要求180~220mm。高性能混凝土配合比初步选定后,做工作性能、力学性能试验并按耐久性的要求、按选定配合比制作混凝土抗裂性、护筋性、耐蚀性、抗冻性、抗渗性、电通量、抗碱—集料反应性等的试件,做耐久性检验,C50理论配合比详见表5-4。

理论配合比(kg/m³)　　　　　表5-4

水泥	砂	碎石		水	外加剂1	外加剂2	粉煤灰	矿渣粉
		5~10	10~20					
370	656	350	817	149	6.24	/	52	58

2.混凝土原材料的储存与管理

各种原材料料仓配备情况:现场设2台HZS90搅拌站。搅拌站配备料仓均采用电子计量装置计量。

(1)每个搅拌站配备5个罐仓,如图5-37所示,其中3个水泥仓,1个粉煤灰仓,1个矿粉仓,均采用电子计量;配备1个外加(液)剂仓,施工时选用液体外加剂,采用电子计量;共用1个水箱,采用电子计量。所有计量设备均在计量局标定。

图5-36　顶面钢波纹管安装

图5-37　混凝土搅拌站原料罐

(2)砂、石料采用装载机上料,搅拌站每台搅拌机的集料仓共4个仓,其中2个石料仓(1个为5~10mm集料仓,1个为10~20mm集料仓),2个砂仓,搅拌站电子显示与各仓配对并标明,严禁出错。

(3)砂、石料采用装载机上料,集料仓共6个仓,其中4个石料仓(2个为5~10mm集料仓,2个为10~20mm集料仓),2个砂仓,1个备料仓,搅拌站电子显示与各仓配对并标明,严禁出错。料仓如图5-38所示,每部分标志为已检区和待检区,装载机只能从已检区中上料。

图5-38 料仓

(4)碎石在称量后通过在线水洗设备(图5-39)清洗后进入搅拌楼,提高碎石清洁度,确保混凝土质量满足设计要求。

3.混凝土配置拌和前的准备

(1)25mT梁混凝土浇筑在3h左右完成,搅拌站配置HZS90强制型搅拌机。

(2)混凝土拌和之前,对所有机械设备、工具、需用材料进行认真检查,确保混凝土的拌制和浇筑正常连续进行。

(3)搅拌上料前按试验室提供的施工配合比调整配料系统,拌制中严格按照施工配合比进行配料和称量,并在微机上作好记录。搅拌站全部采用电子自动计量,均经标定后投入使用,配料误差水、水泥、掺合料、减水剂为±1%,砂、石为±2%,配料称量前每一种材料的电子秤要满负荷校验。

(4)在使用过程中拌和站电子自动计量系统,各种计量装置定期检定,并在每次开盘前进行校核,每周进

图5-39 在线水洗设备

行1次站内自校(拌和站自己标定),采用砝码校正一次。搅拌机经大修、中修重新标定后才能投入使用。每工班正式称量前必须对计量设备进行检查确认。

4.混凝土拌制

(1)搅拌混凝土前要严格测定粗细集料的含水率,准确测定因天气变化而引起粗细集料含水率的变化,以便及时调整施工配合比。含水率每班抽测2次,雨天要随时抽测,并按测定结果及时调整混凝土施工配合比(含水率变化引起混凝土拌和用水用量变动在3kg以内时,可以不调整混凝土施工配合比)。

(2)搅拌时,先向搅拌机投入细集料、水泥、粉煤灰、矿粉搅拌30s,再加入外加剂和拌和用水拌和30s,最后加粗集料进行拌和60s,混凝土总搅拌时间控制在120s。

(3) 混凝土搅拌出机的坍落度控制在 180~220mm,入模含气量控制在 2%~4%。混凝土在拌和过程中,及时地进行混凝土有关性能(如坍落度、和易性、保水率)的试验与观察,如图 5-40、图 5-41 所示。

图 5-40　坍落度检测

图 5-41　含气量检测

(4) 混凝土入模温度控制在 5~30℃,冬季搅拌时采用加热水的预热方法调整拌和物温度;夏季施工时对混凝土运输车及输送泵遮挡和采用冷水机降低搅拌用水等措施降低混凝土拌和物的温度。

(5) 混凝土拌制速度要和灌注速度紧密配合,拌制服从灌注。

(6) 混凝土坍落度损失由试验室在现场试验确定,混凝土浇筑时根据测试结果适当调整坍落度。

5. 混凝土的运输和入模

(1) 混凝土运输

① 利用 4 台混凝土输送车把混凝土运到台位浇筑地点;龙门吊连续吊装入模(图 5-42)、以满足梁体混凝土连续浇筑、一次成型,输送时间间隔不大于 45min,且坍落度损失不大于 10%,灌注总时间控制在 3h 左右,遇特殊情况下灌注总时间不超过混凝土初凝时间。

a)

b)

图 5-42　混凝土吊装入模

②混凝土罐车运输过程中必须不停搅拌,搅动速度按 2~4r/min 的慢速进行控制,可以消除单盘混凝土之间的搅拌时机的差异性,增加入模混凝土的均匀性。

③当罐车到达浇筑现场时,使罐车高速旋转 20~30s,再将混凝土拌和物下放到料斗进行浇筑(图 5-43)。

图 5-43　混凝土下放

6. 混凝土浇筑

(1)浇筑前的准备

①浇筑混凝土前,要对模板尺寸、钢筋预埋件及拉杆顶丝加以检查,发现问题要及时处理。浇筑混凝土前要将模板内的杂物和钢筋上的油污等清除干净。

②检查拌和站、上料铲车、龙门吊、振捣器等有关机具设备,确认其处于良好工作状态。

(2)浇筑工艺

①混凝土的浇筑采用连续浇筑、一次成型,浇筑时时间控制在 3h 左右;由试验室对混凝土拌和物进行坍落度损失试验。

②在施工中采用按梁的全部断面斜向分段,水平分层地连续浇筑,先浇筑马蹄部分,再浇筑腹板,最后是顶板及翼板,每层混凝土浇筑厚度 30cm;总的原则为"由一端向另一端进行、斜向分段、水平分层",如图 5-44、图 5-45 所示。

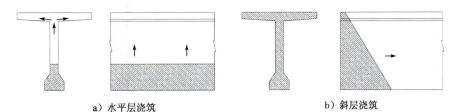

a)水平层浇筑　　　　　　　　　　　b)斜层浇筑

图 5-44　混凝土的浇筑方法

T梁混凝土的振捣以高频侧振为主,插入式振捣为辅。箱梁、空心板梁以插入式振捣为主,高频侧振为插入式振捣辅。

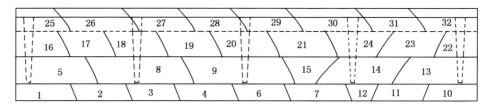

图5-45 纵向分段水平分层浇筑顺序(图中数字表示浇筑顺序)

浇筑混凝土时,经常检查模板、锚固端及预埋件,保证其位置及尺寸符合设计要求。在梁体混凝土浇筑完成并初凝后,铺盖土工布防护。混凝土浇筑过程中试验室按规范要求制作混凝土试块。梁板顶面执行二次收浆工艺。

炎热天气避开中午、下午的高温时间,尽量选择在低温或傍晚进行混凝土的浇筑;冬季施工时,尽量选择在温度较高的中午,并对模板进行预热。

插入式振捣器操作时要快插慢拔,垂直点振,不得平拉,不得漏振,谨防过振;每点振捣时间以表面泛浆、混凝土表面不下沉或不冒气泡为准,每次移动位置的距离,不大于振动棒作用半径的1.5倍。振捣桥面板混凝土时,振动棒插点采用"行列式"的次序移动(图5-46),以免发生漏振及重复振捣。

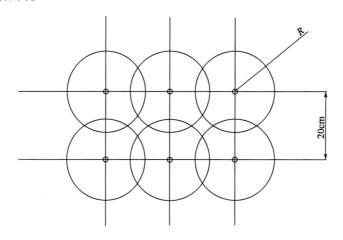

图5-46 行列式排列

插入式振动器使用时,不能紧靠模板振动,与侧模保持5~10cm距离,且要尽量避免碰撞钢筋波纹管及预埋件等。翼缘板振捣时,严禁振捣棒触碰钢模板,以避免出现点状色差。

7. 收尾工作

(1)梁板顶面收面结束后,对平坡区域混凝土表面进行收浆处理。

(2)移走振动器控制柜,拆除并清洗混凝土输送料斗。

(3)梁体混凝土浇筑完毕后,立即覆盖养护罩,初凝后开始洒水养护。

(4)拆除外模后及时对梁体混凝土新旧结合面进行凿毛(顶板采用二次刷毛)。凿毛采用机械凿毛,凿毛前先在距混凝土构件的边、角1cm的位置弹好墨线,凿毛时应将表面水泥砂浆全部凿除,凿出的新混凝土面应呈凹凸状态。凿毛后用钢丝刷刷掉松散混凝土,并用水冲洗干净,如图 5-47 所示。

a)　　　　　　　　　　　　　　　　b)

图 5-47　凿毛

(5) 梁体模板拆除完毕后及对预制梁进行编号,如图 5-48 所示。

8. 混凝土养护

1) 自然养护

当梁体混凝土初凝后,即喷水养护至蒸汽自然养护时间不少于 7d。洒水时间间隔随天气变化而定,一般白天每 2h 一次,夜间 4h 一次,向阳向风面多洒些水。采取保温措施,不得洒水。

梁板自然养护,采用养护棚将梁板与外界隔离,如图 5-49 所示,安装自动喷淋养生管道,如图 5-50 所示,然后开始进行智能喷淋洒水养护。洒水次数以能保持混凝土表面充分潮湿为度。

图 5-48　梁板编号　　　　　图 5-49　移动养生棚

收面后不得立即洒水,应当混凝土初凝后才进行洒水养护。不得有大范围积水现象或完全把混凝土浸泡在水中。洒水量为保持混凝土表面湿润为度,即保持养护棚内梁体顶板、腹板湿润即可。洒水时应特别注意以下几点:

(1) 未拆侧模时不得直接用水冲向模板,以免增大混凝土芯部和表面的温差。

(2) 严禁将水直接冲向预应力管道,更不得将水灌入预应力管道。

(3) 箱梁拆除内模和端模后及时覆盖,尤其是梁端部分,不得使混凝土外露面长时间暴露在太阳下,以免混凝土产生干裂。

自然养护时间不得少于 7d,并作好养护记录。同时,对随梁养护的混凝土试件进行洒水养护,使试件强度与梁体混凝土强度同步增长。

2) 蒸汽养护

进入冬季施工后,所有梁板均采用冬季施工措施,梁板养护全部采用蒸汽养生,如图 5-51 所示。

图 5-50　梁板喷淋养生

图 5-51　蒸汽养生

(1) 蒸汽养护系统主要由供热系统、养护罩系统和控制系统三部分组成。

(2) 合理的蒸汽养护制度分为静停、升温、恒温、降温四个阶段。

① 静停及预养期为 0～2h(从混凝土浇筑完成至开始通蒸汽的时间间隔)。

② 升温速度是升温期的主要工艺参数,它决定着养护后的强度。采用分段先慢后快的升温措施。升温速度控制在 5℃/h,直至蒸养棚内温度达到 30～35℃。

③ 恒温阶段是箱梁结构形成的关键时期,恒温温度和时间是恒温期决定混凝土强度及物理力学性能的工艺参数。最佳恒温温度为 40～45℃。

④ 降温阶段温度控制不当也会对混凝土梁造成定向孔、表面龟裂及酥松等结构损伤现象。降温速度控制在 10℃/h。

四、预应力施工

1. 张拉工艺

预制标段所有梁板预应力工程均采用预应力智能化张拉技术(图 5-52),整个张拉系统对张拉施工质量进行及时、高效的掌握,智能张拉系统能够精确控制施加的预应力力值,将误差范围由传统张拉的 ±15% 缩小到 ±1%,实时采集钢绞线伸长量,自动计算伸长量,及时校核伸长量是否在 ±6% 范围内,实现应力与伸长量同步"双控",张拉程序智能控制,不受人为、环境因素影响;停顿点、加载速率、持荷时间等张拉过程要素完全符合桥梁设计和施工技术规范要求,预应力施工质量管理水平能够得到进一步的提高。

1) 钢绞线的下料

① 钢绞线下垫木方,在专用加工棚下料,不得将钢绞线直接接触地面以防生锈,也不得在混凝土地面上生拉硬拽,磨伤钢绞线,下料时对钢绞线进行编号(图 5-53)。

图 5-52　智能张拉

图 5-53　钢绞线和锚具编号

②为防止在下料过程中钢绞线混乱并弹出伤人，事先应制作一个简易的固定支架。下料时，从盘卷中央逐渐抽出。

③钢绞线的下料采用砂轮切割机切割，不得采用电弧切割。

2）钢绞线的穿束

采用人工穿束，穿束前将钢绞线编号，并确保表面清洁，方可进行钢绞线穿来工作（图 5-54）。

图 5-54　人工穿束

3）预应力张拉

（1）张拉前准备工作。

①张拉前要对所用的智能张拉设备进行标定。

②通过计算确定钢绞线理论伸长值。

③安装工作锚前，必须将锚垫板内及钢绞线清理干净，以保证钢绞线在张拉后能够很好地锚固住。注浆孔应清理干净，以保证压浆时畅通。

（2）张拉工艺。张拉时混凝土强度达到设计强度的100%且龄期不小于7d。

①安装锚具时工作锚环与锚垫板对中，夹片均匀打紧并外露一致。

②张拉时检查孔道轴线、锚具和千斤顶是否在一条直线上。

③张拉由智能张拉系统控制，人工测量千斤顶油缸位移；复合智能张拉系统给出的伸长量。

（3）张拉顺序。遵循两端同步张拉的原则，使梁体受力均匀、同步，防止侧弯。

（4）钢绞线伸长值计算采用《公路桥涵施工技术规范》(JTG/T F50—2011)中公式进行计算。

（5）预应力张拉的质量控制。

①张拉用千斤顶、位移传感器、压力传感器必须在检校有效期内。

②预应力张拉以控制应力为主，应力应变双控。

③对张拉完毕的钢绞线进行观测，出现滑断丝现象，必须重新张拉。

（6）安全注意事项。

①在预应力张拉作业中，作业人员都必须躲开预应力千斤顶的正面。

②定期检查液压油管，破损时要及时更换，张拉时严禁践踏高压油管。

③张拉作业时严禁非施工人员进入张拉区域，在千斤顶正前方设置安全挡板，如图5-55所示。

图5-55 智能张拉防护

预应力张拉是梁板预制施工中的一道关键工序，能否保证梁体的有效预应力是确保梁板质量的关键。在预应力施工中，管道预应力筋张拉伸长值与计算伸长值基本吻合，无超标现象，管道形成工艺良好，满足设计要求；混凝土龄期控制合理，梁板预应力施工的工艺可靠、保证了梁体有效预应力，满足梁板质量要求。

2. 压浆

预应力筋张拉后,48h 内完成压浆。

(1)压浆施工工艺及方法

为保证压浆质量,管道压浆采用大循环压浆工艺,如图 5-56、图 5-57 所示;压浆前,密封锚头,确保管道封闭,并将管道内的杂物、积水排出,保证压浆密实、不漏压。压浆时及压浆后 3d 内,梁体及环境温度不得低于 5℃。压浆泵采用连续式,同一管道压浆连续进行,一次完成。

图 5-56　大循环压浆

图 5-57　压浆口特写

大循环压浆工艺流程:密封锚头→检查、清理管道→机械设备及相关部件安装→按配合比搅拌浆体→灌浆→压浆完毕设备清理。

压浆:管道压浆灌浆料采用预应力管道专用高性能压浆料,灰浆水灰比为 0.28。搅拌时间为 8~10min。压入管道的灰浆应饱满密实,灌浆料从搅拌至压入管道内的时间不得超过 40min,灰浆拌制均匀后须经孔格 2.5mm×2.5mm 的滤网过滤后方可压入管道。

(2)压浆操作要点

①压浆时,灰浆进入灰浆泵前过筛,压浆缓慢、均匀地进行,不得中断。

②为保证管道中充满灰浆,关闭出浆口后,稳压 3min。

③冬季施工管道压浆工程应采取保温措施。

(3)压浆注意事项

压浆前要对智能压浆台车进行调试,并检查管道接头和台车是否漏水。灰浆在使用前和压注过程中应连续搅拌。对于因延迟使用所致的流动度降低的灰浆,不得通过加水来增加其流动度。

(4)管道压浆施工小结

智能压浆设备的应用,能够使浆液满管路持续循环排除管道内空气,通过大循环系统将浆液导流至制浆桶,形成循环回路系统,持续循环带动管道内空气排出。可精确调节和保持灌浆压力,通过监测进出浆口压力差的变化趋势判断管道灌浆是否充盈,并用流量进行校核。系统可实时监测浆液质量的关键指标水胶比,当实测水胶超过规范要求时及时给出警示信息。通过压浆实时监测管道压力损失,以出浆口满足规范最低压力值为原则设置进浆压力值。保证沿途压力损失后管道内仍满足规范要求的最低压力值,从而进一步保证桥梁结构的安全和耐久性。

3. 封锚

管道压浆完毕,经检查无不饱满情况,水泥浆已凝固后,及时进行梁体封锚作业。封锚混凝土要加强捣固,要求混凝土密实,无蜂窝麻面,与梁端面平齐,封锚混凝土各处与梁体混凝土不得有明显错台,如图 5-58 所示。

(1)凿毛

绑扎封锚钢筋之前,先将锚垫板表面的黏浆和锚环上的密封砂浆铲除干净,为加强后灌部分混凝土与梁体的连接,梁端锚穴处机械凿毛处理,凿毛深度为 0.5~1cm,(注意锚穴边缘口留 1cm 不凿毛,避免破坏梁体端面混凝土)露出粗集料,并清洗干净,各处的浮浆、灰碴等杂物也要清理干净。

(2)封锚钢筋

封锚钢筋按施工图加工点焊,尺寸准确,以便放入锚穴中。为加强后灌注部分混凝土与梁端的连接,在锚垫板上安装 2 根带螺纹的短钢筋,使之与封锚钢筋连为一体,放置封锚钢筋网片,网片要有准确的保护层,不得小于 30mm,并且把钢筋网片与锚垫板上安装的短钢筋绑扎牢固。

图 5-58 封锚效果

(3)封锚混凝土的浇筑

张拉后,及时封锚,在确保封锚模板安装牢固后,即可开始浇筑封锚混凝土,为保证封锚混凝土浇筑密实,封锚混凝土自下而上分层浇筑。封锚混凝土采用同梁体混凝土配合比,掺入膨胀剂,适量减少水量,其他材料用量不变。

封锚混凝土及时抹面压光,封锚混凝土面与梁体混凝土不得有明显错台。封锚混凝土表面须经三次抹压。封锚混凝土的养护采用塑料薄膜封闭养护,养护≥7d。

4. 梁板吊装及存放

制梁场箱梁吊装采用两台龙门吊作业(图 5-59)。梁体在压强强度达到设计要求后即可吊离制梁台座。

空心板梁吊预埋吊环,T 梁、箱梁两台龙门吊同时兜底起吊;兜底起吊时在钢丝绳与梁体接触的部位安放护脚角钢,角钢内部加垫橡胶垫,防止钢丝绳与梁体摩擦对混凝土造成损坏,如图 5-60 所示。

图 5-59 两台龙门吊提梁

图 5-60 吊装护角

将预制完毕的梁从底模上移走后存放在存梁台座上,在存梁过程中,应保证各支点受力均匀,梁体支点位于同一平面,存梁效果如图 5-61 所示。存梁台座采用混凝土基础,其承载能力及截面尺寸通过检算确定。板梁移走后即刻清理底模,进行下片梁的预制。

a)

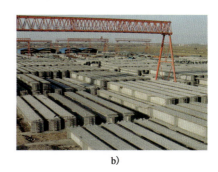
b)

图 5-61　梁场存梁图

第四节　梁场质量管理创新

一、梁板实名制

南京城墙砖文中的实名制,不仅针对各级政府的官吏们,还对具体烧制城砖的窑匠、人夫以及基层组织者,也提出了用实名的要求。如该项劳役基层组织中的"总甲、甲首、小甲",均是以实名见诸砖文。府、州、县的官员、吏员、总甲、甲首、小甲、窑匠、人夫,最多的不同责任层面竟达十一级,构成了一整套自上而下的实名制的管理责任体系,如图 5-62 所示。通过这一手段极大地增强了城砖的质量,使得南京城墙屹立千年不倒。

京石高速公路改扩建工程效仿古人模式,梁板预制采用实名制管理,预制完成后及时对梁板喷涂统一标志和编号,标志内容包括施工时间、各工序负责人、梁体编号、部位名称等,如图 5-63 所示。全线统一形式,统一内容,提升全体梁板制造者的质量意识。

图 5-62　南京城砖拓片

图 5-63　梁板实名制

二、第三方检测

除了施工单位、监理单位对施工过程钢筋、混凝土及预应力工程进行常规的质量控制以外,业主通过招标确定第三方检测机构来进一步保障成品梁的质量,确保"万无一失",定期对梁板混凝土、管道压浆、钢筋保护层等工程实体质量进行检查,对相对薄弱的环节加强质量控制,确保梁体质量,检测过程如图 5-64~图 5-66 所示。

图 5-64　压浆密实度检测

图 5-65　保护层厚度检测

图 5-66　梁体 CT 检测

三、梁场视频监控体系

本视频监控系统采用现代化远程网络视频监控技术与筹建处动态管理平台结合。整个网络结构图如图 5-67 所示。

整个视频监控系统可以及时了解和掌握各关键点的最新施工安全情况与进度情况,降低管理成本,提高管理效率,使监管更具实效性及针对性,为管理提供得力的辅助工具,打造真正的数码工地。其重要作用集中体现如下:

(1)监督安全、文明施工,减少管理死角。

(2)规范施工,保证施工的规范性及合理性。

(3)直观了解现场情况,掌握第一手资料,为决策提供依据。

(4)丰富管理手段,提高管理效率。

(5)重要视频资料记录,便于后续问题的原因追溯。

图 5-68 为京石高速公路改扩建工程动态监控中心。

第五章 梁板集中预制实践与示范

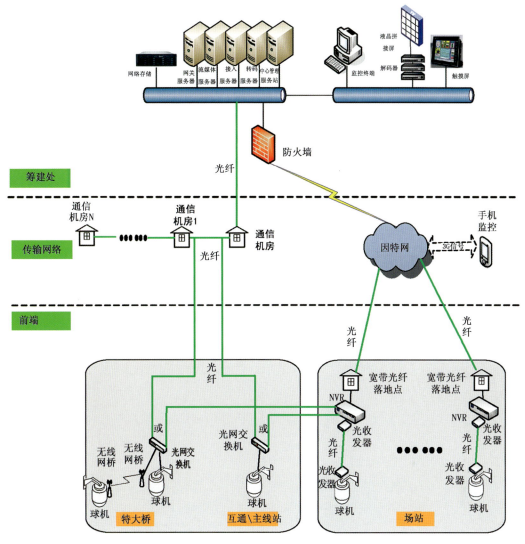

图 5-67　京石高速公路改扩建工程视频监控结构图

图 5-68　筹建处动态监控中心

201

本 章 小 结

梁板预制是高速公路改扩建工程的重要组成部分,其施工质量的优劣直接影响到桥梁结构性能,影响到行车安全。为了实现梁板的"工厂化"生产,提升梁板的质量,推广应用新技术、新工法,结合京石高速公路改扩建工程实践,展开了梁板集中预制的探索,在预制梁板生产管理、钢筋、混凝土、预应力工程方面形成一整套标准化施工技术,确定了高性能混凝土等一批新材料的应用,推广了智能张拉、智能压浆、钢筋数控加工等新技术。从多角度、多方位对梁板工程质量进行了有效控制。

第六章 质量通病防治技术

第一节 概 述

近年来,随着高速公路迅猛发展,我国交通运输能力大幅度提高,这在很大程度上促进了我国经济发展,并方便了百姓出行。然而,高速公路的质量问题始终伴随着公路建设,难以克服。这些质量问题,无论从内在还是外观,都严重影响了公路的正常使用和外在形象,既造成了很坏的影响,又耗费了大量的维修资金。

在高速公路路面质量问题中,有一些属于通病,几乎每一条路、每一个施工段都或多或少存在,久治不愈。对质量通病的防治,是每一个高速公路建设项目的核心工作。有效防治质量通病,才能保证整个建设项目的成功。

引起质量问题的原因很多,包括原材料、施工工艺、施工管理、施工环境等多种因素。然而,各种因素归根结底,都是人的因素。因此,制定科学、严谨、切实可行的防治措施,并有效落实,是解决问题的关键。

京石高速公路改扩建工程是河北省乃至全国典型示范工程,其质量标准要求达到"路面10年不小修,外观品质20年不落后",确保工程质量,提升外观品质,最终实现工程建设"国际一流、国内领先"的高标准现代化高速公路建设目标。本项目对待质量通病,要以"防"为根本,以"治"为辅助,争取最大限度地预防,最小程度地发生。

本章对公路工程通常意义的质量通病不再一一赘述,只针对桥头跳车、桥面平整度、路面平整度质量控制进行重点阐述。

第二节 桥头跳车质量通病防治技术

桥(涵)头跳车是公路工程施工中的八大质量通病之一,其产生的原因很多,其中主要的原因是台背回填施工质量差。台背回填所采用的原材料和施工压实度达不到规范要求,引起台背回填土自身后期压缩沉降,造成桥台与路基填土之间的沉降量过大。为了有效预防和减少桥头跳车现象的发生,保证行车的舒适和安全,必须保证台背回填施工质量。京石高速公路改扩建工程针对台背回填施工,从设计、标准化施工工艺、驻地监理工程师验收制度等方面,采取了一系列措施。

一、设计角度

京石高速公路改扩建工程台背回填,在设计阶段考虑了台阶拼接、基底处理、台背预压等问题并采用两种回填材料(液态粉煤灰和7%石灰土),最终达到减小台背的沉降、防止桥头跳车的目的。

京石高速公路改扩建工程台背设计回填方案主要包括:暗涵形式回填方案,明涵形式回填方案,肋式、扶壁式桥台形式回填方案,U型、重力式桥台形式回填方案。如图6-1~图6-4所示。

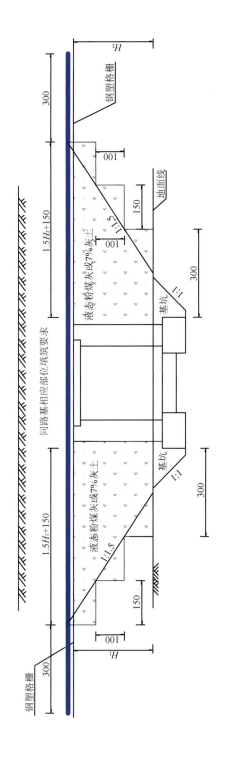

图6-1 暗涵形式回填方案（尺寸单位：cm）

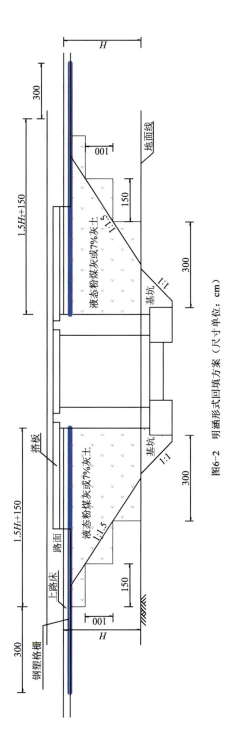

图6-2 明涵形式回填方案（尺寸单位：cm）

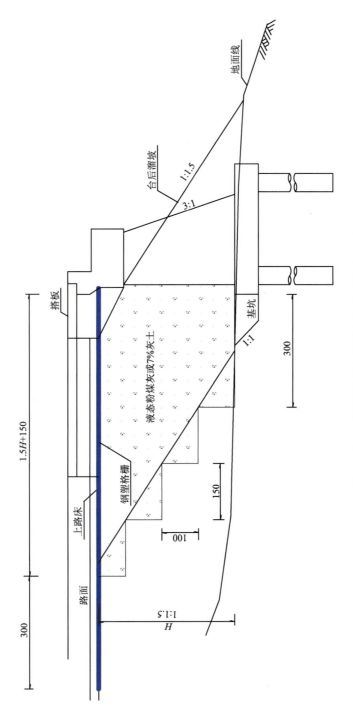

图6-3 肋式、扶壁式桥台合形式回填方案（尺寸单位：cm）

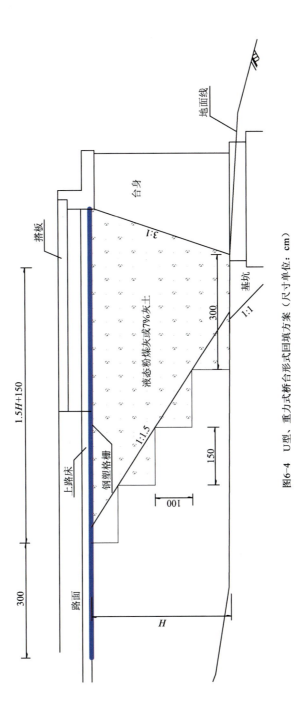

图6-4 U型、重力式桥台形式回填方案（尺寸单位：cm）

二、施工控制重点

(一) 基底处理

为防止桥头位置地基不均匀沉降,京石高速公路改扩建工程对桥涵台背位置采用 CFG 桩、高压旋喷桩、水泥搅拌桩三种方案进行软基处理。

采用这三种软基加固形式提高了基底承载力,降低了路桥沉降差及台后地基沉降,减少了台背回填料因压实效果不佳所产生的沉降,从而防治桥头跳车现象。图 6-5 和图 6-6 为软基加固处理。

a)　　　　　　　　　　　　　　b)

图 6-5　软基处理桩位布置及机械准备

a)　　　　　　　　　　　　　　b)

图 6-6　CFG 桩、高压旋喷桩地基处理

(二) 液态粉煤灰回填质量控制

液态粉煤灰台背回填是一项新工艺,它利用液态粉煤灰自重轻、密实性好、压缩性小的特点,大大减小了台背后基底土的附加应力,对减少桥头跳车起到了较好的作用。液态粉煤灰适用于旧路改建中构造物的台背回填、路改桥等构造物的台背回填、软基路段构造物的高台背回填。液态粉煤灰台背回填既可以使柔性路堤上产生的较大沉降逐渐过渡至刚性桥台上,又防止了柔性路堤和刚性桥台之间出现错台现象。为确保各道工序工作到位,有效预防和减少桥头跳车现象的发生,保证行车的舒适和安全,京石高速公路改扩建工程推行了台背回填液态粉煤灰标准化施工。

1. 原材料质量控制

(1) 粉煤灰

① 粉煤灰中 SiO_2、Al_2O_3 和 Fe_2O_3 的总含量大于 70%。

②烧失量不应超过20%。
③粉煤灰的比表面积宜大于2500cm²/g。
④干粉煤灰和湿粉煤灰都可以用,干粉煤灰如堆放于空地上,应防止飞扬造成污染,湿粉煤灰含水率不宜超过35%,并在浇筑前测定含水率。
⑤施工拌和之前应将凝固的粉煤灰块打碎或过筛,同时清除有害杂质。
(2)水泥
宜采用32.5级普通水泥,水泥堆放应注意防潮。
(3)水
人或牲畜的饮用水均可用于施工。
(4)外加剂
承包人自己根据要求配置。一般采用减水剂,其性能应能击发粉煤灰的早期活性,并具有早强、增稠和减水的作用,具体的技术标准如下:
①细度。比表面积不得小于300m²/kg,筛余量(0.08mm)不得超过8%。
②抗压强度应符合表6-1规定。
③初凝时间不得大于30min。
④单浆可泵时间不得小于24h。

外加剂抗压强度标准表　　　　　　　　　　　　　　　表6-1

时间	2h	24h	7d	28d
强度(MPa)	1.0	3.0	4.5	4.5

2. 混合料配比及拌和

粉煤灰采用场拌法集中拌和,罐车运输。
(1)基本要求
施工配合比:根据工程使用部位及强度要求,视具体情况调整施工配合比。
常用配合比范围如下:
水泥:粉煤灰:水 = (6% ~ 10%):(90% ~ 94%):(65% ~ 75%)(外掺)。
添加剂为水泥用量的1% ~ 5%。施工前先做配合比试验,7d强度不小于0.4MPa,必要时进行取芯检测,28d强度大于0.6MPa。混合料含水率应控制在50% ~ 60%。稠度:用稠度仪检测,一般控制在13 ~ 15s(稠度控制、施工流动速度是流态粉煤灰能否正常施工的关键)。施工时严格按理论配合比施工,如粉煤灰湿潮,应及时调整施工配合比以便于满足强度的要求。
(2)混合料的拌和
拌制混合料时,对粉煤灰的含水率应经常进行检测,以调整水的用量。混合料应使用机械拌和,一般搅拌时间不小于3min。

3. 施工工艺控制

测量放样→台阶粗开挖→清理基坑、压实至原地面后夯实(拍照备查)→基坑验收→基坑分层回填→台阶精细开挖→施工包边土→驻地监理工程师验收→浇筑液态水泥粉煤灰→养生→检查验收。

（1）现场准备

①施工前对进场材料按批次进行抽检,以保证材料质量。

②施工前应对施工设备进行全面检查、调整,保证设备处于良好的状态。

（2）填筑范围

台背填筑按图纸设计尺寸控制,保证其四周及底面是坚实的交界面。

①尺寸。第一级台阶尺寸为3m(宽)×1m(高),第二级台阶尺寸为1.5m(宽)×1m(高),依次向上开挖台阶,顶面处理宽度为$1.5H+1.5m$(H为填筑高度)。

②高度。液态水泥粉煤灰自基底做至下路床顶的位置,之后铺设一层钢塑格栅。

③宽度为路基设计宽度,锥坡土作为液态水泥粉煤灰的包边土。

（3）测量放样

根据设计图纸及施工规范要求,根据台后填土高度、边坡坡率测放出台背回填的施工范围,使用白灰线洒出台背施工范围,标示出液态粉煤灰和包边土的施工范围,并留有影像资料,检验合格后进行下一步施工。

（4）台阶粗开挖

台背填筑范围标示后,按图纸设计的尺寸对台后填土进行粗放的台阶开挖,但原地面的台阶平面尺寸要满足图纸3m宽的要求,以便对基底松软土进行开挖回填。开挖使用挖掘机配合人工进行,结构物50cm范围内用人工进行开挖,避免机械对结构造成破坏。

（5）清理基坑

挖除原基坑内的松散土层,直至基底原状土。并开挖成相对规整的形状,既美观也便于回填和夯实。

（6）基坑回填

分层回填直至略高于基础顶3～5cm以后人工对表面进行修整,使表面平整,无硬块和凸出物。用20t以上压路机对原地面3m范围进行补强碾压,采用HHT-3强夯机按梅花形布点进行强夯。夯后进行整平,采用单钢轮振动压路机进行碾压,边角处用小型夯实机进行夯实,压实度检测合格后进行下一步工序施工,如图6-7和图6-8所示。

（7）台阶精细开挖

原地面处理完成后,根据当前填土高度和图纸设计的台阶开挖尺寸(宽1.5m,高1.0m)进行台阶的精细开挖。锥坡土、台前土垂直开挖,与路基接茬要分台阶进行开挖。台阶宽度和高度以满足到达上顶面长度为准,台阶要开到硬茬。

开挖形成的台阶表面必须平整,质地要坚实,无松散,且棱角分明,如图6-9所示。若开挖到设计尺寸后台阶压实度仍不满足要求,需继续向后开挖,直至合格。

（8）施工包边土

包边土不仅是锥坡的重要组成部分,而且还起到支挡液态粉煤灰的作用,因此压实度至关重要。其压实标准不小于路基压实标准。包边土施工需做好以下几点：

①必须分层填筑,用20t以上压路机碾压时厚度不大于25cm,用小夯击夯实时厚度不大于15cm。

②为保证压实设备的施工工作面以及台后修整面和坡面刷坡后的密实度,包边土在填筑过程中每侧宜宽出设计边线不小于25cm。包边土内壁采用人工进行精细修整,确保内壁竖

图 6-7　基底强夯及碾压处理

图 6-8　边角夯实和压实度检测

图 6-9　台阶精细开挖

直,表观密实,如图 6-10 所示。

③包边土尽量选择塑性指数大于 12 的黏性土。

(9)驻地监理工程师验收制

每一个台背开挖完成后,由驻地监理工程师亲自验收基槽开挖质量,为预防桥头跳车做好技术监督,如图 6-11 所示。

(10)液态粉煤灰拌和

液态粉煤灰在拌和站集中拌和,拌和后采用灌车运输到位,如图 6-12 所示。混合料拌和时间不小于 3min,严格按试验所取得的经验数据配料,现场量测混合料的稠度,使其流动性满足要求。由于水泥的用量较小,拌和的关键是控制好拌和时间,使水泥均匀地分散到粉煤灰中,确保混合料均匀,不离析。

a)

b)

图 6-10　施工包边土及削切

a)

b)

c)

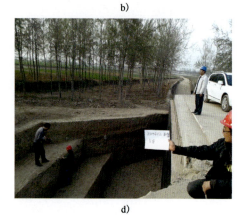
d)

图 6-11　基槽成型驻地监理工程师验收

(11)浇注

浇注之前,需对基槽四周进行检查,确保密实,无缝隙或敞口现象,避免出现渗流现象,并对内壁进行润湿。混合料运输到位后,应从低处开始逐层扩展升高浇注。混合料自由倾落高度不超过 2m,若超过 2m 应由导流槽将流态粉煤灰导入,按每 1m 一层向落点四周分散,遇阻时应人工使用工具导流,如图 6-13 所示。原则上在下层混合料初凝或重塑前浇注完成上层混合料。浇注完毕后将混合料顶面梳理平整,并测量高程,高程误差 ±2cm。混合料浇筑完成后用人工对表面进行整平。

a)

b)

图 6-12　场站集中拌和、运输

a)
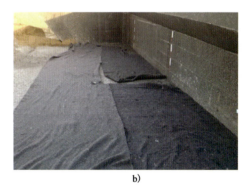
b)

图 6-13　浇筑及养生

(12)养生

每次浇注完成,待初凝后,应加盖土工布覆盖养护,一直保持表面湿润,以保证强度增长,期间严禁车辆行人通过,如图 6-13 所示。在养生初期,由于混合料的收缩作用,表面会产生一些较大的裂缝,可用 1∶2 的水泥浆进行灌缝处理。

4. 液态粉煤灰台背回填控制要点

(1)在基坑和台背回填开工前,要成立相应的组织机构,并制定专门负责人员进行施工控制,选定专门的施工队伍进行基坑和台背回填。

(2)施工现场要树立标牌,内容有合同号、施工桩号、施工负责人、监理负责人、监理员、施工要求等。

(3)周界面填土必须压实,台阶要开到硬茬,基底、台阶、台前填土、锥坡土必须保证压实,并拍照留查。对于搭板与路基连接位置更要保证路基压实质量。

(4)原材料质量控制。必须严格按原材料质量要求选用合格的材料。水泥质量一般较好控制,粉煤灰的质量却差别很大。如果粉煤灰质量差,将严重影响混合料的后期强度。

(5)回填盖板涵、盖板通道、箱涵等小型结构物台背时必须两侧同时进行。对于装配式面板的轻型桥台必须在梁板安装完成后才能回填。

(6)液态粉煤灰的保水能力较差,比较容易泌水。为尽可能地获得较高的强度,必须及时将积水清除。并进行 2~3d 的晾晒,使水分尽量蒸发。

(7)混合料浇筑完成,水分蒸发和吸收完毕后覆盖塑料膜、土工布养护至少 36h,保证强度持续增长,期间严禁车辆行人通过。根据以往经验,灌注后出现裂缝是必然的,可用混合料灌缝。

(8)结块粉煤灰的粉碎。粉煤灰一般都是存放了相当长时间,结块现象很普遍,搅拌机很难彻底将结块粉煤灰完全搅拌开来,需要进料时人工将结块的粉煤灰粉碎或过筛,保证水与粉煤灰颗粒完全接触以顺利进行化学反应。一旦结块的粉煤灰进入混合料中,就会成为夹心,造成局部强度不足。

5. 液态粉煤灰台背质量检验标准

施工中每个台背做不少于两组的试件(用 70.7mm×70.7mm×70.7mm 试模,制作方法与砂浆相同),检测现场强度。要求 7d 强度不低于 0.4MPa,28d 强度大于 0.6MPa。

现场技术员要及时对台背回填进行检验,台背回填检验项目见表 6-2。

液态水泥粉煤灰质量检测项目和标准　　　　表 6-2

项次	检测项目	允许值偏差或实测偏差	检查频率和方法
1	混合料强度(MPa)	符合设计要求	每天或每工作班按质量评定标准制作试件,检验 28d 强度;28d 后检验钻芯强度,取芯个数按设计要求
2	顶面高程(mm)	±20 或符合设计要求	水准仪:每侧台背测量 4~8 个角点位置高程
3	顶面平整度(mm)	±20 或符合设计要求	3m 直尺:每侧台背测量 3 处×1 尺
4	平面尺寸(mm)	符合设计要求	尺量:每侧台背测量纵横方向

原材料质量、水泥用量、水用量、搅拌的均匀性、分层施工等都是重要的施工控制环节,必须实行全过程技术监管,图 6-14 所示为进行现场试验检测。

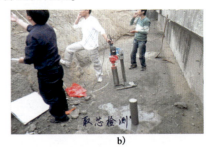

a)　　　　　　　　　　　　b)

图 6-14　现场稠度试验、试块制作、强度到期后取芯检测

6. 质量档案记录

(1)基坑开挖清理后照片、尺寸记录。

(2)原地面压实度检测记录。

(3)原材料质量检测记录。

(4)混合料组成设计报告。

(5)浇筑前混合料配合比通知单。

(6)混合料浇筑施工原始记录。

(7)混合料28d室内无侧限抗压强度试验记录。

(8)钻芯照片和强度记录。

(9)回填后顶面尺寸、高程、平整度记录。

(三)石灰土台背回填施工质量控制

压实的石灰土具有水稳性好、回弹模量高等优点,能有效防治台后被水掏空等病害,其施工方法要求如下。

1. 材料控制

(1)石灰。石灰的各项技术标准应符合技术规范的要求,所用石灰应采用Ⅲ级以上石灰。石灰应尽量缩小存放时间,当在野外存放时,应覆盖防潮;生石灰应于使用前7~10d消解,并在使用前过10mm的筛,或直接采用磨细的生石灰粉,对磨细的生石灰粉应加大试验检测频率,以确保石灰质量合格。

(2)稳定用土。最适宜用于石灰稳定的土,应是塑性指数为15~20的黏性土及含有一定数量黏性土的中粒土和粗粒土;当采用塑性指数较小的土时,应在其中添加一定数量的黏土,以提高其混合料的板结性能和强度(回弹模量)。

(3)水。混合料含水率不符合最佳含水率要求时,应添加适量的水,采用饮用水(含牲畜饮用水)即可。

2. 混合料拌制

(1)混合料中各种原材料用量计算。图纸中采用的是7%石灰土,施工之前应根据设计要求的石灰剂量配制土样,对石灰土进行标准击实试验,以确定最大干密度和最佳含水率,并同时配制相应试件以检验混合料的强度,计算出每立方米混合料的石灰和原状土用量。

(2)拌制。为保证石灰土拌和的均匀性,要求台背回填土都必须采用场外集中拌和,各标段可根据自身设备情况选择相应的拌和方式,如图6-15所示。拌和后的混合料满足如下要求:

a)

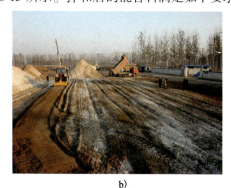
b)

图6-15 石灰消解过筛、灰土场外拌和

①混合料中土块的最大粒径应符合规范要求,即采用塑性指数偏大的黏性土时,最大粒径不大于15mm;当采用粗粒土时,最大粒径不大于37.5mm。

②混合料所采用的各种原材料用量计量要准确,含水率应大于最佳含水率1%~2%。

③混合料拌和要充分,色泽应均匀,无明显的生土团和石灰窝现象。

3. 回填施工工艺控制

(1)现场准备。台背回填应和路基施工统筹安排,对高填方处台背回填最好是能与路基平行进行,以降低该处的施工难度,回填施工之前应采用醒目的颜色在台背后的左、中、右三个部位做出分层填筑厚度的标记,用以控制分层填筑的厚度,每层填筑压实厚度不大于15cm。回填施工之前,应人工将台背基坑中的松土清除干净,已填筑的路基进行挖台阶处理,底部距基础外缘3m,与新填路基衔接处按1∶1.5的比例放坡开挖台阶,台阶宽1.5m、高1m,如图6-16所示。

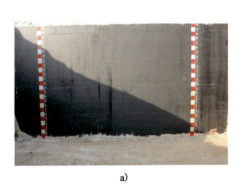

a) b)

图6-16 台背划线标及台阶处理

(2)摊铺。摊铺前对混合料进行灰剂量及含水率检测,合格后进行回填,回填时应根据每填筑层的高程位置现场量测出填筑面积,并根据填筑面积和填筑压实厚度计算出该层的石灰土用量,用汽车从集中拌和场运至现场后进行摊铺。摊铺施工可采用推土机配平地机进行,必要时进行人工摊铺,如图6-17所示。

a) b)

图6-17 混合料摊铺、碾压

(3)压实。采用压路机进行碾压,对压路机不能靠近的台背、耳墙附近区域,应采用小型振动式压路机或采用高性能的冲击夯、汽夯进行压实,如图6-18所示。

(4)压实度检测。台背回填的压实度控制标准为97%,灰土拌和后要及时检测灰剂量,每

a) b)

图 6-18 小型压路机光面碾压、边角部位夯实

层回填压实完成后,应按规范规定的频率进行压实度检测,检测合格并经监理工程师抽检合格后方可进行下一层的施工。

4. 石灰土台背回填控制要点

(1)回填应分层填筑,根据压实机型,一般控制在每层压实厚度不大于 15cm,分层填筑应尽量保证摊铺厚度均匀、平顺。在雨季回填时,填筑面应做成 3%～4% 的坡度,以利于排水。

(2)构造物的回填应遵照两边对称原则。并做到在基本相同的高程上进行,防止不均匀回填造成对构造物的损坏。

(3)靠路基的边坡应当挖成设计要求的台阶,以便保证回填质量。

(4)回填前,先在断面上划分回填层次,确定检测频率,填写检测记录。

(5)填筑时要设专人负责。

(6)不同土质应分层填筑,不准混合使用。回填土要经过选择,含水率接近最佳含水率时碾压,边角要碾压到位。

(7)台背与锥坡同时回填。

(8)为防止路基灰土层开裂,应控制土灰比例、含水率,后期养生要及时,保持湿润状态。

(9)拌和时应及时检测灰剂量,保证满足设计要求,避免返工。

(10)为防止灰土中有灰块存在,消解不充分,施工前消石灰应过孔径 10mm 的筛。

三、预压措施

1. 桥梁台背预压的目的

通过预压加快桥梁台背的稳定,降低桥梁台背的沉降量。有利于桥梁与路基结合部的行车安全,减小桥头跳车,确保桥梁与路基结合部的施工质量。

根据京石改扩建筹建处的总体计划并结合现场实际工程进度,为达到路基备土 100% 的目标及保证工程质量,减小台背及路基工后沉降,采用了冬季备土的方式对台背、路基进行堆载预压,预压方案经设计单位验算,并由课题单位跟踪研究。

2. 改扩建段台背预压方案

预压松方高度为 2.5m,在桥头搭板范围内预压宽度为桥涵拼接宽度,在路基拼接范围从拼接部位开始预压,台背路基预压长度不少于 30m,顶层修整整形并采取覆盖措施防止扬尘。

3. 沉降观测方案

（1）对已完成桥涵盖板且填筑部分台背的桥涵，在现有填筑的台背面上和台后路基上设置沉降板，每幅每侧桥台设置两处。堆载填筑期每填高1m观测一次，堆载预压码方整形后每7d观测一次。

（2）对已填筑完成的台背在台背顶设置沉降板，每幅每侧桥台设置两处。堆载预压码方整形后进行沉降观测，每7d观测一次。

（3）对已完成台背预压土的桥涵，在预压土顶面1m范围内埋设沉降板并加以固定，沉降板位置距离台身后不小于10m。堆载预压方案如图6-19所示（H_1和H_2为设计高程），沉降观测如图6-20所示。

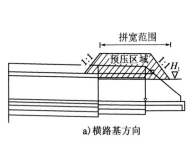 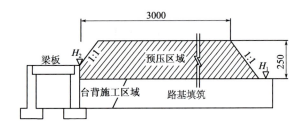

图6-19 堆载预压方案示意图（尺寸单位：cm）

图6-20 沉降观测

第三节 桥面平整度质量通病防治技术

桥面平整度是以几何平面为基础，表现为顶面纵向和横向的凹凸程度，它是在桥面系施工质量控制中最关键的质量指标之一。平整度不仅关系到桥面的质量，而且也反映了行车的舒适度，必须保证桥面平整度达到高标准的要求。

京石高速公路改扩建工程从设计、施工工艺、质量检验标准等方面充分考虑，提高桥面平整度指标。

一、设计角度

1. 结构层设计

京石高速公路改扩建工程桥面铺装为复合型桥面。结构形式为12cm厚C50高性能防水混凝土铺装+防水层+6cm 厚 AC-20 沥青+4cm 厚 SMA-13。设计 12cm 厚混凝土铺装的目的是为更好地控制下承层平整度,使混凝土与梁板有效结合。顶面设计两层沥青,考虑到如果混凝土铺装层表面平整度较差,只铺一层沥青混凝土则很难使平整度达到和正常路段一样的要求。摊铺两层沥青将会提高表面层平整度,达到和正常路段同样的行车效果。

2. 钢筋设计

第一种方案采用 ф12 带肋钢筋绑扎,第二种方案采用等强度冷轧带肋钢筋网片。冷轧带肋钢筋网片采用 D11 型,网片搭接长度不小于 $35d$。带肋钢筋网的设置保证了对上下保护层的控制,又加强了与混凝土之间的握裹力,同时通过桥面剪力筋的作用,使桥面铺装混凝土和梁板更好地黏结。

3. 顶面精铣刨

混凝土铺装桥面铺装施工高程要高出设计高程 1cm,不得出现凹面,在混凝土强度达到设计强度标准值的 100% 后,采用铣刨机精铣刨至设计高程。通过精铣刨,减小下承层平整度误差,保证桥面沥青层摊铺平整度。

二、施工工艺

1. 标准化施工机械设备投入

京石高速公路改扩建工程要求各施工项目至少设立两台 75 型及以上拌和站,保证浇筑时混凝土连续供应,消除了因拌和设备出现问题导致现场出现施工接缝的现象。

施工机械采用三辊轴、平板振捣器、插入式振捣棒、电动抹光机,以先进的施工机械保证标准化施工。采用的施工机具见表 6-3。

施 工 机 具　　　　　　　　　　　　　　　表 6-3

序 号	名　称	型号/规格
1	混凝土拌和站	HZS75
2	罐车	≥9m³
3	泵车	42m
4	插入式振捣棒/平板振捣器	—
5	三辊轴	—
6	电动抹光机	—

提高水泥混凝土桥面平整度,不但要合理选择施工机具,而且还需把握各个工艺环节。

2. 测量放样

(1) 用全站仪放出桥中心线及桥面护栏边线。

(2) 用水准仪测出桥面实际高程,并与设计高程比较计算出桥面铺装实际厚度。需满足设计厚度 12cm 的要求。

(3) 横桥向在距离内护栏内边 1m、外护栏内边及中间位置分别设置 3 条高程控制带,纵向间距 3m 植筋作为高程控制点,以确保铺装层的设计高程。

3. 钢筋加工与绑扎

(1) 钢筋采用集中加工的模式。

(2) 根据测量放样点,在桥面上用墨线弹出钢筋位置控制轮廓线,将钢筋铺设到桥面板上,搭接接头位置应按规范相互错开。

(3)钢筋网及墩顶加强钢筋需焊接在桥面预留筋或植筋上,以保证钢筋网保护层厚度。按设计及规范要求焊接、绑扎钢筋。钢筋绑扎效果如图6-21所示。

a)

b)

图6-21 桥面铺装钢筋绑扎

4. 铺设三辊轴轨道

(1)在桥面两侧及中心线处共设置3道轨道梁,轨道梁高程即为施工控制高程。轨道梁采用槽钢制作,沿桥纵向铺设。

(2)轨道梁焊接在梁板顶面可利用的预埋钢筋上,部分间距较大时需在梁面植筋后再与轨道梁焊接。每隔50cm左右要有一道焊接支撑,以保证轨道梁有足够的强度及刚度能承受三辊轴的振动力。

(3)轨道梁下面用高强度等级砂浆堵塞。砂浆要求密实、不漏浆,严禁封堵物侵入铺装混凝土,混凝土浇筑完后砂浆清凿干净。

(4)根据桥面高程数据,计算轨道支撑高度,支撑采用不小于Φ12钢筋支架(焊接),并于桥面打眼固定,支架间距不大于40cm,应便于调整高程和易于拆除。

(5)轨道槽钢每根长度宜为6m或9m,接头处采用焊接方式使之形成整体,防止三辊轴行走过程中,接头处上下挠动,影响铺装平整度。

(6)轨道铺设后,对顶高程进行复测,两条轨道的平整度、高程、纵坡和横坡的坡度等技术指标严格控制在桥面铺装对应的各项技术标准内。轨道高程要高出设计高程10mm,以便于后续进行铣刨施工。轨道铺设如图6-22所示。

a)

b)

图6-22 桥面铺装轨道铺设

5. 混凝土拌和

混凝土的拌和质量是影响桥面平整度的重要因素之一，要控制混凝土的拌和质量必须严格控制配合比、水灰比和拌和时间。混凝土拌和站按标准化要求建设，能最大程度地保证将试验配合比实施到具体的施工中。在保证拌和站正常工作的前提下，只需严格控制原材料的质量，就能很好地保证混凝土配合比的实施。

由于桥面铺装表面积大，考虑到梁板架设后局部位置的厚度偏小，则用于混凝土的粗集料最大粒径不大于25mm。

拌和时间必须严格控制。拌和时间过短，混凝土没有拌"熟"，将产生离析或裂纹，同时影响混凝土的和易性，造成提浆困难，平整度无法达到要求；拌和时间过长，也会造成混凝土过早泌水，增大施工难度，最终也会影响桥面平整度。

桥面混凝土的水灰比要适宜，水灰比过大不但影响桥面混凝土的强度，也会因收缩不均匀或收缩量过大而影响平整度；桥面混凝土一般采用泵车输送，若水灰比过小会造成混凝土卡管，同时也会增加现场施工难度。在保证配合比所要求的水灰比的前提下，为达到施工所需要混凝土的和易性和坍落度，还需根据现场实际情况加入一定量的外加剂，如减水剂、缓凝剂等。

6. 桥面混凝土浇筑

混凝土浇筑前，先用水湿润梁板表面，要求表面干净，不得有浮尘、积水。

布料时根据桥面横坡坡度，按由低向高的顺序布料。由于混凝土流动性较大，低处要适当减少布料。混凝土由泵车输送到桥面后，先用人工耙平摊铺，摊铺厚度要基本一致，松铺系数采用1.2。人工耙平过程中要尽量做到粗集料均匀，水灰比有较大差异的混凝土料要进行人工调整。先使用振捣棒振捣，再起动三辊轴施工。

混凝土振捣时根据铺装宽度采用2~3台振捣棒同步振捣，振捣棒以45°角插入混凝土，采用点振，根据设计横坡坡度，由低处向高处顺序振捣。振捣时注意振捣时间和振位间距，根据振捣后情况挖高补低，使混凝土表面基本平整。之后用平板振捣器进行全面振捣。初步振捣平整后再采用三辊轴提浆整平1~2遍。整个行走过程应保证前方混凝土料略高于横梁2~3cm，以便三辊轴赶料先行，从而保证混凝土的密实性。

三辊轴摊铺机施工时，以一联为作业单元进行桥面铺装混凝土施工。摊铺施工循环长度为10m左右。

三辊轴采用前进振动，后退静滚的工艺。安排工人随时观察三辊轴前后的平整度情况，高的地方要及时用铁锹挖走，低的地方补平，保证三辊轴与混凝土面全断面完全接触。振动2~3遍后，将振动轴提离轨道梁，前后静滚两遍达到振捣、平整度要求，混凝土要求连续浇筑。如图6-23所示。

混凝土要求至少两次收浆。抹面时应用收浆平台，平台刚度要足够，应高于混凝土面，工人站在平台上抹面。第1次采用木搓板搓面收浆，以便提浆及粗平，要求使用收浆平台，严禁工人直接站在混凝土面上操作，以保证混凝土顶面平整度。第2次使用电动抹光机抹面收浆，边抹边用3m水平直尺在纵向、横向校核平整度，保证桥面铺装具有良好的大面积平整度，严禁用浮浆填补坑凹，过低处用同强度等级混凝土填补，并及时清除多余的水泥浆，最终平整度控制在3mm之内。混凝土收浆后终凝前，禁止踩踏。如图6-24所示。

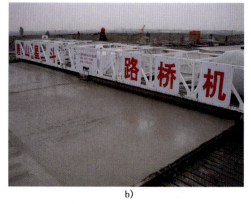

a)　　　　　　　　　　　　　　　b)

图 6-23　桥面混凝土摊铺施工

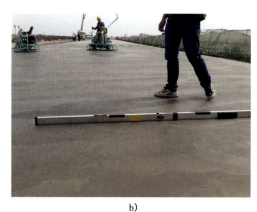

a)　　　　　　　　　　　　　　　b)

图 6-24　电动抹光机收面、平整度检测

7. 混凝土覆盖洒水养护

在混凝土收面结束后及时覆盖土工布(图 6-25)。待混凝土终凝后马上洒水养护,土工布要全部覆盖严实,并用钢筋压住,防止风将土工布掀翻,混凝土面裸露。要求始终保持混凝土面及土工布处于润湿状态,养护时间不少于 7d。禁止一切车辆通行保证桥面平整度。

a)　　　　　　　　　　　　　　　b)

图 6-25　桥面铺装混凝土养护

8. 桥面精铣刨

京石高速公路改扩建工程要求对大中小桥使用精铣刨机进行处理,以保证桥面平整度。铣刨深度为10mm,作业面重叠宽度为10～20cm,搭接部分应保持平整。铣刨过程中自卸车随铣刨机行驶,同步进行接料清理,待铣刨面干燥后,用山猫清扫机配合人工进行清扫,用空压机强风吹净,保证界面清洁、干净。

精铣刨机铣刨转子上装备的刀具要比标准转子多,且刀头较小,因此铣刨的效果更佳。精铣刨一方面可以对混凝土铺装不平整位置进行一定厚度的铣刨处理,实现找平,另一方面可以在铺装顶面上铣刨出一个新的、具有细密纹理的结合面,从而增加沥青面与混凝土层间的摩擦力,避免了行车后引起的搓板现象而影响平整度。精铣刨机施工效果如图6-26所示。

图6-26 桥面精铣刨施工效果

9. 达到的验收成品及效果

京石高速公路改扩建工程提高了桥面平整度控制指标。桥面铺装成品要求混凝土表面平整,无开裂,线形顺直,横坡坡度准确,排水良好;边角拆模后无破损,接缝凿毛彻底;混凝土密实,强度满足设计及规范要求。桥面铺装实测项目见表6-4。

复合型桥面铺装实测项目　　　　表6-4

检查项目	规定值或允许偏差	检查方法和频率
混凝土强度(MPa)	C50	按《公路工程质量检验评定标准》(JTG F80—2004)附录D检查
厚度(mm)	+10,-5	对比桥面浇筑前后高程检查,每100m查5处
平整度(mm)	3	3m直尺;每100m测3处×3尺
横坡坡度(%)	±0.15	水准仪;每100m检查3个断面

三、环氧沥青防水层的采用

环氧沥青无论在黏结能力、变形能力,还是在热稳定性方面,都具有明显的优势。环氧沥青防水黏结层能将混凝土桥面板铺装层连接为一个整体,可有效改善桥面铺装结构的受力状况,对铺装层的使用耐久性影响显著。一方面,黏结层将沥青混凝土铺装层与混凝土铺装黏结成一个整体,充分发挥铺装层与沥青面层的复合作用,改善受力情况。另一方面,环氧沥青防水黏结材料致密不透水,可以有效防止水分渗入桥梁结构内部,保证桥梁使用耐久。防止沥青层发生搓板、车辙现象,有效保证平整度。

防水层有以下几项要求:

(1)防水层材料经检测合格后方可使用。
(2)防水层铺设前必须全面清理桥面。
(3)防水层应闭合铺设,特别是横桥向。应避免在雨天或低温下铺设。
(4)在防水层施工完毕后未达到规定的时间,不得开放交通。

四、沥青铺装层平整度控制

桥面沥青面层施工时,利用平衡梁来控制施工厚度及平整度,平衡梁在行走时,由专人检查下层表面,如有浮渣要及时清理,如有堆积团物要及时铲走,以免平衡梁行过后,铺筑厚度及平整度发生变动。在施工中,沥青混凝土面层采用同性能同型号的 DT1800 摊铺机并铺,提高平整度。京石高速公路改扩建工程标准化施工要求平整度控制指标为:中面层 0.8mm、上面层 0.7mm。

桥面铺装是一个系统工程,桥面的最终平整度在于系统中各个环节和各道工序的控制,只有严格把关并配以先进的施工机具才能保障桥面的整体平整度。

第四节 路面平整度质量通病防治技术

高等级高速公路的修建,必须重视行车的舒适度。若平整度不佳,不仅难以满足汽车高速行驶的要求,而且还会增加汽车的燃耗和轮胎磨损,加大运输成本和运输时间,降低社会经济效益,甚至会危及行车安全。同时车辆冲击力越大,对道路的破坏越严重,会大大降低道路工程的投资效益,增加后期的养护维修费用。所以路面平整度成为衡量高等级道路性能的一项重要指表。京石高速公路改扩建工程从设计、施工角度提出相应的处理和控制措施,对沥青路面平整度成因和控制进行细致的探讨。

一、影响路面平整度原因

(1)结构设计不合理。
(2)下承层不平整。
(3)摊铺机械性能差。
(4)原材料质量差。
(5)碾压工艺不当。

（6）接缝处理效果差。

二、设计角度

京石高速公路改扩建工程沥青路面采用四层结构设计：8cm 厚 ATB-25 柔性基层 +6cm 厚 AC-20 橡胶改性沥青下面层 +6cm 厚 AC-20 橡胶改性沥青中面层 +4cm 厚 SMA-13 上面层。层间设置封层、黏层、防水层，如图 6-27 所示。

路面结构层设计合理，混合料类型合理。京石高速公路改扩建工程对沥青路面平整度指要求较高，标准化施工作业指导书对平整度控制指标要求如下：柔性基层 1.5mm，下面层 1.0mm，中面层 0.8mm，上面层 0.7mm，极大提高了平整度控制标准。

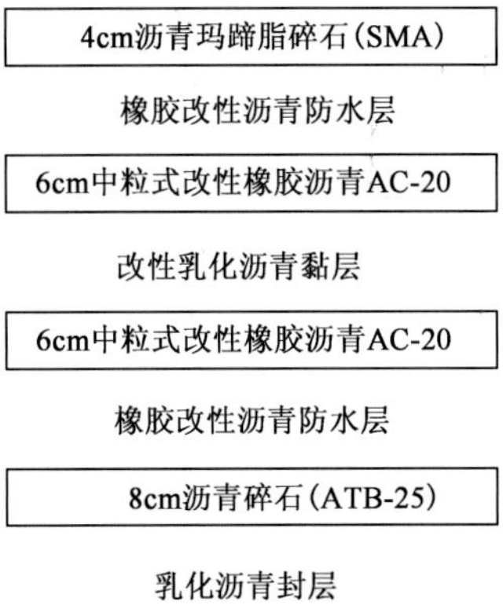

本项目最大的特点是下面层和中面层采用了 AR-HM20(W) 橡胶改性沥青，具有环保、节能、耐疲劳开裂、抗车辙综合性能，有效控制平整度。上面层采用了 SMA-13 沥青玛蹄脂碎石混合料，具有强度高、刚度大、耐磨、抗车辙性能好、高温稳定性好的特点，保证车辆运行后的平整度。

| 4cm沥青玛蹄脂碎石(SMA) |
| 橡胶改性沥青防水层 |
| 6cm中粒式改性橡胶沥青AC-20 |
| 改性乳化沥青黏层 |
| 6cm中粒式改性橡胶沥青AC-20 |
| 橡胶改性沥青防水层 |
| 8cm沥青碎石(ATB-25) |
| 乳化沥青封层 |

图 6-27 路面结构层示意图

由于改扩建工程的特点，旧路路面横坡、纵坡均需进行调整。为保证平整度要求，在柔性基层及下面层调整好坡度。为防止新旧路拼接位置发生病害影响路面平整度，设计采用了分级台阶开挖拼接、拼接位置铺设玄武岩纤维布、聚酯玻纤布等一系列技术措施。

三、施工机械设备标准化

京石高速公路改扩建工程为完成沥青路面大面积连续施工，避免因断料出现施工接缝而影响平整度，首先要求入场设备必须达到标准化要求。

每个标段建设 2 台 4000 型以上沥青拌和站，保证每日摊铺沥青混凝土量达到 6000t 的标准，沥青存储罐储备量达到 700t 以上。摊铺机要求同型号同性能，采用福格勒 2100-2、沃尔沃 8820 或中大 DT1800 型号设备三套（其中一套为伸缩式）。要求拌和、摊铺、碾压设备装配黑匣子，施工全过程监控记录。场站设备配置如图 6-28 所示。

四、原材料保证

1. 沥青

沥青由京石改扩建筹建处进行招标，选用中国石油天然气集团公司、中国石油化工集团公司两大沥青供应商，保证沥青各项性能指标达到要求，并要求其沥青储备达到 25000t，满足各标段沥青供应。

2. 集料

粗集料应选用洁净、干燥、表面粗糙、形状接近立方体，且无风化、无杂质，并有足够的强度、耐磨耗性的石灰岩，必须采用二次反击式或锤式破碎机加工，碎石分为三档：9.5~19mm、

4.75~9.5mm、2.36~4.75mm。级配符合《公路沥青路面施工技术规范》(JTG F40—2004)表4.8.3 中 S9、S12、S14 的有关规定。

a)

b)

c)

d)

图 6-28 沥青场站设备配置

机制砂必须采用专门生产机制砂的雷蒙磨设备生产,并选用优质的粒径为 10~20mm、洁净、无污染的石灰岩碎石加工而成,加工时应采取必要的防尘措施。机制砂级配要求见表6-5。

机制砂级配要求　　　　　　　　　　　　　　　　　　　　　　　表 6-5

规格	公称粒径(mm)	水洗法通过各种筛孔的质量百分率(%)						
		9.5	4.75	2.36	1.18	0.6	0.3	0.15	0.075
S16	0~3	—	100	80~100	50~80	25~60	8~45	2~25	0~15

3. 矿粉

矿粉必须采用石灰岩或岩浆岩中的强基性岩石等憎水性石料,采用球磨机加工磨细得到的矿粉,矿粉应干燥、洁净,能自由地从矿粉仓流出。矿粉质量技术指标见表6-6。

矿粉质量技术指标　　　　　　　　　　　　　　　　　　　　　　表 6-6

项　目	单　位	技 术 要 求	试 验 方 法
表观密度,不小于	t/m³	2.70	T0345
含水率,不大于	%	1	T0103

续上表

项　　目		单　　位	技术要求	试验方法
粒度范围	<0.6mm	%	100	T0351
	<0.15mm		90~100	
	<0.075mm		70~95	
外观		—	无团粒结块	—
亲水系数		—	≤0.8	T0353
塑性指数		—	<4	T0354
加热安定性		—	实测记录	T0355

4. 封层材料

基层顶面的黏结材料使用 SBR 改性沥青,应满足相应的技术指标,详见表6-7。

SBR 改性乳化沥青技术指标 表6-7

试验项目		指标要求	试验方法
破乳速度		快裂或中裂	T0658
粒子电荷		阳离子(+)	T0653
恩格拉黏度(25℃)		1~10	T0622
筛上剩余量(1.18mm)(%)		≤0.1	T0652
蒸发残留物含量(%)		≥50	T0651
与矿料的黏附性,裹覆面积		≥2/3	T0654
存储稳定性(24h)(%)		≤1.0	T0655
蒸发残留物性质	针入度(25℃)(0.1mm)	>40	T0604
	软化点(℃)	>50	T0606
	延度(5℃)(cm)	>20	T0605
	溶解度(三氯乙烯)	≥97.5	T0607
	黏韧性	>5	T0624

5. ATB-25 柔性基层

普通热沥青应满足相应的技术指标,详见表6-8。

热沥青技术指标 表6-8

指　　标	单　　位	技术要求 70号	试验方法
针入度	0.1mm	60~80	JTG E20—2011,T0604
针入度指数	—	实测	JTG E20—2011,T0604
60℃动力黏度	Pa·s	≥180	JTG E20—2011,T0620
15℃延度	cm	≥100	JTG E20—2011,T0605
10℃延度	cm	≥20	JTG E20—2011,T0605
软化点	℃	≥46	JTG E20—2011,T0606

续上表

指 标		单 位	技术要求 70号	试 验 方 法
闪点(COC)		℃	≥260	JTG E20—2011,T0611
含蜡量(蒸馏法)		%	≤2.2	JTG E20—2011,T0615
密度(15℃)		g/cm³	实测记录	JTG E20—2011,T0603
溶解度		%	≥99.5	JTG E20—2011,T0607
TFOT(或RTFOT)后	质量变化	%	±0.3	JTG E20—2011,T0610
	针入度比	%	≥61	JTG E20—2011,T0604
	15℃延度	cm	≥15	JTG E20—2011,T0605
	10℃延度	cm	≥6	JTG E20—2011,T0605

6. ARHM20(W)橡胶改性沥青技术要求

橡胶改性沥青每车必须检验针入度、延度、软化点、180℃运动黏度，建议软化点控制在65℃以上且黏度在1.5~3Pa·s，橡胶沥青在使用前取样检验是否有离析现象，确认无明显的分离、凝聚等现象后方可使用。各项技术指标见表6-9。

橡胶改性沥青技术指标　　　　表6-9

检 验 项 目		技 术 要 求
180℃运动黏度(Pa·s)		1~3
针入度(25℃,100g,5s,0.1mm)		40~60
延度(5cm/min,5℃),≥		10
软化点(环球法,℃),≥		60
闪点(℃),≥		230
TOFT后残留物	质量损失(%),≤	1
	25℃针入度比(%),≥	60
	延度(5℃),≥	5
离析,软化点差(℃),≤		5
25℃弹性恢复(%),≥		75
SBS改性剂添加量不小于(%)		3

7. 上面层SMA-13

SMA是由沥青、纤维稳定剂、矿粉和少量的细集料组成的沥青玛蹄脂填充间断级配的粗集料骨架间隙而组成的沥青混合料。它是由足够的沥青结合料和具有相当劲度的沥青玛蹄脂胶浆填充在粗集料形成的石—石嵌挤结构的空隙中形成的。因此，它具有高温、低温稳定性，良好的水稳定性，良好的耐久性和表面功能(抗滑、车辙小、平整度高、噪声小、能见度好)。SMA路面耐久性好，故养护工作少，使用寿命长，综合经济效益和环境效益好。SMA路面沥青采用SBS改性沥青，技术指标见表6-10。

SBS 改性沥青技术指标　　　　表6-10

指　　标		单　位	技术指标 I-D 级	试 验 方 法
针入度(100g,5s,25℃)		10^{-1}mm	40~55	JTG E20—2011,T0604
针入度指数,不小于		—	0	JTG E20—2011,T0604
5℃延度		cm	≥20	JTG E20—2011,T0605
软化点		℃	≥70	JTG E20—2011,T0606
135℃运动黏度		Pa·s	≤2.5	JTG E20—2011,T0625
闪点		℃	≥230	JTG E20—2011,T0611
溶解度		%	≥99	JTG E20—2011,T0607
储存稳定性离析	顶部、底部软化点差	℃	≤2.5	JTG E20—2011,T0661
	顶部、底部软化点平均值与原样沥青软化点差	℃	≤8.0	—
弹性恢复		%	≥80	JTG E20—2011,T0662
RTFOT 后残留物	质量变化	%	≤±0.4	JTG E20—2011,T0609
	针入度比	%	≥65	JTG E20—2011,T0604
	5℃延度	cm	≥15	JTG E20—2011,T0605

五、沥青路面平整度控制措施

在实际施工中,为了加强对沥青混凝土路面平整度的控制,应从以下几个方面着手。

(一)沥青混合料的配比设计控制

混合料的组合设计,经过目标配合比、生产配合比和生产配合比验证三个阶段调试后,确定粗集料、细集料、矿粉和沥青材料相互配合的最佳组成比例,使其既满足面层设计要求,又符合经济的原则。要求施工单位正式施工前提前一个月选定材料厂家,由监理单位及业主亲自对料源进行考察,联合科研单位及课题单位对目标配合比和生产配合比进行设计和验证。

为提高混合料的高温稳定性,在沥青混合料中,增加粗矿料含量,从而提高沥青混合料的内摩阻力。同时适当提高沥青材料的黏稠度,控制沥青与矿料的比值,严格控制沥青用量,采用活性矿粉以改善沥青与矿料的相互作用,提高沥青混合料的黏结力。

为提高混合料低温抗裂性,在组合设计中,选用稠度较低、温度敏感性低、抗老化能力强的沥青。同时在沥青中掺入橡胶等高聚物,提高混合料低温抗裂性。

(二)沥青混合料拌和控制

(1)清除沥青混合料超尺寸颗粒,检查振动筛,调整冷料仓上料速度。
(2)清除混合料中的花白料,升高集料加热温度或增加拌和时间,或减少矿粉。
(3)清除湿料,禁止使用含水率大于7%的细集料。
(4)消除混合料无色泽,严格控制沥青加热温度。
(5)消除矿料颗粒的明显变化,控制沥青、矿料的加热温度,在施工中严格控制热拌沥青混合料温度。

（6）为了保证均匀、连续、不间断摊铺，不出现接缝，应经常保持在摊铺机前有 4～5 车沥青混合料待卸。

拌和站监控及试验检测如图 6-29 所示。

a)　　　　　　　　　　　　　　　　b)

图 6-29　拌和站监控及混合料检测

（三）施工机械、工艺及控制

1. 沥青路面施工设备要求

沥青路面施工设备要求见表 6-11。

标准化施工设备要求　　　　　　　　　　　　　表 6-11

序号	设备名称	型号	数量
1	沥青拌和楼	4000 型	2
2	摊铺机	福格勒 2100-2 型或沃尔沃 8820 型以上，3 台固定式，1 台伸缩式	4
3	双钢轮振动压路机	静质量≥13t	4
4	胶轮压路机	静质量≥30t	3
5	自卸运输车	30t 以上	25
6	同步碎石封层机	相当于 SECMAIR 公司 30、40 通用型或 XY5250TSF 型	1
7	智能沥青洒布车	相当于 SX5190G1Q 型	2
8	洒水车	10t	2
9	小型夯机	汽夯	1
10	森林灭火器	MF 型	1
11	装载机	50 型	6

2. 下承层控制

严格控制基层平整度，面层铺筑前用 3m 直尺对基层进行平整度检测，平整度差且大于 8mm 的路段应进行整平。面层摊铺前认真清扫基层表面，确保基层表面整洁，没有松散浮料和杂质。认真抄平放线,确保基层高程和基准线高程准确无误。基层高程超过允许范围时,高处必须铣刨。面层铺筑前受到其他工序污染,如表面滴落水泥成硬渣时,应予及时清除,以确保面层平整度。

3. 拼接位置处理

(1)清理缝面和台阶:接缝面不允许有松动抛散的集料、无灰尘、不污染,台阶面上不应有上层留下的夹层和杂物。

(2)喷洒封层、黏层油。要求喷洒均匀,接缝面不露白不流淌。

(3)拼接位置铺设玄武岩纤维布、聚酯玻纤布。

(4)接缝面处补料、剔除粗集料。摊铺机在接缝面处侧挡板要到边,使热料填满接缝面,若发现粗集料紧贴缝面则要剔除,填料不足的部位要人工填补,确保接缝面沥青混合料都能均匀填满。

(5)接缝压实。压路机距接缝面20~30cm先将热料稳压以防止接缝处集料推移,再贴紧接缝振压接缝处沥青混合料,使接缝处新旧沥青混合料互相嵌挤形成整体。

(6)横向接缝尽量留在结构物处,因故不能实现时要留出横向拼接台阶,宽度不小于2.0m,垂直切缝严格按冷接缝工艺要求处理。

4. 玄武岩纤维布施工控制

在新旧路面结合部位(距设计中线9.75m处)以距中线9.75m的纵向拼接施工缝为控制线,向控制线两侧各洒布1.1m宽A级70号普通热沥青,热沥青洒布量为$0.6±0.05kg/m^2$,随之在热沥青上铺设一道2m宽玄武岩纤维布,施工时保证新旧路面衔接处铺设的玄武岩纤维布在同一平面上。距离中线8.25m处的第一级油面台阶侧面涂刷热沥青,压路机碾压时,放慢速度匀速碾压,防止玄武岩纤维布起皱。拼接位置热沥青洒布及玄武岩纤维布施工如图6-30。

a)　　　　　　　　　　　　　　b)

图6-30　热沥青洒布及玄武岩纤维布铺设

5. 聚酯玻纤布施工控制

为了有效地延缓接缝处裂缝,减少拼接处应力,增强接缝效果,在中面层底部拼接处铺设聚酯纤维布,施工时先对拼接部位顶面进行清理,接着洒布热沥青,之后以距中线9.75m拼接处施工缝为控制线,向新旧路面各延伸50cm铺设聚酯纤维布,如图6-31所示。

聚酯玻纤布的技术指标详见表6-12。供货单位须提交出厂检验报告及检测机构出具的检测合格报告，经抽检合格后方可进场。施工单位应妥善保管聚酯玻纤布，以防其受潮、污染或破损。

聚酯玻纤布材料技术指标　　　　　　　　表6-12

性　质		单位	数值	测试方法
抗拉强度	纵向	KN/m	>7	T1121—2006
	横向	KN/m	>7	T1121—2006
	纵横比	—	0.85~1.15	T1121—2006
断裂延伸率	纵向	%	<5	T1121—2006
	横向	%	<5	T1121—2006
梯形撕裂强力	纵向	N	>35	T1125—2006
	横向	N	>35	T1125—2006
CBR顶破强力		N	>550	T1126—2006
熔点		℃	>230	ASTMD276
沥青吸收量		kg/m²	>0.7	ASTMD6140
单位面积质量		g/m²	>125	T1111—2006
厚度(2kPa)		mm	<1.2	T1112—2006

a)

b)

图6-31　聚酯纤维布施工控制

（1）待铺设表面清扫。在喷洒黏结料前，应将拼宽柔性基层顶面清扫干净。保持工作面无水分，雨后必需待工作面干燥后方可施工。

（2）测量、画线。在经监理工程师验收合格的拼宽柔性基层顶面，按拟铺设的聚酯纤维布宽度在拼接缝两侧定好基准线，拼接缝居中，并用石灰或粉笔画线作为铺设依据。

（3）喷洒黏结料：将支架上的聚酯纤维布摆正，使聚酯纤维布垂直于拼接缝。在底面画线范围内用沥青喷洒车洒布热黏结料，喷洒黏结料的横向范围要比聚酯纤维布宽5cm。洒布热黏结料时，施工温度应在10℃以上，热黏结料最佳温度应保持在165~180℃。洒布热黏结料时要喷洒均匀，用量为0.6±0.05kg/m²，具体用量根据现场摊铺效果确定。

(4)聚酯纤维布的铺设与搭接。在黏层油仍呈液体状时,立即铺设聚酯纤维布,不得使沥青喷洒车与聚酯纤维布铺设距离过远。在进行施工时,铺设设备配置涂刷和铁碾子,以保证聚酯纤维布能及时被压实在黏结料上;若铺设时发生褶皱或打折现象,应及时用工具刀切开褶皱部位,然后在铺设方向上再搭接起来,用黏结料胶结并压实,以保证聚酯纤维布与黏结料的良好黏结。聚酯纤维布铺设施工时,应尽可能铺设成一条直线;当需要转弯时,将聚酯纤维布弯曲处剪开,重叠铺设并喷涂黏结料胶结,应尽量避免聚酯纤维布打折起皱。在弯道安装时若有不便,应尽量减少聚酯纤维布铺设长度。

(5)保养维护。聚酯纤维布铺设施工完成后,在热黏结料未冷却至常温时应禁止行人或车辆进入,以防止由于车轮黏油将聚酯纤维布带起或破坏。禁止任何车辆在聚酯纤维布上行驶时突然刹车或急转弯,以免对聚酯纤维布造成极大破坏。

6.洒布黏层油质量控制

(1)为加强沥青面层的层间黏结,聚酯纤维布铺设完成后,全断面洒布SBR改性乳化沥青黏层,改性乳化沥青洒布量控制在$0.3 \sim 0.6 kg/m^2$。

(2)气温低于10℃、路面潮湿时不得喷洒黏层油。

(3)黏层油必须以均匀雾状进行喷洒,使路面全宽内形成一均匀薄层,不得洒花、漏空或成条状,也不得有堆积现象。喷洒不足要补洒,喷洒过量要刮除。黏层油喷洒后,严禁运料车以外的车辆及行人通过。

(4)黏层施工结束后应立即铺筑沥青混凝土,确保黏层不受污染

7.摊铺机结构参数和调整

(1)熨平板宽度选定的原则。对称原则:组合后的熨平板应与机械本身左右对称。最小接缝原则:熨平板的组合宽度内应尽可能减少纵向接缝。纵向接缝不重合原则:在多层次路面的上下层纵向接缝不重合。

(2)熨平板初始工作角的选择。熨平板初始工作角主要根据摊铺层厚度选择,即在同一沥青混合料的条件下,对较大的摊铺厚度应选用较大的初始工作角。

(3)熨平板拱度的调整。熨平板拱度值应按设计给定值进行调整,需要有适当的前后拱差值,一般前拱比后拱大$3 \sim 5 mm$。

(4)螺旋分料器与熨平板前缘距离的调整控制。这一距离调整,主要涉及混合料下料速度及其通过性。

(5)摊铺机振捣器、夯锤的控制。控制的主要依据是摊铺厚度和摊铺密实度,一般采用小振幅(控制在$4 \sim 12 mm$为宜),以避免面层松散和整体强度下降。

8.摊铺机基准线控制

摊铺机在进行自动找平时,需要有一个准确的基准面(线),其基本原则是:当控制高程为主时,以走钢丝为宜;当控制厚度为主时,则采用浮动基准梁法。设计原则为通过最下面两层油面将横坡调整完毕,故下面层采用走钢丝,如图6-32所示。中面层在桥涵两侧各顺延$50 \sim 100 m$挂钢丝保证顺接,其他位置中面层和表面层用浮动基准梁法。

9.摊铺机的摊铺进度控制

京石高速公路改扩建工程要求沥青施工采用同性能同型号摊铺机,同步施工控制。摊铺机以梯队方式施工,摊铺机纵向间距控制在8m左右,采用基准线控制高程、厚度,后面摊铺机

在前面摊铺机已摊铺好的松铺层上架设滑靴基准,如图6-33所示。摊铺机应该匀速、不停顿连续摊铺,严禁时快时慢。因摊铺速度的变化必然导致摊铺厚度的变化,为了保证厚度不变,就要调节厚度调节器以及捣固器和熨平板的激振力与振捣梁行程,但人工调节是凭经调节,在速度变化处会引起摊铺后预压密实度的变化,从而导致最终压实厚度的差异,影响路面平整度。

a)

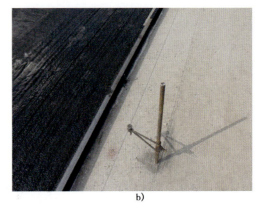
b)

图6-32 两侧挂钢丝控制高程

a)

b)

图6-33 摊铺机并铺施工

(1)摊铺机速度一般为2～6m/min,实际摊铺速度取决于拌和机的产量,可按下式进行计算:

$$V = C \times Q/(60BH\gamma)$$

式中:V——摊铺速度,m/min;

Q——搅拌设备产量,t/h;

H——摊铺宽度,m;

B——摊铺厚度,m;

γ——混合料密度,t/m³;

C——摊铺机的效率系数、应根据材料供应、拌和机的生产能力与运输能力等配套情况确定,一般取0.9左右。

(2)在摊铺过程中应尽量避免停机,应将每天必须停机中断摊铺点放在构造物一端位置。在中途万一停机则马上将熨平板锁紧不使其下沉。

10. 摊铺机操作控制措施

选用熟练的摊铺机操作手,并进行上岗前培训。在摊铺过程中,运料车应在摊铺机 10～30m 处停住,并挂空挡,依靠摊铺机推动缓慢前进,并应有专人指挥卸料车进行卸料。确保摊铺机供料系统的工作具有连续性,即保证脚轮(输送轮)内的料位高度稳定、均匀、连续,料位高度保持在中心轴以上叶片的 2/3 处为宜。如中断摊铺时间短,仅受料斗内的混合料已经冷硬,则应先将受料斗内已冷硬的混合料铲干净,然后重新喂料。派专人负责及时清扫洒落的粒料。摊铺前,熨平板必须清理干净,调整好熨平板的高度和横坡坡度后,预热熨平板。熨平板的预热温度应接近沥青混合料的温度。

11. 碾压质量控制

碾压质量直接影响到路面的密实程度和行车后的平整度,碾压不密实,开放交通以后,行车密实以后,路面变形就会很大,平整度衰减就快。

(1)沥青的温度控制是碾压质量提高的保证,见表 6-13～表 6-15。

普通沥青的施工温度控制(℃) 表 6-13

沥青种类		70 号沥青
沥青加热温度		155～165
矿料加热温度(间歇式拌和机)		集料比沥青加热温度高 10～20(填料不加热)
沥青混合料出厂正常温度		160～170
混合料储料仓储存温度		储料过程中温度降低不超过 10
混合料废弃温度,高于		195
运输到现场温度,不低于		155
摊铺最低温度,不低于	正常施工	150
	低温施工	155
开始碾压的混合料内部温度,不低于	正常施工	140
	低温施工	145
碾压终了的路表温度,不低于		90

橡胶沥青的施工温度控制(℃) 表 6-14

沥青种类		橡胶沥青
沥青加热温度		175～195
矿料加热温度(间歇式拌和机)		集料比沥青加热温度高 10～20(填料不加热)
沥青混合料出厂正常温度		180～190
混合料储料仓储存温度		储料过程中温度降低不超过 10
混合料废弃温度,高于		210
运输到现场温度,不低于		165
摊铺最低温度,不低于	正常施工	165
	低温施工	—
开始碾压的混合料内部温度,不低于	正常施工	155
	低温施工	—
碾压终了的路表温度,不低于		110

改性沥青 SMA-13 的施工温度控制(℃)　　　表 6-15

沥青种类		SBS 改性沥青
沥青加热温度		165~175
矿料加热温度(间歇式拌和机)		集料比沥青加热温度高 10~20
沥青混合料出厂正常温度		175~185
混合料储料仓储存温度		储料过程中温度降低不超过 10
混合料废弃温度,高于		195
运输到现场温度,不低于		165
摊铺最低温度,不低于	正常施工	165
	低温施工	—
开始碾压的混合料内部温度,不低于	正常施工	155
	低温施工	—
碾压终了的路表温度,不低于		110

（2）沥青混凝土面层的碾压通常分为三个阶段进行，即初压、复压和终压。

①初压。第一阶段初压习惯上称为稳压阶段。由于沥青混合料在摊铺机的熨平板前已经初步夯击压实，而且刚摊铺成的混合料的温度较高，因此只要用较小的压实就可以达到较好的稳定压实效果。通常用 13t 及以上的双轮振动压路机以 2km/h 左右速度进行静压 1 遍。

②复压。第二阶段复压是主要压实阶段。在此阶段至少要达到规定的压实度，因此，复压应该在较高温度下并紧跟在初压后面进行。复压期间的温度不应低于规定温度，采用双轮振动压路机配合胶轮压路机一起进行碾压(SMA 面层使用双钢轮压路机)，碾压遍数参照铺筑试验段时所得的碾压遍数确定。

③终压。第三阶段终压是消除缺陷和保证面层有较好平整度的最后一步。由于终压要消除复压过程中表面遗留的不平整，因此，沥青混合料也需要有较高的温度。终压常使用双轮压路机并应紧接在复压后进行。终压结束时的温度不应低于沥青面层规范中规定的温度，应尽可能在较高温度下结束终压。

在施工现场，碾压应是初压、复压和终压的压路机各自在相互衔接的小段上碾压并随摊铺速度依次向前推进。当然，实际碾压过程中压路机会超过初压与复压或复压和终压的分界线；为使压路机驾驶员容易辨明自己应该碾压的路段，用彩旗或其他标记物放在初压与复压或复压与终压的分界线上，并根据沥青混合料的温度和碾压遍数移动这些标记物，指挥驾驶员及时进入下一小段进行碾压。

为保证各阶段的碾压作业始终在混合料处于稳定的状态下进行，碾压作业应按下述规则进行：由下而上(沿纵坡和横坡)，先静压后振动碾压。

初压和终压使用双轮压路机，复压使用振动压路机和轮胎压路机。碾压时驱动轮在前，从动轮在后。后退时沿前进碾压的轮迹行驶。压路机的碾压作业长度应与摊铺机的摊铺速度相平衡，随摊铺机向前推进；压路机折回去在同一断面上，呈阶梯形。当天碾压完成尚未冷却的沥青混凝土层面上不应停放一切施工设备(包括临时停放压路机)，以免产生形变。压实成型的沥青面层完全冷却后才能开放交通,以保证沥青路面平整度。碾压工艺如图 6-34 所示。

图 6-34　沥青路面碾压施工

12. 接缝处理

接缝和桥头处往往是平整度最差、容易出现跳车的地方,为了减少跳车、提高平整度,要尽量减少接缝尤其是纵向接缝,认真做好热接缝。在施工缝及构造物两端的连接处仔细操作,保证接缝处沥青混合料紧密、线形平顺和平整度达到要求。

摊铺工作中断或当天摊铺任务结束,需要设置一道横向施工缝。横缝应与铺筑方向大致呈直角,严禁使用斜接缝。相邻两幅及上、下层的横向接缝均应错位 1m 以上。横缝应有一条直接碾压成良好的边缘。在下次行程摊铺前,应在上次行程的末端涂刷适量改性乳化沥青,并注意设置熨平板的高度,为碾压留出适量的预留量。

按京石高速公路改扩建工程机械要求组合,路面接缝有以下几种:第一种是摊铺机纵向热接缝,第二种是横向施工缝,第三种是新旧路面衔接处接缝。

(1) 纵向接缝处理

面层单幅摊铺,摊铺设备形成梯队作业,摊铺机的纵向接缝应采用热接缝。应注意新摊铺带必须与前一条摊铺带的松铺厚度相同。即施工时已铺混合料部分留下 10～20cm 宽暂不碾压,作为后铺部分的高程基准面,待后摊铺部分完成后,一起跨缝碾压以消除缝迹。

为保证平整度,纵向热接缝的处理应遵循以下要点:

① 纵向热接缝的设置部位应根据摊铺的总宽度和各台摊铺机熨平板的宽度来确定。上、下层的纵向热接缝应错开至少 15cm 以上,表面层的热接缝宜设在路面车道的标志线部位。

②多台摊铺机梯队并行作业时,相邻两台摊铺机前后相距不宜超过5m,以确保混合料的摊铺温度基本一致。

③相邻两台摊铺机的铺层应留有25～30cm的重叠宽度,重叠宽度不宜太大以免影响接缝处的平整度。第二台摊铺机的熨平板骑跨在已铺层上,其侧挡板的高程应保持与领头的第一台摊铺机熨平板底面相同的高程。

④热接缝的碾压应在接缝形成后尽快碾压,应先碾压领头摊铺机铺层邻近接缝处的混合料。压路机应沿着离开铺层边缘150cm的纵向线进行碾压,然后再骑跨在接缝上碾压第二遍。

(2)横向接缝处理控制

应采用垂直接缝,铺筑工作的安排应使横向接缝都保持在最小数量,每个工作日只允许出现一条横向接缝。接缝处必须连接平顺、接缝紧密,不得产生明显的接缝离析,其密度和表面修饰应与其他部分相同。应做到紧密黏结、充分压实、连接平顺。摊铺层尾部处理如图6-35所示。

图6-35 摊铺层尾部需铲除部分示意图

①在已成型沥青层的端部,先用6m直尺检查,将平整度超过3mm的部分挖去,挖除干净,并将切面上的污染物用钢丝刷刷干净,涂以黏层沥青,摊铺机再就位。接缝处保持线条顺直,固定1台压路机处理接缝。

②横向冷接缝应采用平接缝垂直接口的形式,上、下层横向接缝的部位应至少错开1m。

③已压实铺层接头处厚度逐渐变小的部位应用切缝机切开后将其铲除。切缝宜在铺层碾压后已基本冷却但尚未结硬时进行。

④切缝的位置应用6m直尺测量确定,并应离开厚度变小的转折点至少1m,切缝应沿着路面纵轴垂直切除,切除深度为铺层厚度。

⑤在接茬处涂刷适量黏层油,如能对接缝垂直而用汽油喷灯适当加热,其黏结效果会更好。

⑥摊铺机熨平板放置在接茬处已铺路面上,在熨平板宽度方向垫两块垫木,厚度为铺层虚铺厚度与设计厚度之差。

⑦在正确的操作下横向接缝的修整工作应该是很小的。修正时应用6m直尺沿着路面宽度逐一量测,如局部有凹陷可用过筛的热细混合料撒布凹陷处并刮平,局部凸起处应用刮板刮平。

⑧横向接缝的碾压是工序中重要一环。碾压时采用静作用压路机,并在摊铺机离开后尽快开始,用垂直于路线横向碾压。此时滚轮应支承在已压实的冷路面上,采取逐步进入热铺层1/4轴宽错轴的方式,直至整机在热路面上横压。然后改用纵向正常碾压。

施工缝处理如图6-36所示。

13.路面平整度检查

沥青路面铺筑工程中随时都应对平整度进行检查,如图6-37所示。各结构层平整度应符合表6-16的规定。

a)　　　　　　　　　　　　　　　　b)

图 6-36　施工缝处理

 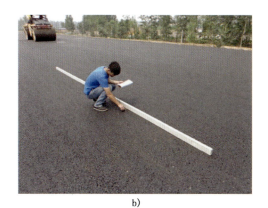

a)　　　　　　　　　　　　　　　　b)

图 6-37　施工过程中检测

沥青路面外观及平整度控制指标　　　　　　　　表 6-16

项　目		检查频度及单点检验评价方法	京石高速公路改扩建工程	试 验 方 法
外观		随时	表面平整密实,不得有明显轮迹、裂缝、堆积、油包等缺陷,且无明显离析	目测
接缝		逐条缝检测评定	3mm	3m 直尺
平整度	上面层	连续测定	0.7mm	路面平整度仪
	中面层	连续测定	0.8mm	路面平整度仪
	下面层	连续测定	1.0mm	路面平整度仪
	柔性基层	连续测定	1.5mm	路面平整度仪

14. 车载式激光路面平整度仪检测

本项目为控制好路面平整度,引进了 LIPRES 车载式激光路面平整度仪进行跟踪检测。精度(偏差):<0.05mm;分辨率:<0.004mm;线性:±0.075%。

车载式路面激光平整度仪采用激光传感器和垂直加速度传感器组合成惯性参照路面纵断面剖面检测系统,实时检测包括短波长及长波长的路面纵断面剖面曲线(直线式检测类),同时获得各种路面评价指标,包括国际平整度指标(IRI)、平整度标准差(σ)、观测打分值(RN)、行驶质量指数（RQI）和路面构造深度（TD）。厉普勒斯平整度仪可在正常车速的条件下对路面进行长距离快速自动检测及数据分析与评价。新设备的使用保证了路面平整度控制。车载式激光路面平整度仪检测如图6-38所示。

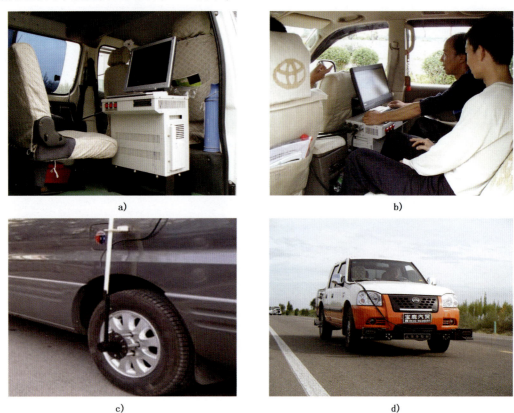

图6-38 车载式路面激光平整度仪检测

本 章 小 结

桥头跳车、桥面铺装平整度差及沥青路面平整度差是影响高速行车舒适度的三个重要因素。京石高速公路改扩建工程施工过程中，针对影响行车舒适度的这三类质量通病采取了一系列工程技术、管理上的措施，力争消除这三类质量通病。原材料采用甲供和甲控两种方式进行，由咨询单位专家进行实地考察，保证材料供应质量。施工设备全部按京石改扩建筹建处标准化文件实施细则进行配备，机械专家组现场考核验收。全线推行标准化施工，并结合重点工艺选择优秀标段举行现场观摩会。路面施工过程中通过在拌和楼安装黑匣子、自动检测设备实现全过程对沥青混合料拌和质量进行监控。具体采取了以下处理措施。

（1）桥头跳车防治

①桥头部位采用CFG桩、高压旋喷桩、水泥搅拌桩等三种工艺进行软基处理，防止不均匀沉降造成桥头跳车。

②台背回填根据施工进度要求分别采用了7%灰土、液态粉煤灰轻质材料。

③台背回填执行驻地监理验收负责制。

④首次利用冬闲备土通过堆载预压结合沉降观测等方式防治桥头跳车。

(2)桥面铺装平整度控制

①桥梁支座垫石执行四方现场验收制度,保证垫石标高、平整度,保证了预制梁板架设后顶部横坡、纵坡平顺。

②进行标准化工艺培训,采用桥面铺筑混凝土摊铺机进行施工,电动抹光机抹面。

③大中小桥设计时桥面铺装高程额外抬高1cm,采用精铣刨机进行铣刨处理。

④铺设桥面沥青面层时桥涵结构物两侧各50~100m挂钢丝顺接高程,保证顶面平整度。

(3)路面平整度控制

①提高路面下承层、路面平整度控制指标。

②设计采用四层油面,明确了旧路横坡的改造方案,旧路加铺改造施工时通过下面层调整好高程和平整度,保证表面层的平整度。

③场站建设、机械配备高标准,保证施工连续性,减少施工缝。

④原材料及配合比由咨询单位进行指导,保证混合料的质量,定期邀请全国知名路面专家现场指导施工。

⑤拌和系统及摊铺系统装配黑匣子,做到全过程监控。

⑥采用厉普勒斯激光平整度仪全线进行检测,及时跟踪控制质量。

质量通病的防治不仅仅取决于工程技术措施,还与参建人员的责任心、现场施工条件等许多主客观因素相关。京石高速公路改扩建工程通过以上工程技术、管理措施对这三大质量通病的防治进行了探索,取得了一定的成果,希望为上述三大质量通病的消除积累一些经验。

第七章 八车道高速公路交通安全设施设计与创新

第一节 多车道高速公路交通安全设施概述

通常习惯上将双向四车道以上的公路称为多车道公路,常见形式有六车道、八车道公路、十车道高速公路。考虑到实际通行能力的需要和经济能力,且十车道及其以上车道高速公路所面临的技术问题较为复杂,因此我国多数地区高速公路改扩建均采用"四改八"的扩建方案。而八车道高速公路在交通安全特性上除了具有高速公路的共性外,还具有不同于其他形式高速公路的个性。

交通安全设施包括道路交通标志、标线、护栏、隔离设施、防眩设施、视线诱导设施等,对减轻事故严重度,排除纵、横向干扰,提高道路服务水平,提供视线诱导,改善道路景观等起着重要的作用。经过20多年对道路交通安全设施的努力研究,目前我国,已经在交通安全设施设计方面取得了很大进步。而高速公路改扩建则是一个弥补以往交通安全设施设计不足的良机,我们有必要结合我国国情,吸取先进国家、兄弟省市的成功经验,引进先进的技术和理念,提高交通安全设施的设计水平,进一步加强公路安全保障。同时随着八车道高速公路建设的兴起,八车道高速公路交通安全设施的设计需要有相关的技术标准和规范指导,而现有的国家标准及设计规范主要立足于四车道高速公路,对其安全设施的设计及运营管理进行规定,对于多车道速公路还未有相关的国家标准及设计规范,因此有必要对交通安全特性、交通组织和交通安全设施的设计进行专门研究。

原四车道高速公路变为八车道高速公路后,路基较宽,单向车道数较多,加之改扩建所经过地区一般经济发达,互通立交密集,驾驶环境复杂,本章从具体的京石高速公路改扩建工程实际出发,结合对八车道交通安全设施设计的研究,探索加强八车道高速公路交通安全保障措施,同时为高速公路改扩建提供合适的参考。

一、八车道高速公路交通安全运行特点与隐患分析

与四车道高速公路相比,多车道高速公路大幅度提升了公路通行能力,提高了服务水平,促进了交通运输效率。但是,由于多车道高速公路具有车道数多、交通流量大、车型复杂、车辆性能差异大等特点,特别是在我国目前公众安全用路和驾驶习惯等有待提高的条件下,已经通车的多车道高速公路都存在不容忽视的安全问题,主要表现为:

(1)事故损失和伤亡程度较大。随着路段交通量的不断增加,交通事故发生的数量和概率在不断增大,由此导致事故损失和伤亡程度有所增加。

(2)违法变更车道事故比例较大。多车道高速公路行车道的增多让公路空间更为开阔,

行车更为顺畅,然而,根据调查,经常有车辆为超车而见缝插针地变更车道,甚至连续跨越几个车道,原本相对稳定的车流秩序被车辆的急速变道打乱,增加了事故发生的概率。

(3)小客车超速事故显著增多。小客车机动性能好,行车环境优良,驾驶员驾驶舒服,往往不知不觉地加速行车,使运行车速超过了车辆状况和道路交通环境所能允许的程度,导致超速事故显著增多。

(4)互通出入口成为事故较为频发的路段。多车道高速公路出入口和基本路段相比,交通事故频发,事故率显著高于基本路段,由于互通区存在冲突点,并且主要是车辆之间的碰撞和刮擦,多车事故较多。事故分析呈现下列特征。

①改扩建之后,交通事故数量呈现明显先上升后下降的分布规律,但事故的严重程度增大。分析其主要原因是由于改扩建初期通车时间较短,车流量相对较少,车道数增多,小型车相互超车、随意变道的情况严重,极易诱发事故,后期随着对驾驶环境的熟悉事故率反而出现下降。

②事故形态中,追尾事故较多。

③单车事故比例高,主要原因表现为良好驾驶环境单车驾驶员注意力不集中,超速行驶、随意变道等,从而引发其他车辆事故。

二、八车道高速公路交通安全设施设置存在的主要问题与需求

(1)交通标志设置有效性不够,指路标志设置不系统,导致立交出口处车辆违规停车、倒车的现象较为普遍。

多车道高速公路路幅宽,车辆运行速度快,驾驶员对交通标志,特别是指路标志的需求更高。通过调查可以发现,由于指路标志设置不够醒目,信息指引不系统,经常发生车辆在出口处临时停车查看标志、倒车的现象(图7-1),甚至出现在高速上带路的人员(图7-2),造成巨大的交通事故隐患。

图7-1 车辆在立交区出口处违规倒车　　　　图7-2 出口处提供带路服务的人员

(2)护栏过渡段、端头设计存在安全隐患。

与四车道高速公路相比,多车道高速公路路幅宽,车辆失控后与护栏的碰撞角度大,如图7-3所示。如果中央分隔带或路侧护栏端头没有进行精细设计或适当外展,极易发生护栏板插入车厢的事故,如图7-4所示,造成重大人员伤亡。

(3)货车比例高,小车换道、驶出高速公路受到影响。这对科学、有效的指路信息提前指引及有效的防护设施提出了更高的要求。

多车道高速公路载重货车的比例高,大型车辆并排占用内外侧车道的现象非常普遍,一定程度上对高速公路的通行能力特别是小型车辆正常的行驶状态产生了影响,如图 7-5 所示。因此,必须通过科学、有效的指引系统,提前向驾驶员提供指引信息,并提升指路标志的有效视认距离,保障车辆安全、顺畅地换道,从出口驶出。

图 7-3 多车道高速公路车辆与护栏的碰撞角度更大

a)

b)

图 7-4 冲撞护栏端头交通事故

a)

b)

图 7-5 大货车阻挡小型车辆有效换道

第二节 多车道高速公路指路标志设置方式研究

一、多车道高速公路支撑结构形式的遴选

(一)不同交通标志结构形式的特点

交通标志按显示位置分类,分为路侧和车行道上方两种,对应的支撑结构形式为柱式、路侧附着式、悬臂式、门架式、车行道上方附着式。不同交通标志结构形式如图 7-6 所示。

①单柱式结构适用于版面较小、内容较简单的标志。

②双柱式结构适用于长方形的指示或指路标志。

③悬臂式结构适用于柱式安装有困难;道路较宽、交通量较大、外侧车道大型车辆阻挡内侧车道小型车辆视线;视距或视线受限制;景观上有要求的路段。

④门架式结构适用于多车道道路(同向三车道以上)需要分别指示各车道去向;交通量较

大、外侧车道大型车辆阻挡内侧车道小型车辆视线;交通流在较高运行速度下发生交织、分流和合流的路段,如:互通式立体交叉间隔距离较近标志设置较密处、高速公路与高速公路相交的互通立体交叉主线区域等;受空间限制,柱式、悬臂式安装有困难;出口匝道在行车方向的左侧;景观上有要求的路段。

a) 单柱式交通标志结构

b) 双柱式交通标志结构

c) 悬臂式交通标志结构

d) 门架式交通标志结构

图 7-6 国内外交通标志结构形式

(二)不同交通标志结构形式的设置要求

1. 柱式标志

在多车道高速公路常见的交通组织方式中,大货车多被限制在外侧两条车道行驶,大货车对小客车视认路侧柱式标志的最不利遮挡情况如图7-7所示。

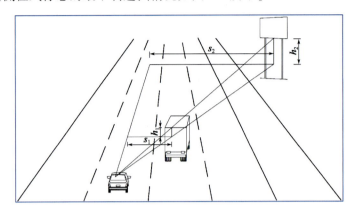

图7-7 多车道高速公路柱式标志视认示意图

小客车的尺寸为4.8m×1.8m×1.5m(长×宽×高),视高取1.2m,大货车的尺寸为7.2m×2.5m×4.0m(长×宽×高)。小车视高与大车的高度之差h_1为2.8m。假设车辆都在行车道正中行驶,两车的横向水平距离s_1为3.75m。小客车的视高到柱式标志的横向水平距离s_2为15.425m(行车道宽度3.75m,硬路肩3.0m,土路肩0.75m,标志内边缘距土路肩0.25m,标志大小取为4.1m×3.2m)。从图7-7的几何关系可知:

$$\frac{s_1}{s_2} = \frac{h_1}{h_2} \tag{7-1}$$

其中,两车高度之差h_1和横向水平距离s_1为定值,柱式标志的设置高度只与其横向设置位置有关,横向水平距离越大,则设置高度越高。如图7-7所示的横向位置,在符合规范要求的条件下,保证柱式标志的横向水平距离最小。

由式(7-1)可得$h_2 = 11.5m$。h_2与小客车的视高之和为立柱高度,则柱式标志的设置高度为:标志板下缘距离路面不应小于12.7m。

常见的柱式标志,其标志板下缘距离路面高度一般为1.5~2.5m,仅为多车道高速公路所要求的柱式标志最小设置高度的1/5。大幅度增加柱式标志设置高度,直接影响标志结构的受力,立柱、基础等相应增大,成本也同步增加。由此可见,无法通过增加柱式标志的设置高度解决遮挡问题。

2. 悬臂式标志

对于路侧设置悬臂式标志的情况,当标志板下缘离地面的高度大于高速公路所规定的道路净空高度5.0m时,标志板内边缘可侵入道路建筑限界上方的空间。大货车对小客车视认路侧悬臂式标志的最不利遮挡情况如图7-8所示。

同上,小客车的视高取1.2m,大货车的高度取4.0m,两者之差h_1为2.8m。假设车辆都在车行道正中行驶,两车的横向水平距离s_1'为3.75m。小客车的视高到柱式标志的横向水平

距离 s'_2 为 10.575m(行车道宽度 3.75m,硬路肩 3.0m,标志大小取为 3.6m×3.6m,设标志内边缘距硬路肩与土路肩分界线为 1.8m)。

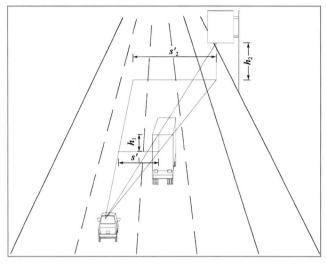

图 7-8　多车道高速公路悬臂式标志视认示意图

从图 7-8 的几何关系可知:

$$\frac{s'_1}{s'_2} = \frac{h_1}{h_2} \tag{7-2}$$

计算可得　$h_2 = 7.9m$。

h_2 与小客车的视高之和为立柱高度,则悬臂式标志的设置高度:标志板下缘距离路面不应小于 9.1m(适用于标志大小为 3.6m×3.6m,标志内边缘距硬路肩与土路肩分界线为 1.8m 的情况)。

若要降低悬臂式标志的设置高度,为保证视认效果,必须同时增加横梁长度,使得标志板与横梁更多地延伸进入道路建筑限界上方的空间,即缩小图 7-8 中 s'_2 的长度。

常见的悬臂式标志,其标志板下缘距离路面高度一般为 5.5m。以大小为 3.6m×3.6m 的标志板为例,根据图 7-9 所示几何关系,计算得到悬臂式标志设置高度与横梁长度的设置参数表,见表 7-1,由此可见,为保证最佳识认度,悬臂的横梁长度达到了 8.6m,技术实施难度非常大。

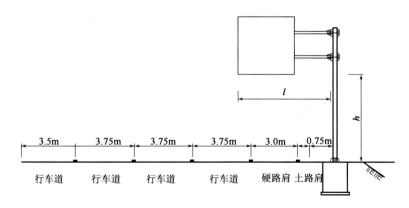

图 7-9　多车道高速公路悬臂式标志设置参数

多车道高速公路悬臂式标志设置参数（单位：m） 表7-1

标志设置高度 h	5.5	6.0	6.5	7.0	7.5	8.0	8.5	9.1
横梁长度 l	8.6	7.9	7.3	6.6	5.9	5.3	4.6	3.8

3. 门架标志的设置参数

多车道高速公路设置的门架式标志，要求标志板下缘离地面的高度大于高速公路所规定的道路净空高度5.0m。当大货车与小客车在同一车道行驶时，可能对小客车视认门架式标志产生遮挡，如图7-10所示。

从图7-10可知，从小客车驾驶员开始读取标志信息，直到认读完毕、标志从视线中消失，要求在这段距离之内，同车道行驶的大货车不得遮挡小客车驾驶员的视线。假设正常的驾驶行为满足如下两个条件：

①驾驶员从能够清晰视认标志上的文字开始，立即读取标志信息；
②同车道行驶的大货车与小客车之间保持足够的安全距离。

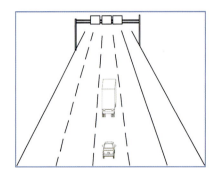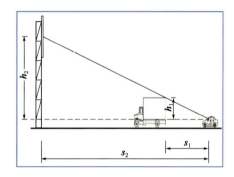

图7-10 多车道高速公路悬臂式标志视认示意图

（1）视认距离

交通标志的视认距离是指驾驶员能够清晰视认标志文字的地点离标志板的水平距离。西部项目《公路交通标志视认性及设置有效性研究》中对交通标志的动态、静态视认距离进行了研究，获得了不同汉字高度、不同行车速度下，驾驶员的平均视认距离，研究结论见表7-2。

交通标志平均视认距离（单位：m） 表7-2

汉字高度（cm）	速度（km/h）			
	0	40	80	120
30	64.3	62.7	61.9	61.2
45	96.1	94.7	93.6	92.4
60	132.3	130.4	129.5	126.5

高速公路交通标志的汉字高度不小于60cm，由上表可知，当小客车以120km/h的速度行驶时，视认距离为126.5m。

（2）安全距离

《道路交通安全法》第43条规定："同车道行驶的机动车，后车应当与前车保持足以采取紧急制动措施的安全距离。"

安全距离与驾驶员的反应时间、车辆的制动性能有关,其大小并没有明确的规定。文献《高速公路上跟随车安全距离的一种确定方法》对跟随车行驶安全距离进行了研究,认为在最不利情况下,汽车的行驶初速度为 50~130km/h 时,跟随车的安全距离为 28.4~101.5m。高速公路上设置的车距确认标志间隔为 50m,用以提醒驾驶员,当车辆在高速公路以 100km/h 的速度行驶时,100m 为安全距离,50m 为危险距离。

在某些研究中,认为同车道行驶的大货车与小客车之间的安全距离大于 50m。

如图 7-10 所示,小客车的视高取 1.2m,大货车的高度取 4.0m,两者之差 h_1 为 2.8m。根据安全距离的要求,S_1 的最小值为 50m。根据视认距离的要求,S_2 的最大值为 126.5m。根据图 7-10 的几何关系:

$$\frac{S_1}{S_2} = \frac{h_1}{h_2} \tag{7-3}$$

由式(7-3)可得 $h_2 = 7.1m$。h_2 为标志板中心与小客车视高间的垂直距离,设标志板高度为 3.6m,则门架式标志的设置高度为:标志板下缘距离路面不应小于 5.5m。

常见的悬臂式标志,其标志板下缘距离路面高度一般为 5.5m。按照图 7-10 所示的视认几何关系,要求小客车与大货车之间保持 58m 以上的安全距离。

(三) 多车道高速公路交通标志遮挡情况与前置阈值研究

1. 多车道高速公路路侧标志遮挡研究

(1) 问题的提出

多车道高速公路多组织大型车在右侧车道行驶,在小车驾驶员的视认过程中,大车车流经常阻挡小车驾驶员的视线,影响小车驾驶员从路侧标志获取信息,如图 7-11 所示。同时大车高度约为 2.5m,路侧标志立柱约为 1.0~2.5m,当小车右侧视线方向存在大车时,小车驾驶员就不能从大车车顶看到路侧标志,如图 7-12 所示。路侧标志的遮挡问题,将可能导致标志信息失效,使驾驶员产生错误操作。

以双向八车道高速公路的出口预告标志为例,讨论大车对内侧车道小车的遮挡问题。如图 7-13 所示,只要在图中的遮挡区域内(阴影部分),内侧车道小车的视线不被大车遮挡,就可顺利获取所需信息并采取相应的操作。

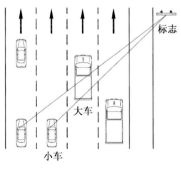

图 7-11 路侧平面遮挡

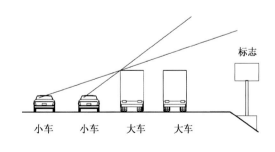

图 7-12 路侧立面遮挡

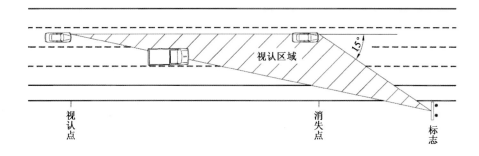

图 7-13　路侧标志遮挡区域

（2）路侧标志遮挡模型算法研究

对于多车道高速公路上路侧标志的遮挡概率，目前国内外主要提出了两种算法，即：基于遮挡空间的路侧标志遮挡模型；基于遮挡时间的路侧标志遮挡模型。第一种算法模型的优点是计算公式简单，可手算得到结果；但定义的小车视认区域偏保守，只考虑了极限情况，对实际的视认情况考虑得不够全面，导致计算所得到的遮挡概率偏大。第二种算法模型的优点是物理过程更为全面和清晰，视认区域考虑了标志全部可见的范围，并认为视认区域部分被遮挡并不一定会影响标志的认读，需通过不被遮挡的时间与最小认读时间的比较来判断；缺点是计算复杂，不易理解。小车、大车的行驶速度固定，未考虑随机性。

为科学分析京石高速公路改扩建工程路侧标志遮挡概率，在基于遮挡时间的路侧标志遮挡模型基础上，引入蒙特卡洛随机抽样方法，还原实际的遮挡过程，赋予了行驶速度、车辆所处位置以随机性，更接近车辆运动的实际状态。

（3）京石高速公路改扩建工程指路标志被遮挡概率研究

基于京石高速公路交通预测流数据，采用基于遮挡空间的路侧标志遮挡模型和基于蒙特卡洛方法的路侧标志遮挡模型分别计算路侧标志的遮挡概率。

多车道条件下，驾驶员对路侧标志的视认过程如图 7-14 所示。

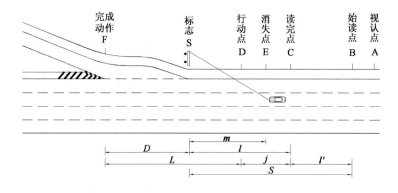

图 7-14　出口预告标志的认读过程

上图中，出口预告标志 S 安装在路侧，设置在高速公路出口匝道减速车道的起点附近。通常，行驶中的驾驶员在视认点 A 处已发现出口预告标志 S，在 B 点开始读取标志的信息，到 C

点可以把标志内容完全读完,这段距离称为认读距离(l')。读完标志后,应作出采取行动的判断,这段距离称为判断距离(j)。此时,车辆已行驶到点 D。从行动点 D 到行动完成点 F(一般在出口匝道的分岔部)的距离称为行动距离(L)。驾驶员在这段距离内必须安全顺畅地完成必要动作,如变换车道、改变方向、减速或停车等。

从 B 点到标志 S 的距离,称为视认距离(S),从 C 点到标志 S 的距离称为读完后到标志的距离(l)。如果该距离(l)比消失距离(m)短,则意味着不能从容读完标志,C 点到消失距离范围内,驾驶员不能准确判读标志内容。这一认读条件可用下式表示:

$$L = l + D - j \geqslant (n-1)L^* + \frac{1}{2}a(v_1^2 - v_2^2) \tag{7-4}$$

式中:$(n-1)L^*$——变换车道所需的距离;

n——车道数;

L^*——一次改变车道所需距离(约 120m,85% 车位速值);

$\frac{1}{2}a(v_1^2 - v_2^2)$——减速(停车、改变方向)所需的距离;

a——减速度;

v_1——接近速度(也可使用 85% 的运行速度,或禁令速度);

v_2——出口匝道分岔部、交叉口、危险点等处的速度。

整理式(7-4)后,得到关于出口预告标志设置位置的变量——前置距离(D):

$$D \geqslant (n-1)L^* + \frac{1}{2}a(v_1^2 - v_2^2) + t' \cdot v_1 - l \tag{7-5}$$

出口预告标志设置位置的确定,一般采用以下步骤:
①根据运行速度和文字高度等求出读完后到标志的距离(l);
②求标志的消失距离(m);
③读完后到标志的距离(l)与消失距离(m)比较,应满足 $l \geqslant m$ 的要求;
④根据运行速度和判断时间求出判断距离(j);
⑤求出用于改变车道、减速等所需的行动距离(L);
⑥根据 $D = j + L - l$ 求出前置距离(D);
⑦对计算确定的标志位置进行视认性检查,有无遮挡标志的障碍物,最后决定标志设置位置。

根据京港澳高速公路运行速度计算,计算参数的取值:小车行驶速度为 120km/h,位于第三车道的大车行驶速度为 100km/h,位于第四车道的大车行驶速度为 80km/h,假设车辆均为匀速行驶。认读标志的最小时间为 2.6s,从标志始读点到读完点的距离为 $\frac{v_1}{3.6} \times 2.6 = 86.7 \text{m}$,读完后到标志的距离为 134m,见式(7-4)和式(7-5)。小客车的宽度为 1.8m,大货车的车长为 12m,宽度为 2.5m。行车道宽度 3.75m,硬路肩 3.0m,土路肩 0.75m,标志内边缘距土路肩 0.25m,路侧柱式标志的大小取为 4.1m×3.2m。

计算得到遮挡长度,见表 7-3。

路侧标志的遮挡长度　　　　　　表7-3

大车位置	小车位置	遮挡长度（m）
左起第三车道	左起第一车道	53
	左起第二车道	46
左起第四车道	左起第一车道	56
	左起第二车道	53

根据《京港澳高速公路交通量统计资料》，对八车道运营后的交通量进行预测，基于遮挡空间模型计算得到的遮挡概率为0.27，基于蒙特卡洛模型得到的遮挡概率为0.255，两种方法的结果基本相同。即，有25%的可能性发生路侧标志被大车遮挡的情况。

由此计算结果可以看出，由于路幅宽，货车比例大，采用路侧标志或悬臂式标志结构有较大可能性被遮挡，这会直接影响到小客车对标志的视认。

2. 出口预告标志的前置距离研究

（1）车辆驶出出口的行动距离计算

与传统的四车道高速公路相比，在多车道高速公路内侧车道行驶的车辆，驶离高速公路前变换到最外侧车道需要更多的操作时间，因此需要对出口预告标志的设置位置进行研究，确定驾驶员行动点的合理位置，提供充足的反应时间和行动距离。出口预告标志的认读过程如图7-14所示。

读完后到标志的距离l，是标志有效文字高度的函数，根据日本土木研究所的试验结果，函数关系式如式（7-6）所示：

$$l = f(h^*) = 5.67h^* \tag{7-6}$$

$$h^* = K_1 \cdot K_2 \cdot K_3 \cdot h \tag{7-7}$$

式中：h^*——有效文字高度；

h——实际文字高度，m；

K_1——文种修正系数，根据日本土木研究所试验结果，取0.6；

K_2——汉字复杂性修正系数（以标志板中最复杂的文字为对象），根据日本土木研究所试验结果，按下述规定选取：汉字的笔划数少于10时，取值1；汉字的笔划数为10~15划时，取值0.9；超过15划时，取值0.85；

K_3——行车速度修正系数，速度为100km/h时，取值0.77。

高速公路交通标志的汉字高度一般为60cm，按式（7-6）和式（7-7）可求出读完后到标志的距离l：

$$l = 5.67 \times (0.6 \times 0.85 \times 0.77 \times 0.6) = 134\text{m}$$

当车辆向标志驶过某一点后，当标志与驾驶员眼睛连线与行车方向中央线所成角度β超出理想的能见度视角α，驾驶员若要看清标志内容，必须要转动头部来回于车道与标志之间，否则就无法完全掌握标志所传达的信息。将这一点称作消失点，见图7-14中点E。消失点为即标志能见度的边缘点，消失点到标志的距离被称作消失距离（m）。

$$m = \frac{d}{\tan\theta} \tag{7-8}$$

式中:d——驾驶员的视高到标志的侧距(路侧安装标志)或司机视高到标志上方的高(门架安装标志),一般按小型车的视高,取为1.2m。

θ——在消失点与路侧标志或头顶标志的夹角(一般路侧标志的θ角为15°;头顶标志从消失点与标志顶边的仰角θ为7°)。

路侧标志与门架标志的消失距离与标志安装位置的几何关系如图7-15所示。

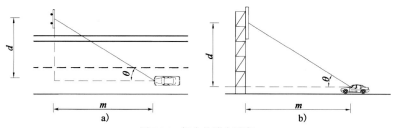

图7-15 标志的消失距离

路侧标志的消失距离受标志与驾驶员之间的侧向距离影响,侧向距离越大,标志消失点距离标志越远,对于多车道高速公路,不同车道上路侧标志的消失距离是不同的。而车道上方的门架标志,其消失距离不受车道数的影响,只与安装高度有关。

高速公路出口预告标志通常安装于路侧,结构形式以双柱或单悬结构居多。假设车辆都在车行道正中行驶,以小客车为研究对象,路侧标志内边缘距离土路肩0.25m,车道排序以行车方向左侧开始。标志大小以《道路交通标志和标线 第2部分:道路交通标志》(GB 5768.2—2009)附录D图D.64为标准,字高h为0.6m,标志尺寸为3.6m×3.6m。

图7-16a)~d)为八车道高速公路第一至第四车道标志的消失距离示意图,车行道、硬路肩和土路肩宽度见图示标注。

表7-4为八车道高速公路不同车道标志的消失距离计算结果。从表中可知,位于行车方向左侧第一车道的车辆,与路侧标志的垂直距离小于70.16m时,驾驶员需要转动头部来获取信息,否则将直接影响驾驶员对信息的获取。

八车道高速公路不同车道标志的消失距离(单位:m) 表7-4

车道序号	第一车道	第二车道	第三车道	第四车道
标志侧距 d	18.8	15.175	11.425	7.675
消失距离 m	70.16	56.63	42.64	28.64

由以上的计算结果可知,读完后到标志的距离(l)≥消失距离(m),满足视认要求。

判断距离的大小与运行速度和判断时间有关:

$$j = t' \cdot v_1 \tag{7-9}$$

式中:v_1——运行速度(高速公路85%位速度约为80~120km/h,按100km/h计算);

t'——判断时间(通常为2~2.5s,按2.5s计算)。

根据上式计算得到判断距离为69.4m。

行动距离为车辆执行变换车道、减速等操作所需的距离:

$$L = (n-1)L^* + \frac{1}{2a}(v_1^2 - v_2^2) \tag{7-10}$$

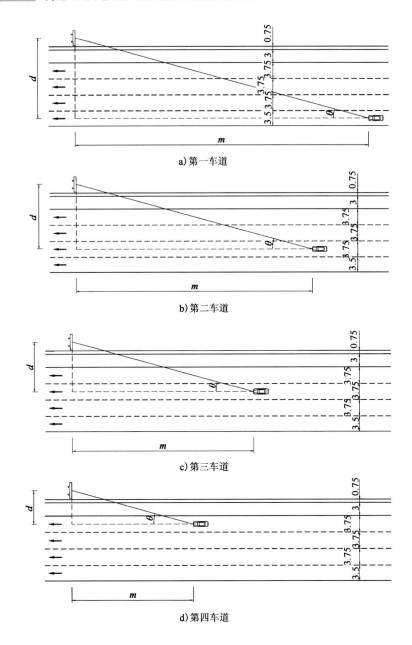

图 7-16 八车道高速公路不同车道标志的消失距离示意图

式中：n——车道数；

L^*——一次改变车道所需距离（约 120m，85% 车位速值）；

a——减速度（根据文献的研究成果，取 $3.4 m/s^2$）；

v_1——运行速度（高速公路 85% 位速度约为 80～120km/h，按 100km/h 计算）；

v_2——出口匝道分岔部的速度（按匝道设计速度 60km/h 计算）。

根据式(7-10)计算可知，八车道高速公路所需行动距离为 432.6m。

（2）指路标志前置距离计算

前置距离即最后一块出口预告标志距离出口匝道三角端的距离:

$$D = j + L - l \tag{7-11}$$

由以上的计算结果可知,八车道高速公路出口预告标志的前置距离为368m。也就是说若要车辆顺利、安全地驶出出口,至少要在出口前368m处设置预告标志,同时保证驾驶员有效识认该标志。

这也再一次印证,本路段需要设置门架式标志,以保证车辆能够看清指路标志,并且及时进行换道和出口操作。

(四)京石改扩建工程门架式标志选型

1. 门架结构形式选择

目前高速公路上的门架标志主要是采用箱型断面、管状结构、桁架结构等形式。

(1)箱型断面的门架结构(图7-17)

该门架结构,虽然稳定性不错,但缺乏科学的结构优化分析,其主要缺点为:

①自重大;

②结构受力不合理,制作大跨径门架困难;

③结构笨重,施工难度比较大,建设成本高;

④不利于标志平时检修;

⑤景观效果一般。

(2)管状断面的门架结构(图7-18)

图7-17 箱型断面的门架标志

图7-18 管状断面的门架标志

该门架结构,其特点与箱型断面的门架结构相似,其结构在大跨度情况下稳定性存在问题,若达到其设计要求结构稳定性,造价比较高。故一般用于双向四车道高速公路。

(3)桁架式的门架结构(图7-19～图7-22)

该类型的门架结构是现在高速公路用得最多的结构形式。但桁架式门架也具有多种结构形式,其截面和形状多样。

①侧面为方形的桁架门架结构(图7-19)。

②侧面为三角形的桁架门架结构(图7-20)。

③侧面为梯形的桁架门架结构(图7-21)。

④蛇形大跨度桁架门架结构(图7-22)。

蛇形桁架结构与前面所列出的三类桁架结构的主要优点为:

a) 正面

b) 背面

c) 侧面

图 7-19 桁架式的门架结构（侧面为方形）

a) 正面

b) 背面

c) 侧面

图 7-20 桁架式的门架结构（侧面为三角形）

第七章 八车道高速公路交通安全设施设计与创新

a) 正面

b) 背面

c) 侧面

图 7-21 桁架式的门架结构（侧面为梯形）

a)

b)

c)

图 7-22 蛇形桁架式的门架结构

257

a. 单跨跨径大,中央带可以不设中墩,减少对中央带等设施干扰;
b. 门架自重小,比较节省材料,比一般桁架结构同比节省材料10%左右;
c. 横梁下挠度小;
d. 视觉效果单薄。

侧面为方形的门架结构与其他桁架结构相比,其主要优点为:
a. 安装方便,施工快捷,是目前高速公路中应用较多的结构形式;
b. 后期维护费便捷,费用较低;
c. 视觉效果比较好。

基于以上考虑,京石改扩建工程采用桁架式门架结构,如图7-23所示。

2. 全线门架标志版面设置情况

本路为双向八车道,标志在门架上布置方式直接影响到门架的结构设计和景观效果,如何合理安排标志板的设置需要综合考虑。双向八车道半幅宽度为21m,能设置标志板的宽度大约20m左右,这20m已经包括应急车道宽度,行车道上面能设置标志的宽度为15m(图7-24)。

(1)门架结构上标志板块数度统计

根据统计,全线标志以门架结构为主,本项目共设置门架结构293处。其中门架上有2块标志板的有117处、门架上有3块标志板的有145处、门架上有4块标志板的有31处,有3块标志的情况比例最多,占49.49%。

门架上标志块数统计见表7-5。

图7-23 京石改扩建工程采用的门架

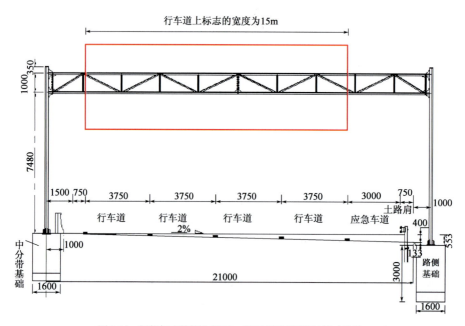

图7-24 门架标志结构上部15m空间利用框架图(尺寸单位:mm)

门架标志块数统计 表7-5

序 号	类 型	数量(个)	百分比	备 注
1	门架上有2	块标志板117	39.93%	
2	门架上有3	块标志板145	49.49%	
3	门架上有4	块标志板31	10.58%	

(2)门架结构上标志板总长度统计

本项目根据统计,门架结构标志板总长度为 L(L 为标志净长度不包括标志之间空隙距离),其区段见表7-6。

门架标志长度统计 表7-6

序 号	类　　型	数量(个)	百分比	合计		备注
1	标志板总长度 12m≤L<13m	4	1.37%	5.46%	14m以下占百分比	
2	标志板总长度 13m≤L<14m	12	4.10%			
3	标志板总长度 14m≤L<15m	78	26.62%	94.54%	14m以下占百分比	L 的长度为标志净总长度,不包括标志之间空隙距离
4	标志板总长度 15m≤L<16m	53	18.09%			
5	标志板总长度 16m≤L<17m	21	7.17%			
6	标志板总长度 17m≤L<18m	79	26.96%			
7	标志板总长度 18m≤L<19m	39	13.31%			
8	标志板总长度 19m≤L<20m	7	2.39%			
9	标志板总长度 20m≤L<21m	0	0.00%			
10	合计	293	100.00%			

从统计数据上可以看出,标志净总长度 L 在14m以下的为5.46%;标志净总长度 L 在14m以上的为94.54%(标志板净宽度14m加上标志板之间的空隙基本上宽度接近15m,由统计数据可以看出门架标志设计版面已经比较充分地利用了门架结构空间)。

(五)小结

基于以上分析,可得到多车道高速公路交通标志设置的如下结论:

(1)因多车道高速公路路幅宽,柱式结构交通标志无法满足视认要求。

(2)为满足视认要求,设置路侧单悬式标志,需要小客车与大货车之间保持58m以上的安全距离。门架式标志的标志板下缘距离路面不应小于5.5m。

(3)采用路侧悬臂式标志结构有25%的可能性发生路侧标志被大车遮挡的情况,这会直接影响到小客车驾驶员对标志的视认。

(4)八车道高速公路出口预告标志的前置距离为368m。也就是说若要车辆顺利、安全地驶出出口,至少要在出口前368m处设置预告标志,同时保证驾驶员有效识认该标志。

(5)为避免被遮挡并保证驾驶员有足够的距离视认交通标志,京港澳高速公路河北段沿线指路标志应采用门架式结构。

(6)充分考虑景观及后期维护的便利性,门架标志结构形式以侧面为方形的桁架结构为主。

(7)门架标志版面总体设计合理,对于门架上空间利用较为充分。

二、多车道高速公路指路标志信息量阈值研究

1. 标志信息量阈值试验目的

试验以多块指路标志的组合作为研究对象,基于京石高速公路改扩建工程实际的指路标志版面内容,设计试验标志材料,分别通过室内静态模拟试验和室外动态实车试验,研究信息数量对认知时间的影响。通过室内外试验,达到以下两个目的,为八车道标志设计提供理论依据。

(1)获得不同的信息数量所对应的认知时间,通过回归分析建立多块指路标志的组合中信息数量与认知时间的函数关系。

(2)确定指路标志组合中的极限信息数量。

2. 信息数量与认知时间的关系

在指路标志的组合中,"地名"和"路名"信息的多少,对认知时间的影响程度各不相同。因此需要对不同的"地名"和"路名"信息数量与认识时间的关系进行分析。

室内静态模拟试验中,试验标志"路名"信息数量的取值范围为3~6,"地名"信息数量的取值范围为3~10。在"路名"信息数量保持不变的情况下,认知时间随"地名"信息数量的变化情况,如图7-25所示。由图可知:

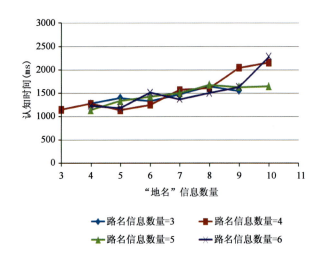

图7-25 认知时间随"地名"信息数量的变化情况

(1)"路名"信息数量不同的4条曲线没有明显的差异,说明认知时间和"路名"信息数量并没有显著的关系。

(2)4条曲线都随"地名"信息数量的变化呈明显的上升趋势,特别是当"地名"信息数量超过8个时,曲线出现明显拐点。

图7-26为在"地名"信息数量保持不变的情况下,认知时间随"路名"信息数量的变化情况。由图可知,"地名"信息数量不同的7条曲线没有明显差异,进一步说明认知时间和"路名"信息数量并没有显著的关系。

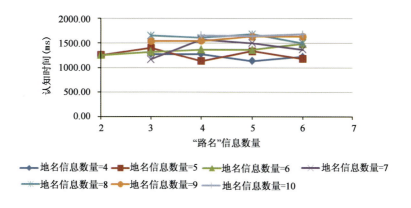

图 7-26　认知时间随"路名"信息数量的变化情况

对标志的认知时间与"地名"、"路名"信息数量进行二元线性回归分析(图 7-27),获得拟合结果:

$$T = 813.8 + 101.7N_p + 2.75N_r$$

式中:T——认知时间,ms;
　　N_p——"地名"信息数量,个;
　　N_r——"路名"信息数量,个。

对上述拟合模型进行拟合优度检查,从拟合结果可以看出,"路名"的回归因子的值比"地名"的回归因子的值小 2 个量级,因此可以认为"路名"信息数量的多少对认知时间没有明显的影响,认知时间主要由"地名"信息数量的多少来决定。

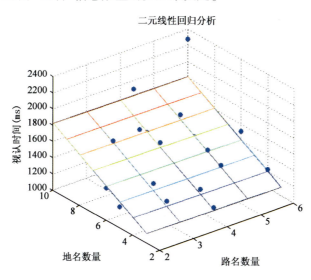

图 7-27　二元线性回归分析模型

图 7-28 和图 7-29 分别为"地名"、"路名"信息数量的偏回归分析散点图。从图 7-28 可以看出,认知时间与"地名"信息数量的多少具有显著的相关性;从图 7-29 可以看出,认知时间

与"路名"信息数量的多少并没有相关性。

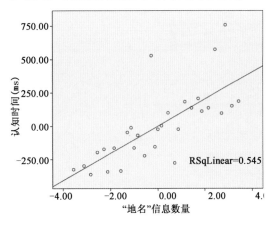

图7-28　"地名"信息数量的偏回归分析散点图　　图7-29　"路名"信息数量的偏回归分析散点图

3. 试验结论

通过室内静态模拟试验和室外动态实车试验的数据分析，获得如下试验结论：

（1）认知时间和"路名"信息数量并没有显著的相关性，指路标志组合的认知时间主要由"地名"信息数量的多少来决定。

（2）当指路标志的组合中，"地名"信息数量超过8个时，认知时间出现明显变化。

（3）同样数量的信息分布在2块标志上还是3块标志上，其认知时间没有显著差异。

三、京石高速公路改扩建工程指路标志信息选取与发布

（一）总体原则

1. 服务于不熟悉路网的驾驶者原则

公路网指路标志的服务对象是对路网不熟悉但对出行有所规划的公路使用者，即既不是对路况很熟悉的当地人，也不是一无所知的普通行人。设置合理的指路标志应相互关联并构成完整指路系统，使公路使用者在指路标志的指引下，配合交通地图等辅助手段顺利到达目的地。

2. 多车道高速公路指路标志发布原则

（1）根据信息的需求程度与距离，分别发布在相应功能的指引标志中。

（2）根据本高速公路经过城市的特点和城市路网情况，科学设置城市周边路段指引信息发布方式。

（3）最大限度地占满门架结构的空间，但宜避免设置信息板标志。

（4）依据国标要求，科学使用标志、符号。

（二）信息选取与发布研究

1. 路网分析

京石高速公路是北京与河北交互的重要通道，特别在京津冀一体化大背景下，对于推动区

域经济发展具有重要的作用。本项目区域路网图如图 7-30 所示。

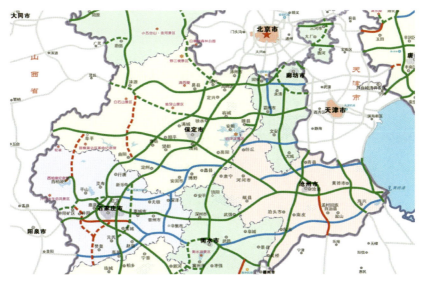

图 7-30　本项目区域路网图

2. 信息分层

根据交通运输部公路科学研究院研究成果,我国公路网指路标志信息指引需求度可由指引信息的行政级别、地区交通量、地均 GDP、旅游出行需求指标四个要素综合计算得到。

根据指引需求度计算,河北省内路网信息 A 层、B 层信息见表 7-7。

河北省信息分层表　　　表 7-7

A 层 信 息	B 层 信 息
唐山、石家庄、廊坊、沧州、保定、邯郸、秦皇岛、邢台、涿州、衡水、张家口、鹿泉、霸州、承德	任丘、高碑店、藁城、迁安、三河、武安、河间、新乐、遵化、辛集、晋州、沙河、黄骅、泊头、安国、定州、南宫、深州、冀州及其余各县

3. 信息发布方法典型分析

(1) 一般出口发布方法

地名信息往南按照保定以北以保定、石家庄作为控制点信息,保定以南以郑州、石家庄为控制信息点,全局考量路网其他省市主要信息,如图 7-31 所示。

3km 预告门架结构采用 2 块地点距离标志 +3km 出口预告标志搭配,如图 7-32 所示。

2km 预告门架结构采用 1 块直行标志 +1 块图形出口预告标志搭配,如图 7-33 所示。

1km 预告门架结构采用 2 块地点距离标志 +1km 出口预告标志搭配,如图 7-34 所示。

500m 预告门架结构采用 1 块直行标志 +1 块出口标志搭配,如图 7-35 所示。

0m 预告门架结构采用 1 块直行标志 +1 块出口标志搭配,如图 7-36。

(2) 互通为 2 个出口情况标志设置

京石高速公路改扩建工程徐水互通与商庄枢纽互通间距不足 2km,属于平原地区典型的互通双出口情况,如不进行标志的合理设计研究,必将引起司乘人员的识别混乱。标志的指示设计必须将两个互通进行统一考虑,京石改扩建工程中第一个互通出口预告预第二个互通出口预告同时显示的形式加以预告。

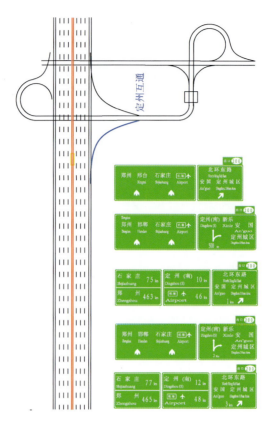

图 7-31 单出口门架标志设置图

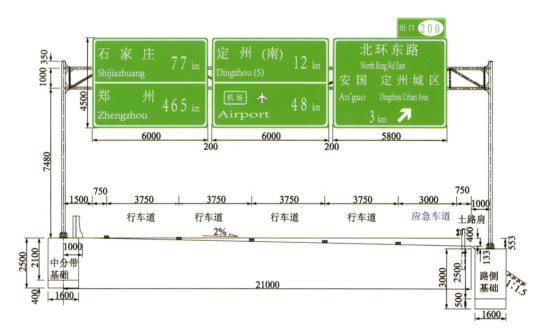

图 7-32 3km门架出口标志设置图(尺寸单位:mm)

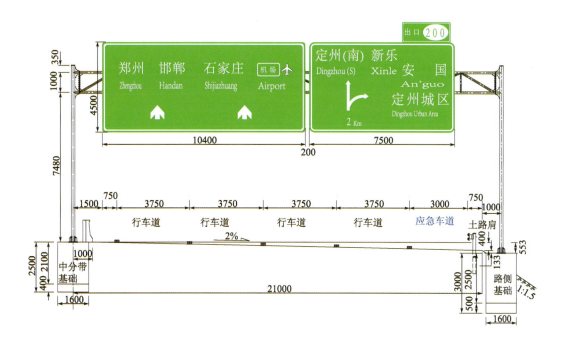

图 7-33　2km 门架出口标志设置图(尺寸单位:mm)

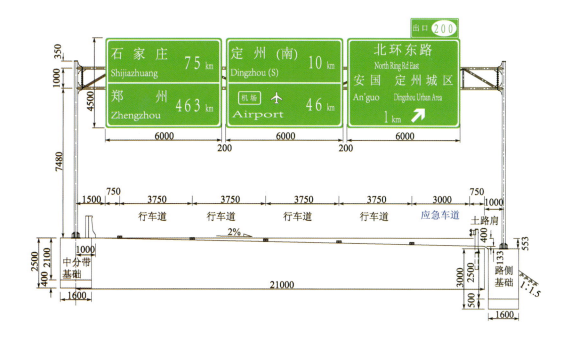

图 7-34　1km 门架出口标志设置图(尺寸单位:mm)

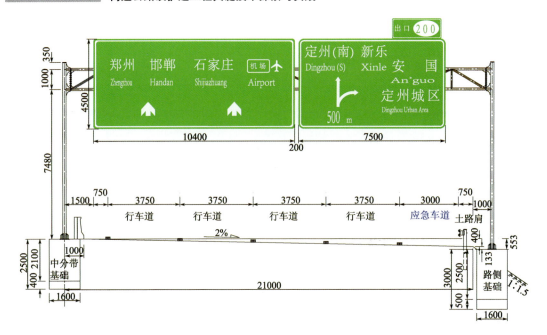

图 7-35 500m 门架出口标志设置图(尺寸单位:mm)

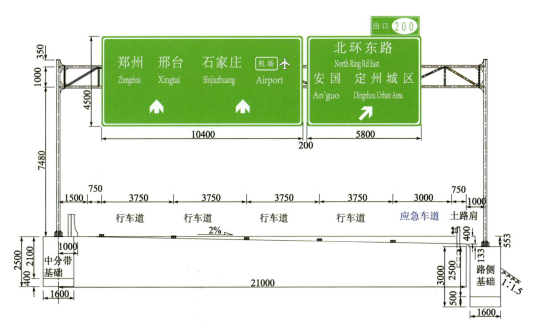

图 7-36 0m 门架出口标志设置图(尺寸单位:mm)

徐水互通 3km 预告门架结构采用 2 块地点距离标志 +3km 出口预告标志搭配。

徐水互通 2km 预告门架结构采用 1 块直行标志 +1 块图形出口预告标志搭配。

徐水互通 1km 预告门架结构采用 1 块地点距离标志 +1 块商庄枢纽互通 3km 出口预告标志 +1 块徐水互通 1km 出口预告标志搭配。

徐水互通500m预告门架结构采用1块商庄枢纽互通2km旅游区出口预告标志+1块商庄枢纽互通2km出口预告标志+1块徐水互通500m出口预告标志搭配。

徐水互通0m预告门架结构采用1块直行标志+1块出口标志搭配。

商庄枢纽互通1km预告门架结构采用1块地点距离标志+1块旅游区1km出口预告标志+1块图形出口预告标志搭配。

商庄枢纽互通A出口500m预告门架结构采用1块直行标志+1块B出口1km预告标志+1块A出口500m出口预告标志搭配。

商庄枢纽互通A出口0m预告门架结构采用1块直行标志+1块B出口500m预告标志+1块A出口0m预告标志搭配。

商庄枢纽互通B出口0m预告门架结构采用1块直行标志+1块B出口0m预告标志搭配。

标志的设置方案如图7-37所示。

(3)高速分叉口(位于郭村互通处)标志设计方案

京石高速公路改扩建工程在石家庄市绕城段落选择新建八车道高速公路方案,因此存在扩建高速路段和新建高速路段以及原有高速公路分合流路段,京石高速公路改扩建工程中对分叉口标志进行重点设计,以其达到更好引导车辆就近行驶、正确行驶的目的。

高速分叉口(位于郭村互通处)为新建高速路段与原有高速公路交织路段,其基本设计思路是将其当做一个出口进行处理,两个方向分别是新建高速到石家庄机场、郑州、邢台等地方;原有高速公路通往石家庄市区、太原等地方;其具体标志设计方案如图7-38所示。

(4)城市多出口标志设计方案

京石高速公路沿线经济发达,涿州、高碑店、保定、定州4个城市均存在一个城市多个互通现象,京石高速公路标志设计中第一次提出城市多出口的预告原则,针对每个互通出口单独设计,多方考虑,力争为利用京石高速公路出行到达提供最科学的指引,下面以保定为例详细叙述。

保定市在京石高速公路共设置侯郎营互通(保定北城区)、保定互通(保定城区)、保定南互通(保定南城区)三个互通,为保定市的三个出口,分别对应保定市北、中、南,标志版面设计中提出保定北城区、保定市区、保定南城区对不同区域进行划分,如图7-39所示。

整个标志版面设计综合考虑互通连接线"路名"和连接线到达的"地名",直行方向地名信息以郑州、石家庄作为控制点信息,全局考量路网其他省市主要信息,具体版面设计如图7-40~图7-42所示。

(5)服务区预告标志设计方案

京石高速公路改扩建实施前共计3处服务区,服务区间距较大,扩建后服务区数量达到7处,服务区平均间距缩短至30km,京石高速公路在服务区预告中进行全新设计,使得指示更加明确,信息更加丰富。

3km预告门架结构采用3块服务区预告标志。

2km预告门架结构采用2块地点距离标志+1块2km服务区预告标志搭配。1km预告门架结构采用1块直行标志+1块1km服务区预告标志搭配。

0m预告结构采用1套单悬臂标志,指示服务区出口。如图7-43所示。

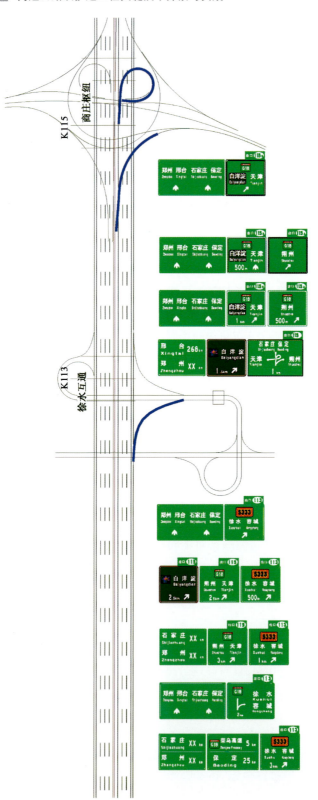

图7-37 双出口门架标志设置图

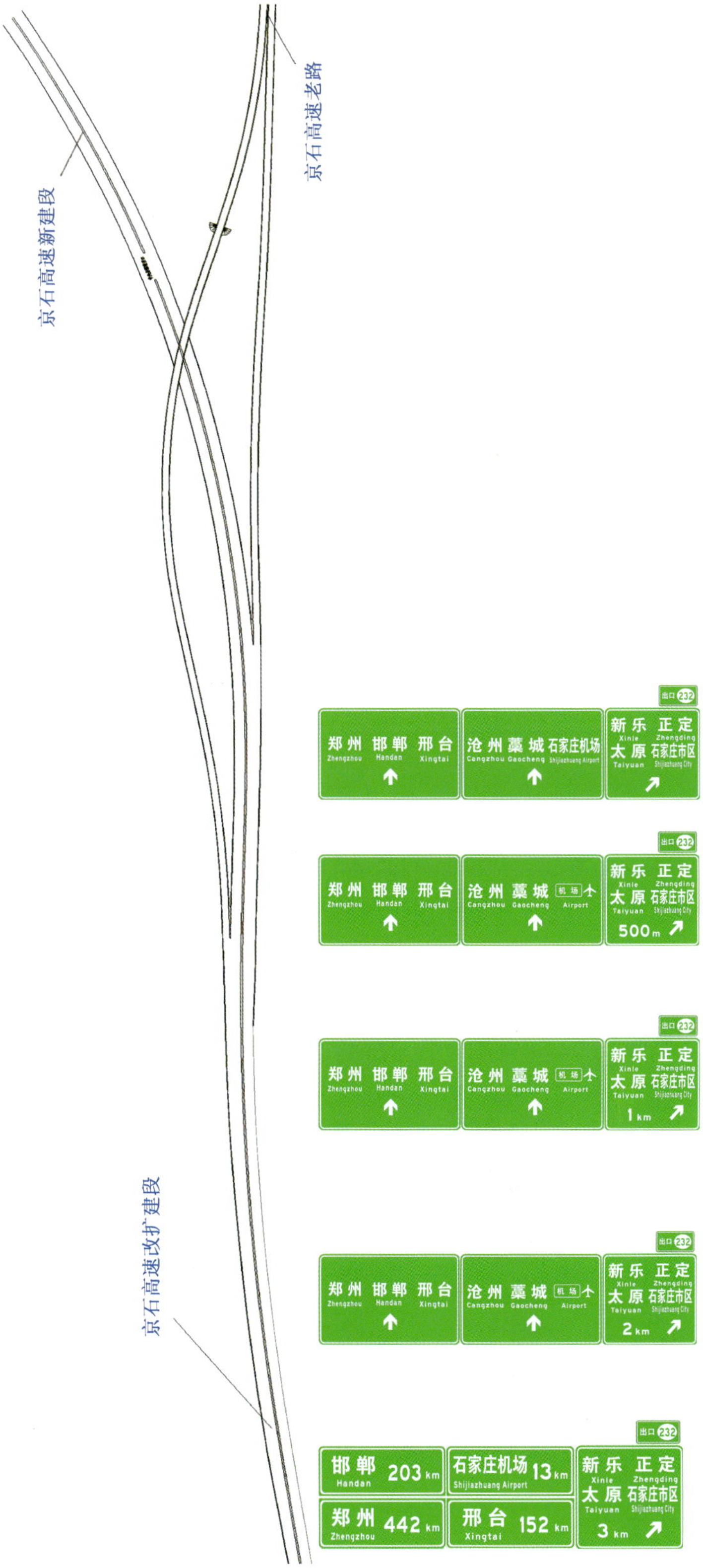

图7-38 高速分叉口门架标志设置图

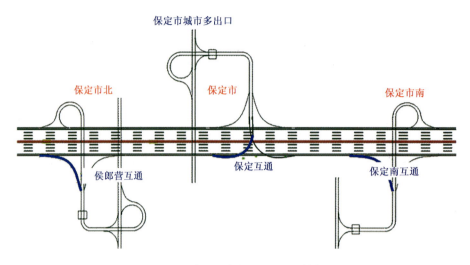

图 7-39 保定城市多出口互通区域图

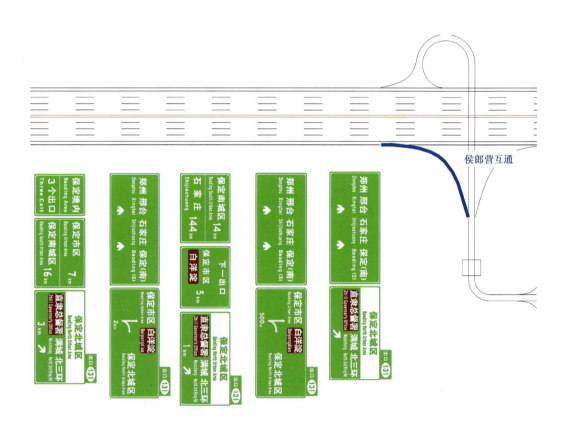

图 7-40 保定城市多出口—侯郎营互通标志布设图

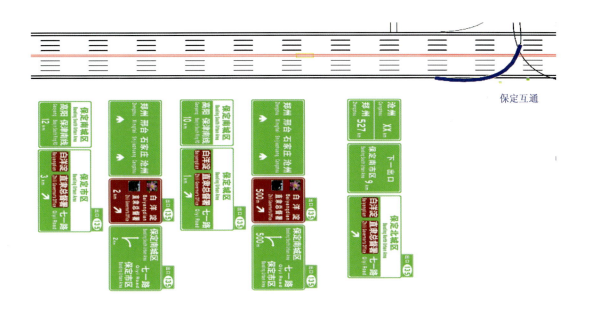

图 7-41　保定城市多出口—保定互通标志布设图

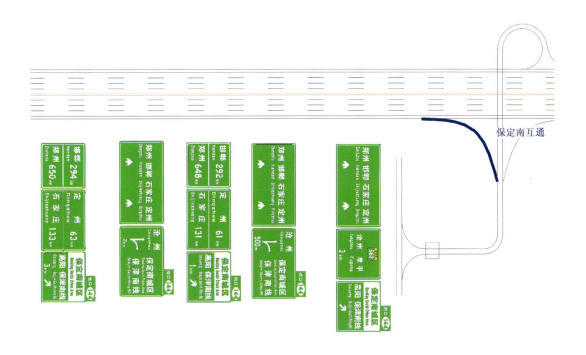

图 7-42　保定城市多出口—保定南互通标志布设图

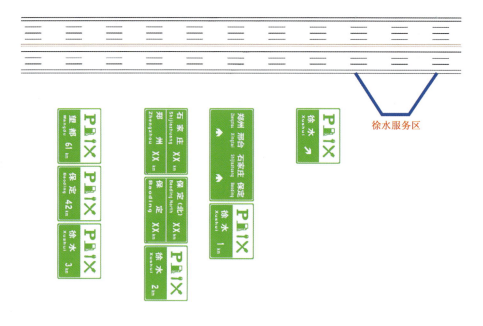

图 7-43　服务区标志布设图

四、实践结果分析

八车道高速公路标志有其特殊性,京石高速公路改扩建工程结合工程实际做出了一些创新,比如全线采用门架标志、出口标志指示系统等。但还有一定不足,需要在工程实践中进一步探索,比如门架标志和可变情报板的合理间距、合理数量等。另外高速公路改扩建不同于新建高速公路,标志设计必须考虑其特殊性,不能完全照搬、照抄新高速公路的设计方式,比如被交路,尤其是被交高速公路的标志设计已经非常完善,必须根据实际情况进行设计,而没有必要完全新建,避免造成浪费;其次,若与其他高速公路以桥梁相接的时候,前期必须做好协调,在其他高速公路桥梁预留标志基础,防止后期无法实施。

第三节　标　线　设　计

道路交通标线是交通管理设施中最基础、最有效的一个组成部分。道路标线能对道路进行区分,使车辆"各行其道";正确设置标线能有效合理地使用路面面积,提高道路通行能力,减少交通事故,确保车辆快速安全行驶;鲜明而又清晰的道路标线对道路还具有一定的美化作用。

一、标线材料的选择

1. 国内标线概况

道路标线材料经过十多年的发展,已经由过去较为单一的热熔道路标线材料和溶剂型道路标线发展到众多的材料品种,每种道路标线均有各自的特点和较为理想的应用场所。国内标线材料有热熔、冷漆、水性漆和 MMA 双组分。目前,高等级公路标线以热熔为主;冷漆和水性漆多用于低等级和城市道路;MMA 双组分标线等产品也逐渐在标线市场中凸显出来。

2. 热熔型道路标线材料

热熔型刮涂性道路标线是我国道路标线中用量最大的一种道路标线材料,主要优点有:

①施工简单、工艺成熟。热熔型标线采用刮涂施工已经有数十年的历史,不论是涂料的选材、生产配方还是生产和施工的工艺都极为成熟。

②线形美观。

③造价低廉。

热熔刮涂性标线的缺点:

①裂缝大,时效性差,由于标线施工干结后储存收缩应力和热胀冷缩应力,使得标线在冬天低温环境下开裂。

②反光亮度随时间下降快。

③重涂施工难度大。

3. 双组分高亮标线

双组分高亮标线材料采用的是甲基丙烯酸活性树脂为主要材料的全固含量的标线产品,成膜时的化学交联反应是双组分标线的材料的本质特征,交联反应给双组分标线带来优良的使用性能,主要包含以下特点:

①增加标线涂膜与路面的结合力,能使标线更好地附着于路面。

②增加涂膜的致密度,提高涂膜的机械强度,极大地提高标线的耐磨性能。

③改善涂膜的温变特性。高温不发黏,低温不开裂。

④增加了涂膜与玻璃珠的结合力,使标线的逆反射系数随时间推移下降缓慢,具有更高的寿命。

4. 京石高速公路改扩建工程的标线选择

(1) 车道分界线(虚线)

由于虚线经受车轮碾压的几率较大,标线的磨损相对较快,侧重于选择耐久性更好的标线,京石高速公路改扩建工程中综合考虑耐久性、外观、反光性能、经济性等方面,提出磨损程度较高的车道分隔虚线采用刮涂型高亮双组分标线(图 7-44)。更好地保证标线夜间的反光效果和耐久性。

(2) 车道边缘线

高速公路的车道边缘实线很少经受车轮的碾压,对耐磨性的要求相对不高,但对标线的反光要求高。京石高速公路改扩建工程车道标线用量较大,采用传统热熔标线,可以控制标线的总体造价。出于突出京石高速公路安全防护的理念,采用热熔振动性标线。整个高速公路标线同不仅能保证日常行车安全,外侧边缘在车辆偏离正常行驶路线时会发出一种噪声,可以提醒驾驶员车轮已经压线,及时纠

图 7-44　双组份标线夜间效果

正行车方向,提高行车安全。同时,由于热熔振动标线较厚,有可能阻挡外侧排水,京石改扩建工程在外侧标线设计12.5cm开口,互通段落间距10m,主线间距15m,如图7-45所示。

a) b)

图 7-45 京石改扩建工程路侧振动标线及排水口

二、彩色标线设置形式

近年来我国高速公路事故有逐年上升的趋势,其原因与车辆超速行驶等因素不无关系,在一些容易因车速过快导致事故发生的区域,长直线路段、收费口、出口匝道、急转弯、陡坡等位置特殊路段应设置彩色标线提示,以提醒驾驶员减速慢行,有效降低事故发生率。京石高速公路改扩建工程中彩色防滑路面标线采用特种双组分改性树脂(MMA 甲基丙烯酸类)和高硬度的防滑砂,其抗滑性值(BPN 值)不低于 70。

1. 长直线路段末端彩色防滑标线

车辆在长直线路段行驶,极容易超速。但由于长直线路段后道路线形限制,车辆会在这些路段进行减速,从而导致车流速度的紊乱及交通流轨迹的突变,易引发追尾事故。根据京石高速公路 2005~2010 年历史事故统计分析,直线路段里程事故率为 7.4 次/km。

通过分析本路特点,拟在长直线路段末端位置设置适当的辅助减速设施,以达到对交通流进行平滑,减少事故发生概率的目的。具体设置方案为:对于长度达到 3000m 的长直线路段设置彩色防滑减速标线,设置位置为长直线路段沿行车方向末端的两条内侧小型车行车道上。标线共分为三段,第一段由 8 条宽度为 4m、间距为 10m 的红色标线组成;第二段由宽度为 6m 的红黄色标线依次相间排列组成;第三段与第一段相同,由 8 条宽度为 4m、间距为 10m 的红色标线组成。

彩色防滑减速标线的具体结构尺寸如图 7-46 所示。

2. ETC 车道标线

对于 ETC 车道的彩色标线,应能够满足规范要求,同时又便于识别,美观大方。根据本路的实际情况,ETC 标线采用红色、黄色搭配的原则,具体如图 7-47 所示。

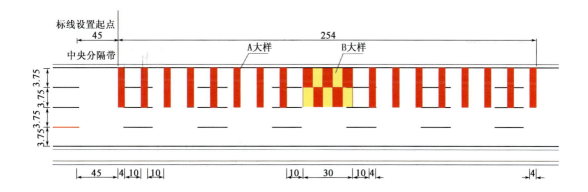

图 7-46　彩色防滑减速标线结构图(尺寸单位:m)

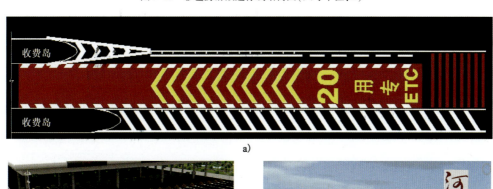

a)

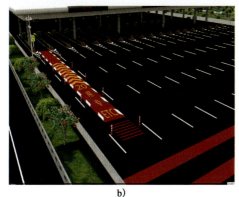

b)

c)

图 7-47　ETC 标线形式

3. 减速匝道标线

减速匝道标线以提醒驶离高速公路的司机进行减速操作为目的。本项目所设计的匝道减速标线采用条状红色标线+满铺红色标线方式搭配使用,条状标线宽度为4m,间距为15m,标线满铺段长度为50m,如图 7-48 所示。

4. 主线收费站标线

本项目主线收费广场最宽处有约 130m,长约 700m,去往河北方向的主线站还有其特殊性(影视城收费站与主线站合并设置,最右侧单独的收费车道通往影视城方向)。因此,需要在收费广场上设置针对去往影视城车辆的引导标线,以便收费广场上的车辆能够各行其道,有序通行。

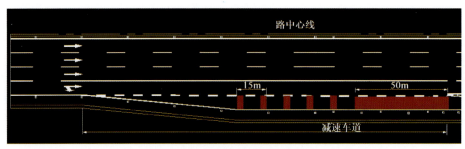

图 7-48　减速匝道标线设计图

为此,主线站标线的设计方案为:在收费广场前四车道变八车道处的最外侧车道铺设一组 50m 长的绿彩色标线,标线上施划"影视城"白色路面文字;进入收费广场前满铺两组 50m 长绿色彩色标线,每组之间间距为 100m,标线上施划"影视城"白色文字;进入收费广场后,按照《道路交通标志和标线　第 3 部分:道路交通标线》(GB 5768.3—2009)中的规定设置减速振动标线,如图 7-49 所示。

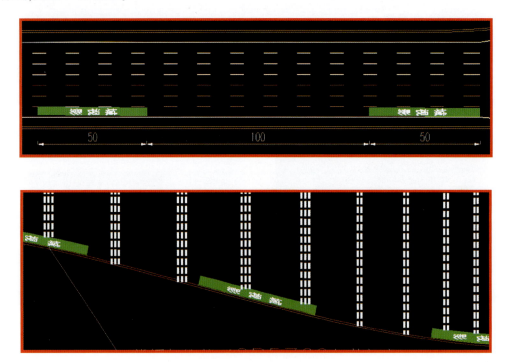

图 7-49　主线收费站标线设计方案

第四节　波形梁护栏

目前,我国高速公路上的波形梁护栏的造型单一,色彩较为单调,缺乏从道路使用主体——驾驶员的角度对其进行研究和考虑。对于长时间在路上行驶的驾驶员,容易造成其乏味,甚至是疲倦的感觉。此外,现阶段随着以人为本思想的提出,以及人们审美标准的不断提高,人们已经不再满足于护栏作为安全设施这一单一的功能,而是希望其成为既能够保障车辆安全,又兼顾道路美化功能的一种道路设施。基于此,京石高速公路改扩建工程将从色彩心理学的相关理论着手,通过研究色彩心理学与道路交通安全的相互关系,提出基于色彩心理学的护栏颜色设置方案。

一、护栏颜色的选择

各种颜色的色彩心理和视认性的研究可知,红色、黄色、绿色、蓝色以及灰色的视认性较好,能够较好地与路面颜色区分,有利于增强护栏对驾驶员的视线诱导功能。

进一步分析可知,以红色为代表的暖色系颜色虽然具有较好的明视效果,容易引起驾驶人员的注意,且无论是在夜间还是在气象条件较差时,都具有较好的视认性,但红色和黄色亦是一种强烈且冲动的颜色,当驾驶员长时间接触这类颜色时,难免会造成精神持续紧张,使人身心疲劳,出现精疲力竭的感觉。这对于安全行车来说,无疑是非常不利的。此外,《道路交通标志和标线 第2部分:道路交通标志》(GB 5768.2—2009)对红色的含义表述为:表示禁止、停止、危险,用于禁令标志和警告性线形诱导标。对黄色的含义表述为:表示警告,由于警告标志的底色。在《安全色》(GB 2893—2001)对红色的使用导则表述为:表示禁止、停止、危险,用于表示禁止、停止、危险的标志。对黄色的使用导则表述为:表示警告、警示,用于表示警告、警戒的标志。因此,综合红色、黄色的实际特性以及相关标准的规定,红色和黄色不适宜作为高速公路的护栏颜色。

反观绿色、蓝色和灰色,不但具有较好的视认性,更是安静、理智、安详与洁净的象征。它能够使人镇静,促进身体平衡,同时对于克服晕厥疲劳也有一定的作用。在相关标准中,它们也被确定为用于指示、指令的标志中。基于上述分析,本研究将以绿色、蓝色、灰色作为护栏颜色方案的备选色。

二、护栏颜色设置方案

从色彩对于驾驶员生理及心理的分析可知,绿色、蓝色、灰色是比较适宜作为护栏颜色的几种色彩,而且目前的高速公路上也大多采用这几种颜色。京石高速公路改扩建工程将以这几种颜色为基础,设计出四种护栏颜色组合方案,并对各方案进行对比,得出各方案之间的优缺点,最终确定护栏颜色。

1.护栏颜色设置方案

根据护栏立柱以及护栏板的颜色,本研究提出了四种护栏颜色设置方案见表7-8,效果如图7-50~图7-53所示。

护栏颜色设置方案表　　　　　表7-8

项　　目	方案一	方案二	方案三	方案四
护栏板颜色	灰色	深蓝色	浅蓝色	深绿色
护栏立柱颜色	灰色	灰色	灰色	灰色

图 7-50　方案一灰板灰立柱

图 7-51　方案二深蓝色板灰立柱

图 7-52　方案三浅蓝板灰立柱

图 7-53　方案四深绿色板灰立柱

2. 护栏颜色方案比选

对以上所提出的四种护栏颜色组合设置方案，从以下两个方面进行综合比选，以得出最佳颜色设置方案。

（1）与中分带护栏颜色的协调性

京石高速公路改扩建工程项目的中央分隔带所采用的护栏形式为薄壁分离式加强型SAm级混凝土景观护栏，其颜色为灰色，如图7-54所示。为了使路侧护栏与中央分隔带护栏协调一致，不使驾驶员产生突兀不适的感觉，应尽量使两者的颜色相近。

图 7-54　京石高速公路改扩建工程采用的中分带护栏

图7-55～图7-58给出了不同护栏颜色的组合的效果图，从上面几张京石高速公路改扩建工程的效果图来看，采用灰板灰立柱的方案给人一种左右协调一致、色差较小、不易产生视觉上错落的感觉。而采用绿色或蓝色板灰色立柱的方案则使人产生突兀、不太协调、中央与路侧有别的感觉。

（2）公路运营期的养护便利性

波形梁护栏作为一种主要的安全防护设施，具有吸收失控车辆冲撞能量，防止车辆冲出路基，减轻事故车辆及人员损伤的程度的作用。当护栏因为事故遭到损坏或因自然条件等对护栏的结构件造成腐蚀时,为保证其防撞性能,应当及时对护栏进行养护和修复。目前,国内大多数高等级公路的护栏所采用的颜色均为镀锌原色(灰色),经过多年的养护实践,已经积累了大量的养护经验和可靠技术,在需要对护栏进行养护及修复时,可以迅速地进行备件备料地加工生产。而采用其他颜色的护栏在维修更换工程中,存在备件加工不便的问题。同时,对于绿色和蓝色护栏而言,受到紫外线、雨水、汽车油气的长期侵蚀,必然导致颜色减褪,而新生产的护栏必定存在与原有护栏颜色有色差的问题,这对公路的美观性、整体性有一定影响,不利于公路的美化。

图7-55　方案一采用灰色护栏板的道路整体效果图

图7-56　方案二采用深蓝色护栏板的道路整体效果图

图7-57　方案三采用浅蓝色护栏板的道路整体效果图

图7-58　方案四采用深绿色护栏板的道路整体效果图

通过以上两点原因的分析,从中分带与路侧颜色的整体性、一致性、协调性,以及后期护栏养护维修的便利性、经济性综合考虑,路侧波形梁护栏的颜色应采用方案一,也就是护栏板和立柱均采用灰色的方案来设置。

3. 护栏表面材料的选择

目前,公路护栏的防腐一般是采用热浸镀锌或者热浸镀锌再涂塑等工艺来处理,这种措施能有效防止护栏材料氧化、锈蚀等。但这两种方法在抗污染能力方面存在不足。

以京港澳高速公路为代表的干线公路作为国内货物运输的大通道,一直是重型大货车出行的首选。而这类重型车多以柴油车为主,其排放的尾气中含有大量未经充分燃烧的烃类及其他微小颗粒,这些颗粒极易吸附在公路护栏的表面,使许多刚通车不久的高速公路护栏被污染或熏黑。护栏表面受到污染变脏、变黑后,一方对公路景观造成影响;另一方面也起不到对车辆视线诱导的效果。此外,涂塑护栏的表面如果处理不好,涂料易脱落,维护成本也会大大增加。

随着纳米材料科学的不断发展,将纳米材料应用于高速公路护栏的表面处理的技术也日渐成熟和完善。纳米材料的颗粒都很小,均匀分散的纳米粒子非常容易填充于护栏涂层的孔隙或毛细孔中,这可提高涂层的抗渗透性、耐化学药品性和耐候性等。另外,由于纳米粒子的表面积很大,表面活性也很强,非常容易与有机物、金属表面的涂层或膜产生化学组合,使得纳米涂层与金属基材表面的附着力得到很大提高。因此,与一般涂层材料相比,涂有专用纳米防腐材料的公路护栏,在耐酸、耐碱、抗腐蚀、耐候性、抗污类等方面的性能均有很大的提高。与传统的护栏防腐方案相比,加入了纳米级防腐材料的防腐涂层的最大优点是耐污性能好,且具有较好的自洁能力。由于纳米粒子是一种新型抗静电剂,不具有静电吸附功能,其静电屏蔽性能优良。此外,纳米粒子具有疏水的特性,其湿润角几乎为零。即当护栏表面遇水时,水流将顺护栏完全流下而不会在其表面形成水膜,与此同时,还能顺势将护栏表面的灰尘、污物等一并冲刷掉。因此,涂有纳米级防腐材料的护栏经过雨水冲淋后,表面的所有灰尘都将被冲走,护栏将清洁如初。此外,基于护栏防腐涂层的上述特点,对于护栏后期的清洁和维护工作也将变得比以前更加快速和简便。

按照上述分析,本项目波形梁护栏的所有部件均按照《高速公路交通工程钢构件防腐技术条件》(GB/T 18226—2000)的规定采用热浸镀锌进行表面处理后再浸塑防腐,且浸塑材料中加入纳米级防腐材料,取得了很好的效果。雨后效果如图7-59所示。

a)　　　　　　　　　　　　　　　　b)

图7-59　京石高速公路改扩建工程钢护栏雨后效果

4. 中央分隔带开口间距与宽度研究

高速公路中央分隔带开口是维持高速公路正常运营的必须设施,对于交通事故救援及车辆疏导至关重要。活动护栏主要设置在中央分隔带开口处,用以分隔对向车辆的可移动护栏,在抢险、救援、道路施工、道路封闭等紧急情况下,活动护栏能及时、方便地开启,使车辆(如交通事故处理车辆、急救车辆、道路施工车辆、疏导车辆)临时通过。

我国《公路路线设计规范》(JTG D20—2006)对中央分隔带开口的规定如下:①互通式立体交叉、隧道、特大桥、服务区设施前后,以及整体式路基、分离式路基的分离(汇合)处应设置中央分隔带开口。②中央分隔带开口间距应视需要而定,最小间距应不小于2km。③中央分隔带开口长度不宜大于40m;八车道高速公路开口长度可适当增长,但不应大于50m。

在实际建设中,大部分高速公路都严格、机械地按照规范规定设置了中央分隔带开口,如京沈高速公路、京津高速公路、京津塘高速公路、京石高速公路、河北省沿海高速公路、京福高速公路山东段、青银高速公路山东段等,中央分隔带开口间距基本都在2km,开口宽度30m左右。

利用Google Earth我们调查分析了美国、日本(图7-60)、欧洲一些发达国家(图7-61、图7-62)高速公路中央分隔带设置情况,具体数据见表7-9。

a) b)

图7-60 日本高速公路中央分隔带开口图

图7-61 德国高速公路中央分隔带开口图　　图7-62 法国高速公路中央分隔带开口图

国外高速公路中央分隔带开口设置情况　　表7-9

国 别	高速公路编号	开口平均间距(km)	最大间距(km)	最小间距(km)	开口宽度平均值(m)
美国	83号	2.7	4.62	1.97	10
	35号	3.3	5.93	2.92	10
	91号	3.5	4.7	1.53	10
	89号	3.04	4.06	1.92	10
法国	E05	1.6	2.2	0.8	80
德国	E51	2.1	2.3	1.8	65

根据多条高速公路中央分隔带开口使用情况调查发现,大部分高速公路的中央分隔带开口很少开启,50%以上的分隔带开口开启次数少于1次/年,甚至部分中央分隔带开口从未开启使用。而且从国外高速公路中央分隔带开口图片(图7-60～图7-62)可以看出,其中央分隔带开口护栏并未强调护栏开启的方便性,说明其中央分隔带开口也很少使用。加拿大高速公路中分带不设置活动护栏,分析缘由主要是单向路基很宽或分幅。当单幅路基维修时,只要将施工段落的中分带防撞墙断开即可,不需要频繁地从一幅路基转换到另一幅。国外中央分隔带开口主要为养护施工设置,在事故救援中一般不使用(由于路侧应急车道畅通)。综上所述,在京石高速公路改扩建中对中央分隔带开口进行了如下设计:

①增大中央分隔带开口间距,以不大于5km为宜。

②特大桥前后设置中央分隔带开口,两互通立交(出入口)间设置至少一处中央分隔带开口。

③考虑我国交通流中,大型车特别是超车的车辆占一定比例,需要转弯半径较大,中央分隔带开口长度采用50m。

5.中央分隔带开口处活动护栏

中央分隔带开口活动护栏除要求具有一定的活动性能(开启的快速性、方便性、灵活性、普通道路使用者不能开启)外,作为一种交通安全设施,还必须具备足够的防撞能力,特别是活动护栏位于中央分隔带,一旦车辆穿越将可能与对向车辆相撞而引发群死群伤的恶性二次事故,因此活动护栏的防撞能力不能忽视。但目前常规的活动护栏过多地注重护栏的活动性,而在防撞性能方面存在明显欠缺。近年来,发生在中央分隔带开口处跨越中央护栏的重大恶性事故屡见不鲜。2004年7月25日,宁连高速公路一辆大货车穿越活动护栏,与正常行驶的小轿车迎面相撞,导致5人当场死亡;2008年10月4日,在开阳高速公路圣堂路段,一辆小轿车穿越活动护栏,导致3车相撞,3死6伤;2009年3月27日,在沪昆高速公路江西段,一辆客车穿越活动护栏,导致3车相撞,20死11伤;2010年11月14日,在沪渝高速公路黄黄段,一辆半挂车穿越活动护栏冲入对向车道,与对向一辆半挂车发生碰撞后侧翻在了高速公路上,造成3车相撞侧翻,多人受伤。

我国《公路交通安全设施设计规范》(JTG D81—2006)对中央分隔带开口活动护栏功能要求和设置原则进行了较为详细的规定:①活动护栏应有效地阻止非紧急车辆在中央分隔带开口处的通行;②活动护栏应便于移动开启;③活动护栏设置的长度应能有效封闭中央分隔带开口;④活动护栏的设置高度应与中央分隔带护栏的高度协调一致;⑤活动护栏上部应设置轮廓标或反射体;⑥有防眩要求路段的活动护栏上宜设置防眩设施。在《公路交通安全设施设计细则》(JTG TD81—2006)中关于活动护栏构造要求中又指出:护栏应该具有一定强度和防撞能力。可见规范中主要注重的是护栏的活动性,而对护栏的防撞能力并未重视,然而从日本、法国和德国中央分隔带护栏设置情况来看,其更加注重的是护栏的防撞能力。据本项目调查结果,日本、德国和法国中央分隔带开口采用的是波形梁护栏,立柱的间距和直径与固定护栏一致,防撞能力较高且与固定护栏相同。特别是德国分隔带开口处护栏并未进行专门设计,固定护栏直接延伸通过,只是分隔带开口处绿化取消地面硬化。直观上来看,这些护栏的开启时需拆卸护栏,便利性较差。

国内目前主要采用的活动护栏形式分为四类:插拔式活动护栏(图7-63)、伸缩式活动护栏(图7-64)、充填式活动护栏(图7-65)、整体推拉式本身不伸缩活动护栏(图7-66)。其中插拔式活动护栏在我国已经有很长的使用历史,应用范围较广;伸缩式活动护栏具有使用方便、灵活的优点。但是上述两种护栏均存在防撞能力低,特别是伸缩式活动护栏在车辆碰撞下极易破碎,且产生大量飞溅的杀伤性破片,对司乘人员不利。充填式活动护栏,有合理的截面形式,在充水或细砂后自重增加,具有较好的防撞能力,但其灵活性和耐久性较差。整体推拉式活动护栏占地较大,造价较高,由于护栏与车辆碰撞为线面接触,对车辆损坏较大,而且其防撞能力有待进一步验证。

图7-63　插拔式活动护栏

图7-64　伸缩式活动护栏

图7-65　充填式活动护栏(水马)

图7-66　整体推拉式活动护栏

综上所述,在京石高速公路改扩建中对中央分隔带开口处主要采用具有一定防撞能力的新型钢管预应力索式的整体推拉式活动护栏,由于京石高速公路改扩建工程中分带开口长度扩大为50m,因此在开口护栏的选择上要求必须按照新公路护栏评价标准进行碰撞试验(图7-67),并取得相应的检测报告。

新型钢管预应力索式防撞活动护栏重点解决现有中分带开口活动护栏防护能力不足的问题,以与中分带标准护栏防护等级相匹配,减少安全隐

图7-67　活动护栏结构碰撞试验

患,提高中分带开口活动护栏的防护能力。该护栏为型钢材料,主体由多节单元框架组成,每节框架结构由 6 根钢管横梁通过型钢框架连接而成,横梁内部穿有钢绞线,通过锚固装置固定在钢管横梁的两端。框架与框架之间采用连接销进行连接。护栏端头连接处设有防盗紧固装置来消除旷量。此活动护栏的特点是:防护能力高,防护等级达到 Am 级(碰撞能力 160kJ);单元框架通过钢管横梁方式组装而成,框架间通过连接销进行连接,插拔简单,安装开启方便;底部装有万向轮,方便移动、造型美观、防盗性能强,开启后可及时推走,亦可作为临时导向设施。

目前该活动护栏已经在国内河北、山东、浙江、上海、河南、江苏等多个省份应用,经实际验证,该护栏起到了较好的防护效果,如图 7-68 所示。

a) 河北京化高速公路应用效果

b) 河北廊涿高速公路应用效果

图 7-68　新型钢管预应力索式防撞活动护栏的应用

第五节　柱帽式轮廓标设计

轮廓标是一种显示道路边界轮廓、指引车辆正常行驶、具有逆反射性能的交通安全设施,是重要的视线诱导设施。轮廓标的性能优良与否直接关乎道路交通安全水平的高低。然而,目前我国高速公路上所使用的轮廓标普遍存在使用年限较短、损坏丢失严重、使用性能达不到预期要求等现象。同时,随着高速公路的快速发展,人们对轮廓标的质量、安全、环保、耐久、养护等方面提出了更高要求。在新工艺不断发展、新材料不断涌现的今天,提出一种继承现有轮廓标的优点,同时改进其缺点的新型轮廓标的要求显得尤为迫切。

针对这一情况,通过搜集、整理、研究相关的文献资料,考察国内外同类型高速公路的成熟经验和好的做法,并结合京石高速公路的实际情况,对轮廓标所采用的形式、贴膜颜色、设置层次、设置间距等内容进行深入的分析和研究,提出了一种新型轮廓标。

一、新型轮廓标的提出

1. 轮廓标设置层次的确定

长期以来,在我国高速公路安全设施设计中,轮廓标的作用一直都被定义为勾勒前方道路线形。这种单一的功能定位导致在实践中,路侧轮廓标等反光诱设施往往只设置一层。但是通过对我国轮廓标的实际使用情况进行调查,以及对国外文献、案例的研究,并结合环境模拟测试,发现仅仅设置单层的反光诱导设施往往难以引起驾驶人员的足够重视,特别是车辆在夜间行驶于线形不良的路段时,单层反光诱导设施的诱导效果不够理想。

另一方面,从已建成道路的实际运营效果和经验来看,反光诱导设施的设置层次也不是越多越好,太多了容易造成司乘人员视觉混乱和疲劳,反而容易引发交通事故。此外,从节约成本的角度进行考虑,在达到保障行车安全目的的前提下,设置较少的轮廓标层数还可以降低整个工程的造价。

因此,合理设置路侧轮廓标的层次,可以有效提升行驶的安全性。综合考量上述因素,推荐采用两层轮廓标设置方案,即护栏上部设置一层,护栏下部设置一层。

2.轮廓标设置形式的确定

(1)上部轮廓标的形式

上部轮廓标的形式根据现有高速公路情况以及本项目特点共提出七种方案,从实际效果来看柱帽式轮廓标能够实现多角度无死角反光,试验效果最为理想。图7-69所示为柱帽式轮廓标,圆柱高度为10cm,直径为14cm。

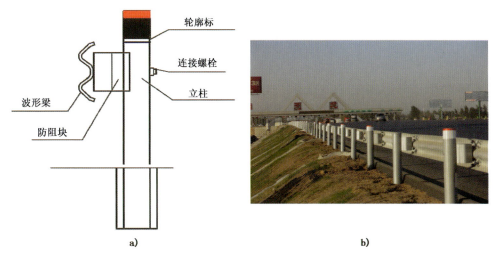

图7-69 柱帽式轮廓标

(2)下部轮廓标的形式

下部轮廓标的形式限于其结构情况,基本波形梁护栏都采用立柱上贴反光膜的形式,其尺寸为26cm×14cm;混凝土护栏下部采用长方形轮廓标,尺寸为15cm×4cm,具体如图7-70所示。

3.轮廓标贴膜颜色及结构设计

(1)轮廓标贴膜颜色搭配

由前述内容可知上部轮廓标采用圆柱形比较合理,其贴膜颜色按照相关规范设置为行车方向左边为黄色、行车方向右边为白色,颜色比较单一。从美化角度考虑,同时为了加强轮廓标在白天的警示诱导效果,建议搭配红色反光膜相互协调映衬。红色膜夜间不反光,主要是突出白天搭配效果,使其更显美观。就其搭配方式提出两个方案(图7-71),具体如下:

a)波形梁护栏下部轮廓标　　　　　　　b)混凝土护栏下部轮廓标

图7-70　下部轮廓标

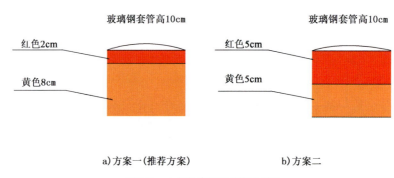

a)方案一(推荐方案)　　　　　　　b)方案二

图7-71　上部轮廓标颜色搭配方案

方案一(推荐方案):圆柱高10cm,上部2cm贴红色膜,下部8cm贴黄色膜或者白色膜。

方案二:圆柱高10cm,上部5cm贴红色膜,下部5cm贴黄色膜或者白色膜。

从实际效果来看,红色反光膜采用2cm比较合理,白天看起来比较美观,又能对驾驶员起到诱导和警示的作用,而且还不会降低白色或黄色反光膜在夜间的反光诱导效果(因为红色膜在夜间不反光)。因此,结合相关规范要求综合考虑,建议采用方案一(圆柱高10cm,2cm贴红色膜,8cm贴黄色膜或白色膜)。

(2)圆柱形轮廓标设计图

本项目中央分隔带设置混凝土护栏,路侧设置波形梁护栏。本着环保和经济实用的原则,需要对项目所采用的圆柱形轮廓标进行特别设计。

①路侧二波波形梁护栏处的轮廓标(图7-72)。采用3mm厚玻璃钢,圆柱形轮廓标插入波形梁护栏立柱中,并通过固定护栏防阻块的螺栓和轮廓标的连接板连接,同时轮廓标上部外径与立柱外径相同,这样设计既起到美观作用,同时兼顾立柱柱帽功能;其插入立柱部分比较短,既能保证固定轮廓标,又能保证其强度不够大,在车冲撞情况下能顺利脱落,避免二次事故。

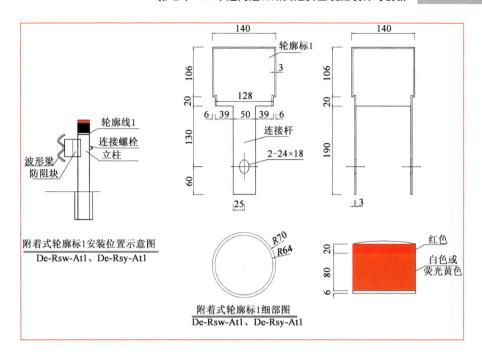

图 7-72　二波波形梁护栏处的轮廓标设计参考图

②中央带混凝土护栏处的轮廓标(图 7-73)。采用 3mm 厚玻璃钢,圆柱状造型,底部有两个固定板,通过膨胀螺栓将其固定在混凝土护栏上。

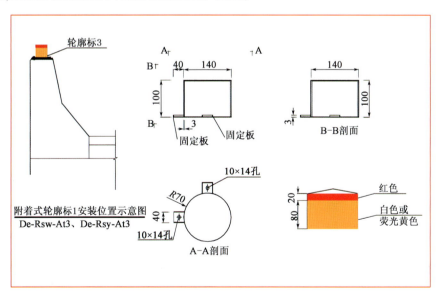

图 7-73　中央带轮廓标设计参考图

4.轮廓标材料

制作轮廓标的材料一般可以采用玻璃钢、塑料、橡胶和钢材等材料。

各种材料都各有其优缺点,采用钢材加工比较方便,但极容易被偷盗;塑料材料降解慢,对人身体有害,对环境造成污染,不符合环保理念;橡胶材料使用过程中容易老化,长期效果不好;玻璃钢材料强度比较高,不容易老化,且也不容易被偷盗,其价格和钢材制作差不多,属于各种材料中综合性能最好。因此综合考虑,推荐采用玻璃钢材料。

二、轮廓标设置间距

1. 主线轮廓标设置间距

轮廓标的设置间距对实际效果影响也是比较明显的,因此,根据前阶段试验段的结果并结合项目实际情况对主线轮廓标设置间距提出三个方案,具体如下:

方案一(推荐方案):上层轮廓标间距为8m,下部轮廓标间距为16m,效果如图7-74所示。

a)
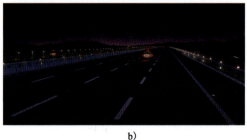
b)

图7-74 方案一效果图(推荐方案)

方案二:上层轮廓标间距为4m,下部轮廓标间距为16m,效果如图7-75所示。

a)
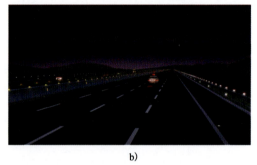
b)

图7-75 方案二效果图

方案三:上层轮廓标间距为16m,下层轮廓标间距为16m,效果如图7-76所示。

a)

b)

图7-76 方案三效果图

从实际效果和美观程度来看,方案一效果最好,其上部采用8m的间距,下部采用16m的间距,当车辆在高速行驶过程中,给驾驶员呈现出一种上层为线,下层是点,点线结合,轮廓明了的良好感觉。

方案一诱导效果比较明显,能及时清晰地指示道路线形,保证安全;其白天也比较美观;同时能保证经济效益,造价中规中矩,属于合理范围。

方案二上部轮廓标间距过密,夜晚容易造成视觉疲劳和眼花,同时造价太高,不太经济。

方案三间距过大,诱导效果不是很好。

因此,在实际设计中采用方案一(上层轮廓标间距为8m,下部轮廓标间距为16m)。

2. 匝道轮廓标设置间距

匝道路段的半径较小,是高速公路事故多发路段,尤其是夜间当车辆从主线驶入匝道时需要对其进行有别于主线的视线诱导。因此,对于匝道路段的轮廓标需要进行单独设置。

匝道轮廓标的形式、颜色、层次等与主线相同。轮廓标间距为上层间距为4m,下层间距为4m,具体效果如图7-77所示。

a)

b)

图7-77 匝道轮廓标设置效果图

第六节 其他安全设施

一、防撞垫

目前我国公路上分流三角区尤其是枢纽互通护栏端头大多数都没有做防撞处理,有些只是设了分流警示标志,有些地方安放了简单的防撞桶,如图7-78所示。这些处理方式往往会对事故车辆乘员造成严重伤害,主要事故形态(图7-79)一般为:

①端头插入车体或车体严重变形,乘员受到严重伤害。

②车辆碰撞防撞桶后,防撞桶粉碎,吸能效果差,同时撒落物进入临近车道,易引发恶性事故。

枢纽互通车流量较大,主线分流端、匝道出口处分流车速较快,设置防撞垫可将两侧护栏连接起来,可有效提高交通安全性。防撞垫能有效吸收碰撞能量,降低正面碰撞的危害程度。

而侧面碰撞时能改变车辆碰撞角度,并将车辆导向正确方向。

a)

b)

图 7-78　互通及服务区出入口设置

a)

b)

图 7-79　互通及服务区出入口事故

阻挡功能:防撞垫的脱离构件和碎片不得侵入车辆乘员舱,侧碰时防撞垫应阻挡车辆穿越和翻越。

图 7-80　可导向防撞垫

缓冲功能:乘员碰撞速度的纵向与横向分量均不得大于 12m/s,乘员碰撞后加速度的纵向与横向分量均不得大于 $20g$。

导向功能:车辆碰撞后不得翻车。

京石高速公路改扩建工程推荐一种可在分流出口三角区设置的可导向防撞垫来降低事故严重程度。可导向防撞垫是一种独立防护结构,在受到车辆正面碰撞时,可吸收车辆动能,减轻乘员伤害;在受到车辆侧面碰撞时,可导正事故车辆,保护乘员安全。其具体结构形式如图 7-80 所示。

二、路侧隆声带

隆声带由长 40cm、宽 16cm、深 1cm 的浅坑组成,设置在公路的边缘或公路的中间。当驾驶员把车开到隆声带上时,汽车会猛烈地抖动,并发出很大的噪声。隆声带可有效提醒驾驶员已偏离了正常车道,从而减少事故。在北美、欧洲等发达国家的高速公路上已普遍采用隆声带来防止车辆偏离车道,有的甚至用隆声带代替公路护栏。安置在行车道边缘的隆声带也可在恶劣的气候中发挥作用。大雨和小雪经常使路面的边界模糊不清,在能见度非常低的情况下,隆声带可为驾驶员提供清晰的路面参照物,从而确保车辆始终行驶在正确的行车道中。国内在北京、吉林(图7-81)、新疆、江西等省(区、市)的高速公路中均有不同路段采用。京石高速公路改扩建工程根据前期事故黑点调查的结果,依据线形,在部分事故高发路段设置凹型隆声带,在一定程度上降低了事故发生率。

图7-81　长吉高速公路路侧隆声带

本 章 小 结

交通安全设施设计是高速公路改扩建工程设计的重要组成部分,内容包括:道路交通标志、道路交通标线及路侧隆声带、路侧及中央分隔带护栏、隔离栅、防眩设施、视线诱导设施(轮廓标、视线诱导标)等。交通安全设施设计以"主动引导、被动防护、全时保障、隔离封闭"为总体思路,突出"以人为本"的设计理念,始终把安全放在首位,全面学习、总结国内外交通安全设施的新技术、新成果,采用成熟的新技术和新材料,在以下6个方面实现了突破:

(1)中央分隔带护栏全面按照最新、最高的防撞等级进行设计,全部采用加强型护栏。

(2)路侧护栏首次全面采用纳米喷塑技术。

(3)首次提出标志以门架标志为主,并且统一规划了全线标志指示内容,完善解决了城市多出口的指示设计。

(4)研究了新型轮廓标,更大程度保障夜间行车安全。

(5)在河北省首次将高亮双组分标线大规模应用于车道分界线。

(6)集成应用了可导向防撞垫、路侧隆声带、彩色标线、振动标线等被动提醒安全设施,为道路使用者提供更加人性化和周到的服务,真正实现了"全方位、多角度、无空白的安全保障"的目的,使车辆安全、顺畅、便捷地到达目的地,实现了景观性和安全性的统一协调。

第八章 中央分隔带景观混凝土护栏设计与施工标准化

第一节 概　　述

一、引言

高速公路中央分隔带护栏除应具备隔离交通的功能外，最主要的功能是有效防护车辆穿越中央分隔带造成二次事故。近年来，我国发生多起车辆穿越中央分隔带护栏并与对向车道车辆相撞的恶性事故，事故死亡人数多在10人以上，给人民的生命财产带来了极大损失，造成了不良的社会影响。作为交通事故的最后一道防线——防撞护栏，其防护等级和设置形式的选择尤为重要。提高中央分隔带护栏防护能力是降低上述事故严重程度及死亡率的最有效措施之一。

从现有护栏结构而言，混凝土护栏由于其本身具有较高的刚度，易达到较高的防护能力。目前国外混凝土护栏应用较为广泛，我国多地也在逐步加大对混凝土护栏的应用，然而外形单一、造型呆板、不通透、缺乏美学考虑、景观效果较差的自身缺陷也在某种程度上限制了混凝土护栏的实际使用效果。随着交通行业的不断发展及人民生活水平的不断提高，人们对出行舒适性的要求也越来越高。良好的公路景观效果对于缓解驾驶疲劳、改善行车环境、提升行车安全具有重要作用。公路护栏与观景者的距离较近，对公路使用者而言有很强的易见性和清晰度，特别是中央分隔带护栏，客车离其更近，被公路使用者注意到的程度的概率较高，在一定程度上影响着人们对公路整体景观的印象。因此，护栏在具备良好安全性能的同时，还应加强美学考虑，提高自身景观效果，以满足道路使用者越来越高的要求。

京石高速公路是国家高速公路网京港澳高速公路的重要组成部分，也是冀中南地区联系北京，沟通东北、华北等地区最重要的通道，在国家及河北省路网中具有十分显要的地位，为全国最繁忙的交通通道之一，交通组成中大型车辆所占比例较高。本路段改扩建建成通车后，其特殊的地理位置及功能作用必将具有较大的社会影响力，交通安全尤为重要。提高中央分隔带护栏的防护能力有助于改善本路段的交通安全水平，体现"安全第一"的设计理念。同时结合京石高速公路改扩建工程特点，将景观元素融入护栏的结构设计中，对公路的景观效果也是一种有效补充，对于改善行车舒适性及行车环境具有重要作用，同时也符合本路段"资源节约、环境友好"的科技示范路建设目标。

综上所述，为进一步提高京石高速公路改扩建后乃至全省高速公路的交通安全水平，由河北省交通运输厅立项，依托京石高速公路改扩建工程开展"高速公路中央分隔带景观混凝土护栏研究"项目,结合改扩建工程实际需求及特点,以研发一种防护等级高、景观效果好、耐久性好、养护维修方便的新型中央分隔带混凝土护栏结构形式。

二、主要技术指标的选取

京石高速公路改扩建工程中央分隔带护栏以防护等级高、景观效果好、耐久性强为研发目标,在此基础上其主要技术指标包括护栏的防护等级、安全性能评价标准、景观效果、耐久性及后期养护维修等方面。

1. 护栏防护等级

现行《公路交通安全设施设计规范》(JTG D81—2006)第4.2.1条规定了路基护栏防撞等级的适用条件,如表8-1所示,其中中央分隔带护栏最高设置防撞等级为SAm级。

路基护栏防撞等级的适用条件　　表8-1

公路等级	设计速度(km/h)	车辆驶出路外或进入对向车道有可能造成的交通事故等级		
		一般事故或重大事故	单车特大事故或二次重大事故	二次特大事故
高速公路	120	A、Am	SB、SBm	SS
	100、80			SA、SAm
一级公路	60		A、Am	SB、SBm
二级公路	80、60	B	A	SB
三级公路	40、30		B	A
四级公路	20			

京石高速公路改扩建工程按八车道设计,路基宽度42m,设计速度为120km/h,是河北省最主要的交通干线、高速公路骨架和经济发展轴,为全国最繁忙的交通通道之一,交通组成中大型车辆所占比例较高,对于中央分隔带护栏的防护等级要求较高,因此本着"以人为本、安全至上"的原则,中央分隔带混凝土景观护栏防护等级选用最高等级SAm级,以满足交通安全需要。

2. 护栏安全性能评价标准

实车足尺碰撞试验是检验护栏是否达到其防护能力要求的唯一有效方法,目前欧盟、美国、日本等世界发达国家均强制采用实车足尺碰撞试验方法来评价护栏的安全性能。我国在2013年12月1日颁布实施了最新的《公路护栏安全性能评价标准》(JTG B05-01—2013)(以下简称新标准),如图8-1所示,原《高速公路护栏安全性能评价标准》(JTG/T F83-01—2004)(以下简称原标准)同时废止。新标准明确规定:"公路护栏安全性能应采用实车足尺碰撞试验进行评价。"同时将护栏防护等级划分为8个等级,比原标准多3个等级,试验车型则规定为每种护栏均须采用小客车、大客车、大货车三种车型进行评价,且三种车型评价均满足评价指标后方可认为护栏合格,相应的评价指标也进行了细化和完善。可以说新标准较原标准对于护栏的安全性能评价更加严格,进一步提高了护栏的准入门槛,经过此评价标准检验的护栏将更安全。

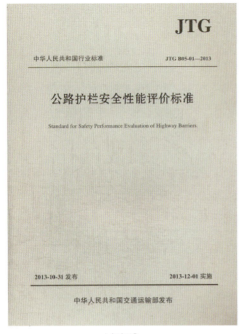

图 8-1 新标准及实车碰撞试验条件表

按照新标准,现行规范中的 SA 级护栏对应于新标准中的"五级"护栏,设计防护能量为 400kJ。因此,研究开发的中央分隔带景观混凝土护栏应采用新标准中"五级"的碰撞条件进行安全性能评价。

3. 其他

按京石高速公路"安全、舒适、经济、耐久、环保、美观、智能、和谐"的现代化高速公路总体设计理念,新开发的中央分隔带景观混凝土护栏除应满足上述防护等级要求外,还重点考虑了护栏在景观效果、耐久性及方便施工等方面满足要求,具体技术指标如下:

(1)护栏在满足安全防护能力的基础上应增加相应的景观元素,提高其景观效果。
(2)护栏结构本身应考虑耐久性,避免采用外漏钢构件,减少后期养护维修成本。
(3)护栏结构应依托工程实际,方便施工安装。

第二节 护栏结构设计要点

一、护栏结构形式

为使护栏达到 SAm 级防护等级及安全性能评价标准,满足京石高速公路总体设计理念要求,护栏整体结构基本确定为预制安装结构,其在设计研发过程中重点从以下几个方面入手:

(1)护栏景观造型设计;
(2)护栏迎撞面坡面优选设计;

(3)护栏基础设计;
(4)护栏纵向连接形式设计。

1. 护栏景观造型设计

(1)设计原则

①满足护栏基本防护功能的原则。

作为保障行车安全的交通安全防护设施,必须满足一定的防护能力,在美化环境的同时,不失其"安全卫士"的本色。

②统一性原则。

护栏的景观设计理念与高速公路本身的景观设计理念应统一、协调,应与周围环境建立联系,不仅实现护栏本身的美观,还应与公路整体景观风格一致。

③美学理论和交通心理学理论相结合的原则。

作为公路景观的一部分,护栏的景观设计不能脱离社会审美观而独立存在,必须结合交通心理学,以高速公路使用者的心理活动为指导原则。在满足其交通功能的前提下,符合美学理论,进行大比例、大尺度的动态化设计,赋予护栏景观更赏心悦目的形式和内在含义。

④景观效果与施工方便相结合原则。

护栏本身添加景观元素后,必然比常规护栏加大了施工难度,景观设计中必须充分考虑护栏景观效果与施工方便性相结合的原则。

(2)景观造型设计

①设计思路及方案。

护栏景观设计主要考虑的是其对道路使用者的视觉冲击,其中物体的造型、颜色以及表面质感是影响视觉的主要因素。此外,与公路所经过区域及公路自身特点相结合也是景观设计需要考虑的重要方面。

京石高速公路地处广袤的华北平原,河北大地物华天宝、人杰地灵,巍巍太行山,悠悠燕赵情,经过千百年的历史积淀,形成了燕赵儿女心直口快的性格和大气坦诚、甘于奉献的顾全大局精神以及勤劳节俭、脚踏实地的诚信务实精神,体现了直爽、简单、务实的人文风格。

从京石高速公路自身而言,其他安全设施设计中,路侧波形梁护栏整体为"梁柱式"护栏结构,标志门架侧面整体采用方形桁架结构门架,视觉效果大方、简约,中央分隔带护栏需在景观设计中充分考虑与公路本身的统一协调性。

在景观方案设计中以混凝土护栏结构本身的材质及外观特点为基础,结合上述因素,从外观造型、颜色以及表面处理三个方面提出了相应方案,通过三维效果图的方式对其进行比选,如图8-2~图8-7所示。

②方案确定。

综合考虑造型、颜色以及表面处理三个方面的设计方案,结合区域人文特色及公路本省的特点,其中的开孔造型处理方案能够使护栏更通透,孔与护栏墙体体现了虚与实的对比,实的部分是力的体现,虚的部分视线使人感到通透,易与周围环境协调,同时考虑施工方便及建设成本等因素,最终确定采用开孔造型方案。针对不同开孔形式,在研究中采用制作1∶1实体模型的方式,对长圆孔及椭圆孔两个方案进行了筛选。通过制作1∶1实体模型,如图8-8、图8-9所示,能够对护栏的景观效果作出更直观的评价。

图 8-2　开孔设计方案(长圆孔)

图 8-3　开孔设计方案(椭圆孔)

图 8-4　混凝土与钢结构组合式

注:改善护栏造型设计方案,通过开孔、混凝土与钢结构组合等方式,提高了护栏的通透性

图 8-5　颜色变化提升护栏景观效果

注:改善护栏外观颜色方案,表面涂装不同颜色,提升了护栏的冲击性,更容易引起人们注意

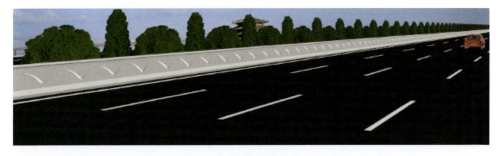
图 8-6　表面纹理方案

图 8-7　不同表面纹理与开孔组合方案

注：改善护栏外观质感方案，不同的表面纹理图案更易采用夸张手法，从而体现人文特色

图 8-8　开长圆孔护栏实体模型

图 8-9　开椭圆孔护栏实体模型

通过 1∶1 模型的直观效果比较，长圆孔方案通透性更佳，并且线条简约、大方，能够较好地与道路周围环境相统一，同时施工较椭圆孔方案简单，因此选定开长圆孔作为最终护栏景观造型的方案，其开孔大小及位置如图 8-10 所示。

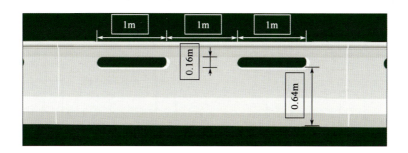

图 8-10　护栏景观开孔造型孔洞布置立面示意图

2．护栏迎撞面坡面优选设计

对混凝土护栏而言，迎撞面坡面形式直接影响着小客车的缓冲性能。研究中采用计算机仿真模拟的方法，针对两种常用坡面（图 8-11），对小客车的缓冲性能进行了分析。由计算结果可知，车辆碰撞改进型坡面混凝土护栏产生的重心加速度最大值比碰撞单坡面混凝土护栏产生的重心加速度最大值平均减小约 18%，改进型坡面缓冲性能更优。

同时在改进型坡面的基础上，在护栏顶部增设阻爬坎有利于控制小客车内翻，并且大型车碰撞时，该突出部位与车体直接接触，可减小车辆的侧倾角度，增强护栏的抗倾覆能力和导向能力，因此护栏坡面采用改进型坡面加阻爬坎的方式，断面示意图如图 8-12 所示。

3. 护栏基础设计

护栏基础是否牢固直接影响着护栏的安全防护性能，同时护栏的基础形式及整体布置方案还应与京石高速公路改扩建工程实际相结合。根据目前常用的中央分隔带护栏基础结构形式及相关研究结论，护栏基础采用"嵌固"方式，该嵌固型基础具有稳定性好、施工方便的优点；另考虑到中央分隔带绿化的实际需要，护栏墙体采用目前常用的两侧分离设置方式，两侧护栏墙体间设置支撑块，使两侧墙体协同受力，增强护栏抗倾覆和滑移的能力，即护栏整体布置方案采用槽形护栏形式，如图8-13所示。

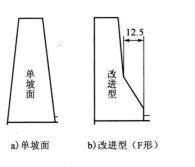

图8-11　两种护栏坡面形式示意图（尺寸单位：cm）　　图8-12　护栏采用的坡面形式示意图

在槽形护栏的基础上，针对京石高速公路改扩建工程实际，进行了局部优化改进，具体有以下几个方面：

（1）为达到改扩建过程中左右幅路面高度不一致以及分幅施工的要求，护栏底部枕梁由整体结构更改为左右分离的结构形式，减小施工过程中左右分幅施工对护栏安装的影响，同时避免了施工过程中由于枕梁尺寸过大造成的损坏，如图8-14所示。

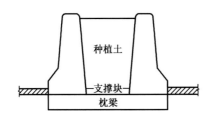 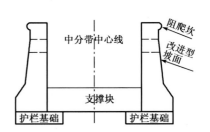

图8-13　目前常用的槽形护栏结构示意图　　图8-14　左右分离式基础示意图

（2）采用计算机仿真分析及模型试验的方法对支撑块的布置间距进行分析。结果显示：支撑块4m间距，即在护栏预制块两端布置时，护栏预制块处于受弯梁状态，在冲击荷载作用下，护栏预制块中部承受较大弯矩，护栏直接折断，破坏严重，如图8-15所示。因此，须在护栏预制块中间增设支撑块，即采用支撑块纵向布置间距为2m的方案。

针对改进方案，经台车试验验证（台车试验碰撞所产生的碰撞力与护栏防护等级相匹配），护栏没有发生倾覆，护栏预制块也未发生从中部折断的现象，因此基础的稳定性达到了预期效果，如图8-16～图8-18所示。

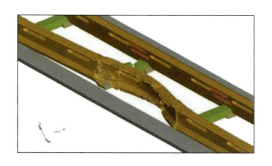

图8-15 仿真模拟分析(支撑块4m间距时的破坏状态)

图8-16 台车试验护栏布置

图8-17 试验台车

图8-18 护栏损坏照片

4. 护栏纵向连接设计

(1) 现有纵向连接方式问题

护栏纵向连接对于护栏的防护能力至关重要,特别对于预制安装护栏结构而言,护栏纵向长度方向上的整体性,对于护栏的防护能力起到决定性的作用,合理的纵向连接方式能够在一定程度上提高护栏的防护能力。对现有的护栏预制块间的纵向连接方式进行了整理分析,现有纵向连接方式主要有型钢类连接、企口类连接两大类,如图8-19、图8-20所示。

在上述型钢类连接中,通过调整型钢结构的强度,可以较好地实现护栏之间的纵向连接,在研究及实际应用中该连接方式也表现了良好的传力效果,应用较为广泛。但材料属性决定了其在后期防腐性能上需特殊考虑,一旦处理不好则会出现构件腐蚀的现象,影响力学性能及护栏外观,并且加大了后期的更换及养护维修费用,耐久性及经济性不能满足京石高速公路改扩建工程中央分隔带景观混凝土护栏的预期目标要求。

在上述企口类连接中,企口两端的"互锁"作用可以传递护栏纵向力。该方式避免了采用型钢结构耐久性差的缺点,但经研究发现,企口连接形式会受到护栏端部截面尺寸较小的影响。企口截面尺寸较小,经常出现阳口被撞掉或阴口承力一侧被撞坏的问题(图8-21),从而降低了纵向传力性能,结构强度有所不足,一般适用于护栏等级较低的结构中。此外,施工安装时对于企口位置的精度要求较高,否则较难实现外观平顺。因此,企口连接亦不能满足京石高速公路改扩建工程中央分隔带景观混凝土护栏的预期目标要求。

a) 背部型钢连接

b) 端部型钢榫接

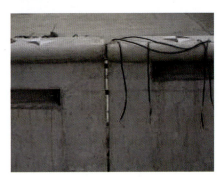
c) 端部斜螺栓接

图 8-19　型钢类连接形式

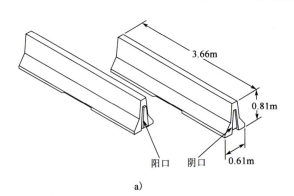
a)

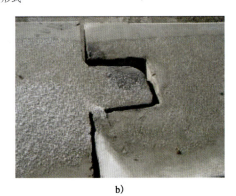
b)

图 8-20　企口类连接形式

对于高防护等级的中央分隔带景观混凝土护栏的连接方式需要通过进一步研究来确定，最终提出一种传力效果好、强度高、耐久性强、后期养护维修费用低、经济性强的护栏连接方式。

（2）纵向连接方案的确定

①方案。

根据研究目标要求，在对现有型钢连接、企口连接研究的基础上，提出一种新纵向连接设计理念，即通过改变端部截面尺寸，结合护栏嵌固基础来实现传递纵向力。通过大量的计算机仿真模拟计算，对平头加横向支撑、端部斜交、端部错台搭接等方式进行了分析，纵向连接方案如图 8-22～图 8-24 所示。

a)

b)

图 8-21 企口类连接破坏形式

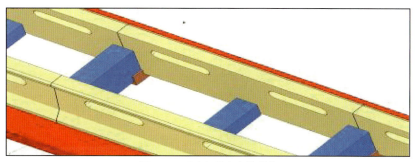

图 8-22 平头加横向支撑形式

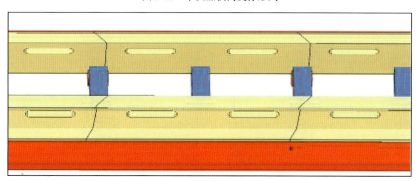

图 8-23 端部斜交形式

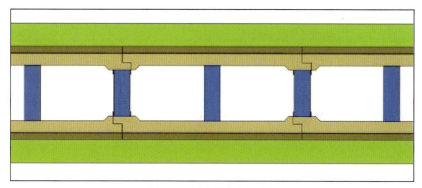

图 8-24 端部错台搭接形式

车辆模型采用对护栏损坏更严重的大货车进行分析,模型如图 8-25 所示。

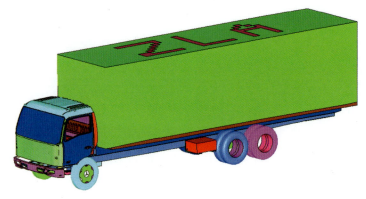

图 8-25　大货车模型

②计算分析结果。

通过计算机仿真分析,各方案的护栏损坏情况如图 8-26～图 8-28 所示。

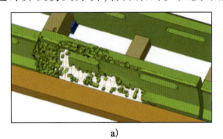
a)
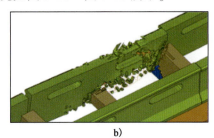
b)

图 8-26　平头加横向支撑形式护栏损坏情况

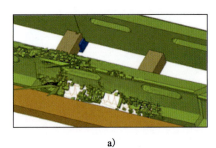
a)
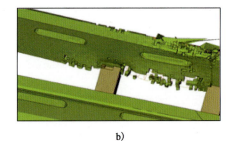
b)

图 8-27　端部斜交形式护栏损坏情况

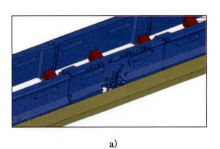
a)
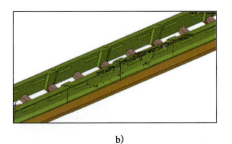
b)

图 8-28　端部错台搭接形式护栏损坏情况

各方案护栏变形情况见表8-2。

各方案护栏位移情况对比表　　　　表8-2

方　案	护栏最大横向变形	端部横向偏移	端部竖向抬高	端部纵向间隙
平头加横向支撑	15.4cm	10cm	5cm	10cm
端部斜交	14cm	7.6cm	15cm	6cm
端部错台搭接	9cm	1cm	4cm	3cm

从护栏破坏及位移情况可知：

a. 平头搭接加横向支撑方案，单节护栏损坏较大，证明纵向整体性不好，未能起到较好的传力效果，且端部横向位移较大。

b. 端部斜交方式护栏横向位移减小，说明斜交的端部具备一定的纵向传力效果，但由于断面较平，护栏竖向位移较大，有从嵌固槽中脱出的可能，影响护栏的整体稳定。

c. 端部错台搭接结构，更有利于纵向力的传递，护栏位移较小，同时端部接触面采用折线形，更好地控制了护栏的竖向位移，护栏的破坏程度也最低。

综合上述结论，结合传力效果、对护栏位移控制、施工安装方便等方面的因素，最终确定护栏的纵向连接方式采用错台搭接结构，具体如图8-29所示。

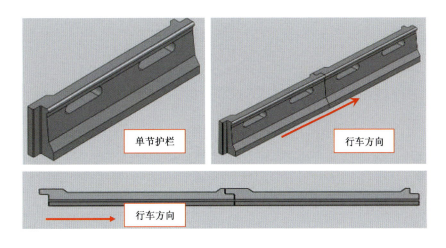

图8-29　护栏端部错台搭接结构示意图

二、主要结构设计要点

根据对本新型护栏结构体系方面的研究结论，本护栏结构较传统的中央分隔带槽型混凝土护栏在景观上、纵向连接上以及与改扩建工程相适应等方面均有创新性的改进，具体如下：

(1) 护栏墙体增加了景观元素，通过设置"长圆孔"，增加了护栏的通透性，改善了常规混凝土护栏的景观效果。

(2) 采用"错台搭接"的新型连接方式，不但保证了护栏的纵向传力效果，而且避免了外漏钢构件的使用，提高了护栏的耐久性，并且简化了施工安装，降低了后期养护维修费用。

护栏的整体结构设计如图8-30~图8-33所示。

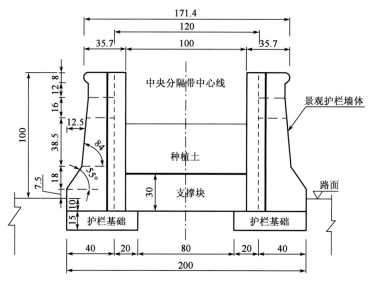

图 8-30 护栏结构断面图(尺寸单位:cm)

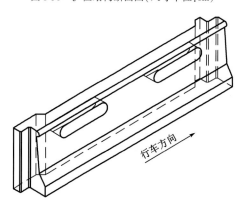

图 8-31 单节护栏结构轴侧图

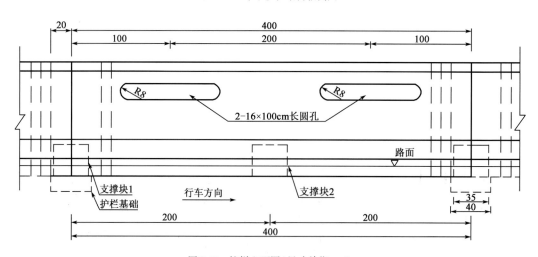

图 8-32 护栏立面图(尺寸单位:cm)

图 8-33　护栏设置效果图

第三节　中央分隔带景观混凝土护栏安全性能评价

京石高速公路改扩建工程中采用的中央分隔带景观混凝土护栏属于新型护栏结构,采用实车足尺碰撞试验的方法对其安全性能进行评价,具体如下：

一、试验条件

《公路护栏安全性能评价标准》(JTG B05-01—2013)规定：每种护栏均需采用小客车、大客车、大货车三种车型进行评价,对于防护等级为 SA 级(防护能量 400kJ)的护栏,实车碰撞试验条件如表 8-3 所示。

SA 级护栏实车足尺碰撞试验条件表　　表 8-3

车　型	车辆总质量(t)	碰撞速度(km/h)	碰撞角度(°)	碰撞能量(kJ)
小型客车	1.5	100	20	—
大型客车	14	80	20	≥400
大型货车	25	60	20	≥400

二、试验准备

1. 试验护栏建设

试验护栏设置长度根据评价标准的规定取 40m,护栏的预制安装过程如图 8-34 所示,安装完毕的试验护栏如图 8-35~图 8-37 所示。

2. 试验车辆

试验车辆采用小客车、大客车和大货车,各类车辆技术参数均满足标准规范的规定(图 8-38~图 8-40)。

3. 试验设备及仪器

实车碰撞试验所需要的试验和检测设备包括：重锤加速系统、光电测速系统、钢筋应变测试仪、加速度测试仪、试验用摄像机及高速摄像机(图 8-41~图 8-45)。

a) 模板

b) 钢筋绑扎

c) 钢筋入模

d) 混凝土浇筑

e) 拆模及养护

f) 护栏安装

图 8-34　试验护栏的预制与安装

图 8-35　试验护栏整体

图 8-36　试验护栏端部

图 8-37　试验护栏纵向连接

图 8-38　试验小客车

图 8-39　试验大客车

图 8-40　试验大货车

a)

b)

图 8-41　重锤加速系统

图 8-42　光电测速系统

图 8-43　钢筋应变测试仪

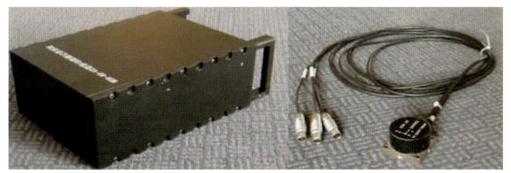
图 8-44　加速度测试仪

图 8-45　试验用摄像机和高速摄像机

三、安全性能分析

1. 实车足尺碰撞试验结果

（1）小客车试验结果

①阻挡功能。

图 8-46 为小客车碰撞护栏行驶轨迹图，可见小客车碰撞护栏后平稳驶出，并恢复到正常行驶姿态，没有穿越、翻越和骑跨护栏，满足评价指标要求。

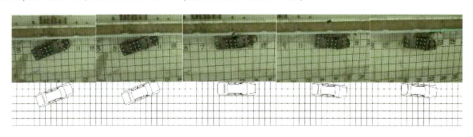

图 8-46　小客车碰撞护栏行驶轨迹俯视图

②缓冲性能。

表 8-4 为小客车缓冲性能评价表，可见乘员碰撞速度的纵向和横向分量均不大于 12m/s，乘员碰撞后加速度的纵向和横向分量均不大于 $200m/s^2$，满足评价指标要求。

小客车碰撞试验缓冲性能评价　　　　　　　　　　表 8-4

乘员碰撞速度（m/s）	纵向	4.4	合格
	横向	6.8	合格
乘员碰撞后加速度（m/s^2）	纵向	72.9	合格
	横向	137.3	合格

③导向功能。

图 8-47 为小客车导向驶出框，可以看出小客车驶出驶离点后的轮迹在 10m 范围内，未越过直线 F，满足评价指标要求。

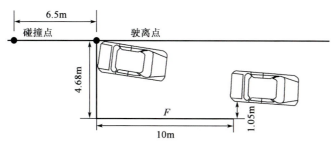

图 8-47　车辆驶出框

④护栏损坏情况。

混凝土墙体部分有刮痕和破损,护栏整体损坏轻微(图 8-48)。护栏最大横向动态变形值 D:0mm,护栏最大横向动态位移外延值 W:500mm。

(2)大客车试验结果

①阻挡功能。

图 8-49 为大客车碰撞护栏行驶轨迹图,可见大客车碰撞护栏后平稳驶出,并恢复到正常行驶姿态,没有穿越、翻越和骑跨护栏,满足评价指标要求。

②导向功能。

图 8-50 为大客车导向驶出框,可以看出大客车驶出驶离点后的轨迹在 20m 范围内,未越过直线 F,满足评价指标要求。

图 8-48　小客车碰撞后护栏损坏情况

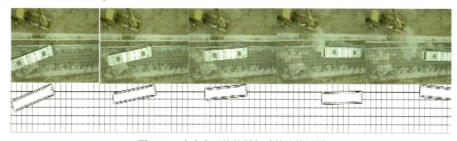

图 8-49　大客车碰撞护栏行驶轨迹俯视图

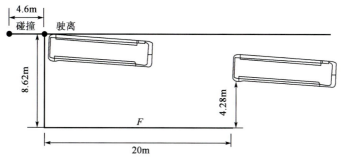

图 8-50　车辆驶出框

③护栏损坏情况。

混凝土墙体除阻爬坎破坏较大外其余部位未发生结构性破坏,迎撞面有轻微刮痕和破损,如图 8-51 所示。护栏最大横向动态变形值 D:95mm,护栏最大横向动态位移外延值 W:595mm。

 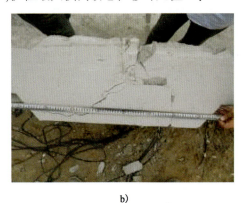

a)   b)

图 8-51   大客车碰撞后护栏损坏情况

④车辆动态外倾。

车辆最大动态外倾值 VI:310mm,车辆最大动态外倾当量值 VI_n:651mm。

(3) 大货车试验结果

①阻挡功能。

图 8-52 为大货车碰撞护栏行驶轨迹图,可见大货车碰撞护栏后平稳驶出,并恢复到正常行驶姿态,没有穿越、翻越和骑跨护栏,满足评价指标要求。

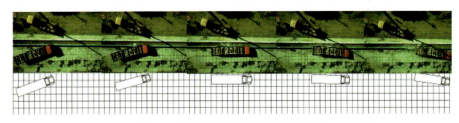

图 8-52   大货车碰撞护栏行驶轨迹俯视图

②导向功能。

图 8-53 为大货车导向驶出框,可以看出大货车驶出驶离点后的轮迹在 20m 范围内,未越过直线 F,满足评价指标要求。

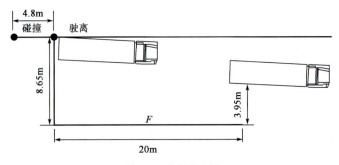

图 8-53   车辆驶出框

③护栏损坏情况。

混凝土墙体除阻爬坎破坏较大外其余部位未发生结构性破坏,迎撞面有轻微刮痕和破损,如图 8-54 所示。护栏最大横向动态变形值 D:15mm,护栏最大横向动态位移外延值 W:515mm。

 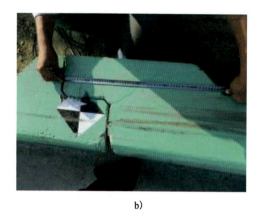

a) b)

图 8-54 大货车碰撞后护栏损坏情况

④车辆动态外倾。

车辆最大动态外倾值 VI:661mm,车辆最大动态外倾当量值 VI_n:1190mm。

2. 试验结论

根据三种车型对护栏的实车足尺碰撞试验检测结果可知,各项指标均满足评价标准要求,护栏开孔后的墙体并未对小客车造成绊阻现象,同时错台搭接纵向连接方式实现了护栏整体受力,检测结论见表 8-5,因此该护栏安全性能满足 SA 级防护等级要求。

车辆碰撞护栏各项指标的检测结论　　　　　　表 8-5

试验护栏名称及编号	路基中分带景观混凝土护栏 JCXC201309005			委托单位			
试验护栏设计图纸	见附件						
评价依据	《公路护栏安全性能评价标准》(JTG B05-01—2013)			评价方法	实车足尺碰撞试验		
试验碰撞条件测试结果	试验编号	试验日期	碰撞车型	车辆总质量(t)	碰撞速度(km/h)	碰撞角度(°)	碰撞能量(kJ)
	JCXC201309007		小型客车	1.454	100.62	20.52	—
	JCXC201309008		大型客车	14.100	81.13	19.95	417
	JCXC201309006		大型货车	25.275	60.03	20.64	437
	评价项目			小型客车		大型客车	大型货车
				测试结果	是否合格	测试结果	是否合格	测试结果	是否合格
阻挡功能	车辆是否穿越、翻越和骑跨试验护栏			否	合格	否	合格	否	合格
	试验护栏构件及其脱离件是否侵入车辆乘员舱			否	合格	否	合格	否	合格

续上表

评价项目			小型客车		大型客车		大型货车	
导向功能	车辆碰撞后是否翻车		否	合格	否	合格	否	合格
	车辆碰撞后的轮迹是否满足导向驶出框要求		满足	合格	满足	合格	满足	合格
缓冲功能	乘员碰撞速度（m/s）	纵向	4.4	合格	—	—	—	—
		横向	6.8	合格	—	—	—	—
	乘员碰撞后加速度（m/s²）	纵向	72.9	合格	—	—	—	—
		横向	137.3	合格	—	—	—	—
护栏最大横向动态变形值 D			0		95mm		15mm	
护栏最大横向动态位移外延值 W			500mm		595mm		515mm	
车辆最大动态外倾距值 VI			—		310mm		661mm	
车辆最大动态外距离标准值 VI_n			—		651mm		1190mm	
试验是否有效			是		是		是	
评价结论		该护栏安全性能满足 SA 级防护等级要求						
评价单位名称							××××年××月××日	
主检		审核			批准			

第四节　中央分隔带护栏预制施工标准化

一、中央分隔带护栏预制技术要求

（1）中央分隔带景观混凝土护栏宜采用同一规格、统一集中预制，统一安装。

（2）混凝土护栏标准段块件的几何尺寸应符合设计要求。

（3）所用材料应满足施工图纸及相关规范的要求。

（4）为保证护栏的外观效果及耐久性，混凝土须采用 C40 高性能混凝土。

（5）护栏预制块外观应保证无杂色，其表面蜂窝麻面、裂缝、脱皮等缺陷面积不超过该构件面积的 0.5%。

（6）混凝土护栏预制块件在拆模、转运过程中，不得断裂，应注意对边角的保护。

（7）混凝土养护采用土工布覆盖洒水养护，养护期应满足规范要求。

二、场地建设

1. 场地准备

根据京石高速公路改扩建工程项目施工工期要求,以及护栏需求量大的特点,对护栏预制场地布置作如下要求:

(1)护栏预制场地位置应尽量选择在离主线安装位置较近的区域,便于运输。

(2)预制厂占地面积要满足护栏预制与成品存放的需要,一般不少于50亩❶。

(3)场地必须硬化平整,水电等基本设施需齐全。

(4)有条件的可以自行建设自动称量系统的拌和设备,要求生产力不小于60m³/h,以提高施工效率。

(5)场地内应按照相关要求建设试验室,应满足基本的混凝土材料及强度试验功能。

2. 设备准备

(1)机械设备的型号、数量必须满足招标文件的要求和施工需要。

(2)除满足混凝土施工基本要求的混凝土拌和机、混凝土罐车、振捣棒(附着振捣器)、发电机、电焊机、钢筋数控弯曲机、洒水车等设备外,最好还应准备装载机、叉车、吊车各1台,具体根据工作量及施工进度合理调配。

(3)各种小型机具应配备齐全,满足施工需要。

3. 人员准备

(1)建立健全现场施工组织结构。

(2)护栏预制时人员严格按照招标文件的要求配备,主要包括主管副经理1名,主管技术责任人1名、监理1名,每个工作面现场负责人1名、技术员1名、测量人员1名、安全员2名、机械操作手2名、驾驶员1~2名、工人20~30名,具体根据工作量及施工进度合理调配。

三、工艺流程

通过对中央分隔带景观混凝土护栏预制施工过程的安全控制、施工材料的质量控制、施工机械的调配以及对施工工序的合理组织,达到在施工安全的前提下确保施工质量、节约施工成本、缩短工期的目的。

具体施工流程如图8-55所示。

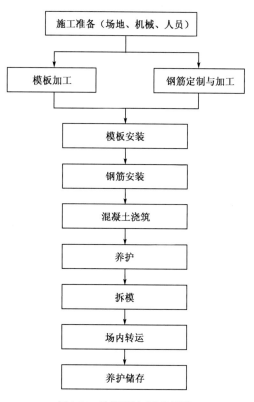

图8-55 护栏预制工艺流程图

---

❶ 1亩≈666.6m²。

四、模板加工及主要原材料要求

1. 模板加工要求

钢模板加工制作应符合现行国家标准《组合钢模板技术规范》（GB 50214—2001）的相关规定，模板的内侧尺寸应符合设计要求，精度要求见表8-6。钢模板使用前内表面应除锈、抛光，模板面应平直，转角须光滑且边缘顺直。模板应具有足够的强度、刚度和稳定性，在长度方向上应为整块钢板制作而成，严禁拼接，以便能够可靠地承受施工过程中可能产生的各种荷载。钢板拼接应严密、牢固，保证在混凝土浇筑过程中不出现漏浆现象。

模板加工允许偏差（单位：mm） 表8-6

外形尺寸		面板端偏斜	连接配件的孔眼位置			板面局部不平	板面和板侧挠度
长和高	肋高		孔中心与板面间距	板端中心与板端间距	沿板长宽方向的孔		
0, -1	±5	≤0.5	±0.3	0, -0.5	±0.6	1.0	±1.0

钢模板制作完成后要进行试拼装，检查模板安装后的整体效果，观察模板接缝处是否平顺、有无缝隙和明显错茬，检查无误后方可正常使用。为确保景观护栏施工质量，对模板选料和加工制作及组装质量进行监控，其具体措施如下：

（1）严格执行模板原材料进场检验制度，原材料是影响模板刚度、强度指标的重要因素，采购中坚持优中选优的原则。为了确保质量，尤其是迎撞面的表面效果，要求必须使用采购宝钢或武钢的冷轧钢材作为内壁，面板厚度不少于5mm。

（2）模板采用厂制定型钢模，每节长度4.2m，高度1.1m，各部位用螺栓固定连接。

（3）安装模板的操作人员要熟悉本项工作的质量要求并严格执行操作规程。钢模板安装精度要求见表8-7。

模板安装允许偏差（单位：mm） 表8-7

模板标高	模板内部尺寸	轴线偏位	相邻模板表面高差	模板表面平整
±10	+5.0	8	2	5

2. 模板制作要求

京石高速公路改扩建工程中采用新型中央分隔带景观混凝土护栏，对护栏的外观要求较高，而模板制作对于护栏的外观起到重要作用。实际工程中，重点针对模板的形式及拼装方案进行了试验及比选，具体如下：

（1）整体模板制作方式

为保证护栏外观无接缝，护栏预制各标段均采用护栏迎撞面与护栏顶部一体化模板、护栏底部及两侧端板分离设置的形式（即一整块，如图8-56所示），护栏阻爬坎（顶部圆弧处）应提前制作模具，一次性挤压成型，严禁采用钢板拼接。若由于圆弧导致一体化模板制作有难度的，可将护

图8-56 整体模板制作形式照片

栏迎撞面与护栏顶部模板分开设置,但两块模板的拼接位置应衔接平顺,避免拆模后护栏表面形成一道凸棱。

护栏底部及两侧端板均可分离设置。

(2)孔洞处(内膜)模板制作方式

单节路基中央分隔带景观混凝土护栏墙体上设置两个 16×100cm 长圆孔,施工中孔洞位置模板采用可拆装形式或锥形斜面形式,便于护栏孔洞位置模板的拆模。

①可拆装形式。

采用可拆装形式模板时,一处孔洞位置模板由四块钢板拼接而成,即两块圆弧形钢板和两块矩形钢板通过螺栓拼装而成(图8-57)。此种模板要求拼装精度高,工艺较复杂,多次使用后易变形。但拆模时对护栏墙体影响很小,对护栏墙体表面保护效果好。

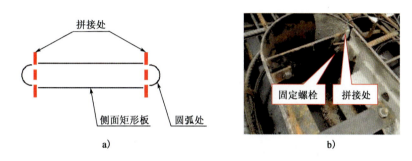

图 8-57　内膜可拆装模板平面示意图及实物照片

②锥形面形式(推荐)。

采用锥形斜面模板时,模板为一整体孔洞形状套筒,模板向护栏墙体背部方向比迎撞面方向开口稍大,形成锥形斜面(如图8-58所示,a 值以 1～2cm 为宜)。此种模板加工方便,不易变形,施工简便,但拆模时需特别注意对护栏墙体孔洞周围混凝土的保护。现场推荐采用此种方式。

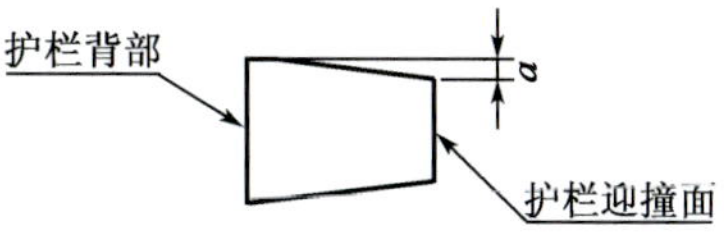

图 8-58　内膜锥形模板侧面示意图

(3)护栏背部凸台模板设置

护栏背部凸台(位置如图8-59所示)应采用二次浇筑,以在整体模板上增设斜挡板为宜,如图8-60所示。

图 8-59　凸台位置示意图

(4)护栏背部凸台搭接侧位置气泡控制

护栏背部凸台搭接侧(图8-61)在浇筑时由于空气不易排出,极易出现气泡现象(图8-62),因此在模板制作时要充分考虑排气措施,施工中可采用留排气孔及分体设置模板两种形式。

图 8-60　斜挡板实物照片

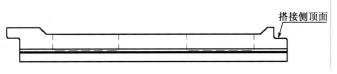

图 8-61　搭接侧顶面位置示意图

①预留排气孔。

在模板顶面预留一定数量的排气孔可在一定程度上改善气泡数量，如图 8-63 所示。

图 8-62　搭接侧外表面气泡

图 8-63　排气孔设置照片

②模板分体设置（推荐）。

采用两块板拼接组合方式，通过模板直接的拼接缝可扩大排气空间，有效减少凸台处的水泡现象，如图 8-64 所示，施工中建议采用此种方式。

3. 模板安装要求

模板安装具体步骤如下：

（1）模板前期处理

钢模板安装前必须对内表面进行打磨，使钢模板内表面保持清洁、无锈，保证易于脱模和脱模后混凝土护栏表面的光洁美观。

（2）模板定位

模板安装前需通过测量精确定位，保证混凝土护栏的几何尺寸，定位精度需满足钢模板施工技术

图 8-64　模板分体设置照片

规范要求。对于重复使用的模板,在每次使用前均应校验模板的尺寸。

(3)模板组装

模板到达现场后应进行试拼,要求各部尺寸准确,边缘顺直,钢板表面有良好的光洁度,满足实际施工需要。

安装过程中需注意模板之间的接缝应放置密封条,保证接缝平顺、严密,且应满足《公路桥涵施工技术规范》(JTG/T F50—2011)的要求,同时保证模板水平,防止倾斜。

(4)模板加固

模板的安装要做好外侧支撑,模板安装后必须进行整体刚度和稳定性的加固处理,之后方可进行混凝土浇筑等其他工序,防止在浇筑混凝土过程中模板发生位移、胀模。模板固定一般使用拉杆螺栓,也可用其他方法固定,无论使用何种方法,应简单易行,既能固定模板,又不至于漏浆跑模。

(5)模板质量检查

完成模板安装(图8-65)后,施工人员要进行自检,自检合格后,方能报请有关部门检查。自检和质检人员主要检查安装尺寸是否准确、各个固定点(拉杆、支杆等)是否牢固可靠、接缝是否严密。在混凝土浇筑过程中,施工人员还要随时检查模板有无变形、漏浆现象,并随时做出相应调整。

a) b)

图8-65 安装完成的护栏模板

4.脱模剂要求

脱模剂应根据实际情况确定,必要时应制作试验块以确保护栏外观颜色美观。实际施工时可采用植物油或机油,总体比较而言,植物油相对较好(图8-66)。

施工中脱模剂应在模板表面涂抹均匀,并且不能污染钢筋及预埋件,脱模剂不宜涂抹过多,避免出现沿模板往下流的现象。同时还应注意在模板涂脱模剂后及时进行覆盖,避免灰尘污染模板,造成外观颜色的欠缺。

图8-66 以植物油为脱模剂的护栏外观

五、钢筋加工和混凝土浇筑工艺

1. 钢筋加工工艺

钢筋的加工及安装应符合《公路钢筋混凝土及预应力混凝土桥涵施工技术规范》(JTG D62—2004)的要求。钢筋施工时钢筋的尺寸、布设位置应严格遵照护栏设计图纸制作,加工精度要求见表 8-8。

钢筋加工允许偏差(单位:mm)　　　　　表 8-8

项　目	受力钢筋沿长度方向	弯起钢筋各部分尺寸	箍筋
允许偏差	±10	±20	±5

钢筋应按测量放样位置精确定位安装,特别要注意在预埋钢筋等处按放样定位核对钢筋安装位置,各型号钢筋的交叉点应用铁丝绑扎结实,必要时也可用点焊焊牢。保护层及钢筋安装位置偏差需满足的精度要求见表 8-9,保护层需用垫块进行定位。

钢筋安装允许偏差(单位:mm)　　　　　表 8-9

受力钢筋间距		箍筋间距	弯起钢筋位置	保护层厚度
两排以上排距	同排的间距			
±5	±10	0,-20	±20	±5

现场钢筋加工制作工艺及要求如下:

(1)为了保证钢筋的长度和角度严格保持一致,形状均匀、准确,施工中对钢筋加工的精度及机械设备进行了特殊要求。钢筋加工宜采用全自动钢筋数控加工设备或者角度调整范围更大的钢筋折弯机,图 8-67 为全自动钢筋数控加工设备及折弯机。

a)　　　　　　　　　　　　　　　　b)

图 8-67　全自动钢筋数控加工设备及折弯机

(2)运至预制场地的钢筋及骨架要支垫到至少距地面 30cm 的高度存放,按钢筋不同型号和尺寸码放整齐(图 8-68)。

(3)钢筋加工前应调直、切头,无局部弯曲,表面洁净,无伤痕、无污渍、无漆皮、无鳞锈等。带有颗粒状及片状老锈的钢筋不得使用。

(4)钢筋绑扎绑丝宜采用直径 0.7~2.0mm 的铁丝,必要时刻采用点焊焊牢,绑扎后绑丝头应伸入钢筋骨架内。

a) b)

图 8-68 护栏钢筋存放

（5）实行焊工准入制，焊工现场考核合格后方可持证上岗，以提高钢筋焊接质量。

（6）每批钢筋焊接前，应先选定焊接工艺和焊接参数，按实际条件进行试焊，试焊质量经检验合格后方可正式施焊。

（7）钢筋焊接部位同心，焊缝长度、厚度、宽度满足规范要求，接头位置符合规范要求。图 8-69 为钢筋绑扎与焊接图。

a) b)

图 8-69 钢筋绑扎与焊接

（8）护栏钢筋在入模前应进行表面杂质清理工作，保证模板内清洁，如图 8-70 所示。

a) b)

图 8-70 钢筋入模

(9)钢筋入模后,钢筋骨架下部垫块必须采用不低于 C40 的混凝土集中预制,不得使用塑料、石子、钢筋等做垫块。为减小垫块与模板的接触面积,要求采用爪形垫块(图 8-71),禁止使用平面形垫块。

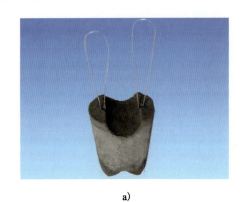
a)

b)

图 8-71　钢筋骨架下部垫块

2. 混凝土浇筑工艺

根据护栏的结构形式,为实现浇筑方便、减少孔洞周围气泡的目标要求,施工中采用平躺式预制工艺,如图 8-72 所示。

混凝土原材料的选取对于护栏施工质量、结构强度等影响较大。护栏所用混凝土材料应符合现行交通行业标准《公路桥涵施工技术规范》(JTG/T F50—2011)的规定。护栏墙体应采用抗腐蚀性、抗渗透性良好的高性能混凝土,其材料及相关要求应满足《河北省高速公路京石改扩建高性能混凝土实施指导书》(2013 年 3 月)等。

(1)浇筑

混凝土浇筑前,要将模板内的杂物清理干净,使钢筋表面无杂质,同时对模板、钢筋进行检查并做好记录,符合要求后方可浇筑。护栏浇筑采用 C40 高性能混凝土,经现场多次试验,其入模坍落度宜控制在 120～140mm。护栏浇筑过程中要严格保证护栏钢筋位置的准确。混凝土浇筑速度与填料位置应均匀。

在高温与低温环境下进行混凝土施工时,应对模板进行温度养护,减小混凝土与模板之间的温差。

护栏墙体采用平放式浇筑,应分两层浇筑,第一层混凝土浇筑到景观孔背部,宜在间隔 20～30min 后再将第二层混凝土浇筑到护栏凸台背部。浇筑完毕后,顶面混凝土必须及时收浆抹平,不允许在已达初凝的混凝土上再浇筑新的混凝土,以免出现分层现象。同时,在浇筑的过程中,避免混凝土灌入孔洞处模板,加大脱模的难度。图 8-73 为混凝土浇筑工艺图。

(2)振捣

护栏混凝土的振捣由专人负责,振捣时长应以拌和物停止下沉,不再冒气泡并泛出水泥砂浆为准,且不应过振。护栏墙体浇筑时可采用模板附着式振捣器振捣或插入式振捣棒振捣两种形式,也可以二者混合式共同振捣。

①采用模板附着式振捣器(图 8-74)振捣时,振捣时间宜控制在 15s 以内。

图 8-72 平躺式预制工艺

图 8-73 混凝土浇筑

a)

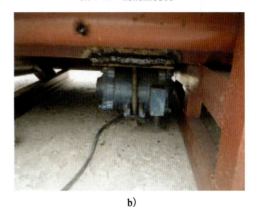
b)

图 8-74 附着式振捣器振捣

②采用插入式振捣棒（图 8-75）进行振捣时，宜使用直径为 50mm 和 30mm 的两种振捣棒，由于阻爬坎处的钢筋布置较密集，应使用直径 30mm 的振捣棒进行振捣，其他位置均采用直径 50mm 的振捣棒进行振捣。振捣棒的移动间距不应超过振捣棒作用半径的 1.5 倍，振捣棒与模板要保持 3~8cm 的距离，且避开钢筋的布设位置，禁止直接对着钢筋用力振捣。施工中，每一处振捣完毕后，要边振捣边缓慢提出振捣棒，并且注意避免振捣棒碰撞模板、钢筋。振捣过程中，应随时检查模板位置及形态，如有变形或松动，应及时采取补救措施，避免出现漏浆和变形现象。

图 8-75 插入式振捣棒振捣

（3）收浆

混凝土护栏浇筑完成后，顶面采用三次收浆（图 8-76）。第一次用木抹子抹平，第二次用铁抹子抹平初压光，第三次待混凝土初凝时用轧子用力轧光。

六、拆模和场内倒运

1. 拆模

脱模时混凝土强度不应低于设计强度的 70%，且其表面及棱角不因脱模而受损。护栏脱

图 8-76　收浆及抹平

模分为平放式脱模和立式脱模两种方式。

(1) 平放式拆模。在混凝土浇筑前需预埋吊装环,吊装环位置以不高于孔位置为宜(护栏安装后不外漏),待浇筑后的护栏混凝土强度到达一定强度,拆除护栏两端的侧面模板和底面模板,并拆除护栏迎撞面模板与孔洞位置模板的定位连接螺栓,通过吊起护栏墙体的形式,将护栏迎撞面模板拆除。最后拆除孔洞处模板,拆除孔洞模板时应注意对模板四周均匀用力,且不能用力过猛,避免模板两侧位移不均匀,形成对孔洞周围的挤压,对混凝土造成损坏。在拆除的同时最好后部有人观察混凝土的状况,一旦发现破损应及时停止拆模(图 8-77)。

图 8-77　平放式脱模

(2) 立式拆模。模板制作时需在护栏顶面处的模板上安装吊装环。拆模时先拆除护栏孔洞处模板和底面模板,然后将护栏与迎撞面模板、两端的侧面模板一同立起,再将护栏迎撞面模板和两端的侧面模板拆除(图 8-78)。

此种拆模方式,需先拆除孔洞处模板,除图 8-79 所示的人工拆除外,为更好地控制对模板的提升力,也可采用千斤顶的方式。该方式可以缓慢地加载提升力,有利于对孔洞周围混凝土的保护,如图 8-80 所示。

图 8-78　立式拆模模板吊装孔设置

a)

b)

图 8-79　立式脱模

混凝土护栏拆除模板后,应清洗其表面的杂物及污点,保持混凝土护栏外观光洁干净。对脱模后的混凝土护栏进行外观和质量检查,发现质量问题需分析原因并及时整改。

2. 场内转运

(1) 转运方式

护栏预制块在场地内的转运可采取吊车吊装以及叉车转运两种方式,如图 8-81、图 8-82 所示。

(2) 护栏吊装构件

采用上述机械转运预制块,特别是采用吊车转运预制块时,吊装方式可采用以下两种:

图 8-80　千斤顶拆孔洞处模板工艺

① 直接吊装护栏孔洞位置,但应注意对孔洞周围混凝土的保护。

② 护栏预制时预留吊装环、吊装孔或吊装槽,便于吊装带的固定,如图 8-83 所示。

图 8-81　护栏预制块吊装

图 8-82　护栏预制块叉车转运

(3) 场内转运注意事项

① 转运时应注意对预制构件的保护,避免边角的破坏。

② 装载机吊装时,应采用吊装带,严禁采用钢丝绳,并应定期查看吊装带是否已经损坏,如

发现损坏应及时更换,避免造成砸伤事故。

a) 吊装环位置

b) 吊装孔位置

c) 吊装槽位置

图8-83　吊装环、吊装孔及吊装槽设置形式

③转运时严禁护栏下方站人。

④护栏存放场地应平整,护栏在放置时,下方应注意铺垫一层细砂,避免护栏底部边角的破碎,影响护栏整体景观效果,必要时应对护栏进行临时支撑,避免倒伏。

⑤混凝土护栏在脱模后转运集中存放养护,应对混凝土采用白色土工布覆盖洒水措施进行保湿养护,养护用水采用可饮用水,养护时间应满足规范要求。

七、质量控制和监理要点

1. 模板加工制作过程及组装质量控制

(1)模板安装必须做到固定牢固、接缝平整、密封完好、位置准确、线形直(圆)顺;模板在使用过程中,严禁用铁锤击打模板;禁止在模板上放置重物,以防止模板变形。

(2)模板修整应注意除锈、清灰、刷脱模剂,检查模板变形情况。安装时模板间应保证平整、无错台、紧固牢靠,防止漏浆。

(3)混凝土浇筑前,需要检查模板的长度尺寸、平整度。

2. 钢筋加工制作过程控制

(1)钢筋加工前应调直、切头,无局部弯曲,表面洁净,无伤痕、无污渍、无漆皮、无鳞锈等。带有颗粒状及片状老锈的钢筋不得使用。

(2)钢筋控制上,钢筋型号数量应满足设计要求,绑扎牢固,扎丝头向内弯曲,严格控制垫块的绑扎质量,保证混凝土施工不偏位、不脱落。工班只有在征得质检人员的许可下方能切割钢筋。

(3)应保证钢筋的数量完全按照图纸进行加工及绑扎,以确保护栏墙体的强度。

3. 混凝土浇筑过程控制

(1)混凝土所用的水泥、砂、石、水以及外掺剂的质量、规格必须符合有关规范的要求,按规定的配合比施工。

(2)严格控制混凝土配合比,特别是水灰比,坍落度不宜过大,水泥用量不宜过大,避免完工后龟裂。

(3)混凝土入模坍落度控制在120~140mm之间为宜。

(4)混凝土应振捣充分,防撞护栏外观质量差、线形不圆顺、蜂窝麻面较严重者,要求进行返工处理。

4. 脱模过程控制

(1)脱模时,混凝土的强度不应小于设计强度的70%。

(2)严禁生拉硬拽模板,防止混凝土边角的破损。

5. 护栏、基础及支撑块装卸、运输过程的质量控制

(1)基础应用吊装带进行吊装,在装卸过程中吊车或叉车动作要轻起轻放,防止基础出现掉角、碰伤等问题或者对施工人员造成伤害。

(2)护栏基础在吊装、运输、安装过程中,不得断裂。损边、掉角长度每处不得超过20mm,否则应予以及时修补。

八、主要质量问题预防措施

(1)严格执行"三检制",对每道工序都进行严格检查,并做好记录。做到上道工序不清,下道工序不接。通过层层工序的控制,保证产品质量的达标。

(2)在质量管理工作中,落实岗位质量责任制,做到分工明确,责任到人。严格执行各项质量管理制度。

(3)引用现行《公路工程质量检验评定标准》(JTG F80—2004)中对混凝土防撞护栏浇筑实测项目进行检验;驻地办100%抽检,现场督查组进行全面检测验收。

(4)应注意钢筋的弯折角度,避免弯折不足或过渡弯折,导致钢筋绑扎时出现较大误差。

(5)护栏长圆孔位置处的半圆钢筋应在其他环筋穿过后再进行焊接,护栏钢筋的绑扎应完全按照图纸要求完成,保证护栏强度。

(6)护栏整体高度不应小于1.1m,应浇筑前复核模板尺寸。

(7)模板合模前应在两块锚板相交的接缝处粘一层密封胶带,防止浇筑护栏预制块时水泥浆渗出,影响护栏外观质量。

(8)护栏浇筑混凝土时,护栏景观孔周围、纵向错台搭接位置以及阻爬坎位置应使用振捣棒振捣充分,避免出现"蜂窝"、气泡等现象。

(9)护栏吊装时混凝土护栏预制块强度不应低于设计强度的70%。

(10)护栏吊装时,应避免吊装绳接触预制块的边角,以防止预制块边角部位破损,影响景观效果。

(11)运输车辆在行驶过程中车速控制在40km/h以下,护栏应用粗麻绳进行捆扎,尽量避免车辆颠簸对护栏、基础及支撑块造成损伤、破碎。

第五节　中央分隔带护栏现场安装标准化

一、护栏现场安装技术要求

为保证混凝土护栏的线形平顺,京石高速公路改扩建筹建处组织相关施工单位进行了安

装工艺研究,对护栏现场安装提出了如下技术要求:

(1)护栏基础下方基层的承载力应满足相关规范及设计要求。

(2)钢筋混凝土墙式护栏的高度必须保持一致,且护栏顶面高程高出路面的高度不小于1m,以保证护栏线形顺适、美观。

(3)中央分隔带两侧护栏安装必须一一对称,以便护栏支撑块按照图纸进行设置安装,确保护栏的防护能力。

(4)护栏布置宜从一端构造物向另一端构造物顺排护栏预制块,以便减少非标准块护栏数量的设置。

(5)两侧护栏中间部分填充种植土。

二、运输和安装设备要求

(1)预制块运输应采用大型货车,以载质量大的拖挂车为宜。

(2)预制块装卸宜采用吊车或叉车进行。

(3)安装时尽量采用能够微调的吊装设备,比如简易龙门架、叉车、千斤顶等设备。

(4)采用专用的吊装绳进行钢卡兜底吊装或通过景观孔吊装,或采用叉车叉入护栏两孔中进行吊装,无论是哪种吊装方式,吊装器具与护栏接触的部位均需用弹性材料或软材料包裹,隔离吊装器具与护栏孔洞周围混凝土,防止混凝土护栏边角破损。

(5)装车时要单层平稳放置,并用方木或棉被对护栏之间进行必要的隔离,防止碰边掉角,影响景观效果,如图8-84所示。

a)

b)

图8-84 护栏运输吊装

(6)运输车辆在行驶过程中车速控制在40km/h以下,护栏应用粗麻绳进行捆扎,尽量避免车辆颠簸对护栏、基础及支撑块造成损伤、破碎。

(7)应随运随安,不得挤占路基和影响其他作业。

(8)施工安装前应准备一定数量的钢垫片,以备护栏微调时使用。

三、工艺流程

通过对中央分隔带景观混凝土护栏预制施工过程的安全控制、施工材料的质量控制、施工机械的调配以及对施工工序的合理组织,达到在施工安全的前提下确保施工质量、节约施工成本、缩短工期的目的,具体的工艺流程参见图 8-85。

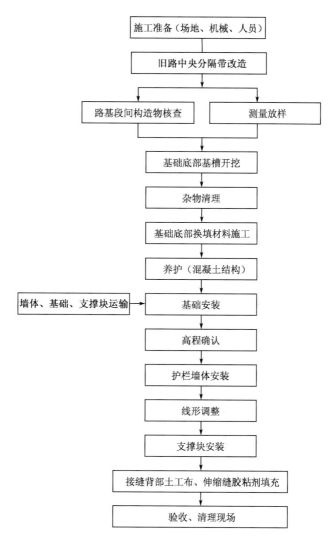

图 8-85　护栏安装工艺流程图

四、京石高速公路改扩建工程中央分隔带改造

京石高速公路改扩建工程扩建路段全长约 185.843km,原中央分隔带宽度不一,基本在 1.8~3.1m 之间,扩建后中央分隔带宽度统一为 3m。同时,原路由于历史建设历程原因,通信管道设置在西侧半幅的路侧,扩建后需要将其移至中央分隔带内。另外,在道路中线偏移、纵断面调整、新型护栏设置等方面均需要对中央分隔带进行改造,以满足全路统一、安全性高、美观性好的要求。

1. 旧路中央分隔带设置状况

京石高速公路改扩建前中央分隔带宽度为 1.8~3.1m,护栏主要有双层双波形梁护栏及单片式混凝土护栏两种形式。根据上述两种护栏结构形式的不同,中央分隔带内一般采用凸

起式路缘石培土绿化及现浇硬化两种方式,防眩分别采用植树绿化及防眩板方式。具体情况分别如下:

(1)双层双波形梁护栏

双层双波形梁护栏设置路段长度约161km,立柱中心间距为1.05~2.1m,中间采用植树绿化防眩,现场设置情况如图8-86所示,图8-87为双层双波形梁护栏现场实景图。

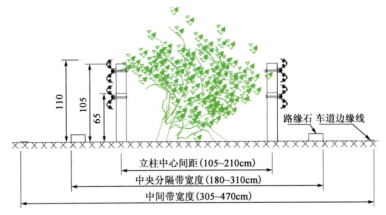

图8-86 中央分隔带双层双波形梁现场尺寸示意图(尺寸单位:cm)

图8-87 中央分隔带双层双波形梁护栏

(2)单片式混凝土护栏

单片式混凝土护栏设置路段长度约18.4km,护栏底宽为95cm,护栏两侧为现浇硬化结构,采用防眩板方式防眩,现场设置情况如图8-88所示,图8-89为单片式混凝土护栏现场实景图。

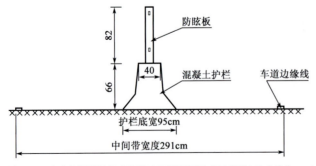

图8-88 中央分隔带单片式混凝土护栏现场尺寸示意图(尺寸单位:cm)

图8-89 中央分隔带单片式混凝土护栏

2. 中央分隔带改造方案

根据京石高速公路改扩建工程中道路纵断面调整、中线偏移、通信管道移位、新型景观混凝土护栏设置等的具体设计要求,中央分隔带的改造方式主要有以下七种,以满足景观护栏安装和后续硅芯管安装的需要。

(1)工况一:适用于道路主线纵断面抬高≥80cm,且原中央分隔带为培土绿化路段。改造方式为对原中央分隔带进行开挖,清除松散层,回填5%石灰土压实,然后参考新建路段的路面结构处理方式,铺设路面各结构层、开挖通信管道槽、铺设硅芯管及安装景观混凝土护栏等,结构设计图如图8-90所示。

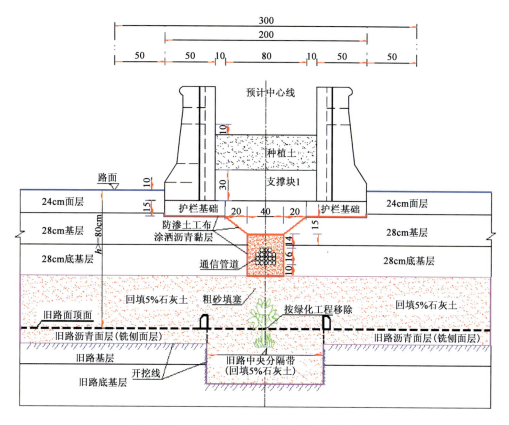

图8-90 中央分隔带改造结构设计图一(尺寸单位:cm)

(2)工况二:适用于道路主线纵断面抬高≥80cm,且原中央分隔带为预制或现浇路段。改造方式为原中央分隔带原则不开挖,如有破坏或松散层需进行清理后回填5%石灰土压实,然后参考新建路段的路面结构处理方式,铺设路面各结构层、开挖通信管道槽、铺设硅芯管及安装景观混凝土护栏等,结构设计图如图8-91所示。

(3)工况三:适用于道路主线纵断面抬高<80cm,且原中央分隔带在新型景观混凝土护栏总体宽度范围内并为培土绿化的路段。改造方式为对原中央分隔带内松散部位进行切除,压实度满足要求的旧路面基层可以充分利用,切除后的部分换填8%石灰土,碾压密实后开挖硅芯管槽,待硅芯管铺设完毕后,按照护栏基础设置位置要求安装护栏基础,结构设计图如图8-92所示。

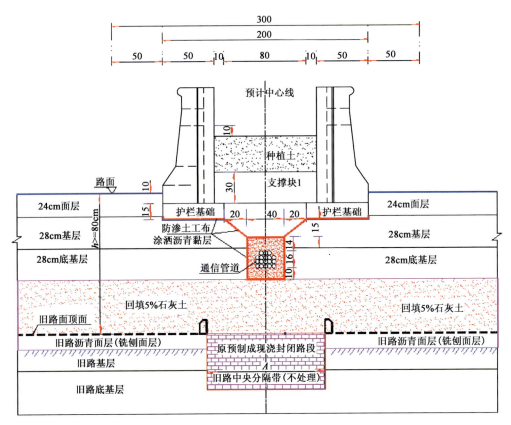

图 8-91　中央分隔带改造结构设计图二(尺寸单位:cm)

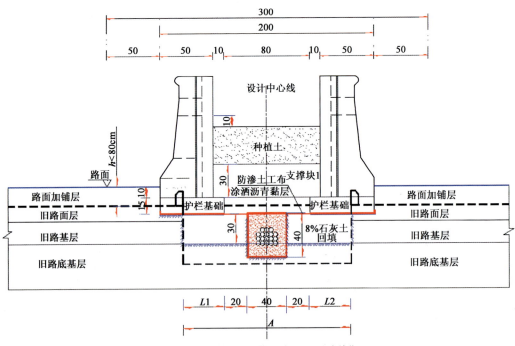

图 8-92　中央分隔带改造结构设计图三(尺寸单位:cm)

(4)工况四:适用于道路主线纵断面抬高<80cm,且原中央分隔带为现浇封闭路段。改造方式为对原中分带现浇段原则不予开挖,直接开挖硅芯管预埋槽。为充分利用旧路路面结构压实度满足要求的部分,如有松散部分局部进行换填8%石灰土,结构设计图如图8-93所示。

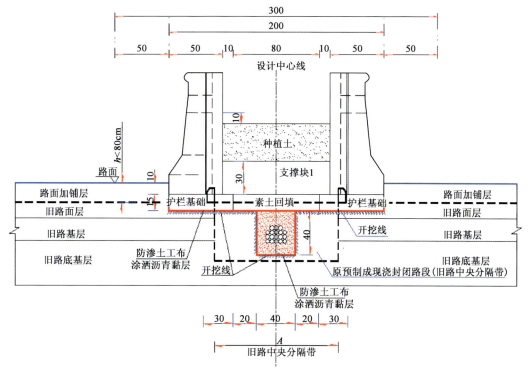

图8-93　中央分隔带改造结构设计图四(尺寸单位:cm)

(5)工况五:适用于原中央分隔带与新建中央分隔带没有完全分离,扩建中线偏移且距旧路中线距离$A>S>A/2$(A为原中央分隔带宽度,S为中线偏移距离)的路段。改造方式为对原中央分隔带松散部位开挖并回填C15现浇混凝土,其余部分充分利用旧路路面结构,结构设计图如图8-94所示。

(6)工况六:适用于原中央分隔带与新建中央分隔带没有完全分离,扩建中线偏移且距旧路中线距离$A/2+100>S>A$(A、S含义同上)的路段。改造方式为充分利用旧路面结构,按照结构设计图对原中央分隔带开挖并回填C15现浇混凝土,结构设计图如图8-95所示。

(7)工况七:适用于原中央分隔带与新建中央分隔带完全分离,扩建中线偏移且距旧路中线距离$S>A/2+100$(A、S含义同上)的路段。改造方式为充分利用旧路面结构,对原中分带松散部位开挖并回填C15现浇混凝土,结构设计图如图8-96所示。

3. 施工准备

在现场施工过程中,为进一步提高现场的管理水平,京石高速公路改扩建筹建处标准化施工工艺研究项目小组依据国家、交通主管部门发布的与公路建设相关的文件、标准、规范、规程和指南等,经过研究特别制定了《中央分隔带处治与硅芯管埋设施工工艺指导书》,明确了中央分隔带改造施工作业的工艺流程、操作要点和相应的工艺标准,以指导、规范中央分隔带改造和硅芯管埋设工作。现场相应准备工作如下:

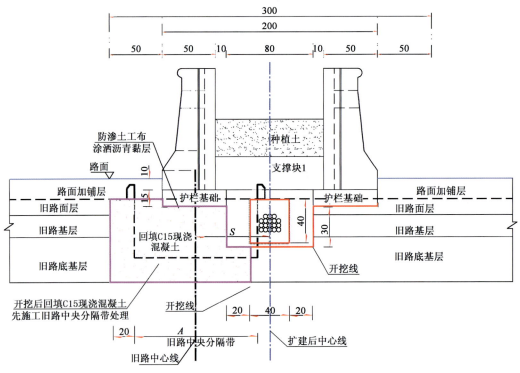

图8-94 中央分隔带改造结构设计图五(尺寸单位:cm)

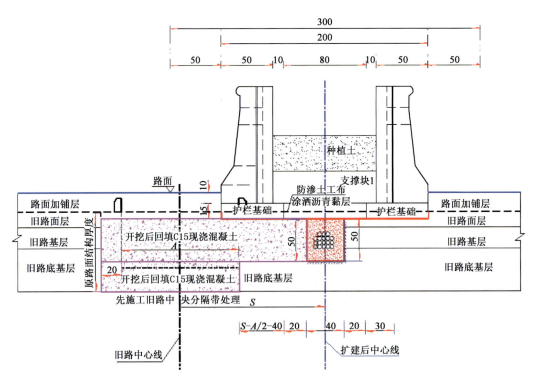

图8-95 中央分隔带改造结构设计图六(尺寸单位:cm)

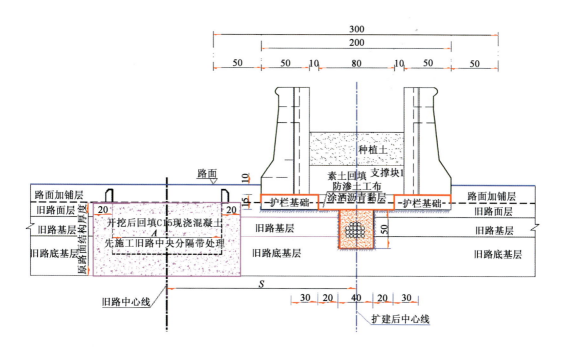

图 8-96　中央分隔带改造结构设计图七(尺寸单位:cm)

(1) 技术准备

① 编制施工技术方案、交底,明确施工人员责任并保持施工人员的相对稳定。

② 对工序进行分工,责任到人。

③ 熟悉各道工序检验项目及标准。

④ 认真贯彻落实收件工程认可制。

(2) 机具准备

路面切割机、挖掘机、运输车、压路机、小型夯实机、清扫工具、开槽机及能够满足现场需求的其他设备,相关机具设备如图8-97所示。

(3) 材料准备

① 硅芯管,按指定入围厂家购买合格产品。

② 8%石灰土,场外集中拌和。

③ 普通河砂,细度模数为3.7~2.3的中粗砂。

④ 合格的防水土工布。

⑤ 乳化沥青。

(4) 现场准备

为保证工期和施工质量,首先进行施工现场核实,根据施工图进行清除障碍、实际测量、施工环境及条件的调查,测量画线标志并记录,核对通信管道的路由走向、铺设位置、人孔周围的环境,核对图纸情况。主要有以下四个要点:

① 管道径路与既有公路的距离。

② 管道过桥、涵、沟、渠、路等的防护方式和材料。

图 8-97 机具设备

③管道与地下管线交越的防护方式和材料。

④管道埋深。

4. 施工工艺

(1) 工艺流程

测量放样—切割沥青路面松散层—挖除松散层—清理基槽—石灰土回填（或 C15 混凝土）—反开挖管线槽—涂刷沥青黏层—铺设防水土工布—填砂—埋设硅芯管。

(2) 操作工艺

①测量放样。

按设计坐标，测放出路线中心线，并按 10～20m 间距设桩。再根据中线桩向两侧用钢尺量出护栏安装外边缘线定点，并根据外边缘测点各向中间返 50cm，将施工线固定在放样点上，用洒灰车布设灰线且确保清晰、顺直，如图 8-98 所示。

图 8-98 测量放样

②切割沥青路面松散层。

按照测量所放出的施工线,采用柴油切割机沿灰线进行切割,切割厚度按高程进行推算。切割过程中应确保不破坏中央分隔带以外旧路面层且顺直,切割完毕的现场情况如图8-99所示。

③挖除松散层。

沿切割线将旧路中央分隔带内松软土层挖除,开挖后沟槽应竖直,严禁损坏新加铺路面,如图8-100所示。

图8-99　按定位线切割完毕的路面

图8-100　开挖清理松散层

④清理基槽。

机械开挖后,人工清理边角、竖直面、底面浮土,必要的情况下人工对基槽进行局部修整,基槽的清理必须满足后续反开挖硅芯管槽的深度和宽度。

⑤石灰土回填。

基坑清理完成后,回填8%石灰土采用场外集中拌制,自卸汽车运至施工现场,装载机将其填入基槽内,采用小型夯实机或压路机对灰土进行夯实,施工后做到工完料净。

回填混凝土的按混凝土的施工工艺标准执行。

回填石灰土压实后,顶面高程宜控制在护栏基座底面高程,以满足硅芯管埋设的深度,也便于安装护栏基座。

⑥反开挖管线槽。

待石灰土板结后,测量队测放出硅芯管槽位置,采用柴油切割机对石灰土面进行切割,或采用开槽机开挖管线槽,确保深度满足设计要求。

开挖完成后对管线槽内进行清理,确保管线槽内平整干净,无残留石灰土。高低必须平稳过渡,不得有明显高程差,做到沟底无硬坎、无突出的尖石砖块。

⑦涂刷沥青黏层。

管线槽开挖成型后,使用乳化沥青涂刷管线槽内外壁,确保涂刷均匀,以便粘贴防水土工布。

⑧铺设防水土工布。

乳化沥青涂刷完成后,即刻铺设防水土工布。应确保防水土工布平顺铺设,且土工布接茬搭接长度满足30cm以上。

⑨埋设硅芯管。

防水土工布铺设完成后,向硅芯管槽内回填10cm中粗砂,铺设硅芯管,并将每个管进行标志及固定,然后用中粗砂回填通信管道槽至8%灰土顶面。

(3)工艺施工原则

①先清理松散层,将旧路面松散部分清理掉,并按图纸要求换填石灰土或混凝土。

②对于纵断面抬高≥80cm路段,在铺设两层28cm水稳时将硅芯管槽位置预留好。水稳铺设完成后方可进行硅芯管的铺设。

(4)施工注意事项

①为满足硅芯管防冻的要求,管槽开挖深度必须在护栏基座底面高程以下位置。

②为确保护栏安装的线形美观舒适,石灰土或混凝土换填之前需进行高程控制,基座底部尽量预留1cm砂浆找平层。

③硅芯管埋设前需对硅芯管进行梳理,并用包装带进行绑扎,杜绝扭曲变形现象。

5. 监理程序

为规范施工,统一全线中央分隔带施工档案管理,京石高速公路改扩建筹建处对中央分隔带工艺施工档案提出以下要求,具体如下:

(1)方案审批,应有驻地办、总监办审批的开工报告,严格执行首件认可制度,档案资料齐全。

(2)硅芯管、防水土工布材料选择要严格按照设计、合同文件经过监理工程师认可,检测合格,并附质量检测合格证明。档案资料要及时整理存档。

(3)严格执行监理对基坑验收制度。中央分隔带开挖,其几何尺寸监理验收要有影像资料。建立中央分隔带施工档案,档案填写要及时、翔实、整洁、内容齐全。影像要清晰、全面,资料要及时整理存档。

(4)中间工序验收,每道工序必须由监理工程师验收,中央分隔带分段基槽开挖、硅芯管埋设验收要有影像资料,照片显示桩号、技术负责人姓名,监理员经现场监理工程师批准后方可进行下道工序施工。

(5)完工验收,中央分隔带完工,由驻地监理工程师亲自组织验收,签字认可并及时留取影像资料。各驻地办、施工单位应严格加强管理,明确专职人员负责,认真检测,真实地填写原始记录、档案资料,保证资料齐全、数据真实可靠。

五、护栏基础施工工艺

(1)护栏基础下部换填材料施工

护栏基础下方基层的承载力直接影响护栏的稳定性,因此其必须满足相应规范、标准要求。对于京石高速公路改扩建工程中的新建路段,在保证路面基层压实度满足要求后,护栏基础可直接安装在路面基层上方。对于京石高速公路改扩建工程中的扩建路段,原中央分隔带要进行相应改造,具体设置方式参见本章第五节中"京石高速公路改扩建中央分隔带改造"部分。

(2)护栏基础安装

护栏基础安装前应再仔细核对高程是否有误,为方便护栏安装,基础顶面高程可比设计高程低 1cm,便于护栏高度方向上的调整。

根据两构造物之间的实际距离确定护栏安装的具体位置,从而确定护栏基础的纵向摆放位置。安装基础前确保基础底部换填强度达到设计要求,在相邻几块基础顶面采用拉线的方法,保证基础设置的平顺以及高程一致,如图 8-101 所示。

护栏底部纵向基础之间的部分在不影响土工布安装的前提下,应保证底部空间填充密实,填充高度与基础顶面齐平,该项工作应在护栏墙体安装前完成。

a)

b)

图 8-101 布置护栏基础

六、护栏预制块安装施工工艺

1. 护栏现场安装基本原则

为保证护栏现场线形一致,减少非标准段的数量,降低成本,在筹建处的统一协调下,针对路基护栏与构造物衔接、非标段制作等方面,制定出了护栏现场安装原则,具体如下:

(1) 非标准块设置原则

① 非标准块的长度应不小于 2m。

② 非标准块以在其长度方向的中间位置设置一处长圆孔为宜,长圆孔尺寸与标准块一致,具体可根据现场情况,以美观为原则进行适当处理。

(2) 护栏布设的基本原则

由于实际应用中桥梁护栏也采用预制安装景观混凝土护栏,因此在现场安装时应根据不同形式的桥梁及桥梁间距,具体确定护栏布设方案,主要原则如下:

① 路桥衔接处有桥梁伸缩缝时,在伸缩缝处桥梁护栏与路基护栏均采用平头对接设置,在路基护栏衔接段端部两侧护栏之间设置现浇横隔板,预制块端部平头可采用 90°。同时应注意路基护栏端部与桥梁护栏端部之间的距离在满足桥梁最大伸缩位移量的基础上再加大 2cm(特别注意斜交桥梁),且在衔接处的路基护栏及桥梁护栏预制块端部按照伸缩设备尺寸预留安装槽口,具体设置参见图 8-102。

② 现场安装时,可在桥头有伸缩缝的桥梁一端向另一处有伸缩缝的桥梁顺排护栏预制块,在遇到桥头无伸缩缝的桥梁时,应为桥梁预制安装护栏预留桥梁护栏标准预制块长度的整数倍($4m \times n$,其中 4m 为护栏标准块长度,n 为正整数),且应保证该长度大于或等于桥梁长度,同时两侧桥梁护栏在端部应保证平齐(特别应注意斜交桥梁),路基护栏端部在两侧护栏之间

设置现浇横隔板,设置方式可参见图8-103。

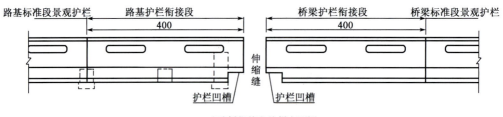

a) 路桥衔接段护栏立面图

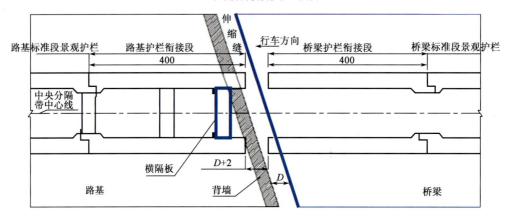

b) 路桥衔接段护栏平面图

图 8-102 伸缩缝处路桥衔接护栏设置图(尺寸单位:cm)

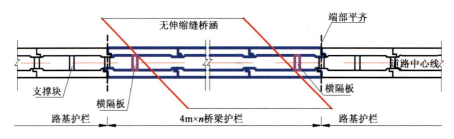

图 8-103 无伸缩缝桥梁护栏设置图

2. 护栏墙体预制块安装

(1) 护栏安装要求

①经复核护栏基础高程、平面位置无误后,方可进行混凝土护栏预制块的就位安装。

②混凝土护栏的安装应从一端逐步向前推进,在曲线路段,应使护栏布设圆滑,在竖曲线路段,应使护栏与公路线形协调。

③护栏预制块安装应确保位置准确,接缝挤紧,线形平顺,高度一致。护栏预制块安装就位时必须使其竖轴线与路面相垂直,以保证护栏迎撞面的设计坡度。

④两节护栏接缝宽度应不大于5mm,接缝处前后两侧墙之间的错位应不大于3mm。

⑤护栏横向拼接预留1cm接缝,待护栏安装完毕并调整好线形后,接缝内应采用具有良好防腐、抗拉伸、耐老化性的伸缩缝胶粘剂填实。

(2)护栏安装、微调的设备以及施工要求

①护栏运输到施工现场,可采用小型门架(本项目特制)、吊车、叉车等设备(图8-104)安装,安装时均应避免吊装绳、叉车货叉直接接触预制块的边角(可用弹性材料或软材料包裹在孔洞周围,隔离吊装器具与护栏孔洞周围混凝土),以防止预制块边角部位破损。

a)叉车

b)吊车

c)特制小型门架

图8-104 护栏安装设备

②护栏基本就位后,根据道路线形再通过顶镐、千斤顶等微调设备(图8-105)对护栏墙体进行微调,以保证护栏的竖直度、水平度以及护栏的线形美观。

a)

b)

图8-105 护栏微调设备(顶镐、千斤顶)

③在安装前应注意配备一些钢垫片,以便于护栏的微调。

④在微调时应注意对护栏墙体的临时支护,避免由于重心不稳,造成的护栏倒伏砸伤施工人员。

3. 铺设护栏支撑块、背部处理及回填

(1)护栏支撑块安装

护栏预制块安装并调顺后应立即安装槽内的支撑块,支撑块安装时应保证顶面水平,必要时应采用混凝土垫块将支撑块底部高程调整至同一水平面。支撑块安装完毕后,根据上述的方法安装另一侧护栏预制块。吊装好的护栏应保证线形平顺、高度一致(图8-106)。

a)

b)

图8-106 已安装、调整完毕的护栏

(2)护栏背部及回填处理

①在护栏墙体调整好线形后,沿护栏墙体接缝处粘贴20cm宽的沥青浸渍土工布(由下安装至孔洞下沿高度即可),浸渍沥青土工布应安装牢固,并应选择粘贴性能强、抗老化性强、防水的粘贴材料,以防止雨水从接缝渗出,污染护栏表面及路面。

②护栏横向接缝处填充伸缩缝胶粘剂,伸缩缝胶粘剂应具有良好的防腐性、抗老化性、拉伸性及机械力学性,并具有耐磨、致密性好、抗渗透能力强、耐温差及交变性能强的特点,能够在 $-40\sim90$℃环境下长期使用,同时施工中应满足不会造成大气污染及影响施工人员健康的环保要求。

③护栏安装调整完毕后,按照绿化要求回填种植土至护栏孔下边缘,并进行绿化。

4. 护栏外观要求

(1)混凝土护栏安装完毕后,应清洁其表面的杂物及污点,保证混凝土的本色外观,光洁干净。

(2)护栏墙体安装后,墙体混凝土块件之间错位应不大于3mm;护栏线形顺适,高度一致。混凝土护栏表面蜂窝、麻面、脱皮等缺陷面积不得超过该构件面积的0.5%。

七、线形控制和特殊部位安装要点

(1)现场安装前应根据不同形式的桥梁及桥梁间距,具体确定护栏布设方案,应特别注意非标准块的布置位置以美观为原则。

(2)路桥结合处的中央分隔带混凝土护栏高度一致,线形顺畅。

(3)安装前,应校核设计中线,测设安装控制桩,直线段桩距为10m,曲线段度大于5m,并按设计高程控制测量。

(4)护栏基础安装位置及高程要控制准确,以保证护栏的布设线形与路线协调。

(5)护栏底部纵向基础之间的部分在不影响土工布安装的前提下,应保证底部空间填充密实,填充高度与基础顶面齐平,该项工作应在护栏墙体安装前完成。

(6)吊装过程中,相邻两节护栏接缝宽度应不大于5mm,接缝处前后两侧墙体之间的错位应不大于3mm。

(7)护栏线形适顺,直线段不允许有明显的凹凸现象,曲线段护栏应圆滑顺畅,与线形协调一致。

(8)护栏在安装后,应注意避免高速公路沥青路面摊铺过程中碾压机器导致的护栏整体线形变化。

(9)支撑块两侧的高程应一致,同时支撑块与护栏墙体之间的空隙应采用水泥砂浆填实,保证两者接触紧密。

(10)在路面面层铺筑前,完成中央分隔带回填作业,防止污染路面,安装完毕后,覆盖薄膜,防止路面透黏层施工时污染。

本 章 小 结

京石高速公路改扩建工程中央分隔带护栏结构形式及中央分隔带改造措施的确定为改扩建工程一项重要的工作内容,直接关系到本项目通车后的交通运营安全。本文从京石高速公路改扩建工程实际出发,紧密结合"安全、舒适、经济、耐久、环保、美观、智能、和谐"的现代化高速公路总体设计理念,通过实地调查、理论分析、数值模拟计算、模型试验和实车足尺碰撞试验等方法,开发出一种新型中央分隔带景观混凝土护栏,并针对工程不同路段提出了具体的中央分隔带改造措施,具体创新性成果如下:

(1)首次针对中央分隔带混凝土护栏开展景观研究,通过在护栏墙体设置"长圆孔"造型,体现了京石高速公路路"简约、大方"的特点,增加了护栏的通透性,改善了常规混凝土护栏的景观效果,降低了驾乘人员的疲劳感,提高了行车安全性和舒适性。

(2)护栏预制块间创新性地采用了"错台搭接"的新型搭接方式,不仅保证了护栏的纵向传力效果,而且避免了外漏钢构件的使用,提高了护栏的耐久性,并且简化了施工安装,降低了后期养护维修费用。

(3)新型中央分隔带景观混凝土护栏为国内首次采用最新的《公路护栏安全性能评价标准》(JTG B05-01—2013)进行安全性能评价的护栏结构,经实车足尺碰撞试验验证,各项评价指标均满足最新评价标准要求,护栏防护等级达到SAm级(五级,防护能量400kJ)。

(4)护栏墙体首次采用高性能混凝土材料,提高了护栏外观效果及耐久性。

(5)针对扩建路段具体情况,在充分利用原路路面材料的基础上,提出了不同的中央分隔带改造方案,体现了"充分利用"的原则,为通信管道、护栏的安装及结构强度提供了保障。

(6)结合工程实际,总结研究了一整套新型中央分隔带景观混凝土护栏预制、安装的施工工艺,在指导了本项目护栏施工的同时,也为我国同类护栏规范施工提供了参考。

综上所述,本项目开发的新型中央分隔带景观混凝土护栏达到了"安全、经济、美观、耐久"的预期目标。本项目成果的应用,在减少人员伤亡和财产损失,降低维护费用和其他相关费用方面具有重要作用,并进而提高了公路运输效益。此外,本项目研究成果及所取得的数据也为我国安全设施规范提供了一种满足新护栏评价标准的护栏结构形式,为我国相关公路护栏技术规范的修订积累了宝贵资料,提供了科学依据,具有良好的经济、社会效益。

第九章 交通组织与优化技术

第一节 概 述

一、交通组织方案影响因素

原有高速公路进行改扩建,无论采用何种施工组织方式,必然对原有的高速公路交通流产生干扰,从而影响道路的正常行车。因此,在高速公路扩建过程中如何保证其交通流的正常运行,减小因扩建施工对交通流的影响,保证高速公路施工,成为工程建设的一个重要问题。

京石高速公路周边纵向、横向路网发达,沿县各县市出行选择路线较多。制约交通组织的因素主要有项目改扩建段92%桥涵构造物拆除重建,涉及21.33km纵坡调整段落,现有横向通行通道平均550m一处。

本文通过对路网、交通量、社会影响、安全保畅等方面进行分析,研究并优化京石高速公路的交通组织方案。

二、指导思想和原则

京石高速公路具有地理位置特殊、社会影响力强的特点。京石高速公路改扩建工程交通组织方案的指导思想坚持以"保障施工、减少影响"为原则:保障工程施工安全、进度、质量的同时,减少对施工的影响,减少对区域路网社会和经济活动的影响。

交通组织以"高速分高速"、"源头疏导"、"路网分流"为原则,充分利用改扩建项目所在区域路网及交通运输主通道体系资源,运用交通管理措施对施工区域交通需求进行适度管理,从交通需求产生和吸引源头上引导、疏导交通量远离改扩建项目施工区间,保证京石高速公路的施工作业。

交通组织措施与实施方案以"技术先进、方案成熟、经济、环保"为原则,确保交通组织方案成果的实施。

第二节 周边路网及交通量调查

一、周边路网情况

京石高速公路改扩建工程影响区域的周边路网主要包括如下,如图9-1所示。
南北纵向主要道路:大广高速公路,京昆高速公路,国道107(G107),国道106(G106)。
东西横向主要道路:廊涿高速公路,保阜高速公路,保津高速公路,保沧高速公路,荣乌高速公路,石黄高速公路。

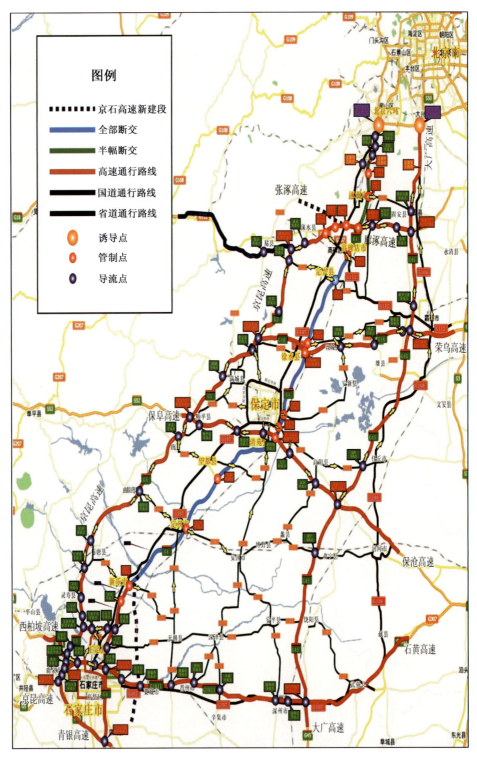

图 9-1 路网图

1. 南北纵向道路现状

(1)京昆高速公路是京石高速公路西侧与其平行的唯一一条高速公路,双向六车道,设计速度为120km/h,是连接北京、天津及以北地区与河北诸县市和山西及以西地区的又一条重要高速通道。京昆高速公路位于京石高速公路西侧15~50km,在路网分流期间,其将为涿州至石家庄段交通分流起到重要作用,具有很好的分流条件。

(2)大广高速公路河北段分蒙冀界至承德段、京衡段和衡大段三段。大广高速公路河北段设计为双向六车道,设计速度为120km/h,将与京港澳高速公路、京沪高速公路共同构成纵贯河北省南北的高速公路运输大通道。

大广高速公路位于京石高速公路东侧30~80km,作为除京石高速公路外另一条纵贯河北省南北的高速公路,在项目路改扩建期间将承担相当部分的分流交通量,尤其是过境交通。

(3)国道107(G107)位于京石高速公路西侧5~7km,京石段除新乐市段为二级路外,其余均为一级路,双向四车道,设计速度80km/h,全线路况良好。

G107石家庄至正定界路段,双向八车道,有中央分隔带,沥青路面,路面状况良好;正定县城段,双向六车道,水泥路面,路面状况较好。

G107距G5京昆高速入口1km处,双向四车道,设有中央分隔带和1.5m硬路肩,沥青路面,路面状况良好。

正定至新乐间某路段,双向两车道,沥青路面,路面状况良好;新乐县城段,双向八车道,水泥路面,路面状况一般。

定州至保定界,双向四车道,设有中央分隔带,沥青路面,路面状况良好。

(4)国道106(G106)河北段是河北省境内南北向的一条重要经济干线,是沟通北京与东南地区经济交流和社会交往的重要干线公路,全长413km。

2. 东西横向道路现状

(1)廊涿高速公路是河北省"五纵六横七条线"高速公路网规划中密云至涿州线的重要组成部分,路段全长58.4km,为全封闭、全立交的双向四车道高速公路,设计速度120km/h,路基宽度28m,与项目路通过廊涿枢纽互通直接相连。

(2)保(定)至(天)津高速公路起自徐水,经容城、雄县、霸州、安次,止于天津,是贯通京津石经济圈,联系中原、西北和东北大经济区的重要干线。其中河北段长104.95km,按全封闭、全立交的双向四车道高速公路标准建设,设计速度120km/h,路基宽27m,在河北段设7个出入口(含收费站)和3个服务区,与项目路通过保津枢纽互通直接相连。

(3)保沧高速公路是河北省"五纵六横七条线"高速公路网规划中的保定至沧州线,全长122.5km,为双向四车道高速公路,通过保沧枢纽互通与项目路和保阜高速相接。

(4)荣(成)乌(海)高速公路国家高速公路网中的一条横线,起自荣成,经威海、烟台、新河、东营、黄骅、天津、霸州、涞源、朔州、鄂尔多斯,止于乌海,全长1820km。其中,冀津界至霸州段已通,霸州至冀晋界段规划在建,设计速度120km/h,双向四车道。

(5)石黄高速公路是国家高速公路网中重要干线G18荣乌高速的一条横向联络线,全线位于河北境内,起自黄骅,止于石家庄,全长187.8km。

(6)国道112(G112)起点为河北高碑店,经天津、河北唐山、河北宣化,终点仍为河北高碑店,该国道是一条环北京的国道,全程1228km。

3. 周边地方省道现状

京石高速公路改扩建项目周边省道道路主要包括 S371、S333、S334、S331、S232、S231、S302、S335、S382、S234 和 S203 共 11 条。各条道路等级及设计车速见表 9-1。

区域内省道现状　　　　表 9-1

道路名称	设计速度(km/h)	道路等级	车道数
S371	60	二级	2
S333	60	二级	2
S334	60	二级	2
S331	80	二级	2
S232	60	二级	2
S231	60	二级	2
S302	60	二级/一级	2
S335	60	二级	2
S382	60	二级	2
S234	60	二级	2
S203	60	二级	2

二、交通量调查

1. 道路交通量

根据收集的京石高速公路现状资料、河北省内区域路网(北京—石家庄区段)基础现状资料,结合京石高速公路改扩建项目影响区域内路网主要节点和路段的交通流量进行调查。路网交通现状见表 9-2。

路网交通现状汇总　　　　表 9-2

名称	饱和度	服务水平	可分流交通流量
京昆高速公路	0.19	一级	47999
大广高速公路	0.30	一级	38399
廊涿高速公路	0.29	一级	26181
石黄高速公路	0.46	二级	16290
荣乌高速公路	0.28	一级	26472
保阜高速公路	0.14	一级	34908
G107	0.49	二级	11600
G106	0.48	二级	12000
G112	0.43	三级	2383
S371	0.49	三级	1497
S333	0.81	四级	—
S334	0.87	四级	—

续上表

名　　称	饱　和　度	服　务　水　平	可分流交通流量
S331	0.67	四级	—
S232	0.63	四级	—
S231	0.62	四级	—
S302	1.21	四级	—
S335	0.56	三级	367
S382	0.48	三级	1519
S234	0.74	四级	—
S203	0.64	四级	—

2．主要枢纽互通交通流量

（1）廊涿京石枢纽互通

廊涿京石枢纽互通为京石高速公路与廊涿高速公路相交，其转向交通流量如图9-2所示。由图中转向交通量计算可得京石高速公路与廊涿高速公路断面交通量，见表9-3。

廊涿京石枢纽断面交通量　　　　　表9-3

高速名称及方向	廊涿高速公路		京石高速公路	
	东	西	南	北
断面流量	13786	13875	36186	36467
当量数	21908	22049	48327	48734
饱和度	0.38	0.38	0.83	0.84
服务水平	二级	二级	三级	三级

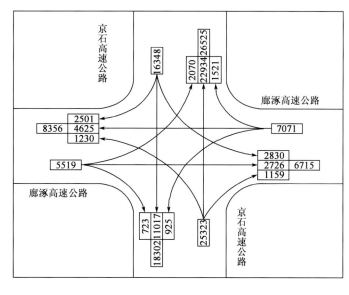

图9-2　廊涿京石枢纽转向交通量

(2）京昆廊涿枢纽互通

京昆廊涿枢纽互通为京昆高速公路与廊涿高速公路相交，其转向交通流量如图9-3所示。由图中转向交通量计算可得京昆高速公路与廊涿高速公路断面交通量，见表9-4。

京昆廊涿枢纽断面交通量　　　　表9-4

高速名称及方向	廊涿高速公路		京昆高速公路
	东	西	南
断面流量	8904	8049	12819
当量数	13731	12413	19304
饱和度	0.24	0.21	0.22
服务水平	一级	一级	一级

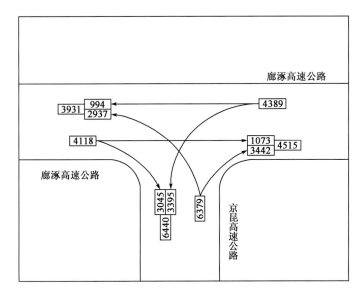

图9-3　京昆廊涿枢纽转向交通量

(3）廊涿大广枢纽互通

廊涿大广枢纽互通为廊涿高速公路与大广高速公路相交，其转向交通流量如图9-4所示。由图中转向交通量计算可得廊涿高速公路与大广高速公路断面交通量，见表9-5。

廊涿大广枢纽断面交通量　　　　表9-5

高速名称及方向	廊涿高速公路		大广高速公路	
	东	西	南	北
断面流量	10008	9923	20068	19891
当量数	15579	15447	27300	27059
饱和度	0.27	0.27	0.31	0.31
服务水平	一级	一级	一级	一级

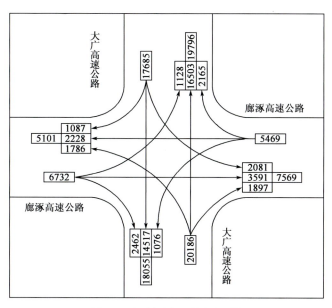

图 9-4 廊涿大广枢纽转向交通量

第三节 交通组织方案分析与比选

一、采用的交通组织方案

(1) 廊涿枢纽至新乐互通段全幅断交。
(2) 京冀界至廊涿枢纽半幅断交半幅施工。

封闭进京方向车流，维持出京方向车流，第一阶段西半幅两车道通行，第二阶段转移至东半幅单车道通行，第三阶段东半幅两车道通行，第四阶段西半幅四车道通行，如图 9-5 所示。

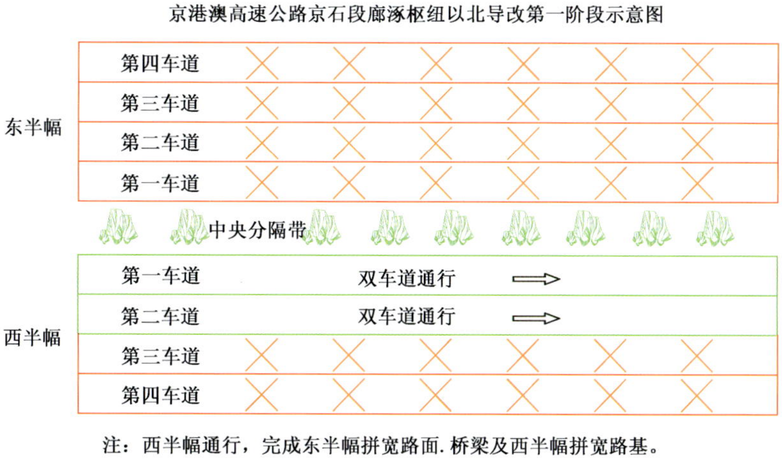

京港澳高速公路京石段廊涿枢纽以北导改第一阶段示意图

东半幅	第四车道	×	×	×	×	×	×	×
	第三车道	×	×	×	×	×	×	×
	第二车道	×	×	×	×	×	×	×
	第一车道	×	×	×	×	×	×	×

中央分隔带

西半幅	第一车道	双车道通行 ⟹
	第二车道	双车道通行 ⟹
	第三车道	× × × × × × ×
	第四车道	× × × × × × ×

注：西半幅通行，完成东半幅拼宽路面、桥梁及西半幅拼宽路基。

a)

图 9-5

京港澳高速公路京石段廊涿枢纽以北导改第二阶段示意图

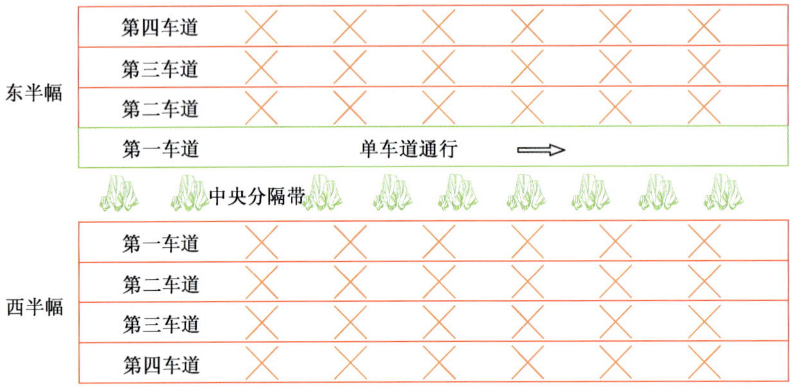

东半幅	第四车道	×	×	×	×	×	×
	第三车道	×	×	×	×	×	×
	第二车道	×	×	×	×	×	×
	第一车道	单车道通行 →					

中央分隔带

西半幅	第一车道	×	×	×	×	×	×
	第二车道	×	×	×	×	×	×
	第三车道	×	×	×	×	×	×
	第四车道	×	×	×	×	×	×

注：交通导改至东半幅内侧，保持一个车道通行；
完成西半幅护栏拆除、桥梁拆除和路床台阶铣刨。

b)

京港澳高速公路京石段廊涿枢纽以北导改第三阶段示意图

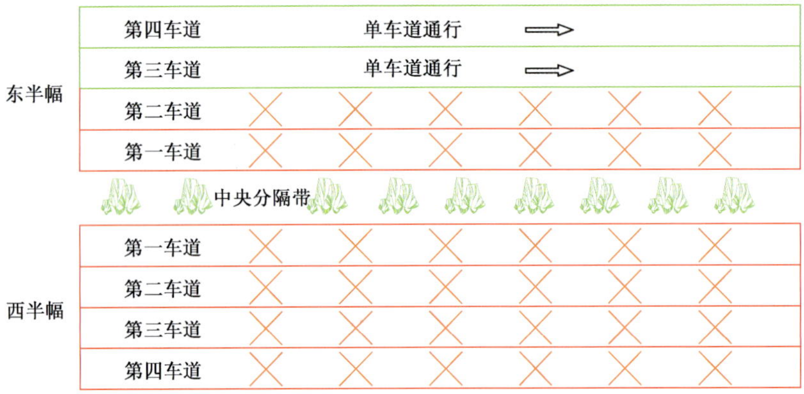

东半幅	第四车道	单车道通行 →				
	第三车道	单车道通行 →				
	第二车道	×	×	×	×	×
	第一车道	×	×	×	×	×

中央分隔带

西半幅	第一车道	×	×	×	×	×
	第二车道	×	×	×	×	×
	第三车道	×	×	×	×	×
	第四车道	×	×	×	×	×

注：将出京方向交通导改至东半幅外侧，保持两个车道通行；
完成东半幅主线旧路面部分病害处治和调平层施工，完成西半幅全部路基、路面、桥梁施工。

c)

图 9-5

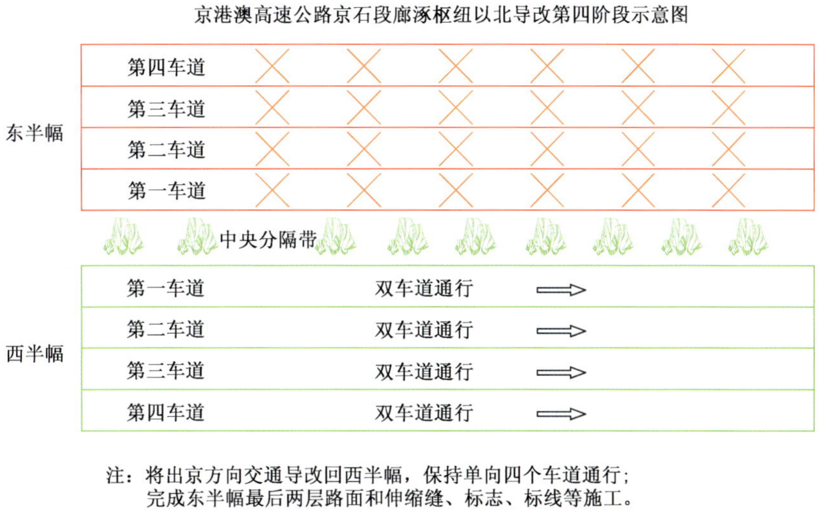

京港澳高速公路京石段廊涿枢纽以北导改第四阶段示意图

	第四车道	×	×	×	×	×
东半幅	第三车道	×	×	×	×	×
	第二车道	×	×	×	×	×
	第一车道	×	×	×	×	×

中央分隔带

	第一车道	双车道通行	⇒
西半幅	第二车道	双车道通行	⇒
	第三车道	双车道通行	⇒
	第四车道	双车道通行	⇒

注：将出京方向交通导改回西半幅，保持单向四个车道通行；
完成东半幅最后两层路面和伸缩缝、标志、标线等施工。

d)

图 9-5 京冀界至廊涿枢纽导改示意图

（3）新乐互通以南为新建段，采用常规交通组织方案。

二、交通组织制约因素分析

1. 工程分析

（1）桥涵构造物扩建方案

扩建段共有主线构造物 566 座。其中直接拼宽、保持现状的构造物仅 1371m（52 座），拆除重建、拆除废弃、新增构造物共 514 座，占总量的 92%，平均 280m 一处。

（2）梁板预制问题

梁板预制任务由 4 个集中预制合同段承担。正常情况下每个集中预制梁场每天生产能力为 15 片，4 个预制梁场每天可预制 60 片梁板，扩建段全部 12120 片梁板在一年内预制完成。每个预制场存梁区平均存梁 400 片，加上各类预制台座 200 个，最大存梁能力为 600 片，如预制梁板不能及时运送至施工现场，预制场将无处存梁，影响梁板预制周期。

（3）路基施工受到断交时间影响

互通区匝道填方、主线下路床借土填方和利用土填方均需中断交通施工。

2. 路网交通量分析

（1）分流后周围路网主要道路交通量及服务水平分析

经实地调查以及查阅各收费站、各公路观测站点交通量数据，参照《公路路线设计规范》（JTG D20—2006），各路段服务水平计算见表 9-6、表 9-7。

分流后主要高速公路路段流量及服务水平分析　　表 9-6

道路名称	起止段	技术等级	车道数	分流后交通量	分流后饱和度	分流后服务水平
京港澳高速公路	京冀界—影视城站	高速	4	23764	0.82	三级
京港澳高速公路	影视城站—涿州	高速	4	23654	0.82	三级

续上表

道路名称	起止段	技术等级	车道数	分流后交通量	分流后饱和度	分流后服务水平
京港澳高速公路	涿州—廊涿枢纽	高速	4	23590	0.82	三级
大广高速公路	北京市—黄石高速	高速	6	39183	0.76	三级
廊涿高速公路	九州—固安东收费站	高速	4	46013	0.79	三级
京昆高速公路	张石高速—黄石高速	高速	6	47782	0.54	二级

分流后 G107 主要路段流量及服务水平分析　　　　表 9-7

编号	观测站名称	路线起终点	分流后交通量	分流后饱和度	分流后服务水平
1	涿州工区	北京界—涿州工区	36151	0.90	四级
2	松林店	松林店—涿州高碑店界	37966	0.95	四级
3	高碑店城北郊	涿州高碑店界—高碑店定兴界	79930	1.33	四级
4	荆塘铺	定兴徐水界—保定市	40474	1.01	四级
5	大赛	保定市—满城顺平界	35096	0.88	四级
6	赵庄	满城顺平界—望都唐县界	29323	0.73	三级
7	唐河桥	望都唐县—定州市	31994	0.80	四级
8	沟里	定州市—石家庄界	37730	0.94	四级
9	彭家庄养护中心	保定石家庄界—东长寿	30077	0.75	三级
10	东长寿	东长寿—新乐正定界	32536	0.81	四级
11	新安	新乐正定界—正定城郊	29746	0.74	三级
12	正定大桥	正定城郊—正定石家庄界	28225	0.71	三级

（2）交通量分析

从上述分析结果可见，京港澳高速公路在京冀界至廊涿枢纽段为三级服务水平，其他路段为全封闭施工，无交通流量。周围主要高速道路的服务水平为三级，G107 为四级。因此总的来看，上述分流方案是可行的。

3. 行车安全

在高速公路改扩建施工过程中，受施工的影响，车辆通行条件发生变化，车辆安全性随之受到一定影响。

京冀界（涿州收费站）至廊涿枢纽的半幅封闭，其半幅单向交通。其具有的优势有：

①无对向车流，减少行车时的横向干扰；

②路侧保留有应急车道，便于车辆的应急停车；

③半幅道路车流相对原来交通流变化不大，保持相对稳定，降低了车速的离散性，提高了施工期间车辆的行车安全性；

④保证了一个方向的交通畅通，无需转换车道，有利于保障施工期间（尤其是夜间）车辆行车的安全性。

4. 施工工期

由于京石高速公路沿线需改造构造物较多，在不中断交通条件下进行施工与断交施工对比下,经测算,施工工期将可缩短10个月左右。

5. 施工质量

京石高速公路京冀界至廊涿枢纽半幅封闭、半幅断交段以及廊涿枢纽至新乐互通段全部断交施工相比"分幅分段"施工,施工条件好,施工组织较好安排,易协调桥梁、互通等构造物施工,便于新旧路面进行横坡调整;且路面、构造物一次完成拼接,拼接时新旧路面高程容易控制,可避免拼接处遭受水损害,确保改建项目质量。

6. 沿线各区县交通出行的影响分析

在分流期间,原来市县域上京石高速公路的车流全部转移到京昆高速公路、廊涿高速公路、G107及大广高速公路。此过程中必定会对市县区域进出分流道路的收费站及匝道入口处造成额外压力。以下对市县区域范围进入上述道路的关键互通节点处进行重点分析。

(1)涿州市

第一阶段进涿州及南行车辆无影响,北行车辆绕行G107及其他地方路。

第二、三、四阶段进涿州车辆,小车绕行主线站B匝道,大车绕行涿州南或高官庄。南行车辆绕行涿州南或高官庄或G107。

(2)高碑店市

高碑店市出行车辆绕行京昆高速公路或大广高速公路时,主要可以通过涞水互通、涿州南互通、黄家屯互通绕行。正常情况下涞水互通、黄家屯互通可以分担原来上高碑店互通上的分流车流,涿州南互通现状流量较大,通过增加收费车道解决。

(3)定兴县

定兴县出行车辆绕行京昆高速公路或大广高速公路时,主要关键节点有大北城互通。可以通过S030至大北城互通绕行京昆高速公路。通过S030至G112,再转至大广高速。正常情况下大北城互通可以分担原来上定兴互通上的分流车流。在适当的引导方案下,基本满足通行要求。

(4)徐水县

徐水县出行车辆绕行京昆高速公路或大广高速公路时,主要关键节点有保定北、蓉城互通。可以通过S333至保定北互通绕行京昆高速;通过S333至蓉城互通上荣乌高速,再转至大广高速公路。正常情况下保定北、蓉城互通可以分担原来上徐水互通上的分流车流。在适当的引导方案下,基本满足通行要求。

(5)保定市

保定市出行车辆绕行京昆高速公路或大广高速公路时,主要关键节点有保定北互通、保定西互通、朝阳路互通、大庄互通。可以通过保定北互通绕行京昆高速公路;保定西、朝阳路互通通过保阜高速绕行京昆高速公路;通过朝阳路互通、大庄互通经荣乌高速公路绕行大广高速公路。正常情况下保定北互通、保定西互通、朝阳路互通、大庄互通可以分担原来上保定、保定南互通上的分流车流。在适当的引导方案下,满足通行要求。

(6)望都县

望都县出行车辆绕行京昆高速公路或大广高速公路时,主要关键节点有唐县北互通、朝阳路互通。正常情况下唐县北互通、朝阳路互通可以分担望都互通上的分流车流。在适当的引导方案下,满足通行要求。

(7) 定州市

定州市出行车辆绕行京昆高速公路或大广高速公路时,主要关键节点有曲阳东互通。曲阳东互通现状流量较大,分流后需要增设 2 个临时复式收费。正常情况下增设临时复式收费后曲阳东互通可以分担新乐互通上的分流车流。

(8) 新乐市

新乐市出行车辆绕行京昆高速公路或大广高速公路时,主要关键节点有行唐互通、行唐南互通。行唐互通、行唐南互通现状流量较大,分流后需要增设 2 个临时复式收费。正常情况下增设临时复式收费后可以分担新乐互通上的分流车流。

7. 公众出行影响

京石高速公路改扩建交通组织进行路网分流时,需将车辆从主线上分出,而转移到周边其他道路上去。从绕行时间和绕行费用来看,这种绕行对于长途过境车辆来说,影响较小甚至是更为可取的路径选择,此时出行者的满意程度较高;但对于中短途车辆来说,影响则较大,此时出行者的满意程度不高。

改扩建交通组织除了对交通出行者的出行产生影响外,还对沿线附近城镇居民的日常生活产生一定程度的影响。这种影响主要体现在两个方面,一是对居民生活环境的影响,二是对城市道路交通的影响。全线路网分流时,分流路径中选择 G107 的比例较大(尤其在京冀界至廊涿枢纽段)。G107 沿线城镇化水平高,分流车辆通过城镇时对城镇内部交通的通畅性会造成一定的影响,同时,大型车辆穿过时产生的噪声、废弃都会影响道路两旁居民的生活。此外,大型车辆自重大,载重更大,其通过城镇路段时会对道路路面造成一定的损坏。

为了了解驾驶员对京石高速公路改扩建的态度,我们进行了大范围的问卷调查。调查范围为京石高速公路沿线各个互通收费站处的进口车辆以及收费站内的车辆。如图 9-6、图 9-7 所示。

图 9-6　对客车驾驶员进行调查

图 9-7　对货车驾驶员进行调查

调查共回收有效问卷 1234 份,其中客车驾驶员 926 份,占总数的 75.04%;货车驾驶员 308 份,占总数的 24.96%。调查内容及结果分析如下:

①大部分通行 G107 的车辆为本地短途交通。由于周边平行道路有京港澳高速公路和京昆高速公路,因此大部分长途车辆会选择快速高效的高速行驶。特别是对于长途大型货车来说,由于 G107 沿途有超载超限检查站且路况相对不如高速公路,他们宁可选择高速公路行驶。

②当 G107 局部路段由于分流车辆较多造成拥堵时,国道上约 60% 的车辆会选择绕行高速公路。这为我们制定 G107 拥堵时的紧急分流预案提供了可行条件。如图 9-8、图 9-9 所示。

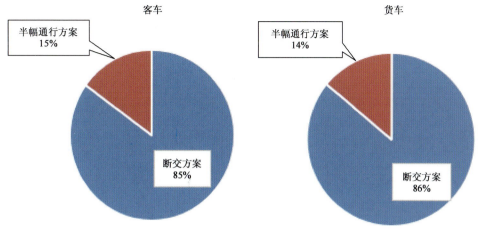

图 9-8　方案调查比例图

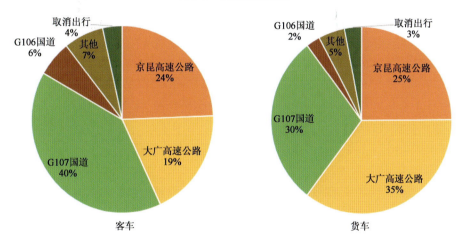

图 9-9　出行道路选择图

8. 综合评价结论

综合以上各个方面的影响分析和评价,交通组织方案总体可行。

第四节　交通组织方案实施

一、成立组织协调机构

为完善协同工作机制,做好京石高速公路改扩建期间车辆分流工作,确保交通顺畅和运行安全,避免因交通组织问题产生不良社会影响,针对京石高速公路改扩建项目涉及的部门和单位,以及改扩建工程的特点,拟实行省级、厅级、局级和路级"四级"交通组织协调机构,明确各级组织机构及各成员单位的职责,及时协调解决有关问题,具体方案如下。

1. 省级领导小组

省级领导小组由省政府、沿线各设区市政府及省公安厅、省交通运输厅组成。

组　　长：省政府主管副省长。

副组长：省政府副秘书长，省公安厅、省交通运输厅主要负责同志，沿线各设区市政府主要负责同志。

成　　员：省公安厅、省交通运输厅相关负责同志，沿线各设区市政府相关负责同志。

省级领导小组主要负责协调解决改扩建工程中的重大问题，指挥相关部门对重大突发事件进行处理，以及对重大问题进行决策或协调等。

2. 厅级协调领导小组

厅级协调领导小组由省交通运输厅、省公安厅、沿线设区市政府及相关部门组成。

组　　长：省交通运输厅主要负责同志。

副组长：省公安厅、省交通运输厅及沿线各设区市政府相关负责同志，省公安厅交通管理局、省高管局主要负责同志。

成　　员：省公安厅交通管理局、省交通运输厅公路局、省高管局、省运管局、省交通宣传中心负责同志。

厅级协调领导小组主要负责协调机构成员间的关系，落实省级领导小组的决定，指挥相关部门对突发事件进行处理，对关键问题进行决策，协调解决较大问题等。

省交通运输厅主要负责京石高速公路及周边路网的交通调度工作，组织制定各种应急预案等。

省公安厅主要负责京石高速公路改扩建工程的交通管理，综合协调指挥、指导交通秩序管理，以及事故预防和处理等。

沿线各设区市政府主要负责调度所属交通、公安等有关部门，协调处理所辖改扩建路段内路网车辆分流相关问题。

省公安厅交通管理局主要负责路网交通组织的实施，指挥调度高速交警、地方交警工作等。

省交通运输厅公路局主要负责路网车辆分流管理协调工作。

省高管局主要负责配合省交通运输厅公路局做好与周边省、市相关部门的协调工作；做好远端及施工现场车辆绕行、分流提示工作；汇总和通报京石高速公路改扩建工程施工、车辆分流等信息以及周边路网运行情况；对各类突发事件的现场、动态信息进行收集、上报和处理；协助省公安厅做好交通管制措施；协助省交通宣传中心进行宣传报道，做好施工管理和运营管理等工作。

省运管局主要负责指导各设区市运管机构和道路客运企业，在改扩建期间，做好我省途经京石高速公路客运班车的调整工作；指导和协调沿线相关设区市运管机构，对途经改扩建路段的我省及外省高速公路客运班车，按改扩建交通安全管理通告规定绕行的，不得实施行政处罚。

省交通宣传中心主要负责宣传报道工作，必要时组织新闻媒体进行专题报道。

3. 施工与交通组织安全保障现场协调小组

施工与交通组织安全保障现场协调小组由省公安厅交通管理局（高速交警总队）、省交通运输厅公路局、省高管局(含高速公路路政总队、指挥调度中心、服务管理中心)、省运管局、高速公路管理处(公司)及改扩建筹建处等有关单位组成。办公室实行合署办公,办公地点设在省高管局指挥调度中心。

4.现场协调小组

办公室设在省高管局路政总队,实行合署办公;办公地点设在省高管局,应急办公设在指挥调度中心,办公室应建立值班制、报告制、会商制和联勤制。图9-10、图9-11为交通组织方案会议现场图。

图9-10 现场协调小组召开交通组织方案会议

图9-11 领导小组组织召开交通组织方案协调会

二、分流诱导方案

根据京石高速公路改扩建潜在的分流路径分析,结合分流点功能考虑,确定分流点设置分为。

1.诱导点

共设12个诱导点,设置在河北省路网的市级节点和外省邻近河北省境内入口处。通过交通分流信息集成发布,辅以必要的交通导流措施,实现过境交通分离、诱导,详见图9-12及表9-8。

诱 导 点 设 置 表　　表9-8

编号	诱 导 点	编号	诱 导 点
1	北京五环与京石高速公路交叉诱导点	7	青兰高速公路鲁冀界主线站诱导点
2	北京五环与大广高速公路交叉诱导点	8	大广高速公路豫冀界(大名县)主线站诱导点
3	北京五环与京沪高速公路交叉诱导点	9	京港澳高速公路豫冀界(磁县)主线站诱导点
4	北京六环与京石高速公路交叉诱导点	10	青兰高速公路晋冀界(涉县)主线站诱导点
5	北京六环与大广高速公路交叉诱导点	11	保阜高速公路晋冀界(井陉县)主线站诱导点
6	荣乌高速公路津冀界主线站诱导点	12	保阜高速公路晋冀界(五台县)主线站

注:第6、9、11个诱导点,需与接壤省市协调进行主动诱导分流。

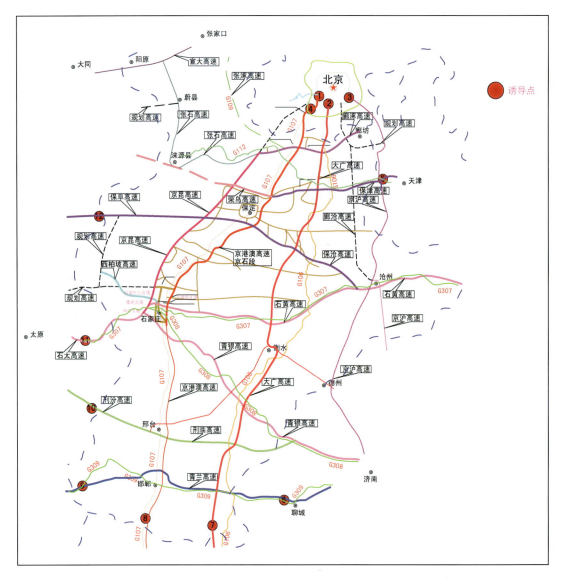

图 9-12 诱导点设置图

2. 分流点

共设 31 个分流点,设置在区域内路网主要交叉口,以强制性交通疏导为主,必要定向的交通管制措施为辅,实现关键路段、关键节点的分方向强制性交通分流。分流点设置见表 9-9 和图 9-13。

3. 管制点

共设 25 个管制点,设置在京港澳高速公路沿线所有重要互通入口,包括与 G107、G5 京昆高速公路、G45 大广高速公路直接相联系的互通出口,以强制性交通管制为主要手段,强制疏导主线与关键相交路段各方向车辆,全力保障互通出入口各方向分车型交通流有序、顺畅。管制点设置见表 9-10 和图 9-13。

分 流 点 设 置 表　　　　　　　　　表9-9

编号	分流点	编号	分流点	编号	分流点
	廊涿高速分流点		大广高速分流点	20	西古城互通
1	廊涿京昆枢纽互通	10	固安互通		京昆高速分流点
2	廊涿大广枢纽互通	11	霸州互通	21	大北城互通
	青银高速分流点	12	大广荣乌枢纽互通	22	京昆荣乌枢纽互通
3	京港澳青银枢纽互通	13	任丘南互通	23	保定北互通
	荣乌高速分流点	14	大广保沧枢纽互通	24	满城互通
4	容城互通	15	肃宁互通	25	京昆保阜枢纽互通
5	雄县互通	16	大广石黄枢纽互通	26	唐县北互通
6	雄县东互通		保沧高速分流点	27	曲阳东互通
	保阜高速分流点	17	大庄互通	28	行唐互通
7	顺平南互通	18	高阳互通	29	行唐南互通
8	保定西互通		石黄高速分流点	30	京昆绕城枢纽互通
9	朝阳路互通	19	石清路互通	31	京昆石黄枢纽互通

管 制 点 设 置 表　　　　　　　　　表9-10

编号	管制点	编号	管制点
	京港澳高速管制点	14	新乐互通
1	影视城互通	15	机场路互通
2	涿州互通	16	正定互通
3	廊涿枢纽互通	17	拐角铺互通
4	高碑店互通		廊涿高速管制点
5	定兴互通	18	涞水互通
6	徐水互通	19	涞水东互通
7	保津枢纽互通	20	黄家屯互通
8	保定互通	21	涿州南互通
9	保定南互通	22	高官庄互通
10	保沧枢纽互通	23	东湾互通
11	清苑互通		石家庄绕城高速管制点
12	望都互通	24	石家庄北互通
13	定州互通	25	正定北互通

4. 分流对象

改扩建工程第二阶段,路面施工阶段,根据保通方案分析,确定京石改扩建工程京冀界至廊涿枢纽段分流对象为进京方向全部机动车,廊涿枢纽以南至石家庄段分流对象为进出北京方向全部机动车。

三、关键互通点分析

1. 影视城互通

本互通为单喇叭互通,封闭所有出入口。南行车辆绕行廊涿高速及国省道,北行车辆绕行国省道及廊涿高速。

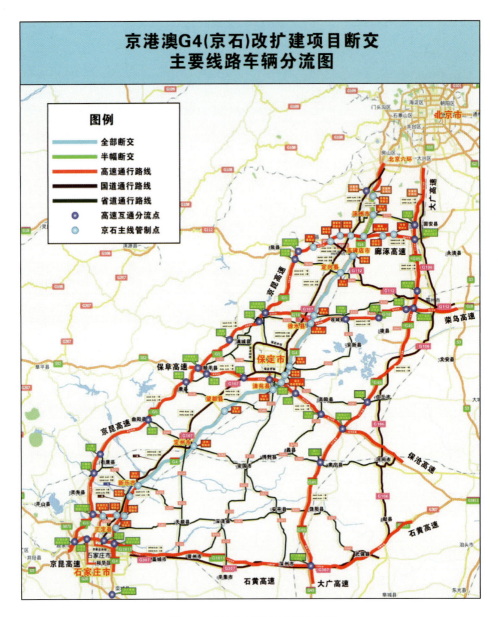

图9-13 分流点和管制点布置方案图

2. 涿州互通

本互通为首蓿叶形式,第一阶段,东半幅封闭施工阶段,南行方向车辆无影响,北行车辆绕行国省道及廊涿高速。

第二、三、四阶段全封闭施工,南行车辆绕行廊涿高速公路及国、省道。

3. 廊涿枢纽互通

封闭廊涿转京石匝道,保留京石转廊涿匝道。

4. 保津枢纽互通

京石高速公路路面施工阶段,关闭从荣乌高速进入京石高速公路的所有匝道。京石高速公路主线全封闭施工。分流车辆沿荣乌高速公路绕行至京昆高速公路或大广高速公路。

5. 保沧枢纽互通

京石高速公路路面施工阶段,关闭从保沧高速公路进入京石高速公路的所有入口匝道。京石高速公路主线全封闭施工。分流车辆沿保沧高速公路绕行至京昆高速公路或大广高速公路。

6. 拐角铺枢纽互通

将去往保定、北京方向车辆分流至京昆高速公路,去往机场与新乐的车流保持通行。

7. 新乐互通分流组织方案

新乐互通为半苜蓿叶型互通,封闭进京方向,保持石家庄方向通行。设置应急掉头车道。

第五节 应 急 预 案

如果项目施工影响区内发生交通拥堵和交通事故时,可能导致严重的交通堵塞,因此,要预先考虑应对交通事故的紧急措施,处理流程见图9-14。

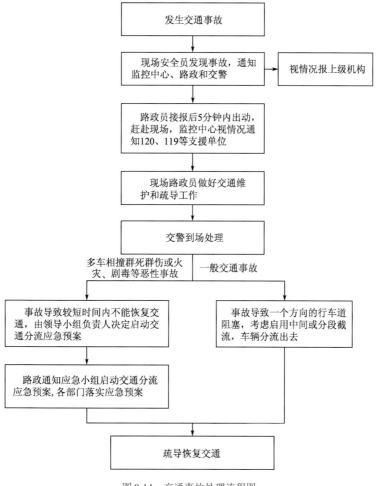

图9-14 交通事故处理流程图

一、交通拥堵下交通组织应急预案

京石高速京冀界至廊涿枢纽路段半幅封闭施工,半幅出京方向车辆正常通行,此时京冀界至廊涿枢纽路段为出京方向车流两车道通行,入京方向封闭施工无车辆通行。若此路段发生交通堵塞,出京方向车辆无法正常通行。需立刻启动交通堵塞处理和交通组织应急预案,沿线作业路段交警、武警及其他相关部门需迅速赶赴交通堵塞现场,对堵塞地点附近一定区域的车道进行疏散。第一时间将交通堵塞现场信息反馈至该路段监控分中心,监控分中心需及时发布相关信息,同时通过上游的可变限速标志实现限速控制,使上游车辆驾驶人及时获得信息、注意行车安全。

在琉璃河互通入口前3~5km处设置指示标志,分流出京方向车辆经琉陶路绕行至G107。待交通堵塞处理完成后,移除琉璃河互通临时分流指示标志,如图9-15所示。

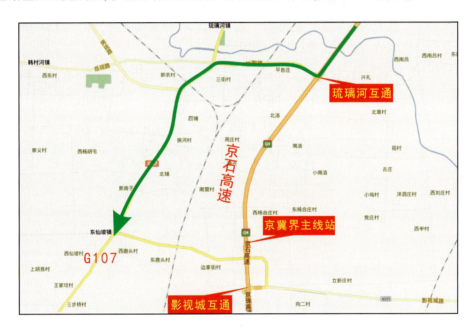

图9-15 京冀界主线站—廊涿枢纽路段分流示意图

二、交通事故下的应急预案

京石高速公路京冀界至廊涿枢纽路段半幅封闭施工,半幅出京方向车辆正常通行,此时京冀界至廊涿枢纽路段为出京方向车流两车道通行,入京方向封闭施工无车辆通行。此时发生交通事故,可根据交通事故的严重程度分为无交通堵塞和交通堵塞两种情况。

1. 无交通阻塞

无交通阻塞指交通事故发生后未占用行车道,对高速公路上车辆的正常通行亦未造成较大影响。在此情况下,只需对事故车辆及人员进行必要的转移,而不考虑进行分流和交通组织。

2. 交通堵塞事故

出京方向交通堵塞事故指造成出京方向车道通行中断。沿线作业路段交警、武警及其他相关部门需迅速赶赴交通事故现场,对事故地点附近一定区域的车道进行临时封闭,并在第一时间将事故现场信息反馈至该路段监控分中心,监控分中心需及时发布相关信息,同时通过上游的可变限速标志实现限速控制,使上游车辆驾驶员及时获得信息、注意行车安全。

紧急救援措施:事故发生后,沿线作业路段交警、武警及其他相关部门需迅速赶赴交通事故现场,对事故地点附近一定区域的车道进行临时封闭,救援车辆快速到达救援路段,相关管理人员完成事故救援和处理工作后,救援车辆快速驶入下一个互通离开高速公路。救援示意图如图9-16所示。

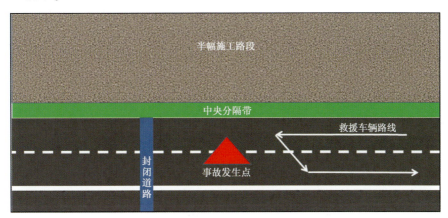

图9-16　救援示意图

(1)京冀界主线站—涿州互通路段

在完成交通事故路段救援处理过程中,若事故造成人员受伤,则救援车辆紧急赶赴附近医院,保证伤员得到及时医疗救助,如图9-17所示。

图9-17　京冀界主线站—涿州互通路段到达附近医院路线

（2）涿州互通—廊涿枢纽路段

在完成交通事故路段救援处理过程中,若事故造成人员受伤,则救援车辆紧急赶赴附近医院,保证伤员得到及时医疗救助,如图 9-18 所示。

图 9-18　涿州互通—廊涿枢纽路段到达附近医院路线

三、周边路网交通组织应急预案

1. 分流路网交通组织应急预案

京石高速公路改扩建施工存在里程长、工期长等问题,需要在此期间整合和利用周边路网的通行能力富余,对项目路上的交通进行分流。当周边路网中的某条道路出现严重的交通堵塞甚至中断时,则原先被分流至该道路的车辆可能选择绕行距离更远的次短路出行,甚至有可能无法从主线中分流出去,这将导致对施工期间的京石高速公路的流量增加。因此,需考虑应对周边路网容差因遭受突发事件影响变小后的应对措施。

在这种情况下,应根据受影响程度及时调整交通分流方案,并通过设置临时标志、可变情报板、交通广播和手机短信等方式告知出行者项目路分流方案的调整情况。在确保电煤、蔬菜、鲜活农产品等物资运输畅通及特勤车辆、应急车辆通行畅通的前提下,考虑小车的灵活性特点,可让小车先行,大车后行,以使其影响减小到最低;还可启用便携式收费机等缓解站区拥堵,提高通行效率,确保车辆快速通行。

（1）G107

G107 国道位于京石高速公路西侧 5~7km,由于 G107 紧邻京石高速,绕行度小,通行费用少,在京石高速京石段施工开始时,大多数车辆会选择 G107 通行,给道路交通造成较大压力。因此需要考虑分流车流量对 G107 通行带来的压力。

G107 路段发生交通堵塞,需立刻启动交通堵塞处理和交通组织应急预案,沿线作业路段交警、武警及其他相关部门需迅速赶赴交通堵塞现场,对堵塞地点附近一定区域的车道进行疏散。第一时间将交通堵塞现场信息反馈至该路段监控分中心,监控分中心需及时发布相关信息,同时通过上游的可变限速标志实现限速控制,使上游车辆驾驶员及时获得信息、注意行车安全。

(2)其他分流路段

其他分流路段,如京昆高速公路、廊涿高速公路、大广高速公路、保阜高速公路、保沧高速公路、荣乌高速公路和石黄高速公路为高速公路,道路等级高,服务水平高,分流后基本满足二级服务水平下限运行,不易发生交通拥堵。若发生交通堵塞,需立刻启动交通堵塞处理和交通组织应急预案,沿线作业路段交警、武警及其他相关部门需迅速赶赴交通堵塞现场,对堵塞地点附近一定区域的车道进行疏散。第一时间将交通堵塞现场信息反馈至该路段监控分中心,监控分中心需及时发布相关信息,同时通过上游的可变限速标志实现限速控制,使上游车辆驾驶员及时获得信息、注意行车安全。

2.分流点交通组织应急预案

以涿州南互通为例分析。

涿州南互通为廊涿高速公路和G107交叉点,G107由于区域位置关系分流后流量较大,同时导致涿州南互通分流后交通压力提高。

若发生交通堵塞,需立刻启动交通堵塞处理和交通组织应急预案,沿线作业路段交警、武警及其他相关部门需迅速赶赴交通堵塞现场,对堵塞地点附近一定区域的车道进行疏散。第一时间将交通堵塞现场信息反馈至该路段监控分中心,监控分中心需及时发布相关信息,同时通过上游的可变限速标志实现限速控制,使上游车辆驾驶员及时获得信息、注意行车安全。

在G112与G107交叉点前3~5km处设置临时分流交通指示标志,诱导车流经G112向东绕行至大广高速公路,或经G112向西绕行至廊涿高速;在S333与G107交叉点前3~5km处设置临时分流交通指示标志,诱导车流经S333向东绕行至大广高速公路,向西绕行至京昆高速。待交通堵塞处理完成后,移除G112与G107交叉点和S333与G107交叉点临时分流指示标志。

涿州南互通交通组织应急预案如图9-19所示。

四、节假日期间的交通组织应急预案

与工作日和周末相比,高速公路节假日的出行特征有其独特点。工作日出行以通勤和短途流量为主,节假日的流量多以休闲为目的,出行距离也较长;高峰时间逐日后移,由"早高峰型"转为"晚高峰型";高峰流量集中,高峰小时流量比系数高于平常日;客车比例和大客车比例都有不同程度的提升。

对此,可制订如下具体措施:

①高速公路运营管理部门需及时发布相关信息,交警、路政等需及时布设相应的标志、标线。

②在高峰时段、易拥堵站区启用便携式收费机以缓解站区拥堵,提高通行效率,确保车辆快速通行。

a) 进京方向平流

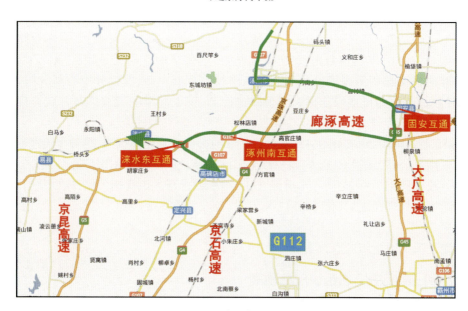

b) 出京方向平流

图9-19 涿州南互通交通组织应急预案

③节假日期间施工应更加注重安全防护,严格规范设置和管理交通导向标志、警示标志、在各入口设置宣传标语、告示牌等,同时施工现场应配备足够的安全员协助维持和疏导交通,保障车辆有序运行,防止交通堵塞。

④相关部门密切配合,各监控分中心及时发布实时路况信息,沿线交警、路政人员加强路面巡查,随时准备疏导交通、排除交通堵塞,一旦发生事故,快速清理路障,完成现场处治,并尽快恢复交通。

五、特殊事件下的交通组织应急预案

特殊事件是指对区域内社会政治、经济或人们日常生活有重大或特殊影响的事件,这类事件可能造成非节假日的交通拥堵,并对交通运输有着特殊的要求。

在项目施工期间,为应对上述特殊事件,交通组织管理领导小组应提前做好应急策划。待特殊事件发生时,首先应保证与该特殊事件相关的车辆优先顺利通行,然后再尽可能地保障小汽车和客车通行。对于能够公开的特殊事件,高速运营管理部门应提前通过媒体(报纸、电台、手机短信)进行宣传,并与高速公路监控系统联网监控,实现联动交通信息发布及交通诱导,建议驾驶员绕行其他道路或引导出行者采用其他交通方式出行,并及时发布各种车辆通行权、优先权、道路限速的相关信息;对于不能公开的特殊事件,交警、路政人员等在特殊事件发生时加强路面巡查,加强交通管制,并与收费系统协调,利用收费车道调节入口交通量,控制匝道交通流,必要时,对沿线路段进行强制分流。

在项目施工期间且非节假日期间,若出现大范围交通拥堵,各级机构应及时组织落实相关工作,具体处理流程如图9-20所示。

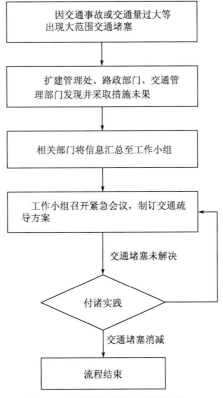

图9-20 大范围交通堵塞处理流程

六、交通突发事件应急处理流程

高速公路交通应急处理是一项系统性的工作,主要包括交通事件预警管理和交通事件应急管理。交通事件预警管理是对日常交通状态及运行环境进行动态监控,收集信息和数据,分析交通突发事件的影响因素、产生机理及分布特征,如事故多发路段的形成原因,异常天气下的交通安全管理措施等,判断交通运行是否安全,发现危险或异常情况,及时发出交通事件预警信息,为启动预案提供决策依据。交通事件应急管理是在发生重大交通事件时,立即启动预案体系,统一指挥和调配相关部门的救援人员、救援物资,迅速有计划地开展清障、疏通、医疗救援、消防和其他救援活动,并对整个救援过程进行实时监控和指挥调度,及时握反馈信息并调整方案,实现交通事件应急管理的科学化、规范化和高效化。交通突发事件应急处理流程如图 9-21 所示。

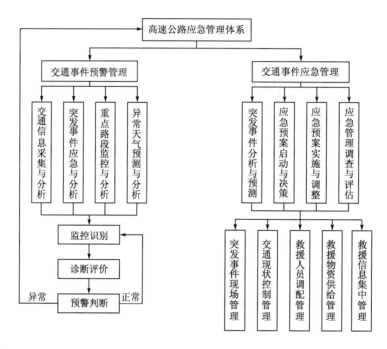

图 9-21 交通突发事件应急处理流程

第六节 交通组织保障措施及方案

一、组织机构设置

成立现场管理小组:高速公路以高速交警支、大队管辖路段为区段,普通公路以行政区域为区段,由沿线各交警支、大队及各市交通运输局、高速公路管理处(公司)和改扩建筹建处、施工单位组成,分别成立现场管理小组。

组　长:筹建处、高速交警总队沿线各支队主要负责同志,沿线各市交通运输局相关负责同志。

副组长:筹建处、高速交警总队沿线各支队、沿线各市交通运输局、高速路政总队沿线支队、高速公路管理处(公司)负责同志。

成　员:筹建处、高速交警总队沿线各支队、沿线各市交通运输局、沿线各县(市)交警大队、沿线各县(市)交通运输局、沿线路段高速交警大队、沿线作业路段高速路政大队、高速公路管理处(公司)相关同志,各施工单位主要负责同志。

现场管理小组主要负责绕行、分流、劝返车辆的指挥疏导;负责现场交通秩序管理以及事故预防和处理;负责一般交通组织方案的落实,及时通报现场情况,以及传达、贯彻、执行上级机构的指示意见等。

高速交警总队沿线支队主要负责做好与沿线市、县交管部门的协调工作;对交通安全、秩序进行汇总、上报;对各类交通事故的现场、动态信息进行收集、上报。对需向普通公路分流车辆的,经总队报省交管局批准。

沿线各市交通运输局主要负责对劝返驶入107、106国道和其他绕行路线的车辆进行疏导;完善G107、G106及其他绕行、分流路段交通标志、标线;对107、106国道及其他绕行、分流路段道路施工进行严格把关等。

高速路政总队沿线支队主要负责各路政大队的指挥协调;对路网运行状况进行汇总、上报;对各类突发事件的现场、动态信息进行收集、上报;协助交警做好交通管制、车辆分流工作。在劝返、分流至普通公路的车辆发生严重交通拥堵时,允许车辆暂时借道施工路段。

沿线各市交警支队主要负责高速交警与市、县交警的各项协调工作,指导辖区交警大队做好G107、G106及其他劝返、分流车辆途经路段的交通秩序管理和交通事故处理工作。

沿线各县(市)交警大队主要负责做好G107、G106及其他劝返车辆途经路段的交通秩序管理和交通事故处理工作,配合交通运输部门疏导劝返车辆。

沿线路段高速交警大队主要负责巡视检查交通通行情况,在分流点指挥交通、维持秩序;负责处理高速公路主线交通事故及清障、救援工作;调解处理突发事件,将路况实时信息反馈路段监控中心等。

沿线作业路段高速路政大队主要负责路面巡查,对分流车辆进行管理,在分流点、控制点负责24小时执勤和清障工作;配合高速交警做好车辆分流工作;及时疏散交通和督促修复道路设施等。在劝返、分流至普通公路的车辆发生严重交通拥堵时,允许车辆暂时借道施工路段。

高速公路管理处(公司)主要负责协调收费站等下属单位,配合支持改扩建工程施工,控制车辆进入京石高速公路;及时收集、整理、发布高速公路路况信息等。

改扩建筹建处主要负责改扩建工程交通组织的具体实施工作,制定各种预案;及时落实各项费用;组织开展施工现场的各项工作;接收、处理、发布公共交通信息等。在劝返、分流至普通公路的车辆发生严重交通拥堵时,允许车辆暂时借道施工路段。

施工单位主要负责现场交通组织总体方案的编制与报批工作;配合高速交警、路政等部门的现场工作;具体落实交通组织各项措施等。在劝返、分流至普通公路的车辆发生严重交通拥堵时,允许车辆暂时借道施工路段。

二、交通组织保障措施

1. 道路限速

在两侧路基加宽需拆除原有路侧防撞护栏、挖除原有土路肩时,建议限速80km/h,并设置相应的安全交通标志和限速标线,同时利用交通警察(车),速度监控措施等加强对车速的控制,双向两车道通行关键路段建议限速60km/h。

2. 周边路网整治

区域南北通道功能在道路扩建施工期会受到一定程度的削弱,为使区域交通系统正常运行,必须对项目路周边路网进行综合整治,找出扩建施工期周边路网的瓶颈路段并按分流要求进行相应改造,保障交通分流和项目顺利实施。

3. 突发事件交通组织

施工期间由于通行能力降低、交通处于不稳定状态等,使得一些微小的干扰都可能导致交通堵塞,尤其是交通事故等突发事件。同时,高速公路改扩建工期一般比较长,其间改扩建交通组织会经受春运、国庆等节假日交通高峰期,交通疏导的压力非常大。因此有必要结合交通管制措施,拟定应急预案,并建立健全应急工作机制,保障行车顺畅,具体措施应在项目前期仔细考虑,并在合同里具体体现。

4. 临时交通工程设施

临时交通工程设施不仅有利于施工期间通车的安全、畅通、有序、舒适,同时也为施工提供较大的便利。为了保证扩建工程的顺利进行,同时确保京石高速公路正常的交通运营不受大的干扰,扩建工程中在对施工期间的交通组织做出科学规划的基础上,应布设大量的临时交通工程设施。

5. 动态优化设计

由于施工期影响区域内道路交通资源供应相对紧张,应以交通需求管理思想为指导制定路权明晰的总体控制方案;同时,为保证有限的道路时空资源得到合理利用,还应进行交通改善设计;扩建工程施工期间对施工造成影响的某些因素尚不明朗,而施工工地及周边路网情况在不断变化。因此,交通组织在施工阶段实行动态设计,根据施工阶段和影响因素对实施方案进行细化及完善。

6. 设立安全专项经费,保障安全工作开展

设立安全专项经费,保证安全设施和交通安全管理费用的投入,解决安全保障体系最根本的资金问题,并通过实施安全奖罚制度,加强员工的安全意识,保证安全管理工作的有效开展。

三、广泛宣传

1. 报纸

通过新华社、中新社、河北日报社、河北经济日报社、河北工人报社、河北青年报社、燕赵都市报社等进行宣传。

2. 新闻

通过中央电视台、河北电视台、河北交通导视频道等进行报道。

3. 广播

通过省、市交通广播电台进行广播。

4. 发布会

召开新闻发布会进行通报。

5. 张贴公告

收费站提前张贴断交公告。

6. 发放资料

通过全省收费站发放断交资料。

7. 电子显示屏

通过电子显示屏滚动播放。

8. 短信告知

短信通知在京石上行驶高速,京石高速断交事宜。

本 章 小 结

交通组织是施工过程中保证工程进度和工程质量的重要环节,通过分析工程本身的实际情况,并结合周边路网的情况,才能制订出合适的交通组织方案。在编制交通组织方案报告时,交通量的分析及社会影响评价尤为重要。对于周边路网的详细分析,京石改扩建工程开创了大路段断交施工,全路网分流绕行的新的高速公路改扩建交通组织模式;结合北京市的特殊情况,保证出京方向的车流正常行驶,最大程度地减轻改扩建对于首都交通的影响。为河北省其他类似高速公路的改扩建提供新的交通组织思路。

第十章 服务区规划与设计

第一节 概 况

京石高速公路改扩建工程涿州(京冀界)至石家庄段房建工程(以下简称"本工程")主要包括:服务区7处(涿州、定兴、徐水、保定、望都、定州、藁城北服务区),收费站17处(主线站、涿州北、涿州、高碑店北、高碑店、定兴、徐水、保定北、保定、保定南、清苑、望都、定州、定州南、机场东、新乐东、藁城北收费站),养护工区4处(定兴、保定、定州、藁城北养护工区),监控所两处(涿州、保定监控所)。工程新征占地面积为1052亩(1亩约为667m²),总建筑面积为106644m²(新建建筑面积为87310.7m²,利用旧建筑面积为19333.3m²)。

第二节 服务区设计

一、设计的指导思想

完善的交通服务设施是高速公路发展成熟的重要标志,是保证行车安全,缓解驾驶员在生理上过度疲劳必不可少的设施。本项目在设计中充分体现高速公路"安全舒适、资源节约、环境友好、便于养护和经济合理"的建设理念和设计思路,坚持"以人为本"的设计原则,重视地域文化、环境、生态和可持续发展的关系,努力做到建筑设计与生态环境相协调,与当地的历史文化景观相和谐,在满足使用功能的前提下,因地制宜,强化景观效果及地域特色,实现环保、生态、景观与设计的最佳结合,营造高速公路安全、快捷、舒适、美观、现代的氛围。

二、服务区整体布局

本工程全线设置7处服务区,平均间距约35km,总用地面积521667m²(782.5)亩,总建筑面积56000m²。

总平面设计均采用分离式对称布局,沿主线两侧,双向车辆分别通过匝道进入各自一侧的服务区。根据基地自然条件,服务区综合楼均布置在场区的中部,加油站设备在服务区出口位置,并分别独立设置客、货车加油等候区,服务区其他附属用房(如汽修间、地源热泵机房等)均设置在场地边角位置,以保证停车场完整,在服务区两侧之间设地下通道,主要用于两侧工作人员和小客车通行,同时兼作管道走廊。

服务区根据车辆种类不同在服务区两侧均设有小型车辆停放区、大巴车辆停放区、大型货车停放区、超长货车及危险品车辆停放区(图10-1)。

从进入服务区开始依次按照服务对象设汽车救援中心、公共洗手间、超市、餐厅、客房、办

第十章 服务区规划与设计

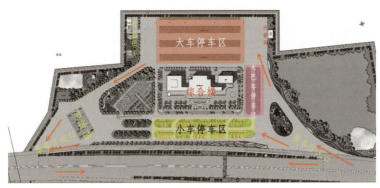

图10-1 服务区整体布局

公等场所,利用连廊或凉亭的穿插,将各单体建筑有机结合起来,使各单体即相对独立又联系方便,形成有序的空间环境景观。在服务区综合广场和内庭院内等设置文化墙、小品、绿化座椅,使自然景观与人文景观共生、互动(图10-2)。

图10-2 服务区广场树池座椅、文化墙

小型车停车场采用彩色沥青并结合广场绿化(图10-3),建筑小品布置于主体建筑群前的综合广场,大巴停车场靠近公共洗手间,并设有专用通道,便于司乘人员下车后安全快捷地进入综合广场区,减少了人流与车流的相互交叉影响。

图10-3 小车停车场

货车停车区放在主体建筑群的后部,采用混凝土停车场,并划分超长货车和危险品停车区域,实现客、货车分流,做到分区明确,流线通畅,既美化了环境,又体现了安全舒适、环境优美的气氛。

两侧停车场均设置高杆灯,提供场地基础照明。服务区出入口加减速车道均按不少于两车道设计,以提高使用寿命及便于养护。

停车场场地雨水排放方式采取在场内设置雨水井,通过管线集中排入边沟。

三、服务设施的功能合理性和空间艺术性

1. 服务区整体布局

建筑作为文化之载体而展现人文风采,交通建筑同样需要表达其文化内涵。高速公路的服务区建筑如何在商业吸引力和地方乡土文化形式中达到平衡,体现出浓郁的特色文化风格,并以其简洁舒展的动感形式吸引旅客、缓解驾乘人员长期旅行的视觉和生理疲劳,是高速公路服务区设计的追求目标。

鉴于服务区建筑大多是由多个单层或多层建筑组合成一体的特殊性,为了体现其建筑群体的层次感与错落感,全面贯彻落实以功能需求为出发点,以人为本,以车为本的设计理念,彰显地域特色,北京—保定—石家庄之间在建筑形式上体现空间转承序列,体现燕赵文化及沿线传承的明清特色建筑,建筑风格是地方文脉的延续,也是地方一个展示的窗口,所以在建筑风格上采用了新古典主义结合现代建筑流派。

(1) 涿州服务区

涿州为进京准备的必要港湾之一,更是京港澳高速公路通往北京的南大门,因其独特的地理位置和丰富的历史文化资源,素有"天下第一州"美誉。

涿州服务区为体现新涿州的繁荣与开放,服务区主楼采用了现代建筑设计手法。建筑各功能空间分布有序且整体感十足,气势宏大的柱廊与挑檐给建筑以足够的缓冲空间,既满足了室外灰空间的界定,同时更具实用功能,为司乘人员提供了开阔而静谧的休憩空间。建筑物造型挺拔简洁,线条分明,主体呈晶体状,外立面采用玻璃幕墙、干挂陶板、蜂窝铝板及真石漆涂料,整个建筑单纯、宁静。室外台阶、花坛与建筑一体处理,形成十分简洁的现代建筑形象(图10-4)。

图 10-4 涿州服务区

(2)定兴服务区

定兴地处冀中平原腹地,隶属河北省保定市,位于太行山东麓山前平原的京、津、保三角中心地带,为河北省35个"环京津都市圈"县市之一,境内名胜古迹丰富。公元前310年,燕昭王在此筑黄金台,开创了"招贤纳士"的先河,被后人广为传颂。

燕太子丹于易水送荆轲刺秦王,高渐离击筑伴奏,荆轲和律高歌,在此留下了"风萧萧兮易水寒,壮士一去兮不复还"的千古绝唱,故服务区立面设计以传统的坡屋顶为原型,融合现代与传统园林设计手法,整体建筑虚实对比强烈,体型的变化丰富。纵横交错的坡屋顶配合风雨敞廊及内庭院的设计,即体现了传统民族文化的韵味,又不失现代建筑的气息(图10-5)。

图 10-5 定兴服务区

(3)徐水服务区

徐水位于河北省中部,是华北地区的重要交通枢纽,保定市"一城三星"之一,为了展现河北地域文化及特色,徐水服务区采用新中式度假村风格,通过敞开式与庭院式相结合的布局方式将建筑景观、小品引入建筑中,给人们提供一个亲近大自然的机会,并享受一系列贴身服务和现代化的休闲和运动设施,彻底放松身心,消除旅途疲惫。单体布置上,各个功能不同的单体通过连廊连接,既相互联系,又能做到相对独立。徐水作为现代新兴的工业城市,服务区作为地方文化的窗口,在造型上采取现代感较强的建筑造型,弧形的立面,竖向的肌理,形态上呈现出一个开放的怀抱,欢迎八方来客,建筑造型独树一帜(图10-6)。

图 10-6 徐水服务区

(4)保定服务区

保定服务区以保定特有的府衙建筑为原型,采用中国北方所特有的灰墙灰瓦民居建筑形式。屋顶采用卷棚顶,立面门、窗、柱,采用红色,既与主体的灰色调形成鲜明的对比,又体现了强烈的中国元素特征。从整体布局来说,各个功能不同的单体分开布置,个单体之间用连廊相连,丰富了整个服务区的建筑群体造型(图10-7)。

图10-7 保定服务区

(5)望都服务区

望都服务区所在地望都县隶属河北省保定市,望都物产丰富,是一个以盛产优质辣椒而闻名中外的平原县。《帝王纪》载"尧母北登尧山,南望都山,故名望都"。望都又名庆都,尧母以此而得名,为帝尧放勋诞生之地。

望都服务区平面功能安排从右至左依次为公共洗手间、超市餐饮及办公住宿三大功能分区,再通过前后四个连廊把服务区的三大分区组织在一起,在增加建筑的体量感的同时形成了两个内庭院,丰富了空间造型。在安排功能时,由于不同功能的空间使用高度不同,形成了建筑立面中间高两端低,立面造型与"山"之型不谋而合(图10-8)。

图10-8 望都服务区

(6)定州服务区

定州服务区紧邻定州主城区,定州战国时代为中山国都,2005年被联合国地名专家组中国分部命名为"千年古县",是全国文物工作先进市,省级历史文化名城。

定州服务区既是面向公众服务的交通建筑,也应体现其地域文化的一个窗口,其整体造型及色彩结合了定州城区现有的定州开元寺塔(宋塔)、定州贡院、定州文庙等建筑元素,平面布局对称布置,建筑高低错落有致,立面材质对比交融,大气的屋顶造型,典雅的建筑格调,细部的生动处理,使得整个建筑古朴淡雅,亲切宜人,展现了时代建筑与地域文化的完美结合(图10-9)。

图 10-9　定州服务区

(7)藁城北服务区

藁城北服务区紧邻石家庄市,是石家庄宣传地方特色,城市文化的一张新名片。在场地规划方面形成由高速公路一侧向服务区内部逐步过渡的规划布置,外侧为开放行、功能性较强、停留时间较短的功能活动,如简单通过、加油、如厕等,而由外向内,逐步过渡到使用功能多样、舒适性消费等活动,停留时间不断延长,如购物、休息、餐饮等消费活动,这一部分对环境的要求不断提高,而服务区内侧的环境质量完全可以满足规划中还充分将绿色景观引入到场地内部,各种绿地合理搭配,形成宜人环境(图10-10)。

图 10-10　藁城北服务区

服务区建筑造型新颖独特,全力打造一站式服务的自由空间。使之在造型上具有鲜明的时代感,在功能上满足司乘人员的各项要求,实现宾至如归的感受。

2. 综合服务楼设计

综合服务楼是服务区的主体和标志性建筑,主要功能是为司机和乘客提供餐饮、住宿等,为内部人员提供管理及生活用房。

全线服务区平面设计中采用围合式布局和一字形布局两种形式。

定兴、保定、藁城北服务区采用围合式庭院布局(图10-11),自然形成两个互相交错的庭院景观,内庭园结合连廊、凉亭、绿化、石凳、文化小品、休闲茶座等建筑艺术构件的穿插,将不同功能的空间相连通,使顾客在就餐及购物的同时即可观赏庭院景观,室外景观与室内相融合,为人们提供开敞式的交流空间,尽现整体建筑的通透与动感。为了发挥当地自然资源的优势,发展多种经营模式,在餐厅与超市之间结合庭院设置了土特产品部,使服务区成为一个周边地区土特产品、饮食文化、休闲汇聚、节假游玩的汇集之地,既拉动地方经济发展,又达到了为旅游景区提供全方位服务的目的。

涿州、徐水、望都、定州服务区采用一字形布局,将公共洗手间、超市、餐厅、住宿集中在一个整体空间下,平面布局紧凑,立面设计采用整体屋顶和现代风格,简洁大方,体现了现代建筑风格。

图 10-11　围合式庭院

3. 公共洗手间设计

公共洗手间在综合楼靠近服务区入口处布置,中间用连廊与餐厅连在一起,建筑风格与主楼相呼应。平面布置充分考虑人员流线顺畅、使用方便,按标准设置残疾人坡道及残厕间,另外设有保洁员更衣室及工具存放间。

公共卫生间整体设计为简洁、干净、实用,主入口大门采用双向有框玻璃门,方便司乘人员出入,入口处为洗手台,根据各服务区规模大小,设有相应数量的儿童洗手池,洗手池均为台上盆,方便清洁,台下使用可开门整体柜,即将水管隐藏,又方便检修。

公共卫生间大小便池分区布局,吊顶部分用灰色色带分隔,设有无障碍专用便池,其他采用脚踏式蹲便器及感应式小便器,墙面设置轴流风机。地面采用 600mm×600mm 地板砖,蹲便台面采用 300mm×300mm 防滑地板砖,墙面采用 300mm×600mm 抛光地板砖(图 10-12)。

图 10-12　公共洗手间

4. 超市设计

各服务区超市设计理念一致,墙面采用白色乳胶漆,地面为 600mm×600mm 抛光地板砖,吊顶采用铝格栅条,简单、大方(图 10-13)。

5. 客房设计

各服务区客房参照快捷酒店标准设计,设有独立卫生间,墙面刷乳胶漆,地面采用 600mm×600mm 抛光地板砖(图 10-14)。

图 10-13　超市

图 10-14　客房

6. 大餐厅设计

大餐厅地面采用 800mm×800mm 抛光地板砖,辅以色带铺装,墙面刷白色乳胶漆,各服务区稍加具有当地文人特点的装饰,给司乘人员提供干净、温馨、优雅的就餐环境(图 10-15、图 10-16)。

图 10-15　保定服务区大餐厅

7. 汽车救援中心和加油站设计

在服务区入口位置设置汽车救援中心,为京石高速公路提供车辆修理和紧急救援,室内设有中型修车地沟和车辆提升间及工作人员更衣休息间和工具间,室外设有大型车辆修理场地。

图 10-16　定州服务区餐厅

加油站是服务区的重要组成部分,本项目设计时考虑到加油站位于服务区进口处的布置方式容易发生加油车辆排长龙现象,因此采用了出口加油型布置形式,交通流线顺畅,利用停车场地可有利提供加油等候的区域。同时采用大、小车分区加油的布置方式,以绿化隔离带分隔。房间设计考虑营业室、办公室、洗手间等,方便了日常办公人员和仅需要加油服务的司机去洗手间,避免了整个服务区场地的人流往返交叉。

8. 服务区整体效果图

服务区整体效果如图 10-17 所示。

图 10-17　服务区整体效果

四、服务区节能设计

1. 热水系统设计

服务区职工洗浴热水采用以太阳能供应为主、电加热为辅的集中热水供水系统,春、夏、秋季日照充足时,全部由太阳能系统供应洗浴用热水;冬季日照不足时,不足的热量由电辅加热补充。各收费站和服务区 40℃ 热水总计用水量为 $153.6m^3/d$,总计耗热量为 19293696kJ/d,每天节约标准煤约 658kg。

由于太阳能的不可控制性,春、夏、秋、冬四季太阳能辐照量不同,太阳能集热板获得的太阳能量有很大差别,夏季高温季节和冬季寒冷季节热水产量相差悬殊,所以太阳能设有冬季防冻、防结露,夏季防过热,防雷、抗雹及抗风,抗震等技术措施;

太阳能热水系统循环设置温差控制,定温循环,保证浴室用热水可控、安全、可靠。

太阳能是可再生能源,资源丰富,免费使用,无需运输,对环境无任何污染,是可靠的自然能源。

2. 中水系统设计

高速公路服务区用水主要集中在公共厕所冲厕用水和场地绿化用水,公共厕所冲厕用水和场地绿化浇洒用水水质只须满足《城市污水再生利用城市杂用水水质》(GB/T 18920—2002)标准中城市杂用水水质标准即可,为节约传统水源,服务区冲厕和绿化浇洒用水采用中水。

中水水源为生活污废水。生活污废水经统一收集后排至站区内化粪池,经化粪池处理后排至MBR膜生物反应器,经膜生物反应器处理达到城市杂用水水质标准后,排入中水回用集水池,由中水回用集水池内中水供水泵提升供应场地绿化及冲厕用水。

服务区绿化及冲厕用水中水用水量约为301m^3/d,非传统水源利用率达到30%。

3. 雨水收集系统

服务区场地雨水设计重现期$P=2$,降雨强度$q_5=3.51$L/(s·100m^2),每个服务区绿化和停车场场地面积约5000m^2,雨水排水量达到105L/s。为及时排水,地面不积水,除场地入渗、服务区周边排水外,场地内设1000m^3雨水收集池,收集雨水,通过雨水池入渗、蒸发等措施回用雨水。

4. 空调系统

本工程地处华北地区,沿线服务区均远离城市,周围没有市政热力设施或天然气管道。根据环评要求,冬季采暖不能采用燃煤锅炉作为热源,本次设计根据服务区的功能及使用性质,全线服务区均采用地源热泵作为空调冷热源,冬季供暖,夏季供冷,具体节能要点如下:

(1)7个服务区地源热泵机组的制冷性能系数COP值为5.1~5.6,均满足《公共建筑节能设计标准》(DB13(J)81—2009)中表5.4.5(大于4.1)的要求,额定负荷工况下运行节能显著。

(2)7个服务区地源热泵机组的综合部分性能系数IPLV为5.5~6.1,均满足《公共建筑节能设计标准》(DB13(J)81—2009)中表5.4.6(大于4.47)的要求,部分负荷工况下运行节能效果显著。

(3)各服务区站点均做室外岩土热响应试验,根据土壤热物性测试报告以及土壤垂直成分柱状图,进行室外地埋管换热系统设计。室外地热能交换系统的施工选用专业队伍施工,以保证钻井的垂直度、回填密实度及打压强度等施工质量。

(4)地源热泵机房的耗电量进行单独计量,并在机房总供回、水干管出户处设热量表,单独计算地源热泵系统输出量。

(5)所有地源热泵机组均具有在10%~100%负荷范围内无级调节输出量的功能。

(6)热泵机房内设气候补偿器,根据室内、外温度实施控制空调供水温度,利于节能。

(7)综合楼内各房间设温控器,根据室内温度调节空调供水量,达到室内恒温功能。

5. 太阳能LED路灯

太阳能LED路灯是采用晶体硅太阳能电池供电,免维护阀控式密封蓄电池(胶体电池)储存电能,超高亮LED灯具作为光源,并由智能化充放电控制器控制,用于代替传统公用电力照明的路灯(图10-18)。无需铺设线缆、无需交流供电、不产生电费;采用直流供电、光敏控制;

具有稳定性好、寿命长、发光效率高、安装维护简便、安全性能高、节能环保、经济实用等优点。

太阳能路灯以太阳光为能源,白天太阳能电池板给蓄电池充电,晚上蓄电池给灯源供电使用,无需复杂昂贵的管线铺设,可任意调整灯具的布局,安全、节能、无污染,无需人工操作,工作稳定可靠,节省电费免维护。太阳能路灯系统可以保障阴雨天气15天以上正常工作(图10-19)。

图10-18　太阳能LED路灯　　　　　图10-19　太阳能路灯组件图

本工程服务区及收费站各个站点院内均设置了太阳能LED庭院灯,为了保证照明的可靠性,也接入了市电电源,以应对长时间无太阳或突发事件,太阳能LED庭院灯既满足节能绿色低碳的要求,又节约大量电能。

此外,例如涿州服务区还设置了太阳能发电系统,太阳能光伏发电不但可以满足各服务区的照明负荷的用电,还能给一部分办公插座供电,甚至电量可以反补给电网,给京港澳高速公路节约了大量电能,减小了电网负担。

五、园林景观设计

服务区绿化设计是根据自然条件、公路运输和司乘人员的需要,利用植物的颜色、形态及风格的多样性,在道路两旁用地范围内建立和谐、优美的植物艺术群体。服务区绿化设计是带状及块状绿化,它提供良好的行车环境,并且主要采用植物造景(图10-20)。

(1)动态性。服务区的服务对象是处于高速行驶中的司乘人员,其视点是需要安定、休闲、放松。绿化设计不仅只是改善司乘人员休息的环境,美化环境,更要满足司乘人员休息放松及休息的要求。

(2)安全性。服务区绿化可起到诱导视线、实时了解线路及路上情况、缓解驾驶员疲劳等作用,有利于行车安全,更好地发挥高速公路的使用功能。

图 10-20　服务区综合广场绿化

（3）多样性。服务区绿化系带状构造物，自然环境、土壤条件、社会环境、人文景观的不同而使其绿化设计具有多样性。

六、美化亮化设计

美化亮化设计需强化服务区建筑现有的特征和重要性，通过泛光照明、内光外透、光带勾勒、设置点状星光源等多种手法对区域内楼宇建筑的顶部、立面以及广场、公共绿化实施景观照明。使用能够提升品质和愉悦感的光源和照明灯具来提升街道正面的视觉趣味，同时考虑适应北方冬季的视觉整体性，小型建筑要突出底层空间，高大建筑要突出楼体和顶部，通过亮化适当调整立面横向和竖向比例，在公共区域提供足够的灯光照明（图 10-21）。

图 10-21　涿州服务区夜景效果图

在开放空间中强调自然环境要素，建筑物的环境形成对比，为人们提供坏气候时的灯光指引措施。有些小特色能够增加区域的特征和氛围，通过吸纳文化主题，增加区域的可识别性。

采用多种高科技灯光技术，如由计算机控制的动态照明、图像投射系统、交互感应的 LED 灯即刻变换的光色组合、视觉刺激、对比控制、渐变跳动等（图 10-22）。

图 10-22　服务区内庭院夜景效果图

灯光成为表达信息的媒介，以各种信息屏、灯光环境、多界面空间展示服务区的新颖面貌及高速公路的实时资讯。

本 章 小 结

高速公路服务区设计是一个综合性的课题，涉及建筑设计、景观设计、规划学、管理学、交通运输学等诸多学科领域，需要多方面协调才能更好地完成。

服务区的形式和内容应不拘一格，需考虑方便实用、人流车流顺畅、经济技术可行、沿线土地合理利用、景观美化等因素。本文通过京石高速公路改扩建工程涿州（京冀界）至石家庄段房建工程设计的创作实践，认识到我们对服务区房屋建筑的设计研究还需要投入大量的精力，不仅要从车流量及建筑布局等单个因素去指导规划，还应对自然、地理、资源、环境、生态、能源节约等各种因素全面的、反复地进行权衡，让传统、较为单调的交通建筑，在满足其基本功能的同时，也提高其在高速公路中的客观美学，给人以美的享受。在未来学习借鉴国内外先进经验的基础上，能否设计出既满足周边地区经济、文化迅速发展的需要，又具有丰富文化内涵和当地民俗风情的中国特色的服务区形式，建设一座人与自然和谐共生的"原生态公园"，是今后我国交通建筑设计中需要不断探索的目标。

本工程在设计中充分体现高速公路"安全舒适、资源节约、环境友好、便于养护和经济合理"的建设理念和设计思路，坚持"以人为本"的设计原则，本项目服务区建筑以"一"字形式进行布局，在建设中采用了太阳能并网发电、LED信息显示屏、地源热泵系统等多种新型技术，使服务区建设更科学、更人性。

参 考 文 献

[1] 徐强.高速公路改扩建工程技术与实践[M].北京:人民交通出版社,2010.
[2] 河北省交通运输厅.河北省高速公路施工标准化管理指南[M].北京:人民交通出版社,2010.
[3] 杜利民,郑家军,何勇.道路标线材料及应用[M].北京:人民交通出版社,2005.
[4] 中交第一公路工程局有限公司.JTG F10—2006 公路路基施工技术规范[S].北京:人民交通出版社,2006.
[5] 中交公路规划设计院.JTG D62—2004 公路钢筋混凝土及预应力混凝土桥涵设计规范[S].北京:人民交通出版社,2004.
[6] 交通部公路科学研究院.JTG D81—2006 公路交通安全设施设计规范[S].北京:人民交通出版社,2006.
[7] 交通部公路科学研究院.JTG F71—2006 公路交通安全设施施工技术规范[S].北京:人民交通出版社,2006.
[8] 交通部公路科学研究院.JTG/T D81—2006 公路交通安全设施设计细则[S].北京:人民交通出版社,2006.
[9] 中交第一公路勘察设计研究院.JTG D80—2006 高速公路交通工程及沿线设施设计通用规范[S].北京:人民交通出版社,2006.
[10] 北京深华达交通工程检测有限公司.JTG B05-01—2013 公路护栏安全性能评价标准[S].北京:人民交通出版社,2013.
[11] 交通部公路科学研究院.JTG F80—2004 公路工程质量检验评定标准[S].北京:人民交通出版社,2004.
[12] 交通部公路科学研究院.JTG F80—2004 公路工程质量检验评定标准[S].北京:人民交通出版社,2004.
[13] 中交公路规划设计院有限公司.JTG D40—2011 公路水泥混凝土路面设计规范[S].北京:人民交通出版社,2011.
[14] 中交公路规划设计院.JTG D50—2006 公路沥青路面设计规范[S].北京:人民交通出版社,2006.
[15] 交通部公路科学研究所.JTG F40—2004 公路沥青路面施工技术规范[S].北京:人民交通出版社,2005.
[16] 刘文斌.高速公路单坡面中央分隔带混凝土护栏开发应用研究[D].北京:北京工业大学,2004.
[17] 张胜平.高速公路中央分隔带护栏碰撞仿真实验的研究与应用[D].西安:长安大学,2004.
[18] 方坚宇,丛银霞,冯雄辉,等.常吉混凝土桥梁防侧翻景观护栏设计[J].公路工程,2008(6):75-78.

[19] 路琦.公路护栏景观视觉设计[J].公路交通科技(应用技术版),2007(4):167-171.
[20] 廖春芳,白书锋,钟梦武.高速公路中央分隔带槽形混凝土护栏的开发研究[J].公路,2003(1):97-100.
[21] 黄开宇,白书锋.耒宜高速公路混凝土护栏设计[J].中南公路工程,2003(1):102-105.
[22] 韩宝睿.高速公路改扩建工程方案研究的关键技术分析[D].南京:东南大学,2004.
[23] Rosenbaugh Scott K,Faller PE Ronald K,Bielenberg Robert,etc. High-performance aesthetic bridge rail and median barrier[C]. Transportation Research Board 88th Annual Meeting,2009.
[24] Williams G. Whole life cost-benefit analysis for median safety barriers[R]. Britain,2008.
[25] American Association of State Highway and Transportation Officials. Manual for Assessing Safety Hardware[S]. USA,2009.
[26] 中交第二公路勘察设计研究院有限公司.京港澳高速公路涿州(京冀界)至石家庄段改扩建工程施工交通组织方案[R].武汉:中交第二公路勘察设计研究院有限公司,2012.
[27] 中交第二公路勘察设计研究院有限公司,河北省交通规划设计院.京港澳高速公路涿州(京冀界)至石家庄段改扩建项目工程可行性研究报告[R].武汉:中交第二公路勘察设计研究院有限公司,2010.

后　　记

　　2012年4月24日京石改扩建工程项目可行性报告批复,2012年8月15日项目初步设计批复,2012年9月28日时任河北省省委书记张庆黎宣布项目正式开工建设,2012年10月22日项目主体工程合同签约完成;2013年3月15日第一根钻孔灌注桩正式施工;2014年12月京石改扩建工程建设完成——全长224km的黄金大通道巍然绵延于华北大平原。京石人栉风沐雨、砥砺前行,开启了河北省高速公路建设的新纪元:河北省第一条八车道高速公路,河北省里程最长、投资最大的高速公路改扩建工程,全国第一条三种交通组织模式共存的高速公路改扩建工程……

　　不凡的历程,注定它要承担更重的责任。作为目前河北省最大的高速公路改扩建项目,自立项起就聚焦了众多目光,也正是这种热切的期待,京石人以建设"天下第一路"为己任,用百倍的激情和信心,认真研究工作的切入点,积极探寻工作的着力点,不断融入新理念、运用新方法,用严谨务实的态度,别具匠心形成了独特的京石模式,构架起项目建设蓝图。

　　快捷高效的管理理念是前提

　　京石改扩建项目管理中首次引进了终端管理模式,以人员管理为核心,通过目标牵引、制度保障、激励推动、文化支撑,现场沟通与网络沟通相结合的方法,形成点对点快捷高效的管理。为强化施工一线管理,筹建处在职能科室的基础上增设5个现场管理部,并将所有参建单位按职能划分。筹建处领导班子为决策层,筹建处职能科室、现场管理部、总监办、驻地办为执行层,施工单位为落实层。决策层与执行层、落实层采用两级扁平化组织结构形式,实现决策层对每个施工终端全方位的掌握,确保上级管理信息传达到位、基层情况反映到位、决策指导及时到位、各项工作执行到位。

　　在终端管理模式下,根据改扩建高速公路建设特点分解出质量安全、进度、设计变更、计量支付、征拆、交通组织六大终端管理体系。每个管理体系以筹建处职能科室为牵头人,专项针对具体分项工作进行深入管理,对准问题的症结,重拳出击;大力推行责任制,把责任落实到人,达到提高项目管理水平的目的。

　　独树一帜的人才理念是基础

　　管理,归根结底是对人员的管理,而各部门负责人能力的强弱决定着工程建设中的各项工作能否顺利执行。首先是筹建处人员的选择,尤其是现场管理部负责人,每个现场管理部就如同一个"迷你版"的筹建处,在一线现场代表筹建处监督、协调施工部门落实各项工作。这就要求现场管理部负责人工作能力和综合素质高于一般工作人员,能够独当一面,还要善于决策、敢于决策;其次是参建单位负责人的选择,首次采用了"双择"的方式,即通过招标选择优秀的参建单位、通过面试答辩选择优秀的单位负责人;再者是现场管理部与驻地办合址办公,无形中将监理人员吸纳成管理者,通过培训指导、检查考核、整改反馈的循环模式,培养所有参建人员形成良好的执行习惯。

凝心聚力的文化理念是动力

事业凝聚力量，文化提升团队。文化建设是软实力，能凝心聚力，能有效地提升士气。大到一个国家，小到一个企业、家庭，都离不开文化的支撑。京石改扩建项目围绕"天下第一路"的愿景，提炼出"团结、进取、求实、创新"的精神；明确"只为成功想办法，不为落后找理由，只以结果论成败，不把困难当借口"的工作态度；通过开展户外拓展训练、"三本书"活动、"大干120天"攻坚战、每月一个主题的劳动竞赛等文化活动和管理方法，全线注入正能量；通过网络的广泛推广传播，引导参建人员突破以往的观念意识，形成从"他律"到"自律"，从"要我干"到"我要干"的转变，实现全员行动、共同创新的良好局面。

精益求精的建设理念是根本

在京石改扩建筹建处成立之初，京石改扩建工程已有了清晰的规划，牢牢抓住质量就是工程生命的主题——精益求精。为了这个目标，在正式开工前，筹建处就未雨绸缪、提前酝酿，将工程建设划分成11大项专题，分析改扩建的特点，初步形成11项专题研究成果；在施工过程中，又根据施工进度及现场情况，开展"我为标准化献策献计"的活动，成立由筹建处牵头的专项攻关小组，以进度快的施工单位为核心、监理单位和现场管理部全力配合，研究制作26项标准化施工工艺及相应的动画光盘，全线推广应用；组织现场观摩会和集中培训，使一线技术工人更直观地了解施工工序流程、标准。筹建处推行标准化施工工艺的方法是被动"输血"向主动"造血"的转变，充分调动起施工单位的积极性，各单位集思广益，攻破一道道难关，解决一个个难题；同时以科研为支撑，积极应用新技术、新材料、新工艺，真正展现出了"国际一流、国内领先"的质量水平。

回首过去的700多个日夜，全体参建者牢记"修好路、建好桥"的行业使命，持之以恒、毫不懈怠，京石高速公路的建成通车是全体参建者共同努力的结果，凝聚了全体参建者的心血。《高速公路改扩建工程关键技术探索与实践》一书，是建设过程中对高速公路改扩建的关键技术、工法的探索和总结。每个标段都选择最优秀的技术人员支持本书编写，为本书的成稿提供相关素材，因此本书是全体参建单位智慧的结晶。本书付梓出版之际，再次对全体建设者和为本书顺利出版尽心工作的同事、同仁表示由衷的感谢！

主体工程参建单位及人员一览表

单 位 名 称	参 与 人 员
JS1——中交第三公路工程局有限公司	袁建辉、李晓鑫
JS2——河北燕峰路桥建设集团有限公司	李宏、董吉朋
JS3——河北建设集团有限公司	赵记昆、刘国梁
JS4——中交二公局第六工程有限公司	宁文龙、朱玉锁
JS5——汇通路桥建设集团有限公司	孙志刚、刘敏
JS6——中交一公局第六工程有限公司	陶耀华、王成伟
JS7——中交一公局桥隧工程有限公司	高斌、朱加治
JS8——中铁五局集团机械化工程有限责任公司	霍益、杨绍德
JS9——中铁十一局集团第四工程有限公司	肖红星、朱向阳
JS10——青岛公路建设集团有限公司	张文洁、谭彦华
JS11——邢台路桥建设总公司	焦习龙、焦视民
JS12——保定申成路桥有限责任公司	张国新、谭祖军
JS13——河北冀通路桥建设有限公司	张园、杨昆
JS14——廊坊市交通公路工程有限公司	王劲松、王锋
JS15——中铁五局集团第一工程有限责任公司	陈新岭、罗斌
JS16——中铁隧道集团三处有限公司	张雷、王毅辉
JS17——唐山公路建设总公司	周国永、刘志
JS18——河北广通路桥工程有限公司	黄峰涛、赵山根
JS19——正平路桥建设股份有限公司	张雄波、曾帆
JS20——中铁十六局集团第五工程有限公司	张国宾、高青伟
JS21——中交第一公路工程局有限公司	李松林、闫伟
JS22——中铁十一局集团第三工程有限公司	宋林、汪智明
JS23——河北交建工程有限公司	焦建全、吴波
JS24——中铁十九局集团第五工程有限公司	张义文、刘军
JS25——中铁十一局集团第五工程有限公司	韦兴尧、夏志强
JS26——中铁十九局集团有限公司	邢玉科、周厚城
ZD1——保定交通建设监理咨询有限公司	杨胜远
ZD2——武汉大通公路桥梁工程咨询监理有限公司	宋秋平
ZD3——河北路通监理咨询有限公司	李明辉
ZD4——重庆育才工程咨询监理有限公司	常庆印
ZD5——北京路桥通国际工程咨询有限公司	李鹏

续上表

单 位 名 称	参 与 人 员
ZD6——湖南岳阳交通工程咨询监理公司	阳帆
ZD7——河北路桥技术开发有限公司	蔡兰海
ZD8——山东省交通工程监理咨询公司	王红云
ZD9——四川国际工程监理有限公司	江志刚
ZD10——河北四方公路工程咨询有限公司	杜兵民
ZJ1——河北省交通建设监理咨询有限公司	朱通海、刘树新
ZJ2——秦皇岛保神交通建设监理有限公司	王利新、张阔
中交第二公路勘察设计研究院有限公司	郑凤曲、张军政、肖宏建
河北省交通规划设计院	雷伟、张壮、纪强
贵州省交通规划勘察设计研究院股份有限公司	李迎涛、李志明

注：表中所列单位及人员为本书的编写提供了大量文字、数据及照片等素材，在此一并表示感谢。